Das Solidarische Bürgergeld –
Analysen einer Reformidee

Herausgegeben von Michael Borchard

Das Solidarische Bürgergeld – Analysen einer Reformidee

Herausgegeben von
Michael Borchard

im Auftrag der Konrad-Adenauer-Stiftung

Mit Beiträgen von

Dieter Althaus, Michael Opielka, Wolfgang Strengmann-Kuhn, Alexander Spermann, Joachim Fetzer, Michael Schramm und Matthias Schäfer

 Lucius & Lucius · Stuttgart · 2007

Bibliografische Information der Deutschen Nationalbibliothek

Die Deutsche Nationalbibliothek verzeichnet diese Publikation in der Deutschen Nationalbibliografie; detaillierte bibliografische Daten sind im Internet über http://dnb.d-nb.de abrufbar

ISBN 978-3-8282-0393-8

© Lucius & Lucius Verlagsgesellschaft mbH Stuttgart 2007
 Gerokstraße 51 · D-70184 Stuttgart
 www.luciusverlag.com

Das Werk einschließlich aller seiner Teile ist urheberrechtlich geschützt. Jede Verwertung außerhalb der engen Grenzen des Urheberrechtsgesetzes ist ohne Zustimmung des Verlags unzulässig und strafbar. Das gilt insbesondere für Vervielfältigungen, Übersetzungen, Mikroverfilmungen und die Einspeicherung und Verarbeitung in elektronischen Systemen.

Satz: Sibylle Egger, Stuttgart
Druck und Bindung: Druckerei Th. Müntzer, Bad Langensalza

Vorwort

Im Sommer 2006 hat der Thüringer Ministerpräsident Dieter Althaus mit dem Konzept eines Solidarischen Bürgergelds einen steuer- und sozialpolitischen Systemwechsel in Deutschland vorgeschlagen. Das Solidarische Bürgergeld soll eine Antwort auf die tief greifenden wirtschaftlichen und sozialen Schwierigkeiten geben, deren Lösung von moderaten Systemveränderungen nicht mehr zu erwarten sei: die ansteigende Sockelarbeitslosigkeit, das wachsende Problem nicht mehr existenzsichernder Löhne, den Vertrauensschwund in die schon heute zu 40 % steuerfinanzierten Sozialversicherungssysteme und die Verschuldung der öffentlichen Haushalte.

Das Konzept von Dieter Althaus unterscheidet sich von jenen sozialpolitischen Modellen, die auf eine graduelle Fortentwicklung des Status quo setzen („Hartz IV plus"). Dagegen ähnelt es anderen weiter reichenden Ansätzen – wie dem Kombilohnmodell des Sachverständigenrates oder der „Aktivierende Sozialhilfe" des ifo Instituts für Wirtschaftsforschung – insofern, als diese Experten die strukturelle Arbeitslosigkeit in Deutschland nicht durch Korrekturen innerhalb des bestehenden Systems für überwindbar halten. Inhaltlich schlägt Althaus aber einen grundlegend anderen Ansatz vor:

Das Bürgergeldkonzept entkoppelt Arbeitsmarkt und Sozialsysteme nahezu vollständig. Jeder Bürger erhält ein existenzsicherndes Bürgergeld, das alle anderen steuerfinanzierten Transferleistungen – Arbeitslosengeld II, Wohngeld, Kindergeld, Sozialhilfe etc. – ablöst und für Arbeitnehmer den Wegfall aller Sozialversicherungsbeiträge bedeutet. Getragen wird das Solidarische Bürgergeld durch Steuern, wobei nur noch ein Steuersatz existiert, der deutlich unterhalb der heutigen nominalen Belastung liegt. Das Bürgergeld und die Einkommensteuer werden institutionell miteinander verknüpft, sodass die Hemmschwelle für die Aufnahme einer Arbeit, die bislang durch sich gegenseitig aufhebende Anreize von Sozialleistungen und Besteuerung erhöht ist, gemindert werden soll.

Der konzeptionelle Ansatz des Solidarischen Bürgergelds ist bestechend einfach und ruft vielleicht gerade deshalb viele kritische Fragen hervor. Einigen dieser Fragen widmet sich diese Publikation. Ausgangspunkt ist die Frage nach der Finanzierbarkeit des Solidarischen Bürgergelds. Die Untersuchung kommt zu dem Ergebnis, dass das Konzept bei rein fiskalischer Betrachtung keine finanzielle Utopie darstellt, es aber deutlicher Modifikationen und Präzisierungen bedarf, um seine finanzielle Tragfähigkeit zu ermöglichen.

Die Finanzierbarkeit ist selbstverständlich eine grundlegende, aber noch keine hinreichende Bedingung für eine vertiefte Bewertung des Konzepts. Andere wesentliche Fragen werden angerissen: Wie ist zu garantieren, dass das Solidarische Bürgergeld das Existenzminimum eines Alleinstehenden absichert? Soll es Zuschläge für besonders belastete Personengruppen wie behinderte Menschen geben?

Nicht in allen Aspekten ist eindeutig, ob die Zielperspektiven des Konzepts zutreffend sind. Führt die soziale Absicherung durch das Solidarische Bürgergeld tatsächlich dazu, dass die Menschen den Wandel annehmen und verstärkt Leistungswillen und Innovationsbereitschaft entwickeln? Oder ermuntert es nicht gerade zu Passivität?

Zweifellos wirft das Solidarische Bürgergeld eine Reihe von Fragen auf, die an die Grundfesten des Gesellschafts- und Staatsverständnisses gehen. Neben der finanztechnischen Bewertung enthält die Publikation daher Einschätzungen aus dem Blickwinkel der evangelischen Sozialethik sowie der katholischen Soziallehre. Ist ein Bürgergeld für jedermann, an dessen Auszahlung keine Bedingungen geknüpft sind, unter ethischen Aspekten vertretbar? Wie ist es mit dem Grundsatz der Subsidiarität zu vereinbaren, der auch bedeutet, sich zunächst selbst zu helfen, bevor die Gemeinschaft Hilfe zur Selbsthilfe bereitstellt? Wie verträgt sich das Konzept mit der Verknüpfung von Fördern und Fordern, das dem Prinzip der Solidarität zugrunde liegt?

Der Ansatz des Solidarischen Bürgergelds zielt vor allem auf die durchgreifende Bekämpfung der Massenarbeitslosigkeit. Aber sind die mit diesem Konzept verbundenen Erwartungen realistisch? Die Konrad-Adenauer-Stiftung hat daher auch einen renommierten Arbeitsökonomen um seine Einschätzung des Konzepts gebeten. Er fragt nach den möglichen Auswirkungen auf Beschäftigung und Arbeitslosigkeit. Wie würde sich die Beschäftigung entwickeln? Lassen sich die Probleme der Menschen mit geringen Fähigkeiten und Benachteiligungen am Arbeitsmarkt überwinden? Würde es mehr oder weniger Schwarzarbeit geben?

Die Publikation erhebt selbstverständlich nicht den Anspruch, alle Fragen, die sich im Zusammenhang mit dem Solidarischen Bürgergeld stellen, angesprochen zu haben. Aber sie ist der Versuch, ein Denkmodell zur Bekämpfung vor allem der viel zu hohen Arbeitslosigkeit möglichst umfassend zu beleuchten. Erstmals liegen mit dem Gutachten von Michael Opielka und Wolfgang Strengmann-Kuhn zuverlässige Berechnungen zur Finanzierbarkeit eines „Grundsicherungsmodells" vor. Die Studien von Joachim Fetzer von Seiten der evangelischen Sozialethik und Michael Schramm aus dem Blickwinkel der katholischen Soziallehre greifen die Ergebnisse des Finanzierungsgutachten auf und treffen unter verschiedenen Aspekten eine ethische Bewertung des Modells – allerdings nicht rein abstrakt anhand von ethischen Grundsätzen, sondern in Ansehung der jetzigen Situation in der Arbeitsmarktpolitik. Auch der Arbeitsmarktökonom Alexander Spermann bezieht sich in seiner Expertise auf die Studie von Opielka und Strengmann-Kuhn. Nicht nur, dass er die Auswirkungen eines Solidarischen Bürgergelds auf die Arbeitsmarktsituation im Saldo tendenziell als eher negativ beurteilt, er rät aus methodischen Gründen auch dazu, die Ergebnisse der Studie zur Finanzierbarkeit mit Vorsicht zu betrachten.

Die Konrad-Adenauer-Stiftung begleitet die aktuelle Diskussion um die Arbeitsmarkt- und Sozialreformen. Die viel zu hohe Arbeitslosigkeit bleibt trotz der gegenwärtigen wirtschaftlichen Erholung ein Skandal. Ein Skandal, der langfristig unsere Wirtschafts- und Gesellschaftsordnung – die Soziale Marktwirtschaft – infrage stellt. Weder Aktionismus noch Defätismus bringen uns weiter. Die intensive Suche nach gangbaren Wegen ist gefragt.

Nach den Arbeitspapieren von Joachim Wiemeyer über die „Sozialethische Bewertung des Niedriglohnsektors" und von Steffen Klumpp über „Das Subsidiaritätsprinzip im Arbeitsrecht" legt die Konrad-Adenauer-Stiftung nun eine Publikation über das Solidarische Bürgergeld vor, die Untersuchungen mehrerer Experten enthält. Die Konrad-Adenauer-Stiftung hat sie gebeten, den Vorschlag von Dieter Althaus sachlich und unvoreingenommen zu bewerten, so wie andere Reformüberlegungen zum Arbeitsmarkt gewissenhaft wissenschaftlich zu würdigen und für eine politische Debatte aufzubereiten sind. Auch in der arbeitsmarktpolitischen Diskussion versteht sich die Stiftung als Moderator und Ideengeber und hat in einem Kapitel von Matthias Schäfer nicht nur die Chancen und Risiken des Bürgergeldkonzepts zusammengefasst, sondern gibt Anregungen, wie das Konzept fortentwickelt und mit anderen Ansätzen verbunden werden könnte.

Die arbeitsmarkt- und sozialpolitische Debatte zu fördern, zu vertiefen und voranzubringen, ist das Ziel dieser Publikation.

Berlin, März 2007

Michael Borchard

Inhalt

Vorwort V
Michael Borchard

1. Teil
Das Solidarische Bürgergeld 1
Von Dieter Althaus

2. Teil
Das Solidarische Bürgergeld – Finanz- und sozialpolitische Analyse eines
Reformkonzepts 13
Von Michael Opielka und Wolfgang Strengmann-Kuhn

Das Solidarische Bürgergeld – Anmerkungen zur Studie von Michael Opielka
und Wolfgang Strengmann-Kuhn 143
Von Alexander Spermann

3. Teil
Subsidiarität durch Solidarisches Bürgergeld – Stellungnahme unter
sozialethischen Gesichtspunkten 163
Von Joachim Fetzer

Das Solidarische Bürgergeld – eine sozialethische Analyse ... 189
Von Michael Schramm

4. Teil
Das Solidarische Bürgergeld – zusammenfassende Bemerkungen .. 225
Von Matthias Schäfer

Das Solidarische Bürgergeld
Sicherheit und Freiheit ermöglichen Marktwirtschaft

Von

Dieter Althaus

1. Die Situation

Die Massenarbeitslosigkeit, die steigende Zahl der nicht mehr existenzsichernden Einkommen und der demografische Wandel haben unseren Sozialstaat bis kurz vor den Kollaps getrieben. Mit rund 26 Millionen sozialversicherungspflichtig Beschäftigten bei rund 83 Millionen Einwohnern lassen sich die sozialen Sicherungssysteme auf Dauer nicht aufrechterhalten. Schon heute werden diese Systeme zu etwa 40 % aus Steuergeldern finanziert, von reinen Versicherungsleistungen kann schon lange nicht mehr gesprochen werden.

Es ist an der Zeit, Antworten auf diese Herausforderungen zu finden. Wir müssen einen Systemwechsel in der Steuer- und Sozialpolitik auf den Weg bringen, der den Bedürfnissen der Menschen – nicht zuletzt auch im Blick auf die Auswirkungen der Globalisierung – gerecht wird.

Ein solcher Systemwechsel muss sich an drei Prämissen orientieren:

Die Würde des Menschen muss unter allen Umständen garantiert sein, das schließt den bedingungslosen Anspruch auf ein soziokulturelles Existenzminimum ein.

Das System muss marktwirtschaftlich sein, denn die Marktwirtschaft ist das einzige Wirtschaftssystem, das Freiheit nicht nur sichert, sondern auch die Chancen der Freiheit nutzt. Daran, dass sich Leistung lohnt, erkennt man ein marktwirtschaftliches System. Daran, dass sie eine marktwirtschaftliche Wirtschaftsordnung hat, erkennt man eine freie Gesellschaft.

Ein solidarisches und freiheitliches Steuer- und Sozialrecht muss gerecht sein. Das gilt sowohl zwischen den heute Lebenden als auch zwischen den heutigen und künftigen Generationen. Nur ein nachhaltig gerechtes Steuer- und Sozialsystem hat Zukunft.

Das Modell, das sich an diesen Prämissen orientiert und eine zukunftsfähige Erneuerung unseres Steuer- und Sozialsystems bedeutet, ist das Solidarische Bürgergeld.

2. Das Konzept des Solidarischen Bürgergeldes[1]

2.1. Kernelement des Solidarischen Bürgergeldes ist ein bedingungsloses Grundeinkommen für alle Erwachsen ab 18 Jahre von 600 € im Monat. Die Höhe des Bürgergeldes orientiert sich am soziokulturellen Existenzminimum. Im Sechsten Existenzminimumbericht der Bundesregierung (BT DS 16/3265) wird das Existenzminimum für das Jahr 2008 mit 595 € angegeben.

2.2. Bis ihre Kinder 18 Jahre alt sind, erhalten die Eltern ein Kinderbürgergeld von 300 €. Auch das orientiert sich an der Höhe dessen, was der Sechste Existenzminimumbericht für Kinder vorsieht (304 €).

2.3. Ab dem 67. Lebensjahr gibt es die Bürgergeldrente. Sie ist auf den maximal doppelten Betrag des Bürgergeldes begrenzt und beinhaltet das Bürgergeld von Erwachsenen in Höhe von 600 € und eine Zusatzrente bis maximal 600 €, die sich an der vorherigen Erwerbstätigkeit orientiert. Um den Vertrauens- und Bestandsschutz zu wahren, wird die Differenz zwischen Anwartschaft in der gesetzlichen Rentenversicherung und Bürgergeld durch eine Rentenzulage ausgeglichen.

2.4. Das Netto-Bürgergeld wird ergänzt durch eine Gutschrift von 200 € für eine Gesundheits- und Pflegeprämie, die das Solidarische Bürgergeld auf 800 €, das Kinderbürgergeld auf 500 € und die Bürgergeldrente auf maximal 1400 € erhöht.

2.5. Bürgerinnen und Bürger, die behindert sind oder sich in einer besonderen Lebenslage befinden, können einen Bürgergeldzuschlag beantragen. Die Bedürftigkeit für den Bürgergeldzuschlag muss jedoch individuell nachgewiesen werden.

2.6. Sämtliche Sozialversicherungsbeiträge entfallen. Die Arbeitgeber bezahlen stattdessen für ihre Arbeitnehmer eine Lohnsummensteuer zwischen 10 und 12 %. Die Lohnzusatzkosten für die Arbeitgeber von rund 20 % halbieren sich, die der Arbeitnehmer von ebenfalls 20 % entfallen ganz.

2.7. Die Einkommensteuer von 50 % wird mit dem Bürgergeld verrechnet. Unterhalb eines eigenen Einkommens von 1600 € bedeutet das die Auszahlung einer negativen Einkommensteuer als Bürgergeld. Anders ausgedrückt: Mit jedem € zusätzlichem eigenen Einkommen, sinkt die Höhe des Bürgergeldes um 50 Cent.

---

[1] Es handelt sich um den aktuellen Stand des Konzepts. Die in dieser Publikation veröffentlichten Beiträge beziehen sich teilweise auf frühere Fassungen aus dem Sommer 2006, die inzwischen weiterentwickelt wurden. Der konzeptionelle Kern des Solidarischen Bürgergeldes blieb unverändert.

2.8. Ab einem eigenen Einkommen von 1600 € halbiert sich das Solidarische Bürgergeld auf 400 € (200 € Netto-Bürgergeld plus 200 € Gesundheitsprämie) und beträgt Netto nur noch ein Drittel des „großen" Bürgergeldes (600 €) für Bezieher niedriger Einkommen. Im Gegenzug müssen die Bezieher von Einkommen über 1600 € nur 25 % Steuern bezahlen.

2.9. Erst ab Einkünften von 1600 € im Monat (19200 € im Jahr) entsteht tatsächlich eine Steuerschuld. Die Entlastungswirkung des Netto-Bürgergeldes von 200 € (ohne Gesundheits- und Pflegeprämie) entspricht bei einer „flat-tax" von 25 % einem jährlichen Grundfreibetrag von 9.600 €. Der Einkommensteuer unterliegen alle Einkünfte.

3. Die Würde des Menschen verlangt nach Freiheit und Sicherheit

3.1. Das Verständnis vom Menschen verlangt, dass wir ihm das zugestehen, was er zu einem menschenwürdigen Leben braucht. Das Sozialstaatsprinzip bestätigt diesen Grundsatz. Versuche, Bürgerinnen und Bürger zu einer Arbeit zwingen zu wollen (z. B. als Erntehelfer), sind gescheitert.

3.2. Mindestens 1,5 Millionen Menschen, die Ansprüche auf staatliche Leistungen hätten, nehmen diese aus Scham und Angst vor Stigmatisierung nicht in Anspruch (Zweiter Armutsbericht der Bundesregierung 2005). 1,3 Millionen Menschen arbeiten und erhalten dafür keine existenzsichernden Löhne. Andererseits stellt sich mancher Empfänger staatlicher Transferleistungen heute besser als derjenige, der ganztags arbeitet. Unsere Sozialpolitik erreicht viele Bedürftige nicht und fördert andere, die das nicht nötig hätten.

3.3. Zukünftige Sozialstaatsverpflichtungen (5,5 Billionen €) und öffentliche Verschuldung (1,5 Billionen €) belasten nachfolgende Generationen mit 7 Billionen €. Wir leben heute auf Kosten unserer Kinder und Enkel. Die Zukunftsfähigkeit unseres Landes steht auf dem Spiel. Fast 80 Mrd. €, ein Drittel der Gesamtausgaben der Rentenversicherung, stammen aus Steuermitteln. Die Kosten der Sozialversicherungssysteme werden sich in den kommenden 20 bis 30 Jahren verdoppeln. Die Sozialversicherungssysteme in ihrer aktuellen Verfasstheit werden am demografischen Wandel scheitern.

3.4. Wenn wir von den Bürgerinnen und Bürgern mehr Eigenverantwortung erwarten, dann bedeutet das auch, dass wir ihnen in einem ganz besonderen Maße Vertrauen entgegen bringen. Voraussetzung dafür ist, dass das gegenseitige Misstrauen keine Chance mehr hat. Vertrauen schafft Vertrauen. Es gibt keinen Grund, daran zu zweifeln, dass die übergroße Mehrheit der Bürgerinnen und Bürger etwas leisten will. Wenn Politik ihre Sonntagsreden von den „fleißigen Menschen im Land" ernst nimmt, dann ist die Furcht vor einem „Volk von Faulenzern" unbegründet.

3.5. Man kann die Bürgerinnen und Bürger dafür gewinnen, mehr Freiheit zu wagen, wenn man ihnen die Sicherheit einer sozialen Verlässlichkeit gibt. Ein flexibler und deregulierter Arbeitsmarkt, ein leistungsfreundliches, gerechtes, transparentes und einfaches Steuerrecht mit einer einheitlichen „flat-tax" und eine Gesundheits- und Pflegeprämie, die mehr Markt und Wettbewerb auch im Gesundheitswesen ermöglicht, finden dann Akzeptanz, wenn sie als Chance und nicht als Bedrohung empfunden werden.

3.6. Im besten Sinne von Subsidiarität und Solidarität ist das Solidarische Bürgergeld eine bedingungslose Hilfe zur Selbsthilfe.

4. Mut zu einem neuen Weg

4.1. Als Bismarck Ende des vorletzten Jahrhunderts das deutsche Sozialversicherungssystem einführte, gab es dafür kein Vorbild. Heute wird dieses System nicht hinterfragt, als wäre es von Gott gegeben. Kein Zweifel: Ein Jahrhundert hat sich die Bismarcksche Sozialreform bewährt. Aber das entlässt uns nicht aus der Verantwortung, Antworten auf die Zukunft des Sozialstaates zu geben. Das heißt, sich dem atemberaubenden technischen Fortschritt, der Globalisierung und dem demografischen Wandel zu stellen.

4.2. Ludwig Erhard hat zeitlebens davor gewarnt, den guten Willen über die wirtschaftlichen Möglichkeiten zu setzen. Das, was 1957 mit der Rentenreform und der automatischen Anpassung der Renten an die Entwicklung der Gehälter und dem Umlageverfahren begann, weckte Ansprüche, die auf Dauer weder die Rentenversicherung noch der Staat erfüllen können. Aus heutiger Sicht zu Recht, sah Erhard in dieser Politik eine Gefahr für die Soziale Marktwirtschaft.

4.3. Es gibt viele Menschen in Deutschland, die hochproduktive Arbeit in der Familie und im Ehrenamt leisten, dafür aber keinen Cent bekommen. Und es gibt viele Tausende, die in der Sozialbürokratie unproduktive Arbeit leisten müssen, die Sozialversicherungsträger und öffentliche Hand zweistellige Milliardenbeträge kostet. Mit dem Solidarischen Bürgergeld werden Familienarbeit und ehrenamtliches Engagement gewürdigt. Nur jeder Zweite in der Sozialbürokratie Beschäftigte wird gebraucht werden, um diejenigen, die wirklich Hilfe benötigen „an die Hand zu nehmen".

4.4. Mit dem Solidarischen Bürgergeld, das Erwerbseinkommen bis zu 1600 € aufstockt, werden marktgerechte Löhne im unteren Einkommensbereich existenzsichernd. Arbeit lohnt sich wieder – und zwar in jedem Fall. So genannte Ein-Euro-Jobs werden ebenso überflüssig wie Arbeitsbeschaffungsmaßnahmen, Lohnkostenzuschüsse, Kombilöhne etc. Das Solidarische Bürgergeld, das ein Mindesteinkommen für alle garantiert, macht auch Mindestlöhne überflüssig.

4.5. Wenn der Arbeitsmarkt als richtiger Markt funktioniert, schafft das Beschäftigung. Über eine Million zusätzliche Vollzeitarbeitsplätze allein im Niedriglohnbereich werden durch das Solidarische Bürgergeld erwartet. Die Souveränität der Arbeitnehmer gegenüber den Arbeitgebern steigt, weil das Mindesteinkommen das Existenzminimum absichert. Arbeitgeber haben es auf der anderen Seite leichter, Mitarbeiter zu gewinnen, weil das Solidarische Bürgergeld Löhne im unteren Einkommensbereich aufstockt und im mittleren und oberen Einkommensbereich ein transparenter und niedriger Steuersatz dem Einzelnen Netto mehr belässt.

4.6. Der Schritt in die Selbständigkeit fällt leichter, weil man sich auf das Solidarische Bürgergeld verlassen kann. Selbständige, die in wirtschaftliche Schwierigkeiten kommen, haben den gleichen Anspruch auf ein Existenzminimum wie ein abhängig Beschäftigter.

4.7. Fast 350 Mrd. € werden im so genannten Schwarzmarkt erwirtschaftet. Der Transferentzug beim Solidarischen Bürgergeld liegt bei 50 % und nicht wie beim ALG II bei 80 bis 90 %. Das macht es attraktiver, offiziell zu arbeiten. Das Solidarische Bürgergeld wird von allen finanziert, die Einkünfte versteuern. Wer sich dem entzieht, handelt unsolidarisch. Dies wird entsprechend geahndet: Sowohl Auftraggeber als auch Auftragnehmer von Schwarzarbeit verlieren ihren Anspruch auf das Solidarische Bürgergeld und erhalten bei Bedürftigkeit nur noch Lebensmittelbezugsgutscheine.

5. Finanzierbarkeit und Umsetzbarkeit

5.1. Das Argument, dass die derzeitige Sozialstaatsstruktur nicht finanzierbar ist, ändert nichts an der Notwendigkeit, zu belegen, dass die Alternative Solidarisches Bürgergeld finanzierbar und umsetzbar ist.

5.2. Da die Einkommensteuer mit den Bürgergeldansprüchen verrechnet wird, kommt man zu tatsächlichen Ausgaben für das Bürgergeld von 183 Mrd. €. Die Einnahmen der neuen Einkommensteuer übertreffen die reinen Bürgergeldausgaben.

5.3. Neben der Einkommensteuer ist eine 10 bis 12 %ige Lohnsummensteuer der Arbeitgeber notwendig. Sie führt zu Einnahmen von ca. 140 Mrd. € mit denen die Zusatzrente und die Rentenzulage finanziert werden.

5.4. Durch Gesundheits- und Pflegeprämie in Höhe von 200 € monatlich fließen ca. 197 Mrd. € ins Gesundheitswesen.

5.5. Das Solidarische Bürgergeld deckt viele bisher steuerfinanzierte Sozialleistungen ab und führt zu Einsparungen von über 200 Mrd. €.

5.6. Unabhängig davon, dass Modifikationen im Modell immer möglich sind, zeigen die vorliegenden Berechnungen, dass das Solidarische Bürgergeld finanzierbar ist. Da der Anspruch auf das Solidarische Bürgergeld nicht vom Alter abhängig ist, führt auch die Alterung der Gesellschaft nicht zu den Verwerfungen wie beim derzeitigen Sozialstaatssystem.

5.7. In der CDU, aber auch bei der FDP und bei Bündnis 90/Die Grünen gibt es große Offenheit für die Idee des Bürgergeldes. Trotzdem ist ein breiter gesellschaftlicher Konsens für einen solchen Systemwechsel notwendig. Die Akzeptanz in der Bevölkerung ist der Schlüssel zum Erfolg dieses Modells.

6. Fragen und Antworten zum Solidarischen Bürgergeld

Herr Ministerpräsident Althaus, Sie glauben vermutlich nicht daran, dass wir irgendwann Vollbeschäftigung haben werden.
Nein, das glaube ich nicht. Die Sockelarbeitslosigkeit ist in den vergangenen 30 Jahren stetig gestiegen. Wir fixieren uns leider fast ausschließlich auf die Erwerbsarbeit.

Das zumindest rhetorische Ziel der traditionellen Arbeitsmarktpolitik in Deutschland ist doch aber immer noch die Vollbeschäftigung.
Es ist wichtig, dass man Beschäftigungsangebote für alle Menschen hat. Aber ob das ausschließlich existenzsichernde Erwerbsarbeit sein kann, ist die große Frage. Heute bezweifeln das nicht mehr nur die Betroffenen.

Normalerweise hört man aus Ihrer Partei, Hartz IV müsse gekürzt werden, um den Arbeitslosen einen „Anreiz" zu geben, arbeiten zu gehen. Wer nun die Befürworter des Grundeinkommens hört, bekommt schnell den Eindruck, dass die Grundlage dieser Idee der Glaube an das Gute im Menschen ist.

Der „Erfolg" des Arbeitszwangs hat sich beim Thema Erntehelfer gezeigt – ich bin skeptisch.

Aber was, wenn Ihre Annahme falsch ist und die Menschen tatsächlich so faul sind, wie uns die traditionellen Arbeitsmarktpolitiker immer weismachen wollen?

Die Menschen sind nicht faul. Unser Menschenbild ist gefragt. Wir vertrauen auf die Menschen, wir glauben, dass es eine Bereitschaft gibt, etwas zu leisten. Es ist ja nicht so, dass die Höhe des Solidarischen Bürgergeldes, wie wir sie vorschlagen, besonders üppig ist. Der Anreiz, selbst etwas zu tun, ist da, und es besteht keine Angst vor genereller Beharrung. Andersherum gesagt: Auch heute ist es doch Gott sei Dank undenkbar, dass wir jemanden verhungern lassen, nur weil er sich geweigert hat, eine Arbeit aufzunehmen.

Was ist mit Familien, in denen Arbeitslosigkeit selbstverständlich ist, was ist mit Jugendlichen, die sich nichts anderes vorstellen können als ein Leben mit Hartz IV? Was passiert mit denen im System Grundeinkommen?

Dieses Problem entsteht nicht durch das Bürgergeld, dieses Problem gibt es bereits heute. Dazu sind zwei Punkte zu sagen. Erstens: Das Solidarische Bürgergeld würde stärker als bisher einen Anreiz schaffen zu arbeiten, um höhere Leistungen zu beziehen. Wir kennen heute Fälle, wo beispielsweise der Mann kein Arbeitslosengeld II bekommt, weil das Einkommen der Frau zu hoch ist. Wenn die Frau ebenfalls nicht arbeitet, bekommen beide das Arbeitslosengeld II. Das ist nicht gerade ein Leistungsanreiz. Das Solidarische Bürgergeld, bei dem jedes erwirtschaftete Einkommen zumindest zu 50 % behalten werden kann, stellt einen deutlich größeren Anreiz zur Arbeit dar. Zweitens: Wir sagen nicht, dass der Staat sich vollständig zurückziehen soll. Auch in Zukunft wird man Aktivierung und Angebote brauchen. Nur denken wir, dass die Arbeitsagenturen sich stärker um jene kümmern sollten, die wirklich Hilfe brauchen, anstatt die zu gängeln, die das gar nicht nötig haben.

Viele Menschen definieren sich über ihre Arbeit. Die Gewerkschaften argumentieren, deren Leistung würde mit einem Grundeinkommen entwertet.

Es gibt auch nach unserer Philosophie eine Pflicht zur Arbeit. Aber es ist eine moralische Pflicht. Außerdem ist der Arbeitsbegriff der Gewerkschaften verkürzt, es geht immer nur um Erwerbsarbeit. Was ist mit der Familienarbeit oder der vielfältigen ehrenamtlichen Arbeit? Es stimmt, dass Arbeit dem Menschen Würde gibt. Aber wir glauben nicht, dass man dies durch Zwang besser durchsetzt als durch Anreiz und Angebote. Lenin sagt, „Vertrauen ist gut, Kontrolle ist besser". Ludwig Erhard sagt, „Kontrolle ist gut, Vertrauen ist besser". Und meine These lautet: „Kontrolle ist gut, Vertrauen ist besser, am besten aber sind Vertrauen und Anreiz", und das schaffen wir mit dem Solidarischen Bürgergeld.

Passt das Grundeinkommen überhaupt noch zur Marktwirtschaft, wie wir sie kennen?
Auf jeden Fall, weil jeder für sich verantwortlich ist. Wenn ich dem Einzelnen Eigenverantwortung zugestehe, muss ich ihm vertrauen. Ohne Vertrauen kann ich keine Eigenverantwortung erwarten. Ludwig Erhard hat einmal gesagt: „Ich will das Risiko des Lebens selbst tragen, will für mein Schicksal verantwortlich sein. Sorge du, Staat, dafür, dass ich dazu in der Lage bin." Das kann man als Plädoyer für das Solidarische Bürgergeld verstehen.

Was sagen Sie zu dem Argument, das Bürgergeld sei nicht durchsetzbar, weil die Idee sich einfach nicht verkaufen lässt. Gegen das Schlagwort „Faulheit darf nicht belohnt werden" haben Sie doch keine Chance.
Aber Faulheit wird doch durch das Solidarische Bürgergeld nicht belohnt, im Gegenteil!

Aber die Gegner des Grundeinkommens werden das behaupten.
Der Zuspruch, den wir aus allen politischen Lagern bekommen, zeigt, dass es eine große Akzeptanz für das Solidarische Bürgergeld gibt. Die Einsicht, dass das derzeitige Sozial-, Steuer- und Arbeitsmarktsystem nicht dauerhaft tragbar ist, setzt sich immer stärker durch. Zumal die Krise des Sozialstaats schon fast demokratiegefährdend ist – in Ostdeutschland sagen nur noch 38 %, sie seien für dieses demokratische System. Ich gebe zu, dass eine solche Reform im Gegensatz zu anderen Reformen nur möglich ist, wenn sie eine breite Akzeptanz in der Bevölkerung findet. Wir vertrauen darauf, dass die Leute merken, dass das Bürgergeld gerecht und transparent ist. Frau Professor Gertrud Höhler hat jüngst gesagt, wir leben im Moment in einem System gegenseitiger Ausbeutung: Der Staat beutet die Bürger aus, und die Bürger beuten, so gut sie können, den Staat aus. Dieses System wollen wir mit einem System gegenseitigen Vertrauens beenden.

Nach dem Althaus-Konzept soll jeder Erwachsene 800 € erhalten. 200 € werden als Gesundheitsprämie abgezogen. Sind 600 € als „soziokulturelles Existenzminimum" nicht sehr wenig?
600 € sind nicht viel, das stimmt. Aber die Bundesregierung hat in ihrem sechsten Existenzminimumbericht für das Jahr 2008 errechnet, dass das Existenzminimum für einen alleinstehenden Erwachsenen für Wohnung, Heizung und Lebensunterhalt bei 595 € liegt, für Kinder bei 304 €. Das entspricht unseren Sätzen.

Aber warum sollen auch Besserverdienende ein Grundeinkommen erhalten?
Weil die Grundsicherung für alle da ist. Der Unterschied meines Konzeptes zu anderen Grundeinkommenskonzepten ist, dass die Besserverdienenden letztlich nur ein Drittel des Netto-Bürgergelds bekommen: 400 €, von denen 200 € als Gesundheitsprämie abgezogen werden. Besserverdienende bekommen ihre Steuerschuld um 200 € gemindert. Bei einem Steuersatz von 25 % entspricht das einem Grundfreibetrag von 9.600 €. Heute sind es knapp 8.000 €. Außerdem ist dieses System dann sehr verwaltungsfreundlich.

Alle anderen sozialen Leistungen – Wohngeld, Kindergeld, Elterngeld, Bafög etc. – werden abgeschafft.
Ja, sie sind nicht mehr notwendig. Wobei wir bei besonderem Bedarf den Bürgergeldzuschlag vorsehen, etwa für Menschen mit Behinderungen oder für Alleinerziehende.

Wie ist es mit der Rente?
Das Bürgergeld bekommt jeder, also 600 € (plus 200 €) oder 200 € (plus 200 €), je nach Einkommen. Ab 67 gibt es die Bürgergeldrente. Sie beinhaltet das Solidarische Bürgergeld von 800 € und die Zusatzrente. Diese orientiert sich an dem, was während der Arbeitszeit erwirtschaftet wurde und beträgt maximal 600 €. Die Bürgergeldrente folgt dem Schweizer System, wo maximal das Doppelte der Grundrente als Rente gezahlt wird. Da das Netto-Bürgergeld 600 € beträgt, kann die Bürgergeldrente maximal das Doppelte (1200 € plus Gesundheitsprämie) betragen. Insgesamt also 1400 €. Selbstverständlich müssen Ansprüche durch Beitragszahlungen nach heutigem Prinzip abgesichert werden.

Wie funktioniert Ihr Konzept in einem europäischen Arbeitsmarkt? Wie werden Ausländer behandelt, die in Deutschland leben?
Da sind wir noch nicht abschließend durch. Wir sind zunächst von deutschen Staatsbürgern und von EU-Inländern mit dauerhaftem Wohnsitz in Deutschland ausgegan-

gen. Zuwanderung ins Sozialsystem gibt es im Übrigen schon heute. Bei der Konstruktion des Bürgergeldes wird man jedoch aufpassen müssen, keinen Anreiz zu schaffen, dass Menschen allein wegen des Bürgergeldes nach Deutschland kommen. Aber Sie haben ja selbst darauf hingewiesen, dass 600 € nicht gerade viel sind. Entscheidend für mich ist: Es wird für Arbeitgeber attraktiver, Arbeitsplätze in Deutschland anzubieten.

Wo finden Sie die meisten Verbündeten für Ihre Idee?
Es gibt eine große Akzeptanz in der Union, bei der FDP und bei den Grünen. In diesen drei Parteien wird das Thema am offensten diskutiert. Aber eine breite Akzeptanz gibt es auch bei vielen Gruppen in der Gesellschaft, die nicht parteipolitisch zu verorten sind.

Wie ist es mit der Linkspartei?
Richtig, in der Linkspartei wird auch über ein Grundeinkommen diskutiert, wenn auch sehr kontrovers. Vor allem der Gewerkschaftsflügel sieht das dort anders.
Das Solidarische Bürgergeld ist im Übrigen kein Konzept für diese Legislaturperiode. Allein, dass die CDU – wie übrigens FDP und Bündnis90/Die Grünen – sich mit dem Thema beschäftigt, ist ein großer Fortschritt. Das konnte man vor einem Jahr noch nicht erwarten.

Wie soll das Grundeinkommen finanziert werden?
Es ist ja nicht so, dass der Sozialstaat, wie wir ihn heute haben, uns nichts kosten würde. Das Sozialbudget hat ein Volumen – wenn wir alle Bereiche betrachten – von etwa 700 Milliarden €. Es gibt belastbare Berechnungen, dass mit den Steuersätzen von 50 bzw. 25 % das Solidarische Bürgergeld finanziert werden kann. Für Zusatzrenten und Rentenzulagen haben wir eine zwölfprozentige Lohnsummensteuer, selbstverständlich begrenzt, vorgesehen. Im Übrigen wird dadurch auch der Faktor Arbeit deutlich preiswerter, das ist gut für Wachstum und Beschäftigung.

Trifft es zu, dass die Wohlhabenden in Deutschland bislang kaum Steuern zahlen?
Es gibt etliche Wissenschaftler, die sagen, dass Leute im oberen Einkommensbereich mit legalen Möglichkeiten der „Steuerminderung" nicht den nominalen Satz von 45 % zahlen, sondern nur 17 %. Für diese Leute wäre unsere „flat-tax" von 25 % kein Gewinn. Aber darum geht es ja auch nicht. In unserem Konzept sind bei einem Einkommen von 2000 € – wenn man 25 % Einkommensteuer ansetzt und 200 € Netto-Bürgergeld abzieht letztlich 4 % Steuern fällig. Bei einem Einkommen von 40.000 € im

Monat wären es 24%. Beim Solidarischen Bürgergeld mit „flat-tax" wächst die tatsächliche Steuerlast mit steigendem Einkommen nicht nur absolut, sondern auch prozentual.

Ziffern 2. bis 5. siehe ifo Schnelldienst 4/2007
Ziffer 6 siehe: ntv.de vom 27. 2. 2007 (http://www.n-tv.de/771117.html)

Das Solidarische Bürgergeld
Finanz- und sozialpolitische Analyse eines Reformkonzepts

Von

Michael Opielka und Wolfgang Strengmann-Kuhn
unter Mitarbeit von Bruno Kaltenborn

Studie im Auftrag der Konrad-Adenauer-Stiftung

Die Autoren:

Prof. Dr. rer. soc. Michael Opielka, Dipl.-Päd.; Professor für Sozialpolitik an der Fachhochschule Jena, Fachbereich Sozialwesen; Geschäftsführer des Instituts für Sozialökologie in Königswinter; Lehrbeauftragter an der Universität Bonn; 2004/5 Visiting Scholar University of California at Berkeley, School of Social Welfare.
Mail: michael.opielka@isoe.org

PD Dr. Wolfgang Strengmann-Kuhn; J.-W.-Goethe-Universität Frankfurt, Privatdozent für Volkswirtschaftslehre am Fachbereich Wirtschaftswissenschaften.
Mail: strengmann@wiwi.uni-frankfurt.de

Mitarbeit und Beratung:

Dr. rer. pol. Bruno Kaltenborn; Wirtschaftsforschung und Politikberatung Dr. Kaltenborn, Berlin.
Mail: Kaltenborn@wipol.de

Institut für Sozialökologie (ISÖ)
Pützbungert 21
D-53639 Königswinter
Tel. +49 2244 871659
www.isoe.org

Überarbeitete Fassung der gleichnamigen Studie vom Oktober 2006

# Inhalt

1. Zusammenfassung: Ist das Solidarische Bürgergeld finanzierbar? 19

2. Einführung: Bürgergeld und Grundeinkommen 24
   2.1. Zum Stellenwert der vorliegenden Studie 24
   2.2. Die Diskussion um Grundeinkommen und Bürgergeld 26
      2.2.1. Argumentationslinien für ein Grundeinkommen 27
      2.2.2. Diskussionen um eine Integration von Steuer- und Transfersystem in Deutschland 33
      2.2.3. Wertfragen: Wie gerecht ist ein Bürgergeld? 37
   2.3. Grundbegriffe, Ausgestaltungsmerkmale und mögliche Zielsetzungen 44
      2.3.1. Grundeinkommen, Sozialdividende und negative Einkommensteuer 44
      2.3.2. Ausgestaltungsmöglichkeiten 47
      2.3.3. Ziele 52
   2.4. Der Vorschlag Solidarisches Bürgergeld 55
   2.5. Untersuchungsfragen, Datengrundlage und grundlegende Annahmen 60

3. Zur Finanzierbarkeit des Solidarischen Bürgergeldes 63
   3.1. Einkommensquellen, versteuerbares Einkommen 64
      3.1.1. Erwerbseinkommen 66
      3.1.2. Vermögenseinkommen der privaten Haushalte 69
      3.1.3. Renten/Pensionen 71
      3.1.4. Besteuerbare Gesamteinkünfte 72
   3.2. Notwendige Einkommensteuereinnahmen 72
      3.2.1. Aufkommen der Lohn- und Einkommensteuer 74
      3.2.2. Einsparmöglichkeiten bei steuerfinanzierten Sozialleistungen 74
   3.3. Mikrosimulation der Finanzierung des Solidarischen Bürgergeldes 80
      3.3.1. Bürgergeld mit Gesundheitsprämie (Grundmodell 1) 81
      3.3.2. Bürgergeld plus Gesundheitssteuer (Grundmodell 2) 88
   3.4. Modifizierungen der Modelle 94
      3.4.1. Stufentarif 94
      3.4.2. Alternative Finanzierung von Rente und Gesundheit 96
      3.4.3. Bürgergeld nur für Personen ohne Rente 99

3.5. Verhaltensänderungen und Optionen zur besseren Finanzierung
des Bürgergeldes 101

4. Umsetzungsprobleme und ergänzende Vorschläge 108
   4.1. Institutionelle Probleme und mögliche Lösungen 108
   4.2. Gesundheitsprämie als Steuerfinanzierung des Gesundheitswesens 113
   4.3. Politische Probleme: Pfadabhängigkeit und Pfadwechsel 115
   5. Schlussfolgerungen 117

Anhang: Vergleich mit anderen Grundeinkommensmodellen 122
Literaturverzeichnis 133

Verzeichnis der Tabellen und Abbildungen

Abbildung 1:	Darstellung des Tarifverlaufs des Earned Income Tax Credits (EITC) im Jahr 2005	28
Abbildung 2:	Schematische Darstellung eines Bürgergeldes als Sozialdividende, das durch eine lineare Einkommensteuer (flat tax) finanziert wird (Bürgergeld: 800 €, Steuersatz: 50%)	45
Abbildung 3:	Schematische Darstellung einer negativen Einkommensteuer (Bürgergeld: 800 €, Steuersatz: 50%)	47
Abbildung 4:	Darstellung des Vorschlags Solidarisches Bürgergeld mit integrierter Gesundheitsprämie für einen Paarhaushalt	57
Abbildung 5:	Darstellung des Vorschlags Solidarisches Bürgergeld mit integrierter Gesundheitsprämie als negative Einkommensteuer für einen Paarhaushalt	58
Abbildung 6:	Vergleich der Belastungsquoten (Steuer plus Gesundheitsprämie) in Abhängigkeit vom Jahreseinkommen: Status quo und Solidarisches Bürgergeld (Grundmodell 1)	87
Abbildung 7:	Vergleich der Durchschnittssteuersätze (ohne Gesundheitssteuer und Sozialversicherungsbeiträge) in Abhängigkeit vom Jahreseinkommen: Status quo und Solidarisches Bürgergeld (Grundmodell 2)	92
Abbildung 8:	Vergleich der Gesamtbelastungsquoten (Steuer plus Gesundheitssteuer) in Abhängigkeit vom Jahreseinkommen: Status quo und Solidarisches Bürgergeld (Grundmodell 2)	93
Abbildung 9:	Schematische Darstellung des Schweizer Modells der Alterssicherung	100
Abbildung 10:	Schematische Darstellung der Garantierente im schwedischen Modell der Alterssicherung	100
Abbildung 11:	Schematische Darstellung des Gesundheitsfonds (ab 2009)	114

Tabelle 1:	Grundsätzliche Finanzierungsmöglichkeiten eines Grundeinkommens	52
Tabelle 2:	Unterscheidungsmerkmale von Bürgergeld-/Grundeinkommensmodellen	52
Tabelle 3:	Entwicklung der Anteile des Volkseinkommens	65
Tabelle 4:	Höhe der Sozialversicherungsbeiträge der Arbeitgeber	67

Tabelle 5:	Höhe der Zinseinnahmen, Ausschüttungen und Entnahmen (Auszug aus VGR-Verteilungsrechnung 2004)	69
Tabelle 6:	Einsparmöglichkeiten bei steuerfinanzierten Sozialleistungen nach Einführung des Solidarischen Bürgergeldes	79
Tabelle 7:	Simulation des Grundmodells mit Gesundheitsprämie (Steuersätze 50% bzw. 25%, Bürgergeldhöhe 800/400 €):	81
Tabelle 8:	Finanzierbare Varianten des Grundmodells 1 mit Gesundheitsprämie	84
Tabelle 9:	Simulation eines Bürgergeldmodells mit Gesundheitsprämie (Grundmodell 1) mit Steuersätzen von 70% bzw. 40% (Bürgergeldhöhe 800/457 €):	85
Tabelle 10:	Simulation eines Bürgergeldmodells mit Gesundheitsprämie (Grundmodell 1) mit Steuersätzen von 80% bzw. 35% (Bürgergeldhöhe 800/350 €):	86
Tabelle 11:	Simulation des Grundmodells mit Gesundheitssteuer (Grundmodell 2) (Steuersätze 50% bzw. 26%, Bürgergeldhöhe 600/375 €):	89
Tabelle 12:	Finanzierung von Varianten des Grundmodells mit Gesundheitssteuer (Grundmodell 2)	90
Tabelle 13:	Simulation eines Bürgergeldmodells mit Gesundheitssteuer (Grundmodell 2) mit Steuersätzen von 50% bzw. 34% (Bürgergeldhöhe 600/450 €):	90
Tabelle 14:	Simulation eines Bürgergeldmodells mit Gesundheitssteuer (Grundmodell 2) mit Steuersätzen von 61% bzw. 26% (Bürgergeldhöhe 600/320 €):	91
Tabelle 15:	Ausgewählte Möglichkeiten der kostenneutralen Finanzierung des Solidarischen Bürgergeldes durch die Einkommensteuer	94
Tabelle 16:	Ausgewählte Varianten eines Stufentarifs im Grundmodell 1	95
Tabelle 17:	Ausgewählte Varianten eines Stufentarifs im Grundmodell 2	96
Tabelle 18:	Durchschnittlicher Bedarf Alg II im Vergleich zum Solidarischen Bürgergeld (Grundmodell 1)	110
Tabelle 19:	Synopse der Varianten des Modells Solidarisches Bürgergeld	120
Tabelle 20:	Parameterkonstellationen und notwendige Höhe der Bürgergeldabgabe SII im Transfergrenzmodell (Stand 2003)	124
Tabelle 21:	Grundeinkommensversicherung (GEV) – Leistungen und Beiträge (Stand 2004)	125
Tabelle 22:	Synopse der Grundeinkommensmodelle im Vergleich mit dem Modell Solidarisches Bürgergeld	132

1. Zusammenfassung: Ist das Solidarische Bürgergeld finanzierbar?

Der Thüringische Ministerpräsident Dieter Althaus hat mit dem Solidarischen Bürgergeld einen Vorschlag vorgelegt, durch den nicht nur die Grundeinkommenssicherung neu gestaltet werden soll. Er umfasst auch grundlegende Reformvorschläge zur Finanzierung der Krankenversicherung, zur Alterssicherung sowie nicht zuletzt zur Einkommensbesteuerung. Die Arbeitnehmerbeiträge zur Sozialversicherung werden danach komplett abgeschafft und die Arbeitgeber zahlen lediglich eine Lohnsummensteuer, durch die eine über das Bürgergeld hinausgehende Zusatzrente, die langfristig nach oben begrenzt werden soll, sowie die bisherigen Rentenansprüche, die in voller Höhe erhalten bleiben, finanziert werden. Alle anderen Sozialleistungen werden durch Steuern finanziert.

Das Konzept enthält zwei originelle, in der Grundeinkommensdiskussion neue Elemente:

1. Es integriert systematisch die Idee einer Gesundheitsprämie (200 € monatlich) und damit die Finanzierung des Gesundheitswesens und
2. es integriert Transfer- und Einkommensteuersystem in einem einheitlichen, durchgängigen Tarifverlauf ohne Sprungstellen. Dazu operiert es mit einem zweigestuften Bürgergeld: einem „großen" Bürgergeld (800 € monatlich abzüglich Gesundheitsprämie) mit dem Ziel der Existenzsicherung und einem „kleinen" Bürgergeld (400 € monatlich abzüglich Gesundheitsprämie), das als eine Art Teilgrundeinkommen („partielles Grundeinkommen") gelten kann. Kinder unter 18 Jahren erhalten ein Bürgergeld von 500 € (abzüglich Gesundheitsprämie).

Das Solidarische Bürgergeld bezieht zwei in der Öffentlichkeit umstrittene Programmbeschlüsse des Leipziger CDU-Parteitages vom Dezember 2003 und des Bundestagswahlkampfs 2005 ein: Die Gesundheitsprämie wird faktisch vollständig aus Steuermitteln aufgebracht und die Einkommensteuer wird vereinfacht, wobei eine breite steuerliche Bemessungsgrundlage einem einheitlichen Steuersatz (sogenannte „flat tax") unterworfen wird.

Das Solidarische Bürgergeld entspricht finanztechnisch einer „negativen Einkommensteuer". Personen mit einem Einkommen unterhalb eines bestimmten Betrages, der sogenannten Transfergrenze von 1600 € im Monat, erhalten zusätzlich zu ihrem Einkommen – sofern vorhanden – einen Betrag als „negative" Steuer ausbezahlt, höchstens aber das große Bürgergeld. Sie sind damit Nettoempfänger. Personen mit einem Einkommen oberhalb der Transfergrenze erhalten das kleine Bürgergeld. Dieses wird von ihrer Steuerschuld abgezogen und mindert ihre Steuerlast. Sie sind damit Nettozahler.

Im Rahmen dieses Modells wird vorgeschlagen, dass unterschiedliche Steuersätze für Nettozahler und Nettoempfänger existieren. Der Steuersatz unterhalb der Transfergrenze soll 50 % und oberhalb davon 25 % betragen. Der (Negativ-)Steuersatz 50 % bedeutet letztlich eine Transferentzugsrate, um die sich der Zuschuss zum Bruttoeinkommen verringert, und liegt deutlich unter den jetzigen Anrechnungsbeträgen beim Arbeitslosengeld II. Die positive Steuerzahlung beginnt erst ab der Transfergrenze. Der Grenzsteuersatz beträgt dann 25 %, der Durchschnittssteuersatz beginnt hier mit null und steigt dann mit steigendem Einkommen bis auf 25 % an. Der Satz von 25 % ist also der Spitzensteuersatz.

Damit es einen durchgängigen Steuertarif gibt, muss das Bürgergeld für die Nettozahler die Hälfte betragen wie für die Nettoempfänger. Als jeweils „großes" und „kleines" Bürgergeld werden Sätze von entweder 800 € und 400 € oder 600 € und 300 € monatlich vorgeschlagen. Im ersten Fall, er wird hier als *Grundmodell 1* bezeichnet, ist eine Gesundheitsprämie von 200 € monatlich enthalten, die für die Kranken- und Pflegeversicherung bestimmt ist. Bei einem Bürgergeld von 600 € und 300 € monatlich müsste die Gesundheitsversorgung anderweitig finanziert werden. In der vorliegenden Studie wird angenommen, dass die Finanzierung der Gesundheitsversorgung durch eine Gesundheitssteuer oder einen -beitrag geschieht. Dieser Fall wird als *Grundmodell 2* bezeichnet. Kinder erhalten 300 € monatlich Bürgergeld und wie im Grundmodell 1 zusätzlich eine Gesundheitsprämie von ebenfalls 200 € monatlich. Beide Modelle wurden von Althaus in die Diskussion gebracht, wobei er das Grundmodell 1 favorisiert.

In der Studie wird der Frage nachgegangen, ob und, wenn ja, wie das Bürgergeld nach diesen beiden Grundmodellen durch die Einkommensteuer finanziert werden kann und welche Rolle ergänzende Finanzierungen für die Kranken- und Pflegeversicherung spielen (z. B. Lohnsummensteuer, Sozialsteuer). Dabei ist zu berücksichtigen, dass durch das Solidarische Bürgergeld erhebliche Ersparnisse bei bisher steuerfinanzierten Leistungen entstehen, die zu einem großen Teil wegfallen können. Wie im Gutachten aufgeführt und im Einzelnen diskutiert, wird das gesamte Einsparpotenzial auf etwas über 200 Mrd. € pro Jahr geschätzt.

Anderseits müssen einige bisher durch Beiträge finanzierte Sach- und Dienstleistungen nach Einführung des Solidarischen Bürgergeldes durch Steuern finanziert werden, beispielsweise Maßnahmen der aktiven Arbeitsmarktpolitik oder Rehabilitationsleistungen der Rentenversicherung. Dieser Zusatzbedarf wird auf etwa 10 Mrd. € geschätzt. Insgesamt liegt das gesamte Einsparvolumen etwa 5 bis 15 Mrd. € jährlich über den bisherigen Einnahmen der Lohn- und Einkommensteuer (einschließlich Solidaritätszuschlag). Da sich in den Abschätzungen eine Reihe von Unsicherheitsfaktoren befinden, wird für die Simulationen folgende Regel verwendet: *Ein Modell ist genau dann kostenneutral finanzierbar, wenn die simulierten Einnahmen aus der (neuen) Einkommensteuer in etwa den simulierten Kosten des Bürgergeldes entsprechen.* Vermutlich ist ein Modell aber selbst dann kostenneutral finanzierbar, wenn die simulierten Kosten etwas über den simulierten Einnahmen der Einkommensteuer liegen. Das Bürgergeld würde dann aufgrund der hohen Ersparnisse zum Teil aus anderen Steuern finanziert werden können.

Die Mikrosimulationen werden auf Basis der Daten des Sozio-Oekonomischen Panels (SOEP) für 2004 durchgeführt. Dabei zeigt sich, dass sich durch den Vorschlag Solidarisches Bürgergeld die Steuerbasis erheblich verbreitern lässt, weil die Freibeträge entfallen und alle Einkommensarten in voller Höhe besteuert werden.

Ergebnis ist: *Mit den im Grundmodell 1 von Dieter Althaus vorgeschlagenen Parametern kann das Bürgergeld alleine kostenneutral finanziert werden.* Der zugrunde liegende Steuersatz der Nettozahler von 25 % und eine Transferentzugsrate von 50 % bringen rechnerische Einnahmen der Lohn- und Einkommensteuer einschließlich des Solidaritätszuschlags von insgesamt 408 Mrd. € pro Jahr. Im Vergleich zu den jetzigen Einkommensteuereinnahmen ist das ein Zuwachs von über 200 Mrd. €. Die Simulation der Ausgaben des Solidarischen Bürgergeldes führt zu einem Volumen von insgesamt 597 Mrd. €. Die Kosten für das Bürgergeld betragen 400,2 Mrd. €, das sind unter Berücksichtigung der Einsparmöglichkeiten bei den steuerfinanzierten Sozialleistungen etwa 200 Mrd. € mehr als heute. Die rechnerische Differenz zwischen den gesamten Ausgaben in Höhe von 597 Mrd. € und den simulierten Einnahmen in Höhe von 408 Mrd. € beträgt also 189 Mrd. € pro Jahr und entspricht in etwa den Kosten für die Gesundheitsprämie.

Aufgrund seiner Ausgestaltung als Negativsteuer werden die Einnahmen aus der Einkommensteuer unmittelbar mit den Ausgaben des Bürgergeldes verrechnet. Dies führt zu tatsächlichen Ausgaben des Solidarischen Bürgergelds (einschließlich der Ausgaben für die Gesundheitsprämie) in Höhe von 310,6 Mrd. € jährlich. Dieser Betrag teilt sich auf in ca. 90 Mrd. für Kinder, ca. 100 Mrd. € für Rentnerinnen und Rentner und ca. 120 Mrd. € für sonstige Erwachsene, die das große Bürgergeld beziehen, wobei darin die Kosten für die Gesundheitsprämie in Höhe von 200 € pro Kopf bereits enthalten sind.

Neben der steuerfinanzierten Grundrente sieht das Modell eine Zusatzrente von bis zu 600 € monatlich vor sowie eine Rentenzulage, die den Vertrauens- und Bestandsschutz der Rentenansprüche sichert, welche über die Summe aus Bürgergeld, Gesundheitsprämie und Zusatzrente hinausgeht. Im Grundmodell 1 betragen die jährlichen Kosten der Zusatzrente 41,6 Mrd. €, die der Rentenzulage 98,6 Mrd. €, die Finanzierung erfolgt durch eine Lohnsummensteuer der Arbeitgeber in Höhe von 12 %. Gleichzeitig verbleiben tatsächliche Einnahmen aus der Lohn- und Einkommensteuer ohne Solidaritätszuschlag in Höhe von 121,6 Mrd. € pro Jahr.

Damit wird deutlich: Im Grundmodell 1 sind die Kosten für das Bürgergeld (ohne die Gesundheitsprämie) mit den simulierten Steuereinnahmen finanzierbar. Aufgrund der mit Ausnahme der Lohnsummensteuer vollständig wegfallenden Sozialversicherungsbeiträge werden die Einkommen der Arbeitnehmer in der Regel deutlich weniger belastet als aktuell.

Eine erste Möglichkeit, die Gesundheitsprämie zu finanzieren, besteht darin, die Steuersätze gegenüber dem Ursprungsvorschlag zu erhöhen. Es zeigt sich, dass je nach politischer Präferenz bei einer Transferentzugsrate von 80 % und einem Spitzensteuersatz von 35 %, oder auch bei einer Transferentzugsrate von 70 % und einem Spitzensteuersatz von 40 % sowohl das Bürgergeld als auch die Gesundheitsprämie in den genannten Größenordnungen kostenneutral finanzierbar sind. Diese Steuersätze klingen im Vergleich zum Ursprungsvorschlag (Transferentzugsrate von 50 % und Steuersatz von 25 %) relativ hoch, allerdings ist zu bedenken, dass heute die maximale Durchschnittsbelastung mit Steuern und Arbeitnehmerbeiträgen für die Sozialversicherung für einen abhängig Beschäftigten bis zu 50 % und die Grenzbelastung bis zu 70 % beträgt. Tatsächlich wird gezeigt, dass die simulierten Durchschnittssteuersätze für *alle* Einkommen deutlich unterhalb der jetzigen Belastungsquoten mit Steuern und Sozialversicherungsbeiträgen liegen.

Die zweite Möglichkeit, die Gesundheitskosten zu finanzieren, wird im Grundmodell 2 simuliert, bei dem die Finanzierung der Gesundheit (und Pflege) ausgelagert ist. Zur Einkommensteuer des Grundmodells 1 kommt in diesem Modell noch eine Gesundheitssteuer bzw. ein -beitrag von 14 % hinzu, deren Einnahmen in einen Gesundheitsfonds fließen. Mit diesen zusätzlichen Einnahmen ließe sich das gesamte Ausgabevolumen aus Bürgergeld und Gesundheitsprämie mit geringfügigen Änderungen der Steuersätze finanzieren. Die durchschnittliche Belastung liegt auch in diesem Modell deutlich unterhalb der jetzigen Belastungsquote.

Neben diesen beiden Grundmodellen, für die eine Mikrosimulation durchgeführt wird, diskutiert das Gutachten eine Reihe von Modifikationen, wie z.B. die Einführung eines Stufentarifs für die Einkommensteuer, die Finanzierung sowohl der Krankenversicherung als auch der Alterssicherung über eine Sozialsteuer sowie die Einführung einer Rente nach dem schweizerischen oder dem schwedischen Modell der Alterssicherung bei einer Einführung des Bürgergeldes nur für den Rest der Bevölkerung.

Als „Variante des Grundmodells 1" wird zusätzlich ein „3-Säulen-Modell" aus Einkommensteuer, Lohnsummensteuer (der Arbeitgeber) und Sozialsteuer diskutiert (ohne Mikrosimulation).

Zu betonen ist schließlich, dass es sich um statische Simulationen handelt, bei denen Verhaltensänderungen nicht simuliert werden. Um quantitative Abschätzungen für die Wirkungen des Bürgergeldkonzepts auf Arbeitslosigkeit und Beschäftigung durchzuführen, wäre ein umfangreiches Mikrosimulationsmodell notwendig, das die Auswirkungen auf Arbeitsangebot, Arbeitsnachfrage und auch auf Konsum und Ersparnis simuliert sowie die makroökonomischen (Rück-)Wirkungen mitberücksichtigt. Ein solches Modell steht uns in dieser Form nicht zur Verfügung. Unabhängig davon ist es auch grundsätzlich fraglich, ob die dynamische Simulation eines so umfassenden Vorschlags wie des Solidarischen Bürgergeldes wissenschaftlich vertretbar ist. Das liegt daran, dass sich bei größeren Veränderungen die Parameter der Gleichungen eines solchen Simulationsmodells verändern, weshalb üblicherweise nur Verhaltensreaktionen auf der Basis kleinerer Veränderungen geschätzt werden können. Zur Simulation größerer Reformmaßnahmen sind statische Simulationen, also unter Annahme, dass es keine Verhaltensänderungen gibt, durchaus üblich (Fuest u.a. 2007). Im Abschnitt 3.5. werden einige denkbare makroökonomische Wirkungen andiskutiert, ohne selbst Quantifizierungen vorzunehmen. Es wird aber unter anderem auf Berechnungen des IZA verwiesen, die im Rahmen eines Partialmodells des Arbeitsmarktes, also ohne Rückwirkungen auf die anderen Märkte, die Beschäftigungswirkungen des Solidarischen Bürgergeldes geschätzt haben.

Kennzeichen aller Grundeinkommens- bzw. Bürgergeldmodelle ist die Entkopplung des Anspruchs auf monetäre Existenzsicherung von der Teilnahme am Arbeitsmarkt. Das Recht auf ein Bürgergeld besteht unabhängig von der Bereitschaft, eine zumutbare Arbeit anzunehmen. Grundeinkommens- bzw. Bürgergeldmodelle setzen ausschließlich auf Anreize und Motivation und stellen damit eine ordnungspolitische Alternative gegenüber den Konzepten einer „Aktivierung" („Fördern und Fordern") bzw. von „Workfare" statt, die ein gestuftes System von Zwangsmaßnahmen zur Arbeitsmarktintegration einschließen. Ein empirischer Nachweis des Erfolgs der Workfare-Modelle steht bislang allerdings noch aus. Im Gutachten werden die wichtigsten Argumente in dieser kontroversen Diskussion analysiert. Dabei wird deutlich, dass das Modell Solidarisches Bürgergeld in eine breite, unterschiedliche politische Lager umfassende Reformulierung sozialpolitischer Grundannahmen eingebunden werden kann.

Programmatisch scheint ein Bürgergeldkonzept auf den ersten Blick dem Subsidiaritätsprinzip der katholischen Soziallehre zu widersprechen, nach dem Selbsthilfe Vorrang vor Fremdhilfe hat. Damit kleinere Einheiten aber in die Lage versetzt werden, unabhängig von größeren Einheiten agieren zu können, ist ein Mindestmaß an ökonomischer Absicherung nötig, die diesen kleinen Einheiten im Sinne eines solidarischen Ausgleichs von der Gemeinschaft als Hilfe zur Selbsthilfe zur Verfügung gestellt wird. Insofern kann das Modell des Solidarischen Bürgergeldes als Konkretisierung einer Konzeption „neuer Subsidiarität" (bzw. „solidarischer Subsidiarität") gelten. In seiner Wirkung ist das Solidarische Bürgergeld dem steuerlichen Grundfreibetrag vergleichbar, der jedem Steuerpflichtigen unabhängig von seinem zu versteuernden Einkommen von staatlicher Seite gewährt wird. Einige Gesichtspunkte für die dringlich erforderliche, vertiefende ordnungspolitische und sozialethische Diskussion werden in der Studie angesprochen.

Zusammenfassend belegt die Studie, dass das Modell Solidarisches Bürgergeld in der von Dieter Althaus vorgelegten Form mit nicht unerheblichen Modifikationen finanzierbar ist. In der politischen Diskussion wird es darum gehen, die verschiedenen Modifikationsmöglichkeiten zu bewerten und Prioritäten zu setzen: Wie wichtig sind möglichst niedrige Steuersätze für Nettozahler, wie hoch soll die Transferentzugsrate für Nettoempfänger sein, welche Sozialleistungen werden zugunsten des Bürgergeldes tatsächlich eingespart, wie hoch sollen die Lohnsummensteuer und gegebenenfalls zusätzliche Sozialversicherungsbeiträge bzw. Sozialsteuern angesetzt werden und muss auch über höhere weitere (Konsum-)Steuern nachgedacht werden?

2. Einführung: Bürgergeld und Grundeinkommen

2.1 Zum Stellenwert der vorliegenden Studie

Im Sommer 2006 veröffentlichte der Thüringer Ministerpräsident Dieter Althaus (CDU) das Konzept Solidarisches Bürgergeld. Erstmals machte sich damit ein CDU-Politiker die Idee eines garantierten, von der Arbeitsmarktteilnahme entkoppelten Grundeinkommens zu Eigen. Zugleich enthielt dieses Konzept zwei in der bisherigen Grundeinkommensdiskussion nicht vorhandene Elemente: Althaus integrierte systematisch die Idee einer Gesundheitsprämie (200 € monatlich) und damit die Finanzierung des Gesundheitswesens, und er operierte mit einem zweigestuften Bürgergeld, einem „großen" Bürgergeld (800 € monatlich abzüglich Gesundheitsprämie) mit dem Ziel der Existenzsicherung und einem „kleinen" Bürgergeld (400 € monatlich abzüglich Gesundheitsprämie), das – etwas höher als das heutige Kindergeld – als eine Art Teilgrundeinkommen („partielles Grundeinkommen") gelten kann und für die überwiegende Mehrheit der Bevölkerung relevant sein würde. Strategisch bedeutsam für die sozial- und ordnungspolitische Diskussion erscheint dabei, dass Althaus zwei in der Öffentlichkeit sehr umstrittene Elemente der Programmbeschlüsse des Leipziger CDU-Parteitages vom Dezember 2003 und des Bundestagswahlkampfs 2005 in das Modell einfließen ließ: zum einen die Gesundheitsprämie, die im Modell faktisch vollständig aus Steuermitteln aufgebracht wird, also im Grunde eine Steuerfinanzierung des Gesundheitswesens, zum anderen die „flat tax" des Finanzjuristen und CDU-Wahlkampfteammitglieds Paul Kirchhof.

Die Konrad-Adenauer-Stiftung beauftragte Anfang August 2006 das Institut für Sozialökologie in Königswinter mit einer Studie, die die Finanzierung und damit Realisierung dieses Modells untersuchen sollte. PD Dr. Wolfgang Strengmann-Kuhn (J.-W.-Goethe Universität Frankfurt) und Dr. Bruno Kaltenborn (Wirtschafts- und Politikberatung Dr. Kaltenborn, Berlin) erklärten sich gemeinsam mit Prof. Dr. Michael Opielka (Fachhochschule Jena) bereit, diese Studie in einem sehr kurzen Zeitraum zu erstellen. Als Autoren zeichnen Michael Opielka und Wolfgang Strengmann-Kuhn verantwortlich, Letzterer übernahm die Hauptverantwortung der Datenanalysen. Bruno Kaltenborn wirkte als Berater bei der Erstellung dieser Studie mit. Außerdem danken wir Frau Dipl.-Soziologin Barbara Borglohn, Herrn Dr. Klaus-Uwe Gerhardt, Frau Dipl.-Volkswirtin Kathrin Göggel, Frau Dr. Irene Becker, Herrn Dipl.-Soziologen Mark Unbehend sowie Herrn Dipl.-Volkswirt Christopher Müller für weitere wertvolle Hinweise.

Die Autoren danken der Konrad-Adenauer-Stiftung, insbesondere ihrem Vorsitzenden Prof. Dr. Bernhard Vogel, dem Leiter der Hauptabteilung Politik und Beratung Dr. Michael Borchard und seinem Mitarbeiter Matthias Schäfer für das Vertrauen und die Diskussionsbereitschaft. Besonders dankbar sind die Autoren Hermann Binkert, Persönlicher Referent des Thüringer Ministerpräsidenten und Leiter des Referats für Politische Grundsatzfragen in der Thüringer Staatskanzlei, der das Modell Solidarisches Bürgergeld mit entwickelte und für Fragen zu den Intentionen, die aus den veröffentlichten Texten nicht abschließend ablesbar sind, engagiert zur Verfügung stand. Da die Texte bislang nur im Internet zugänglich sind, wurden sie zur Erhöhung der Verständlichkeit dieser Studie in Teil 1 dokumentiert. Eine erste Fassung der vorliegenden Studie wurde im Oktober 2006 erstellt. Sie lag den Verfassern der in diesem Buch abgedruckten Kommentare (Spermann, Fetzer, Schramm) vor. Für die Buchveröffentlichung wurde die Studie durchgesehen, zudem wurde versucht, die kritischen Einwände bereits im Textverlauf zu entkräften.

Den Auftraggebern dieser Studie war klar, dass das Modell Solidarisches Bürgergeld den Lackmustest der Finanzierbarkeit nicht ohne Modifikationen durchläuft. Der Grund dafür liegt auch darin, dass die Datengrundlagen der deutschen Sozialpolitik nicht wirklich befriedigend sind. Seit Jahrzehnten wird in der Fachdiskussion das Fehlen einer belastbaren Steuer-Transfer-Verteilungsrechnung beklagt, die die Verteilungseffekte des hochkomplexen deutschen Sozialstaats transparent macht (BMF 1996; Kaltenborn 2003). Dieses Desiderat kann in der vorliegenden Studie nicht behoben werden. Dennoch wird im Folgenden versucht, einige methodische Probleme zu klären, die für die Beratung der Politik in Hinsicht auf Grundeinkommensreformen auch in der Zukunft relevant erscheinen.

Die Autoren betrachten diese Studie als Versuch, ein innovatives Modell des Grundeinkommens in einer Weise zu analysieren, die die Idee des Grundeinkommens, der sie positiv gegenüber stehen, auch für Skeptiker zugänglich macht. Sie deuten das Modell des Solidarischen Bürgergeldes als Beitrag für eine konkrete und realitätsnahe Reform des deutschen Sozialstaats, die letztlich, wie es im US-amerikanischen Sprachgebrauch hilfreich heißt, nur „non-partisan", also überparteilich, Erfolg verspricht.

2.2. Die Diskussion um Grundeinkommen und Bürgergeld

Die Idee des Grundeinkommens bzw. Bürgergelds ist weitaus mehr als eine technisch-administrative Reform. Sie berührt zentrale Fragen der Ordnungs- bzw. Gesellschaftspolitik in modernen Gesellschaften. Blicken wir kurz zurück: Der vielleicht größte deutsche Denker, Georg Wilhelm Friedrich Hegel, problematisierte in seiner Berliner Rechtsphilosophie von 1821 die Heranziehung der „reicheren Klasse" zugunsten der „der Armut zugehenden Masse" (§ 245). Allerdings konnte sich Hegel eine sozialpolitische Umverteilung mangels Masse noch nicht vorstellen: „Es kommt hierin zum Vorschein, dass bei dem *Übermasse des Reichtums* die bürgerliche Gesellschaft *nicht reich genug ist*, d. h. an dem ihr eigentümlichen Vermögen nicht genug besitzt, dem Übermasse der Armut und der Erzeugung des Pöbels zu steuern." (Hegel 1999, S. 201) Dies hat sich in den vergangenen bald zwei Jahrhunderten geändert. Der Sozialstaat wurde erfunden und der allgemeine Wohlstand ist so weit fortgeschritten, dass Armut, zumindest in den entwickelten Industrieländern, weitgehend beseitigt werden könnte. Allerdings machte Hegel auch sittliche – die Konstruktionslogik der „bürgerlichen Gesellschaft" betreffende – Einwände geltend. Denn würden die Armen öffentlich unterhalten, „so würde die Subsistenz der Bedürftigen gesichert, ohne durch die Arbeit vermittelt zu sein, was gegen das Prinzip der bürgerlichen Gesellschaft und des Gefühls ihrer Individuen von ihrer Selbständigkeit und Ehre wäre." (ebd.) Dieser zugleich ordnungspolitische und sozialethische Gedanke ist für die Idee eines Grundeinkommens zweifellos eine Herausforderung.

Wir werden ihn im Folgenden nicht mit der gebotenen Gründlichkeit diskutieren können, da der Fokus dieser Studie auf der Finanzierbarkeit und Realisierbarkeit eines bestimmten Grundeinkommensmodells liegt. Er kann aber auch nicht verdrängt werden, da er ohnedies in allen Diskussionen – von links bis rechts – wiederkehrt. Deshalb folgt zunächst eine kurze Rekonstruktion der wichtigsten Argumentationslinien für ein Grundeinkommen und eine Diskussion der Frage, inwieweit und warum das Solidarische Bürgergeld auch für konservatives Denken von Interesse ist. Hegels Einwand besteht ja darin, dass eine Garantie der Subsistenz „ohne durch die Arbeit vermittelt zu sein" den Zusammenhalt, die Inklusion der Gesellschaft gefährdet. Sollte dieser Gedanken zutreffen, muss ein erfolgreiches Grundeinkommen gerade die Integrationserfahrung durch Arbeit unterstützen, d. h. keine „Faultierprämie", sondern eine Motivationshilfe zur Arbeit sein, und zwar sowohl zur marktvermittelten Erwerbsarbeit wie zur gemeinschaftlichen Arbeit in Familie und freiwilligem Engagement.

2.2.1. Argumentationslinien für ein Grundeinkommen

Die Idee eines Grundeinkommens ist nicht neu. Manche Autoren verorten ihre Anfänge bereits im 16. Jahrhundert bei Thomas Morus, zumindest aber im ausgehenden 19. Jahrhundert, als „ein Einkommen, das von einem politischen Gemeinwesen an alle seine Mitglieder ohne Bedürftigkeitsprüfung und ohne Gegenleistung individuell ausgezahlt" wird, so die Definition bei einem der Pioniere der aktuellen Grundeinkommensdiskussion, dem in Louvain-la-Neuve und Harvard lehrenden Ökonomen und Philosophen Philippe van Parijs (Vanderborght/Parijs 2005, S. 14). In der technischen Form einer „negativen Einkommensteuer" wurde sie erstmals in den 1940er-Jahren von Lady Juliet Rhys-Williams geäußert, einer zunächst der liberalen, ab 1945 der konservativen Partei angehörenden britischen Ökonomin und Spitzenbeamtin (Rhys-Williams 1953).

In den 1960er-Jahren wurde die Idee von Milton Friedman und James Tobin erneut in die Diskussion gebracht (Friedman 1962/1984, Tobin et al. 1967)[1], im Rahmen des von den damaligen US-Präsidenten Kennedy und Johnson propagierten „War on Poverty" von zahlreichen Ökonomen aufgegriffen (Brauer 1982) und führte schließlich zu mehreren Großexperimenten mit einer „Negative Income Tax" zwischen 1968 und 1980. Dass diese Experimente in der Öffentlichkeit überwiegend als gescheitert dargestellt wurden, erscheint aus heutiger Sicht erstaunlich und hat seinen Grund wohl darin, dass die Ergebnisse der umfänglichen Begleitforschung verfrüht und einseitig in den politischen Prozess eingespeist wurden (Widerquist 2005).

Elemente des Negativsteuerkonzepts wurden gleichwohl in den USA institutionalisiert, insbesondere in Form des 1975 eingeführten „Earned Income Tax Credit" (EITC), einer Steuergutschrift für Steuerpflichtige mit geringem Lohneinkommen (Hotz/Scholz 2002; SVR 2006, S. 47ff.). Der EITC wird als Steuergutschrift einmal jährlich mit der Veranlagung zur Einkommensteuer gewährt und mit der Steuerschuld verrechnet. Unterschreitet die Steuerschuld die Höhe des EITC, wird die Differenz dem Steuerpflichtigen ausgezahlt. Dabei werden je nach Haushaltstyp Tarife mit drei Zonen eingesetzt, wobei der Grenzzuschuss bei zwei oder mehr Kindern mit 40 % am höchsten ausfällt. Niedrige Lohneinkommen werden durch den EITC so bis zu rund 11.000 $ mit 0,40 $ je zusätzlich verdientem US-Dollar subventioniert. Dennoch scheinen die Arbeitsanreizeffekte nicht für alle Haushaltstypen gleichermaßen gegeben. Während es sich für Alleinstehende immer lohnt, erwerbstätig zu sein, kann bei

---

[1] Das in diesem Diskussionszusammenhang von Robert Theobald herausgegebene Buch „The Guaranteed Income" (Theobald 1966) enthielt den später auch auf Deutsch erschienenen (in Opielka/Vobruba 1986), viel zitierten Aufsatz von Erich Fromm „The Psychological Aspects of the Guaranteed Income".

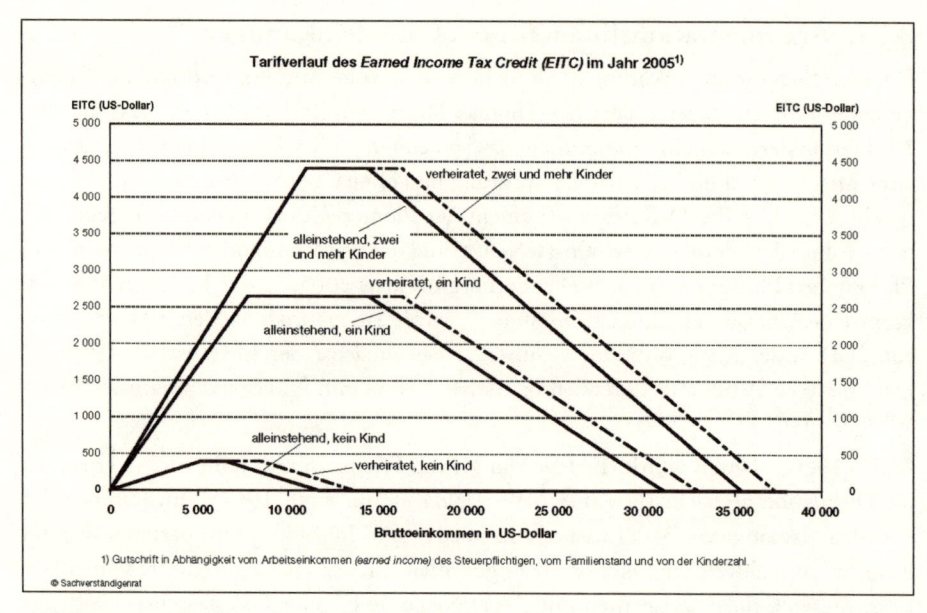

Abbildung 1: Darstellung des Tarifverlaufs des Earned Income Tax Credits (EITC) im Jahr 2005
Quelle: SVR 2006, S. 48

Mehrpersonenhaushalten bei einem Erstverdiener, der in die Tarifzonen 2 oder 3 fällt (siehe Abbildung 1), der Anreiz für den Zweitverdiener, also für die meisten verheirateten Frauen, negativ sein (SVR 2006, S. 47ff.). In Anbetracht der deutschen Kontroversen um einen gesetzlichen Mindestlohn ist erwähnenswert, dass das Negativsteuersystem EITC (wie auch die ähnliche Regelung in Großbritannien) mit einem solchen Mindestlohn kombiniert wird.

Politisch wurde die Idee der negativen Einkommensteuer vor allem aufgrund des US-amerikanischen Diskursverlaufs mit einer liberalen Ordnungspolitik assoziiert, was sich bis heute für die Rezeption gerade auch in Deutschland als problematisch erwies. Im Gegensatz zur deutschen Debatte ging es in den USA von Anfang an aber auch um das Ziel der Armutsbekämpfung, insbesondere um die Verringerung der Anzahl der „Working Poor" (Burkhauser u. a. 1996b; Strengmann-Kuhn 2003, S. 219ff.).

Erst in den 1980er-Jahren begann in (West-)Deutschland die Diskussion um ein von der Erwerbsarbeit entkoppeltes garantiertes Grundeinkommen.[2] Das erste Motiv war,

---

[2] Zwei der Sammelbände jener Zeit deuteten in ihren Titeln die beiden Motive an, die die Diskussion seitdem leiten: *Befreiung von falscher Arbeit* hieß der von Thomas Schmid herausgegebene Band (Schmid 1984); *Das garantierte Grundeinkommen. Entwicklung und Perspektiven einer Forderung* (Opielka/Vobruba 1986) der andere.

damals wie heute, den Arbeitsmarkt nicht mehr als allein primäre Institution der Einkommensverteilung zu verstehen und damit eine Antwort auf das Ende der traditionellen Vollbeschäftigung (dauerhaft, Vollzeit, männlich) zu geben. Durch ein Grundeinkommen soll das Beschäftigungsargument zugunsten gesellschaftlich schädlicher Produktion gelockert, der Arbeitsbegriff – vor allem unter Einbeziehung der Familienarbeit – weiter gefasst und das Problem der Arbeitslosigkeit an der Wurzel angegangen werden. Das zweite Motiv war vordergründig armutspolitisch, genauer betrachtet jedoch gesellschaftspolitisch: Das Grundeinkommen soll die „soziale Demokratie" des Wohlfahrtsstaats auf stabile Füße, auf soziale Grundrechte stellen. Armut gilt in diesem Zusammenhang als eine substanzielle Verletzung der Menschenwürde. Die Forderung nach einem Grundeinkommen wäre dann eine politische Forderung auf demselben Niveau wie die Forderung nach dem allgemeinen und gleichen Wahlrecht am Anfang des 20. Jahrhunderts. Seitdem sind zahllose Veröffentlichungen erschienen, welche die Idee des Grundeinkommens diskutieren, wurde eine Reihe von Kostenrechnungen angestellt, diskutierte man in praktisch allen politischen Lagern über ein Grundeinkommen oder Bürgergeld und wurden ein internationales (www.basicincome.org) wie ein deutsches (www.grundeinkommen.de) Grundeinkommensnetzwerk gegründet.

Die beiden genannten Begründungslinien – Arbeitsmarkt und Gesellschaftspolitik – wurden dabei sehr unterschiedlich ausbuchstabiert, je nach politischem und wissenschaftlichem Selbstverständnis der an der Diskussion Beteiligten. Es ist hier nicht der Ort, diese Diskussion umfassend nachzuzeichnen und zu systematisieren (dazu z. B. Parijs 2004; Vobruba 2006). Angesichts der vor allem bei Skeptikern dieser Idee verbreiteten Auffassung, sie sei vor allem eine resignative Antwort auf ein „Ende der Erwerbsarbeit", soll jedoch darauf hingewiesen werden, dass diese Deutung für die Idee des Grundeinkommens *nicht* konstitutiv ist. Tatsächlich existieren, entgegen den noch zu Beginn der 1980er-Jahre von vielen Sozialwissenschaftlern geäußerten Befürchtungen (oder Hoffnungen), kaum Anzeichen dafür, dass die Erwerbsarbeit „ausgeht". Beeindruckend erscheint im Gegenteil die national wie global zu beobachtende Anpassungsfähigkeit der Marktwirtschaften und ihrer Arbeitsmärkte an technologische Entwicklungen (Althammer 2002; Sinn 2002; Opielka 2004, S. 60ff.; skeptisch: Rifkin 2004).

Es ist jedoch unstrittig, dass technologischer und sozialer Wandel die Struktur der Arbeitsmärkte und die Anforderungen an Erwerbstätige dramatisch verändert haben und sie weiter verändern werden. Es verändert sich die Struktur der Arbeit, das Volumen der Arbeitsstunden geht in Deutschland zurück.[3] Der Anteil der Erwerbstätigen hat

---

[3] Brunetti und Weder di Mauro (2006) sehen in dem beispielsweise gegenüber der Schweiz um etwa ein Drittel geringeren relativen Arbeitszeitvolumen einen entscheidenden Grund für die Verletzlichkeit des deutschen Arbeitsmarktes.

sich aber in den letzten 40 Jahren kaum geändert. Allerdings sinkt die Zahl der sozialversicherungspflichtig Beschäftigten, was den bisher auf Beiträgen auf Erwerbsarbeit gegründeten deutschen Sozialstaat in Finanzierungsprobleme bringt. Auch wenn die Erwerbsarbeit nicht „ausgeht", ist andererseits aber auch nicht mit einem Anstieg des Arbeitsvolumens und der Erwerbstätigenquote zu rechnen, der so stark ist, dass die Massenarbeitslosigkeit deutlich sinken wird. Zumindest für Personen mit Wettbewerbsnachteilen wird Erwerbsarbeit „knapper". Gerade in Deutschland erweist sich die hohe Arbeitslosigkeit zunehmend als Problem einer Langzeitarbeitslosigkeit, von der vor allem Geringqualifizierte und Personen mit Erwerbseinschränkungen betroffen sind, allen voran Erziehende (vor allem Mütter) mit kleinen Kindern und Erwerbsgeminderte (Behinderte, psychisch Kranke). Zur letzten Gruppe wurden bisher pauschal und fälschlich auch ältere Arbeitnehmer gezählt.

Als eine Antwort auf das damit verbundene Problem der „Exklusion", des unfreiwilligen Ausschlusses aus dem Arbeitsmarkt, wurde vor allem von liberalen und (neo-)klassischen Ökonomen die Einführung eines „Niedriglohnsektors" vorgeschlagen, dessen offensichtlich sozial verwerfende Folgen durch „Kombilöhne" oder eine „Negative Einkommensteuer" kompensiert werden sollten. Hier findet sich die Brücke zwischen Arbeitsmarktpolitik und Grundeinkommensdiskussion. Sie besteht nicht in der Annahme eines „Verschwindens der Arbeit", sondern eher in der Annahme eines „Verschwindens guter Arbeit für viele", denen mit kompensativen Leistungen des Sozialstaats geholfen werden soll. Das Problem der „Working Poor", der Armut trotz Erwerbsarbeit (Strengmann-Kuhn 2003), wird sich ohne substanzielle Reformen des Steuer- und Transfersystems nicht lösen lassen.

Die ökonomische und arbeitsmarktpolitische Begründung eines Grundeinkommens ist damit eng mit der gesellschaftspolitischen und demokratischen Begründung verbunden. Dahinter verbergen sich komplexe sozialwissenschaftliche Befunde: zum einen die Erkenntnis der sozialen Einbettung wirtschaftlichen Handelns und die Revision der handlungstheoretischen Grundlagen der ökonomischen Theorie (Beckert 1997); zum anderen die soziologische und sozialpsychologische Beobachtung, dass die Verringerung der biografischen Dominanz der Erwerbsarbeit (Individualisierung, Flexibilisierung, Optionalisierung) die Prägkraft der Erwerbsarbeit für die Lebensentwürfe der Individuen nicht wirklich vermindert hat. Je knapper das Gut Erwerbsarbeit wird, desto begehrter wird es. Umso wichtiger erscheint es folglich, nicht nur pädagogische Inseln für die am Eintritt in den Arbeitsmarkt Gescheiterten oder aus ihm Ausgeschlossenen zu organisieren, sondern gerade den Übergang aus und in den Arbeitsmarkt in allen Lebensphasen und für alle Bürgerinnen und Bürger offenzuhalten. Hierin wird von vielen Beobachtern das wichtigste Argument für ein Grundeinkommen/Bürgergeld gesehen (Gerhardt 2006).

Argumente für eine Sozialreform in Richtung Grundeinkommen/Bürgergeld werden auch aus der demografischen Entwicklung abgeleitet. Insbesondere die Alterung der deutschen Bevölkerung reduziert das Erwerbspersonenpotenzial und führt voraussichtlich zu einer geringeren Lohnquote, was im Interesse einer Steuer- und Abgabenbelastung nach Leistungsfähigkeit eine Verbreiterung der Bemessungsbasis der Sozialstaatsfinanzierung über die Erwerbseinkommen hinaus erfordert. Darüber hinaus führt die Erhöhung des Altersquotienten – selbst bei der unvermeidlichen Anhebung des Rentenzugangsalters auf 67 Jahre – zu einem geringeren Rentenniveau, wie der Bericht der „Rürup-Kommission" der Bundesregierung im Jahr 2003 belegte. Es steht zu befürchten, dass ein großer Teil der Rentnerbevölkerung[4] das Existenzminimum nicht mehr durch die Rente abdecken kann, sondern auf die am 1.1.2004 eingeführte sozialhilfeähnliche Grundsicherung im Alter und bei Erwerbsunfähigkeit angewiesen ist. Dies bedeutet, dass sich für einen erheblichen Bevölkerungsanteil eine private Vorsorge praktisch nicht lohnt, da der Bezug der sozialhilfeähnlichen, bedarfsorientierten Grundsicherung den Vermögensverzehr voraussetzt. Die Forderung nach einer bedarfsunabhängigen Grundrente, also einem Grundeinkommen im Alter, wird sich vor diesem Hintergrund verstärken (Opielka 2004a). Dazu gibt es eine Reihe von Umsetzungsmöglichkeiten, wobei zum Teil auf internationale Erfahrungen zurückgegriffen werden kann (Strengmann-Kuhn 2004). Hierbei erscheint der Vergleich des deutschen mit dem schweizerischen Rentensystem der Alters- und Hinterlassenenversicherung (AHV) besonders ergiebig, das in Form einer universellen Bürgerversicherung, finanziert über einen steuerähnlichen Beitrag auf alle Einkommen ohne Bemessungsgrenze und mit Leistungen zwischen einer Grundrente und maximal dem doppelten Betrag, unterdessen auch seitens der Weltbank als Vorbild für Rentenreformen empfohlen wird (Carigiet/Opielka 2006, Piller 2006). Darüber hinaus könnte auch das international gelobte neue schwedische Alterssicherungssystem als Vorbild für eine Rentenreform in Deutschland dienen, in der eine steuerfinanzierte Garantierente implementiert ist. Dabei handelt es sich allerdings nicht um eine Grundrente im eigentlichen Sinn, sondern sie ähnelt eher einer negativen Einkommensteuer (Hort 2004).

Starke gesellschaftspolitische Argumente für ein Grundeinkommen werden schließlich unter dem Gesichtspunkt einer Stabilisierung des Staates durch die Sozialstaatlichkeit selbst vorgebracht. Diese hat zwei Aspekte. Zum einen geht es um die Rolle des Nationalstaats im europäischen und globalen Kontext. Hier existieren sehr unterschiedliche, widersprüchliche Deutungen, die von einer Fortdauer, ja sogar Stärkung

---

[4] Im Gutachten der Rürup-Kommission wurden erstaunlicherweise hierzu keine Schätzungen vorgelegt, obwohl die Senkung des Rentenniveaus in Verbindung mit den demografischen Extrapolationen und den Annahmen des Wirtschaftswachstums dies erlaubt hätte. In einigen Medien wurden Grundsicherungsquoten von etwa 40 % der Rentnerbevölkerung ab 2020 diskutiert (z.B. in der Financial Times Deutschland).

nationalstaatlicher Regulierungskompetenz (Governance) bis zu ihrem Verlust reichen (Opielka 2004, S. 221ff.). Hinzu kommt, dass nicht klar scheint, ob offene Grenzen und Zuwanderung vor allem als Bedrohung der Sozialstaaten oder als Chance für eine Kompensation demografischer Defizite interpretiert werden sollen, womit eine „Einwanderung in die Sozialsysteme" (Sinn 2004) entweder negativ oder positiv ausfiele. Welche Rolle dabei ein Grundeinkommen spielt, kann hier nicht in der gebotenen Tiefe diskutiert werden. Grundsätzlich spricht jedenfalls viel dafür, ein Modell wie das Solidarische Bürgergeld als Parafiskus auszugestalten oder – wie das Kindergeld – in die Einkommensteuer zu integrieren, um Anspruchsberechtigung und Exportierbarkeit von Leistungen eher restriktiv fassen zu können.[5] Die Frage nach einer globalisierungsorientierten Neuorientierung der Sozialpolitik muss sich heute jede weitreichende Sozialreform stellen und damit auch der Vorschlag des Solidarischen Bürgergeldes.

Zum Zweiten stellt sich seit einigen Jahren die Legitimationsfrage an die Politik. „Politikverdrossenheit" resultiert auch aus Diskrepanzen zwischen hohen Erwartungen an die Politik und dem allgemeinen, nicht selten begründeten Eindruck, dass politische Entscheidungen fern von den Bürgern und manchmal auch gegen die Bürger getroffen werden. Die Idee des Bürgergeldes bzw. Grundeinkommens kann insoweit als eine Rückgabe von Verantwortung an die Bürger gelesen werden, die sinnvollerweise auch mit stärker direktdemokratischen Elementen kombiniert werden sollte, wie sich dies in der Schweiz seit Langem bewährt. Anstelle einer auf „Workfare", Kontrolle und Disziplinierung setzenden Politik wird – im liberalen wie konservativ-subsidiärem Sinn – die Selbstverantwortung der Bürger sowohl für die Verwendung des Grundeinkommens als auch für die Entscheidung über dessen Ausgestaltung betont. Möglicherweise sind hier Vertrauensgewinne für die politische Klasse die Folge, die dann wiederum die Sozialintegration und Lebensqualität aller Bürger befördern.

Das Modell des Solidarischen Bürgergeldes kann in diesem Zusammenhang als ein Beitrag zu mehr Transparenz, Verlässlichkeit und letztlich demokratischer Selbstbestimmung wirken. Die Unübersichtlichkeit des gegenwärtigen sozialen Sicherungssystems in Deutschland erweist sich als Steuerungsproblem und trägt zu ordnungspolitischen Entscheidungen bei, die möglicherweise weder von der Bevölkerung noch von den Eliten „wirklich" beabsichtigt werden. Ein Beispiel dafür sind die Diskussionen um eine Verschärfung von „Hartz IV", in der administrative, finanztechnische Problemlösungen zunehmend mit sozialethischen und politischen Vorstellungen kollidieren.

---

[5] Zur komplexen Problematik der Exportierbarkeit von Grundsicherungsleistungen innerhalb der EU vergleiche Schulte 2004.

2.2.2. Diskussionen um eine Integration von Steuer- und Transfersystem in Deutschland

Insbesondere dem mittlerweile emeritierten Frankfurter Finanzökonomen Joachim Mitschke ist es zu verdanken, dass die Diskussion um ein Grundeinkommen mit der Steuerreformdiskussion verknüpft wurde (Mitschke 2000, 2004). Seitens der damaligen CDU/CSU-FDP-Koalition wurde 1995 eine Steuer-Transfer-Kommission eingesetzt (BMF 1996), in der sich Joachim Mitschke – am Ende mit der Drohung seines Rücktritts – dafür einsetzte, dass durch das Bundesministerium für Finanzen ein Gutachten zu den fiskalischen Auswirkungen der Einführung eines Bürgergeldes erstellt wurde. Sowohl Erstellung wie Rezeption dieses vom Deutschen Institut für Wirtschaftsforschung (DIW) erstellten Gutachtens waren Ausdruck einer kontroversen akademischen wie politischen Situation. Das Gutachten wurde von einer Forschergruppe um Gert Wagner verfasst, der aus seiner Abneigung gegen die Idee des Bürgergeldes keinen Hehl machte. Im Mittelpunkt stand die Berechnung eines Steuertarifs mit einer Anrechnungsrate von 50 % und einem Existenzminimum von 100 % des Bürgergeldniveaus für Ehepartner. Bei dieser Variante, „die in der Öffentlichkeit am stärksten präferiert wird", so das Gutachten, „summieren sich die Nettokosten auf immerhin (…) etwa 170 Mrd. DM" (DIW 1996, S. 49). Mit diesem Ergebnis war die politische Diskussion beendet. Irritierend erscheint, dass alternative und womöglich finanzierbare Varianten in den Tabellen verborgen und unerläutert blieben (z. B. ebd., S. 34), vor allem aber auch, dass dieses Gutachten nicht veröffentlicht wurde.

Im Jahr 2002 berechnete das DIW im Auftrag des Nachrichtenmagazins DER SPIEGEL ein sehr radikales Reformkonzept, das zwar nicht explizit ein Grundeinkommen beinhaltete, jedoch eine weitestgehende Integration von Steuer- und Transfersystem vorsah. Unter der Signatur „Arbeit für viele" wurde ein Systemwechsel vorgeschlagen, wonach praktisch alle Sozialleistungen steuerfinanziert werden, die Lohnnebenkosten auf 5,5 % sinken und nur noch Arbeitslosengeld und Krankengeld aufzubringen wäre (DIW 2002). Beschäftigungseffekte zwischen 300.000 und 1 Mio. wurden prognostiziert. Zur Finanzierung des Systemwechsels sollten die Mehrwertsteuer um 4 Prozentpunkte, die Grund- und Erbschaftsteuer um 370 % angehoben und die Einkommens- und Gewinnbesteuerung ausgeweitet werden. Zudem sollte eine „Sozialprämie" in Höhe von 9,5 % als Zuschlag auf die Einkommensteuer erhoben werden. Das Gutachten, das insbesondere aufschlussreiche und diese Änderungen akzeptabel erscheinen lassende Vergleichsbetrachtungen mit anderen EU- und OECD-Staaten enthält, wurde im Sommer 2002 zum Thema eines SPIEGEL-Titels. Vielleicht bedingt durch den einsetzenden Bundestagswahlkampf wurde es jedoch öffentlich und auch in der akademischen Diskussion nicht weiter beachtet.

Die rot-grüne Bundesregierung zeigte in ihrer siebenjährigen Amtszeit kein Interesse, die Diskussion um ein Grundeinkommen und damit auch um eine Integration von Steuer- und Transfersystem durch geeignete Expertise voranzutreiben, beispielsweise durch Aufträge an regierungsnahe Kommissionen wie den Sachverständigenrat zur Begutachtung der gesamtwirtschaftlichen Entwicklung. Da dies auch für parteinahe und sonstige Stiftungen und Fördergeber weitgehend galt, blieb es der Initiative einzelner Fachkollegen überlassen, solch weitreichende Reformüberlegungen detaillierter zu skizzieren (neben Mitschke z.B. Seidl 2003, 2006; zu den Grundlagen Kaltenborn 2003).

Dies erstaunt auch deshalb, weil sich seit Mitte der 1990er-Jahre in der Folge der deutschen Vereinigung die Arbeitslosenraten auf außerordentlich hohem Niveau verfestigten und sich Hoffnungen auf deren Reduzierung durch konjunkturelle Belebung regelmäßig als verfehlt erwiesen. Während im akademischen Bereich seit den 1990er-Jahren eine Vielzahl von Reformüberlegungen zur Integration von Steuer- und Transfersystem entwickelt wurde – teils mit, teils ohne damit ein Bürgergeld bzw. Grundeinkommen zu verknüpfen –, konzentrierten sich sowohl die Regierungs- wie die Oppositionsparteien auf Maßnahmen, die allein am Arbeitsmarkt ansetzten. Obwohl seit 2003 mit den Vorschlägen der „Rürup-Kommission" der rot-grünen Bundesregierung und der „Herzog-Kommission" der CDU die Diskussion um eine Bürgerversicherung bzw. eine „Kopfpauschale"/Gesundheitsprämie auch die Transfersysteme zum Gegenstand von Reformüberlegungen wurden, berücksichtigten diese universalistischen Konzepte wiederum den Arbeitsmarkt nur indirekt. Die Ausnahme bildeten die „Hartz-Gesetze" im Anschluss an die „Agenda 2010" des damaligen Kanzlers Schröder vom März 2003. Mit „Hartz IV" wurde eine Integration von steuer- und beitragsfinanzierten Leistungen – Sozialhilfe und Arbeitslosenhilfe (obgleich Letztere faktisch ebenfalls steuerfinanziert war) – vorangetrieben, die sich freilich nur auf die sozial Schwächsten konzentrierte und damit weit entfernt war von den universalistischen Leitgedanken eines Bürgergeldes bzw. Grundeinkommens.

Dennoch wurde „Hartz IV" durch die daran anschließende politische und akademische Kritik zu einem Katalysator der neueren Grundeinkommensdiskussion. Innerhalb der etablierten Parteien hatte bisher nur die FDP die Idee des Bürgergeldes aufgegriffen, zunächst 1991 als Initiative der Jungen Liberalen, noch vage in einem Arbeitsgruppenbericht sowie im Bundestagswahlprogramm von 1994 (Kaltenborn 1995, S. 71ff.) und im Parteiprogrammentwurf von 1996 (1997 als „Wiesbadener Grundsätze" verabschiedet), dann unterfüttert durch einen Kommissionsbericht unter Vorsitz von Andreas Pinkwart (KoBÜNE 2005) mit einem ausführlichen Parteitagsbeschluss zum „Liberalen Bürgergeld" im Mai 2005 (FDP 2005). Finanzierungsberechnungen wurden allerdings nicht vorgelegt.

Seit Ende 2004 hat sich die Zahl der Bürgergeld-/Grundeinkommensvorschläge in Deutschland geradezu sprunghaft erhöht. Wir diskutieren die wichtigsten, mit einigermaßen konkreten Finanzierungskalkulationen verbundenen Alternativen zum Modell des Solidarischen Bürgergeldes in einer kurzen Synopse am Ende dieser Studie (Anhang). Festzuhalten ist dabei, dass der überwiegende Teil der Grundeinkommens-/Bürgergeldmodelle das Verhältnis zwischen Sozialversicherungen und steuerfinanzierten Transfersystemen im Gegensatz zum Konzept Solidarisches Bürgergeld von Dieter Althaus kaum oder nicht thematisiert und damit auch die mit einer Integration verbundenen Probleme umgeht.

In diesem Zusammenhang ist der Hinweis wichtig, dass Grundeinkommensmodelle nur die Umverteilung des laufenden Einkommens behandeln und die wichtige Frage der Vermögensverteilung aussparen. An dieser Stelle setzt ein Vorschlag an, der unter dem Begriff „stake holding" bzw. „Stakeholder Society" von den US-amerikanischen Rechtswissenschaftlern Bruce Ackerman und Anne Alstott in die Diskussion gebracht wurde (Ackerman/Alstott 1999, Ackerman et al. 2006). Er besteht darin, dass jeder junge Bürger mit 18 Jahren als Startkapital eine aus hierzu erhöhten Vermögens- und Erbschaftsteuern finanzierte „Sozialerbschaft" („stake holder grant") in Höhe von 60.000 $ erhalten soll. Dieser Vorschlag wurde von einer Forschergruppe um Claus Offe im Auftrag der (grünnahen) Heinrich-Böll-Stiftung mit dem Betrag von 60.000 € auf Deutschland übertragen (Grözinger u. a. 2006). Dagegen wird dreierlei eingewendet. Zum einen besteht die Gefahr, dass die Zuspitzung auf Ausgangsgleichheit die komplexen Verwerfungen und Unsicherheiten biografischer Verläufe überspringt. Während ein Grundeinkommen ein dauerhaftes, gesellschaftliches Sicherheitsnetz garantiert, verlagert die Stake-holder-Perspektive die „Schuldfrage" von Armut und gesellschaftlichen Krisen auf das Individuum und gefährdet die Grundidee von Sozialstaatlichkeit (Parijs 2006). Zum anderen stammt der US-amerikanische Vorschlag aus einer Welt, in der die Sozialerbschaft vor allem die erheblichen Studiengebühren abdecken soll und selbst dies, jedenfalls an Elitehochschulen, nicht vollständig. Insoweit kann der Vorschlag dazu führen, kostendeckende Studiengebühren auch in Deutschland einzuführen und abzufedern. Für junge Akademiker hieße das: „Wir gehen davon aus, dass hier das Vermögen ganz oder überwiegend für eine Ausbildung aufgezehrt wurde." (Grözinger u. a. 2006, S. 68)[6] Dagegen können bildungspolitische Einwände

---

[6] Gert Wagner interpretiert Studiengebühren im Wesentlichen als Instrument zur Steuerung eines globalisierten Hochschulwettbewerbs: „Die Überlegungen zu einer ‚Sozialerbschaft' machen überdeutlich, dass Studiengebühren sinnvoll sind. Wenn die Gesellschaft durch eine Sozialerbschaft (oder ein ordentlich bemessenes BAföG) die Finanzierung eines Studiums sicherstellt, dann können Studiengebühren offensichtlich problemlos ihre positiven Wirkungen entfalten" (Wagner 2006, S. 192). Die Verbindung „wenn – dann" ist freilich entscheidend und stimmt nicht unbedingt optimistisch.

vorgebracht werden (Opielka 2005b, Hönigsberger 2006). Schließlich, drittens, gibt es ein ganzes Bündel volkswirtschaftlicher bzw. politisch-ökonomischer Einwände gegen das Konzept der Sozialerbschaft, auf die Jens Beckert aufmerksam macht, der den normativen Zielen – die politische Chancengleichheit um eine wirtschaftliche Ausgangsgleichheit zu ergänzen – durchaus einiges abgewinnen kann. Problematisch erscheint insbesondere, dass die Konzentration von Umverteilung auf junge Erwachsene zu vermutlich erheblichen Marktreaktionen führt, was diese in einem Umfang mit den Gesetzmäßigkeiten des Kapitalismus konfrontiert, die heute nur für eine Minderheit von Erblassern großer Vermögen gelten, „so dass die Sozialerbschaft (…) sich als zusätzliche Privilegierung ohnehin bevorzugter Bevölkerungsschichten erweist, die überdurchschnittlich oft in der Lage sein werden, zukunftsorientierte Entscheidungen zu treffen". (Beckert 2006, S. 177) Makroökonomisch drohen u. a. Inflationstendenzen auf den Immobilienmärkten und eine Verteuerung der Bildungsangebote. Auch werde die „Herausforderung, Solidarität jenseits des Nationalstaats zu institutionalisieren (…) in keiner Weise angenommen" (ebd., S. 178). Der Idee der „Sozialerbschaft" als Ersatz eines Grundeinkommens können wir somit wenig, als Ergänzung allerdings einiges abgewinnen.

In der Grundeinkommensdiskussion das Problem einer Integration von Steuer- und Transfertarifen wie beispielsweise im hier diskutierten Modell einer „Sozialerbschaft" einfach zu umgehen, ist wenig hilfreich. Erwähnenswert erscheint zum Abschluss der Überlegungen über einen integrativen Steuer-Transfer-Tarif und mögliche Varianten ein Modell, das in der Slowakei, dem vielfach kritisch beäugten europäischen Pionier-Staat für Flat Taxes, durch Richard Sulík entwickelt wurde, seit Juli 2006 Berater des slowakischen Finanzministers Pociatek. Sulík war in den Jahren 2002 und 2003 Berater des vorherigen Finanzministers Miklos und verantwortlich für die Konzeption und Einführung der 19%igen Einheitssteuer. Im Rahmen seiner Tätigkeit gelangte er zu der Ansicht, dass es nicht reicht, das Steuersystem isoliert zu betrachten und zu reformieren, sondern dass eine Gesamtbetrachtung von Steuern, Abgaben und Sozialleistungen nötig ist. Die Grundlage der Reform ist das Grundeinkommen. Hierzu hat er ein Buch verfasst, das (unterstützt durch die Unternehmensberatung KPMG) ins Englische übersetzt wurde (Sulík 2006). Das Konzept ist sehr konkret, einschließlich eines Gesetzestextes. Außerdem soll es im Einklang mit allen gültigen Richtlinien der EU stehen.

2.2.3. Wertfragen: Wie gerecht ist ein Bürgergeld?

Mit der Konzentration auf arbeitsmarkt- und gesellschaftspolitische Begründungen eines Grundeinkommens (in Abschnitt 2.2.1.) haben wir einen wichtigen Bereich von Begründungen zunächst ausgeblendet, die Frage nämlich, ob ein Grundeinkommen als gerecht gelten kann. Dabei müssen zwei Argumentationsebenen unterschieden werden: zum einen die sozialphilosophische und sozialethische Ebene von Gerechtigkeitstheorien, zum anderen die empirische Ebene der Gerechtigkeitsüberzeugungen der Bevölkerung und der politischen Eliten (Pioch 2000, Liebig u. a. 2004, Opielka 2006c). Eine Kombination beider Ebenen bietet die aus der internationalen Sozialpolitikforschung bekannte Theorie der „Wohlfahrtsregime", deren bekanntester Vertreter Gøsta Esping-Andersen drei Regimetypen unterschied: den liberalen (angloamerikanischen), den sozialdemokratisch-sozialistischen (skandinavischen) und den konservativen (kontinentaleuropäischen) Typ, als deren jeweils favorisierte Steuerungssysteme Markt, Staat und Gemeinschaft gelten.

Wohlfahrtsregime sind komplexe Formen der Institutionalisierung von Gerechtigkeitseinstellungen. Wir können diese Fragen hier nicht genauer behandeln und begnügen uns mit einem Hinweis: In allen drei Regimekonzeptionen spielt die Idee eines Grundeinkommens bisher keine systematische Rolle. Auch deshalb wurde aus analytischen Gründen ein vierter, „garantistischer" Regimetyp in die Diskussion gebracht (Opielka 2004). Unter „Garantismus" wird ein Sozialstaatstyp verstanden, der sich auf die Gewährleistung sozialer Grundrechte, damit auf den Bürgerstatus konzentriert und vor allem ethische, humanistische Legitimationen heranzieht.

Diese Studie untersucht ein Grundeinkommensmodell, das von einem führenden Vertreter der CDU entwickelt wurde, der dieses Modell in die Grundsatzprogrammdiskussion seiner Partei einbringt. Wir konzentrieren uns deshalb auf die Frage, inwieweit das Solidarische Bürgergeld als „konservativ" gelten kann. In der vergleichenden Sozialpolitiktheorie wird dem konservativen Wohlfahrtsregimetyp dreierlei zugerechnet: der Schutz der Familie, die Sicherung korporativer Wirtschaftsbeziehungen und die Zuneigung zur Idee der Nation, damit die Stärkung von Gemeinschaft auf der Mikro-, Meso- und Makroebene.[7] Es stellt sich damit die Frage, ob ein Bürgergeld in diesem Sinn gemeinschaftsfördernd wirken würde.

Die institutionelle Form, in der moderne Sozialstaaten die Sicherung des Existenzminimums ihrer Bürger gewährleisten, ist seit Mitte der 1990er-Jahre Gegenstand einer tief greifenden sozialpolitischen wie sozialethischen Diskussion. Erstaunlicherweise waren es jeweils Sozialdemokraten, die eine Bewegung „from welfare to workfare" ein-

---

[7] Zur soziologischen Begründung von „Gemeinschaft in Gesellschaft" ausführlicher: Opielka 2006b.

leiteten: Bill Clinton 1996 in den USA („to end welfare as we know it"), Tony Blair seit 1998 in Großbritannien und Gerhard Schröder 2003 mit der „Agenda 2010" und „Hartz IV". Die deutschen Programm-Metaphern „Fördern und Fordern" sowie „Aktivierung" scheinen dabei einem sozialdemokratisch-lohnarbeitszentrierten Politikprogramm verhaftet.[8]

„Konservativ" scheint dieser paradigmatische Politikwechsel auf den ersten Blick nicht zu sein. Zwar versuchte der hessische Ministerpräsident Roland Koch bereits 2001 die US-amerikanische Wohlfahrtsreformen mit dem 1996 eingeführten Programm „Wisconsin Works" (W-2) per Bundesratsinitiative auf Deutschland zu übertragen. Das Programm verlangte von Arbeitslosen die Annahme einer Arbeit, bot aber zur gleichen Zeit umfassende Dienste und finanzielle Unterstützung an (Mead 2004). Das Programm hatte allerdings in seinem Heimatland Nebenwirkungen, die in dieser Härte kaum erwartet worden waren. Denn die Reform, die viele Menschen wieder in Erwerbsarbeit brachte, entzieht gleichzeitig denen, die trotz gutem Willen keinen Arbeitsplatz finden, den Boden unter den Füßen. Zudem erweisen sich die Auswirkungen von „Wisconsin Works" und der US-Sozialhilfereform insgesamt auf arme Familien und vor allem auf alleinerziehende Mütter nach einem Jahrzehnt wissenschaftlicher Beobachtung als eher problematisch (Handler/Babcock 2006). Die angestrebten moralisch-politischen Ziele einer Hebung des Bildungsniveaus und des Familienzusammenhalts wurden überwiegend nicht erreicht.

Weiter oben haben wir an die hegelsche Befürchtung erinnert, wonach eine arbeitsunabhängige Alimentierung den Zusammenhalt der Gesellschaft gefährdet. Sie wird bis heute sowohl im linken wie im rechten politischen Spektrum geteilt, für Letzteres beispielsweise von Wolfgang Schäuble, der freilich Hegels sozialtheoretische Überlegung ideologisiert: „Keine Alimentierung kann die Würde eigenen Schaffens, Leistens und Verdienens ersetzen. Übrigens ist der Sozialstaat längst in einer Weise überfordert, die eine Grundalimentierung des zum Abhängigen degradierten Bürgers als weltfremd entlarvt." (Schäuble 2006) Warum ein Grundeinkommen den Bürger als „zum Abhängigen degradiert", wird leider nicht weiter diskutiert. Selbstverständlich führt aktive Teilhabe an der gesellschaftlichen Arbeitsteilung, führen Reziprozitätserfahrungen und Anerkennungen für Leistung zu Befriedigungen, auf die eine aktive Gesellschaft nicht verzichten kann. „Erfahrungen verletzter Würde" (ebd.) sind hochproblematisch.

---

[8] Dass sich auch die Grünen als Juniorpartner der rot-grünen Koalition diesem Programm verpflichtet fühlten und auch in der Oppositionsrolle verpflichtet fühlen (Bündnis 90/Die Grünen 2006), kann in diesem Zusammenhang irritieren (siehe auch Anhang), zumal die Grünen in den 1980er-Jahren eine Pionierrolle in der (parteipolitischen) Grundeinkommensdebatte einnahmen (Opielka/Vobruba 1986; Kaltenborn 1995, S. 57ff.). Neuerdings wird die Diskussion aber auch bei den Grünen wieder intensiv geführt (Hönigsberger 2006; Emmler/Poreski 2006).

Dass jedoch nur Anerkennung auf dem Arbeitsmarkt zu Würde gereicht, erscheint soziologisch fragwürdig. Sozialintegration erfolgt heute auch durch den Sozialstaat (Opielka 2006). Eine „Grundalimentierung" würde in dieser Perspektive den Bürger gerade nicht abhängig, sondern eher unabhängig machen. Die Entscheidung für eine zeitweise Schwerpunktsetzung auf die Familienarbeit, ein wichtiger konservativer Gedanke, würde dann vor allem für Frauen mit weniger Abhängigkeit einhergehen – was nur einen patriarchalen Konservatismus verstört, einen modernen nicht.

Die Programmatik „Welfare to Workfare" scheint somit nur eingeschränkt politisch-konservativ begründet werden zu können und zudem konservative Ziele im Sinne der Gemeinschafts- und Familienförderung kaum zu erreichen. Häufig wird daher eine christliche Begründungslinie bemüht. Sowohl die evangelische wie die katholische Seite haben sich hier positioniert. In der (im Juni 2006 veröffentlichten) „Denkschrift" des Rates der Evangelischen Kirche in Deutschland (EKD) zur „Armut in Deutschland" mit dem programmatischen Titel „Gerechte Teilhabe" kommt die Idee eines von der Arbeitsleistung entkoppelten Grundeinkommens nur an einer Stelle vor: „Dabei sind Konzepte kritisch zu prüfen, welche ein über das materielle Existenzminimum hinausgehendes Grundeinkommen garantieren sollen." (EKD 2006, Abs. 75) Die Kritik wird im nächsten Absatz formuliert: „Vorrang der Aktivierung vor der Versorgung." Implizit wird somit die Gleichung „Bürgergeld = Versorgung" nahegelegt, eine sozialethische Argumentation fehlt allerdings. Auf katholischer Seite können zwei Dokumente herangezogen werden. Die deutschen katholischen Bischöfe veröffentlichten 2003 eine Denkschrift „Das Soziale neu denken", in der sie die Politik der „Aktivierung" unterstützten. Als Hintergrund beziehen sie sich auf das Subsidiaritätsprinzip der katholischen Soziallehre. In seiner ersten Enzyklika „Deus caritas est" (2006) erläuterte Papst Benedikt XVI. dieses Prinzip als Element einer gerechten Ordnung der Gesellschaft: „Richtig ist es, dass das Grundprinzip des Staates die Verfolgung der Gerechtigkeit sein muss und dass es das Ziel einer gerechten Gesellschaftsordnung bildet, unter Berücksichtigung des Subsidiaritätsprinzips jedem seinen Anteil an den Gütern der Gemeinschaft zu gewährleisten." (Nr. 26) Weder würde jedoch ein „Grund"-Einkommen „über das materielle Existenzminimum hinausgehen", noch muss es dem Subsidiaritätsprinzip widersprechen, das, wie Oswald von Nell-Breuning systematisch begründete, als Doppelgebot zu verstehen ist: ein positives Hilfsgebot an den Staat (als Makrogemeinschaft) und ein Gebot, die Hilfe so zu geben, dass die Hilfe zur Selbsthilfe dabei nicht verloren geht (Hengsbach 2006, S. 90).

Man könnte es so deuten, dass der Vorschlag des Solidarischen Bürgergeldes die liberale, staatsaverse (staatsskeptische) Subsidiaritätskonzeption des 19. Jahrhunderts in das 21. Jahrhundert transformiert: Die Nachrangigkeit sozialstaatlicher Leistungen gegenüber der familiär-haushaltlichen Wohlfahrtsproduktion wird der doppelten Realität einerseits mobiler, verkleinerter und brüchiger Familiensysteme und andererseits faktischer sozialstaatlicher Umverteilung angepasst, seine ordnungspolitischen Grundlagen werden transformiert: Subsidiarität erfolgt nicht mehr ex post, im Nachhinein, sondern ex ante, im Vorhinein. Die Gemeinschaft aller Bürgerinnen und Bürger, der Sozialstaat, tritt mit dem Bürgergeld in Vorleistung für alle ihre Mitglieder. Der Sozialstaat folgt damit der Transformation der Wirtschaft von einer vormodernen Selbstversorgungswirtschaft zur heutigen Fremdversorgungswirtschaft.

Diese Transformation des Sozialstaats ist politisch freilich hoch umstritten. Wenn Patrick Adenauer, der Vorsitzende der Arbeitsgemeinschaft Selbständiger Unternehmer (ASU) postuliert: „Der Wohlfahrtsstaat muss von einer Versorgungsanstalt für alle auf den speziellen Schutz für jene zurückgestutzt werden, die ihn tatsächlich nötig haben" (Adenauer 2006), dann wird damit eine wenig realistische Welt isolierter Individuen unterstellt, in der die Selbstversorgungsfähigkeit der Einzelnen und damit faktisch der Haushalte ungebrochen gegeben sei und allenfalls ein Armutsrisikoschutz mit Zugangsbarrieren („die ihn tatsächlich nötig haben") geboten erscheint. Adenauers Überlegungen folgen dem Mainstream der gegenwärtigen Wirtschafts- und Sozialwissenschaften, deren ordnungspolitische und sozialethische Programmatik aus einer Zeit vor der umfassenden gegenwärtigen Globalisierung stammt.

Demgegenüber scheint im Modell des Solidarischen Bürgergeldes die programmatische Konzeption einer *neuen Subsidiarität* auf, man kann sie auch als *solidarische Subsidiarität* bezeichnen. Assoziationen an das Konzept einer „Solidarischen Leistungsgesellschaft" (Glück/Vogel/Zehetmair 2006), der Topos eines gemeinsamen Diskurses zwischen Konrad-Adenauer- und Hanns-Seidel-Stiftung, den Thinktanks von CDU und CSU, liegen nahe, auch wenn die Widerstände gegen die vorgängige Subsidiarität des Bürgergeldsystems noch erheblich sind. Konservatives Denken setzt in seiner christlichen Tradition auf den Menschen als Gemeinschaftswesen und folgt einem anthropologischen Realismus. Die empirische Erfahrung der psychologischen Ökonomie zeigt dabei, dass Anreize stärker und nachhaltiger als Zwang wirken.[9] Moderner, demokratischer Konservativismus dürfte diese Erkenntnisse berücksichtigen.

---

[9] So konnte der (konservative) Schweizer Ökonom Bruno S. Frey nachweisen, dass die intrinsische Motivation für wirtschaftliches Handeln von großer Bedeutung ist, da eine vollständige Steuerung der Menschen mittels externer Motivation undenkbar erscheint. Monetäre Anreize und von außen kommende Eingriffe wie Vorschriften und Kontrollen verdrängen die intrinsische Motivation unter empirisch wichtigen Bedingungen (Verdrängungseffekt), während externe Eingriffe unter anderen Bedingungen auch die intrinsische Motivation kräftigen können (Verstärkungseffekt). Änderungen in der intrinsischen Motivation infolge von Anreiz- oder Regulierungsveränderung in einem Bereich können wiederum Auswirkungen auf andere Bereiche haben, in denen die monetären Anreize oder Regulierungen unverändert geblieben sind (Übertragungseffekt) (Frey 1997; Frey/Osterloh 2002).

Ab wann beginnt Zwang, also „Workfare"? Der Sachverständigenrat zur Begutachtung der gesamtwirtschaftlichen Entwicklung erstellte im Herbst 2006 eine Expertise („Das Arbeitslosengeld II reformieren: Ein zielgerichtetes Kombilohnmodell") (SVR 2006). Im Zentrum steht der Vorschlag, den Regelsatz des Arbeitslosengeldes II (345 €) für diejenigen, die sich dem Arbeitsmarkt entziehen, um 30 %, also um 103,50 €, zu reduzieren (der Wohnkostenanteil wird nicht weiter erörtert). Als Lackmustest der Arbeitsbereitschaft sollen bis zu 700.000 öffentliche „Arbeitsgelegenheiten" geschaffen werden. Der Vorschlag erscheint allerdings eher als ein Beschäftigungsprogramm für die Arbeitsverwaltung und bringt zugleich die Erwerbslosen und viele andere Bürger unnötig gegen die Regierenden auf: 100 € Abzug werden Arbeitsverweigerer und Schwarzarbeiter kaum abhalten, dürften aber auf die große Mehrheit der Erwerbslosen wie auf von Erwerbslosigkeit bedrohte Bürger diskriminierend wirken.

Ganz allgemein ist gegenüber den Vorstellungen einer positiven Steuerungsutopie, die Arbeitsmarktintegration durch pädagogisch-juristische Zwangsmaßnahmen erreichen will, nicht nur normative, sondern auch empirische Zurückhaltung angebracht. In einer differenzierten Diskussion der Möglichkeiten und Grenzen von „Workfare" kommen führende Mitarbeiter des Instituts für Arbeitsmarkt- und Berufsforschung der Bundesagentur für Arbeit zu einem Befund, der sowohl der früheren rot-grünen wie der heutigen schwarz-roten Bundespolitik zuwiderläuft. So stellen sie bei einer Analyse der dänischen „Aktivierungs"-Maßnahmen fest: „Möglicherweise hätten sich die positiven Programmeffekte genauso bei einer freiwilligen Teilnahme ergeben." (Koch u.a. 2005, S. 14) Sie kommen zum Fazit: „Wird (...) das Ziel verfolgt, die Lebenszufriedenheit erwerbsfähiger Hilfebedürftiger zu steigern, so wäre ein effizienteres Vorgehen, hinreichend viele Arbeitsgelegenheiten zu schaffen und auf freiwilliger Basis zu besetzen." (ebd., S. 40) Der Vorstandsvorsitzende der Bundesagentur für Arbeit, Frank-Jürgen Weise, lehnt unterdessen schärfere Sanktionen für Langzeitarbeitslose ab: „Ich möchte auf keinen Fall, dass wir all unseren Kunden mit Misstrauen begegnen, nur weil einige wenige Leistungen missbrauchen." (in den ZDF-heute-Nachrichten vom 28.10.2006)

Die Frage der Wirksamkeit arbeitsmarktpolitischer Maßnahmen und ihre wissenschaftliche Evaluation hängen insoweit auch von der Zielbestimmung ab. Gegenüber der „Lebenszufriedenheit" der Arbeitslosen mögen aus Sicht von Politikern andere Ziele höherwertig erscheinen, beispielsweise Effizienz und Kosten von Maßnahmen. In einer differenzierten Metaanalyse auf der Basis von insgesamt 137 Evaluationsstudien zu aktiven arbeitsmarktpolitischen Maßnahmen aus einzelnen europäischen Ländern, darunter Deutschland, kommt Jochen Kluve beispielsweise zu folgendem Befund: „Traditionelle Fortbildungs- und Qualifizierungsmaßnahmen zeigen eine geringfügige Wahrscheinlichkeit, einen positiven Effekt auf die Beschäftigungsrate nach der Teilnahme zu haben (etwa die Hälfte der Qualifizierungsmaßnahmen zeigt positive Wirkungen). *Relativ dazu weisen Anreizprogramme im privaten Sektor sowie Dienstleistungen und Sanktionen signifikant bessere Effekte auf. Deren Wahrscheinlichkeit, einen positiven Effekt zu messen, ist 40–50 Prozent höher als bei Fortbildungs- und Qualifizierungsmaßnahmen. Im Vergleich dazu ist für Beschäftigungsprogramme im öffentlichen Sektor die Wahrscheinlichkeit eines positiven Maßnahmeeffektes signifikant um 30–40 Prozentpunkte geringer."* (Kluve 2006, S. 13; Herv. MO/WSK) Diese Befunde lassen sich dahin interpretieren, dass zum einen dem Faktor „Lebenszufriedenheit" insoweit auch funktionale Bedeutung zukommt, als er die Motivation und damit die Anreizsensibilität von Arbeitslosen begründet. Zum anderen können die Befunde so gedeutet werden, dass ein Bürgergeld/Grundeinkommen als Anreizprogramm vor allem auch für den privaten und den gemeinnützigen Sektor wirkt, die die größten und nachhaltigsten Beschäftigungseffekte aufzuweisen scheinen. Ungeklärt ist auch in der hier zitierten Metaanalyse die Effektivität von Sanktionen, da entsprechende Daten nicht dokumentiert werden. Vermutlich wirken aber Sanktionen nur dort, wo auch Anreize in erheblichem Umfang bestehen, und jedenfalls nicht oder kaum im Bereich des Existenzminimums selbst. Dies spricht dafür, Maßnahmen zur Sicherung des Grundeinkommens mit zusätzlichen Anreizen zu verknüpfen und Sanktionen auf diese zusätzlichen Anreizsysteme oberhalb des Grundeinkommensniveaus zu beschränken. Entsprechende Erfahrungen mit gewerkschaftlich getragenen Arbeitslosenversicherungen liegen beispielsweise aus Schweden und der Schweiz vor. In diesem Sinn sieht beispielsweise das Modell einer „Grundeinkommensversicherung" (siehe Anhang) für Arbeitslose unbefristete Leistungen bis zur doppelten Höhe des Grundeinkommens vor, orientiert an den vorherigen Beitragszahlungen. Im Gegenzug wird jedoch für diese höheren Leistungen die Bereitschaft zur Arbeitsvermittlung vorausgesetzt. Eine Administrierung durch die Gewerkschaften erscheint also ratsam, um den Arbeitslosen die notwendige Anerkennung zum Erhalt von Motivation dauerhaft zu gewährleisten. Die fehlende Befristung orientiert sich an den entsprechenden, erst in jüngster Zeit auf etwas mehr als vier Jahre Leistungsbezug befristeten Regelungen in Dänemark (vergleiche Opielka 2004, S. 265ff.).

Eine eher skeptische Einschätzung gegenüber (zwangsweisen) „Workfare"- bzw. „Aktivierungs"-Programmen legen auch neuere Überlegungen zu Einsparmaßnahmen bei „Hartz IV" nahe, wie sie von der CDU/CSU-Bundestagsfraktion diskutiert wurden: „Der Vorschlag des Sachverständigenrates bietet auch keine Gewähr dafür, dass nicht, bei fehlenden Beschäftigungsmöglichkeiten, für eine Mehrheit der Hilfebedürftigen das vom Sachverständigenrat vorgeschlagene, niedrigere Niveau wieder angehoben werden müsste." (CDU-CSU-Bundestagsfraktion 2006, S. 6) Zwar plädiert dieses Papier ähnlich wie der SVR für eine Art „Kombilohn" in einem schmalen Segment zwischen 400 und 800 € Monatsverdienst (unter 400 € sollen Einkommen vollständig angerechnet werden). In Nebensätzen werden grundlegende Probleme abgehandelt:

„Die genaue Ausgestaltung der Neuregelung bedarf aber der eingehenden Prüfung und darf weder zu höheren Kosten noch zu einem Anstieg der Transferempfänger gegenüber heute führen; außerdem muss beachtet werden, dass der Bereich, in dem die Transferentzugsrate 100 % beträgt, wo sich also der Verzicht auf Transfereinkommen nicht lohnt, möglichst klein gehalten wird." (ebd., S. 7) Wie dies innerhalb der vorhandenen, hochkomplexen und widersprüchlichen Steuer-Transfer-Systematik gelingen kann, wird nicht weiterverfolgt – es erscheint schlicht unmöglich.

In einem Gutachten für das Sächsische Wirtschafts- und Arbeitsministerium argumentierte Peter Bofinger, Mitglied des SVR, gleichfalls im September 2006 gegen ein Kombilohnmodell und für eine negative Einkommensteuer für Beschäftigte mit dem Ziel einer „Existenz sichernden Beschäftigung im Niedriglohnbereich" (Bofinger u. a. 2006). Dieser Vorschlag greift die in den USA und Großbritannien bestehenden Modelle (Earned Income Tax Credit, Working [Families] Tax Credit) auf, die jeweils mit Mindestlöhnen kombiniert sind (Kaltenborn/Knerr 2006; SVR 2006, S. 47ff.). Sowohl die internationalen Erfahrungen wie das Bofinger-Gutachten demonstrieren, dass eine negative Einkommensteuer kein Widerspruch zu Mindestlöhnen ist, Letztere vielmehr dazu beitragen können, dass jene nicht zu systematischem Lohndumping führt. Ein Grundeinkommen für Erwerbstätige (Strengmann-Kuhn 2003, 2005a) bildet nicht nur keinen Widerspruch in sich, sondern gehört systematisch zur Idee eines Bürgergeldes. Indem Bofinger den Mindestlohn sehr niedrig ansetzt (4,30 €) und davon ausgeht, dass ein Monatseinkommen von ca. 700 € bei einer Vollzeittätigkeit – wenn auch nur sehr knapp – oberhalb des steuerlichen Existenzminimums eines Alleinstehenden liegt, umgeht er zudem das Problem größerer Haushaltsgemeinschaften. Hierzu finden sich im Gutachten keine befriedigenden Ausführungen. Ein Mindestlohn auf derart niedrigem Niveau – selbst in den USA liegt das Niveau deutlich höher und die deutschen Gewerkschaften fordern beispielsweise 7,50 € – erscheint sozialpolitisch wenig hilfreich und kann als wohl ideologisch motiviertes Festhalten am Programm der Vollzeitarbeit interpretiert werden. Im Unterschied zum SVR-Modell einer Verschärfung von Sanktionen scheint das Bofinger-Modell umfassender Lohnzuschüsse im SPD-geführten Bundesarbeitsministerium auf positive Resonanz zu stoßen. Dort wurde angedacht, Lohnzuschüsse durch das Finanzamt an Niedrigverdiener (bis 1300 € Alleinstehende, bis ca. 1900 € Verheiratete) mit mehr als 15 Wochenarbeitsstunden auszuzahlen, formal als vollständige oder teilweise Erstattung von Sozialversicherungsbeiträgen (DER SPIEGEL 44/2006, S. 15; eine ähnliche Lösung als „Progressiv-Modell" der Subventionierung von Sozialversicherungsbeiträgen: Bündnis 90/Die Grünen 2006a). Anfang 2007 stellte sich der SPD-Parteivorstand auf die Seite dieses Negativsteuermodells für Beschäftigte (DER SPIEGEL 2/2007, S. 24ff.).

Sowohl das Gutachten des Sachverständigenrates wie auch das Bofinger-Gutachten erscheinen eher einer sozialdemokratischen Handschrift verpflichtet. Dass diese Überlegungen auch in liberalen und konservativen Zusammenhängen auf Zustimmung stoßen, sollte nicht darüber hinwegtäuschen. Im Selbstkonzept der SPD erscheint derzeit eine universalistische Bürgergeld- oder Grundeinkommensregelung nicht integrierbar. SPD-Generalsekretär Hubertus Heil kritisierte das Althaus-Modell: „Das ist eine konservative Stilllegungsprämie. Menschen werden einfach aufgegeben, als nutzlos abgestempelt, in die Sackgasse geschoben und mit Geld abgefunden. Wir setzen darauf, ihnen immer wieder die Chance zu geben, durch ihre eigene Leistung und Arbeit voranzukommen." (Die Welt v. 28.10.2006) Es erschließt sich uns Beobachtern nicht, warum eine Lohnsubvention nach dem Modell Bofinger keine „Stilllegungsprämie" sein soll, das als Lohnsubvention ohne Klassenunterschiede wirkende Modell Solidarisches Bürgergeld hingegen als eine solche bezeichnet wird. Der Unterschied liegt wohl darin, dass „immer wieder die Chance zu geben" im – zumindest bisherigen – sozialdemokratischen Programmhorizont mit Sanktionen (Workfare) verknüpft wird, während das Modell Bürgergeld – wie alle Grundeinkommensmodelle – auf Sanktionen verzichtet und ausschließlich auf positive Anreize setzt.

Aus sozialwissenschaftlicher Sicht erscheint die Verwendung des Begriffs „konservativ" durch Heil irreführend. Insoweit erscheint der Vorschlag des Solidarischen Bürgergeldes ein durchaus geeignetes Instrument, die in der CDU geführte Diskussion um eine „neue" und zugleich solidarische Soziale Marktwirtschaft zu unterfüttern.

2.3. Grundbegriffe, Ausgestaltungsmerkmale und mögliche Zielsetzungen

2.3.1. Grundeinkommen, Sozialdividende und negative Einkommensteuer

Ein Grundeinkommen oder Bürgergeld begründet sich damit, dass jedem Mitglied einer Gemeinschaft ein Recht auf ein Mindesteinkommen zugestanden wird. Am einfachsten und klarsten kann dieses Recht als sogenannte Sozialdividende (Rhys-Williams 1953) umgesetzt werden, bei der jeder Mensch in regelmäßigen Abständen, also jeden Monat oder jedes Jahr, einen festen Betrag erhält, der für alle Bürger gleich ist oder sich nach nur sehr einfachen Kriterien wie z.B. nach dem Alter unterscheidet. Alle anderen Einkommen kommen dann als Nettobetrag (nach Abzug von Steuern) hinzu (Abbildung 2).

In Abbildung 2 erfolgt die Finanzierung über eine lineare Einkommensteuer, d.h. über eine flat tax mit einem festen Steuersatz, in diesem Beispiel von 50%. Die Einkommensteuer würde darin im Prinzip zu einer linearen Einkommensteuer mit Grundeinkommen, einer basic income flat tax (BIFT), verändert werden (Atkinson 1995;

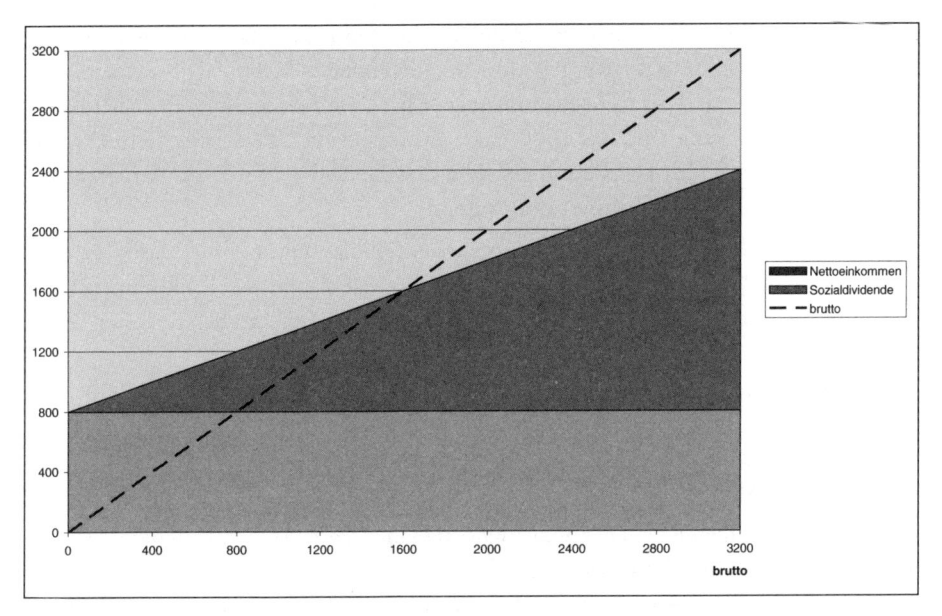

Abbildung 2: Schematische Darstellung eines Bürgergeldes als Sozialdividende, das durch eine lineare Einkommensteuer (flat tax) finanziert wird (Bürgergeld: 800 €, Steuersatz: 50 %)
Quelle: eigene Darstellung

Strengmann-Kuhn 2007). Die Grundidee einer BIFT ist, dass jeder (rechnerisch oder tatsächlich) ein Bürgergeld (BG) als bedingungsloses Grundeinkommen erhält, wodurch der Grundfreibetrag sowie alle anderen Freibeträge ersetzt werden. Auf das gesamte Einkommen Y (außer dem Bürgergeld und anderen steuerfinanzierten Transfers) ist eine lineare Steuer mit einem festen Steuersatz t zu zahlen. Nach Verrechnung mit dem Bürgergeld ergibt sich damit eine Nettosteuerlast von T = t×Y − BG. Durch das Bürgergeld steigt die Steuerbelastung trotz des konstanten Steuersatzes wie bisher mit zunehmendem Einkommen an, wie an Zahlenbeispielen leicht gezeigt werden kann. Unterhalb eines bestimmten Betrags, der sogenannten Transfergrenze, ist die Nettosteuerlast sogar negativ: Das Nettoeinkommen ist höher als das Bruttoeinkommen.

Das Nettoeinkommen Y^n ergibt sich dann wie folgt, wobei BI (Basic Income) das Bürgergeld bzw. Grundeinkommen, t der Steuersatz und Y^b das zu versteuernde Bruttoeinkommen ist:

$$Y^n = BI + Y^b - tY^b = BI + (1-t)Y^b \qquad 1$$

In Abbildung 2 ist zu erkennen, dass Personen mit geringen Einkommen nach Abzug der Steuern und Zahlung des Bürgergeldes über ein höheres Netto- als Bruttoeinkommen verfügen, sie sind also Nettoempfänger. Ab einem bestimmten Bruttoeinkommen, in der Abbildung sind das 1600 €, ist das umgekehrt. Personen, die mehr verdienen, sind Nettozahler. Der Betrag, bei dem sich dies ändert, wird Transfergrenze genannt, weil hier der Nettotransferbezug aufhört.

Statt zunächst allen Personen das Bürgergeld auszuzahlen und nachher das komplette Einkommen voll zu besteuern, könnten das Bürgergeld und die Einkommensteuer auch miteinander verrechnet werden. Personen mit einem Einkommen über der Transfergrenze zahlen dann Steuern, während solche mit einem Einkommen darunter einen Transfer erhalten.[10] Wird das Ganze innerhalb des Steuerrechts geregelt und über das Finanzamt institutionalisiert, ist bei den einen die Steuerschuld positiv, bei den anderen negativ. Sie zahlen also quasi eine „negative Einkommensteuer". Eine solche Negativsteuer ist in Abbildung 3 grafisch dargestellt.

Das Nettoeinkommen ist bei der Sozialdividende und der negativen Einkommensteuer jeweils gleich. Sowohl die finanziellen (Netto-)Kosten als auch die Arbeitsangebotswirkungen sind also völlig identisch (dazu auch Mitschke 2000). Die Höhe der Transfergrenze ist dabei erstens von der Höhe des Bürgergeldes und zweitens von der Höhe des Steuersatzes bzw. von der Transferentzugsrate abhängig. Die Transferentzugsrate ist der Prozentsatz des eigenen Einkommens, der auf einen Transfer, in diesem Fall das Bürgergeld, angerechnet wird. Die Höhe der Transfergrenze berechnet sich dadurch, dass die Höhe des Bürgergeldes BI durch die Transferentzugsrate t dividiert wird:

$$TG = \frac{BI}{t} = BI \times \frac{1}{t} \qquad 2$$

In diesem Beispiel beträgt der Grundbetrag 800 € und der Steuersatz 50 % = 0,5, die Transfergrenze also 800 : 0,5 bzw. 800 × 2. Ist der Steuersatz höher, wird also ein höherer Anteil des eigenen Einkommens auf das Bürgergeld angerechnet, sinkt die Transfergrenze. Wir werden darauf später zurückkommen, weil dies ein entscheidender Punkt für die Finanzierbarkeit eines Bürgergeldvorschlags ist.

---

[10] Das Kritikpapier der SPD-Landtagsfraktion Thüringen (2006, S. 1) beruht somit auf einem Missverständnis des Konstruktionsprinzips einer negativen Einkommensteuer: „Die Grundzüge des deutschen Einkommensteuerrechts werden umgedreht. Statt des progressiven Steuersatzes (= Geringverdiener zahlen einen geringen Satz, Spitzenverdiener zahlen den Spitzensteuersatz) zahlen bei Althaus Geringverdiener den höchsten Satz (Steuersatz bis 1600 € im Monat: 50 %), wer besser verdient, zahlt dagegen nur den halben Steuersatz (Steuersatz oberhalb 1600 € im Monat: 25 %)." Geringverdiener unter 1600 € „zahlen" in diesem Modell (Grundmodell 1) jedoch überhaupt keine Steuer.

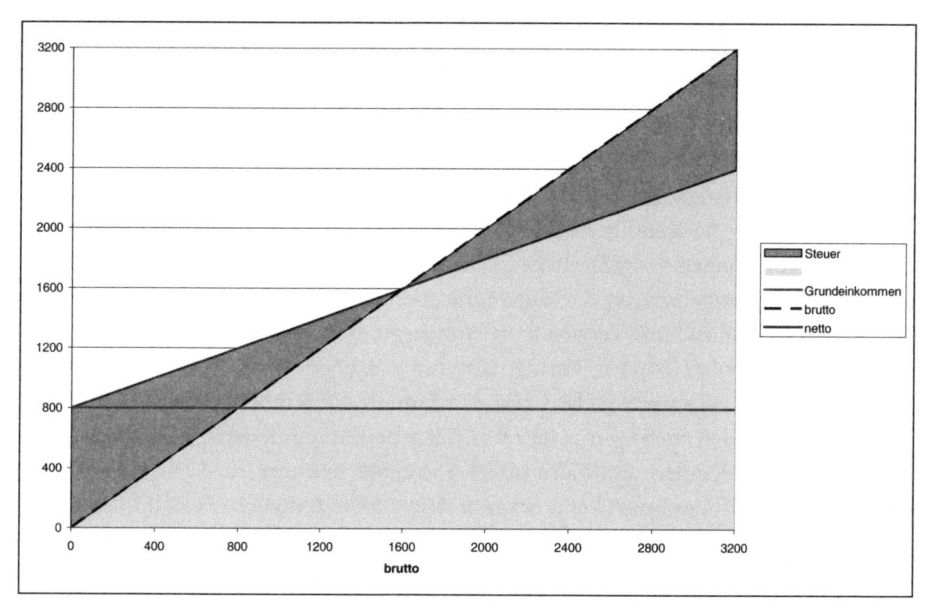

Abbildung 3: Schematische Darstellung einer negativen Einkommensteuer (Bürgergeld: 800 €, Steuersatz: 50%)
Quelle: eigene Darstellung

Bisher wurde davon ausgegangen, dass es einen einheitlichen Steuersatz gibt, der oberhalb und unterhalb der Transfergrenze gilt. Es ist aber auch denkbar, dass sich die beiden Steuersätze unterscheiden. Durch eine höhere Transferentzugsrate (also dem Steuersatz unter der Transfergrenze) sinken die Transfergrenze und damit die (Netto-)Kosten für das Bürgergeld, weil bereits ab einem geringeren Einkommen (positive) Steuern gezahlt werden. Dadurch kann der Steuersatz oberhalb der Transfergrenze, also für die Nettozahler, geringer sein. Dies ist das Prinzip des sogenannten Transfergrenzenmodells (Pelzer 1999, Fischer/Pelzer 2007), das sich auch im Vorschlag des Solidarischen Bürgergeldes wiederfindet.

2.3.2 Ausgestaltungsmöglichkeiten

Was die konkrete Ausgestaltung eines Bürgergeldes oder einer Grundsicherung allgemein betrifft, sind folgende Aspekte von Bedeutung (Hauser 1996, S. 24ff.): die Höhe, das Bezugssubjekt, ob es sich um eine pauschalierte oder eine fallbezogene Leistung handelt, ob es in das Steuerrecht oder in die Sozialversicherung integriert werden oder eine eigenständige Leistung darstellen soll, die Art der Finanzierung und die Frage, welche Sozialleistungen dadurch ersetzt und welche weiter bestehen bleiben sollen.

a) Höhe des Existenzminimums

Die Höhe des Existenzminimums lässt sich nicht wissenschaftlich exakt feststellen, sondern ist immer notwendigerweise mit normativen Entscheidungen verbunden. Als Anhaltspunkte können das steuerliche Existenzminimum, das sich wiederum mit einer gewissen Zeitverzögerung an der durchschnittlichen Sozialhilfehöhe orientiert, oder die in der Armutsforschung verwendeten Armutsgrenzen dienen. Das steuerliche Existenzminimum beträgt 7664 € jährlich, also umgerechnet etwa 639 € pro Monat, für ein Paar jeweils das Doppelte. Das Existenzminimum für Kinder beträgt 2904 € jährlich (1824 € für den Sach- plus 1080 € für den Betreuungsbedarf). Eine vierköpfige Familie mit zwei Kindern zahlt also bis 21.136 € pro Jahr bzw. ca. 1761 € pro Monat zu versteuerndes Einkommen keine Steuern. Die durchschnittliche Sozialhilfehöhe betrug 2003 für eine(n) Alleinstehende(n) 648 € monatlich, für einen Paarhaushalt 1021 € und für ein Paar mit zwei Kindern 1.599 € (BMGS 2004, S. 723). Im Jahr 2006 beträgt sie bzw. das Arbeitslosengeld II für eine(n) Alleinstehende(n) 676 € (neue Länder 591 €, seit dem 1. 7. 2006: 605 €), für einen Paarhaushalt 1.052 € (neue Länder 975 €) und für ein Paar mit zwei Kindern 1.626 € (neue Länder 1.528 €) (ISG 2006, S. 3, aktualisiert; siehe zum Überblick Abschnitt 4, Tabelle 18).

Für die Bestimmung der Armutsgrenzen existieren vor allem zwei Standardverfahren (zu weiteren Verfahren der Armutsmessung siehe Strengmann-Kuhn 2004), die sich danach unterscheiden, wie größere Haushalte mit kleineren verglichen werden, wofür entweder die sogenannte ursprüngliche OECD-Skala oder die modifizierte OECD-Skala als Äquivalenzskala verwendet wird. Für Letztere hat sich die EU im Rahmen der offenen Methode der Koordinierung entschieden (EU-Armutsgrenze), während Erstere in der deutschen Armutsforschung üblich war, weil sie eher den institutionellen Regelungen, insbesondere der Sozialhilfe, entsprach. Die EU-Armutsgrenze liegt nach Angaben des Armuts- und Reichtumsberichts der Bundesregierung für 2003 für einen Paarhaushalt ohne Kinder bei einem monatlichen Nettoeinkommen (nach Abzug von Steuern und Sozialversicherungsabgaben) von ca. 1.400 € monatlich, Kinder erhöhen diese Armutsgrenze um jeweils etwa 270 € pro Monat (Stand 2003). Eine vierköpfige Familie mit zwei Kindern gilt danach als arm, wenn das Netto-Einkommen nach Abzug von Steuern und Sozialversicherungsbeiträgen etwas unter 2000 € monatlich liegt. Für einen Alleinstehenden beträgt die Armutsgrenze bei dieser Äquivalenzskala 938 €. Die ursprüngliche OECD-Skala führt zu einer Armutsgrenze von 1.360 € pro Monat für einen Paarhaushalt, also etwas weniger, und Kinder erhöhen die Armutsgrenze um jeweils etwa 400 €. Die Armutsgrenze für eine vierköpfige Familie mit zwei

Kindern beträgt also ungefähr 2160 €, also etwas über der anderen Armutsgrenze. Für Alleinstehende kommt diese Berechnungsweise auf einen Wert von etwa 800 €, was von der Relation eher den oben genannten Zahlen der Sozialhilfe entspricht als die EU-Armutsgrenze.

In diesem Zusammenhang sind auch die Pfändungsgrenzen von Bedeutung, die das soziokulturelle Existenzminimum für „Normalbürger" definieren und durchaus als Hinweis auf tatsächliche Bedarfsgrenzen verstanden werden sollten. Seit dem 1.1.2005 gelten laut § 850c ZPO folgende Pfändungsfreigrenzen: mindestens 985,15 € für Alleinstehende sowie 370,76 € für den ersten Unterhaltspflichtigen und 206,56 € für jeden weiteren Unterhaltspflichtigen (BGBl. 2005 Teil 1 Nr. 13 v. 8.3.2005, S. 493ff.).

b) Über oder unter dem Existenzminimum?

In der Regel wird ein Grundeinkommen als existenzsicherndes Grundeinkommen verstanden. Da zum Grundeinkommen oder einem Bürgergeld im Normalfall noch weiteres Einkommen hinzukommt, muss es nicht notwendigerweise über dem Existenzminimum bzw. der Armutsgrenze liegen.[11] Wenn dies nicht der Fall ist, wird es als *partielles Grundeinkommen* bezeichnet (Atkinson 1995, Hauser 1999). Das Existenzminimum muss dann allerdings durch zusätzliche Leistungen abgedeckt werden, was umso seltener der Fall sein wird, je höher das Grundeinkommen bzw. Bürgergeld angesetzt wird.

Die gegenwärtige Regelung des Kindergeldes als Steuergutschrift entspricht modelltheoretisch genau einem partiellen Grundeinkommen, das jedem Kind ohne Bedingungen zusteht und etwa der Hälfte des Existenzminimums entspricht. Um das Existenzminimum anzudecken, ist ein bedürftigkeitsgeprüfter Kindergeldzuschlag sinnvoll (Hauser/Becker 2001), der allen Kindern gezahlt wird, bei denen das Einkommen der Eltern unter einer bestimmten Grenze liegt. Mit dem Vierten Gesetz für moderne Dienstleistungen am Arbeitsmarkt („Hartz IV") vom 24.12.2003 (BGBl I, S. 2954) – dort Artikel 46 – wurde zum 1.1.2005 ein „Kinderzuschlag" eingeführt, der den Grundüberlegungen dieser Idee entspricht. Dieser Kinderzuschlag ist aber nur für Eltern vorgesehen, die zwar mit eigenem Einkommen ihren (elterlichen) Bedarf ab-

---

11 Ralf Dahrendorf machte bereits 1986 auf den grundrechtlichen Aspekt des Niveaus eines Bürgergeldes bzw. Grundeinkommens aufmerksam: „Wer Arbeit und Einkommen entkoppeln will, muss ein möglichst hohes Mindesteinkommen fordern. Wer nur die Vereinheitlichung der Skalen in einem einzigen (positiven oder negativen) Steuersystem will, kann so herzlos oder sozial sein wie er will. Wer dagegen ein garantiertes Mindesteinkommen als Staatsbürgerrecht will, muss mit einem mäßigen, aber eben garantierbaren Betrag beginnen. Dieser braucht nicht wesentlich über dem gegenwärtigen Sozialhilfesatz zu liegen. Entscheidend ist nur seine grundsätzliche Unangreifbarkeit, also sein Anrechtscharakter." (Dahrendorf 1986, S. 136).

decken, jedoch ohne den Kinderzuschlag wegen des Bedarfs der Kinder Anspruch auf Arbeitslosengeld II hätten. Kinder, deren Eltern ein geringeres Einkommen beziehen, erhalten Sozialgeld.

c) Höhe abhängig vom Haushaltskontext?

Vom Grundsatz her handelt es sich bei einem Bürgergeld um einen individuellen Rechtsanspruch, was nahelegt, dass jeder Mensch das Bürgergeld in gleicher Höhe erhält. Es wäre aber theoretisch auch denkbar, dass das Bürgergeld vom Haushaltstyp abhängt. Bei einem Zweipersonenhaushalt wäre dann das Bürgergeld für jede Person etwas kleiner als für einen Alleinstehenden. Nach diesem Prinzip bestimmen sich das Arbeitslosengeld II, das Sozialgeld oder die Sozialhilfe. Im Steuerrecht ist allerdings das Existenzminimum eines Ehepaares doppelt so hoch wie das eines Alleinstehenden. Für ein Bürgergeld hätte die Anpassung der Höhe an den Haushaltskontext den Vorteil, dass die Kosten etwas geringer sind. Ein Nachteil ist allerdings, dass die Einfachheit des Modells stark reduziert und mehr Bürokratie notwendig wird. Außerdem führt eine solche Regelung dazu, dass sich bei einer Trennung des Paares die Bürgergeldansprüche erhöhen würden, oder umgekehrt ausgedrückt: Bei individueller Ausgestaltung unabhängig vom Haushaltstyp gäbe es einen Anreiz für Alleinstehende zusammenzuziehen, was gesellschaftspolitisch durchaus wünschenswert sein dürfte.

d) Pauschalierte oder bedarfsgerechte Leistung

Die Höhe einer Grundsicherung – wie die Sozialhilfe – ist üblicherweise stark einzelfallbezogen. Bis zur Änderung des Sozialhilferechts zum 1.1.2005 bestand der Anspruch, den individuellen Einzelbedarf genau zu ermitteln und abzudecken. Dies spiegelt sich heute noch in der Übernahme der Wohnkosten beim Arbeitslosengeld II und der Sozialhilfe wider, während die meisten anderen Leistungen mittlerweile pauschaliert sind. Die Pauschalierung hat den Vorteil eines geringeren bürokratischen Aufwandes und auch eines höheren Ermessensspielraums für die Betroffenen, hat aber den Nachteil, dass darüber hinausgehender Bedarf nicht gedeckt wird. Ein Grundeinkommen oder Bürgergeld ist vom Grundsatz her für alle gleich, es handelt sich also um eine pauschalierte Leistung. Da es nicht so hoch sein kann, dass es jeden beliebigen Bedarf voll abdeckt, ist es daher aber unabhängig von der Höhe unbedingt notwendig, dass für bestimmte Fälle bedarfs- und bedürftigkeitsgeprüfte Zusatzleistungen existieren.

e) Institutionelle Ausgestaltung

Für die institutionelle Ausgestaltung gibt es mehrere Möglichkeiten. Eine Grundsicherung an sich könnte, wie die Sozialhilfe, eine eigenständige Leistung sein. Es spricht aber viel dafür, dass die Mindestleistungen in bestehende Systeme integriert werden, was auch ein Grund für die Zusammenlegung von Arbeitslosenhilfe und Sozialhilfe war. Eine Möglichkeit ist die Integration in das Sozialversicherungssystem (Hauser 1999, S. 32; Hauser 1999a) bzw. in eine integrierte Bürgerversicherung in Form einer „Grundeinkommensversicherung" (Opielka 2004, 2005). Bei einer Ausgestaltung als negative Einkommensteuer liegt eine Integration in das Steuerrecht nahe. Die gesamte Bevölkerung würde dann einkommensteuerpflichtig und das Bürgergeld würde vom Finanzamt ausgezahlt.

f) Finanzierung

Grundsätzlich kann eine Grundsicherung oder ein Grundeinkommen über Steuern oder Sozialversicherungsbeiträge finanziert werden. Eine Beitragsfinanzierung kann entweder nach dem Äquivalenzprinzip erfolgen, womit die Höhe der Leistung der Höhe der Beitragszahlungen folgt. Damit die Leistung immer ein bestimmtes Mindestniveau erreicht, muss die Zahlung eines entsprechenden Mindestbeitrags verlangt werden. Dieses ist die Idee der sogenannten „voll eigenständigen Sicherung" (Rolf/Wagner 1992, Krupp/Weeber 2004), durch die z. B. eine Grundsicherung im Alter oder bei Arbeitslosigkeit finanziert werden kann. In bestimmten Fällen müsste dann die Zahlung des Mindestbeitrags ganz oder teilweise durch staatliche Leistungen erfolgen. Eine andere Möglichkeit ist eine Beitragszahlung, bei der zu geringe Leistungen auf das Grundsicherungsniveau aufgestockt werden. Nach diesem Prinzip ist die Grundsicherung im Alter in der Schweiz oder in den Niederlanden konstruiert sowie die Vorschläge von Hauser (1999a) zur Einführung einer Grundsicherung im Alter und der umfassendere Vorschlag einer Grundeinkommensversicherung von Opielka (siehe Anhang).

Zur Finanzierung eines Grundeinkommens lassen sich vor allem drei Formen unterscheiden (Tabelle 1): Finanzierung durch Einkommensteuern, Finanzierung durch Verbrauchs- und sonstige Steuern sowie Finanzierung durch eine Sozialsteuer (social security tax), d. h. eine Zwischenform von Beitrag und Steuer, die nicht mit anderen Einkommensarten verrechenbar ist und einem Parafiskus zugeführt wird.

Tabelle 1: Grundsätzliche Finanzierungsmöglichkeiten eines Grundeinkommens

Finanzierung durch ...	Modelltyp	Einkommens-abhängigkeit	Zusammenhang Zahlung – Leistung
(1) Einkommensteuer	negative Einkommensteuer oder Sozialdividende (lässt sich ineinander umrechnen)	ja Zahlungspflicht oberhalb der Transfergrenze	nein
(2) Verbrauchsteuern[a]	Sozialdividende	nein	nein
(3) Sozialsteuer (Beiträge)	Grundeinkommens-versicherung	ja kein Freibetrag	ja (Teilhabeäquivalenz)

[a] Hierzu gehören Konsumsteuern (Mehrwertsteuer, Ökosteuer usf.), Vermögensteuern, Tobin-Steuer usf.

g) Beibehaltung zusätzlicher Sozialleistungen

Schließlich unterscheiden sich Grundeinkommensmodelle darin, welche zusätzlichen Sozialleistungen noch bestehen bleiben. Bei den finanziellen Leistungen stellt sich insbesondere die Frage, ob in bestimmten Fällen noch eine Lebensstandardsicherung aufrechterhalten bleiben soll. Hier sind insbesondere Rentnerinnen und Rentner, aber auch Eltern (Elterngeld) oder Arbeitslose, zumindest Kurzzeitarbeitslose, zu nennen. Bei den Sachleistungen ist vor allem wichtig zu klären, wie die Krankenversicherung ausgestaltet sein soll. Darüber hinaus gibt es zahlreiche weitere Sachleistungen von der Arbeitsvermittlung bis zu Leistungen der Jugendhilfe, die je nach Grundeinkommens- oder Bürgergeldvorschlag erhalten bleiben oder gestrichen werden sollen.

Tabelle 2: Unterscheidungsmerkmale von Bürgergeld-/Grundeinkommensmodellen

Ausgestaltungskriterium	Möglichkeiten
grundsätzlich	Sozialdividende, negative Einkommensteuer
Finanzierung	Einkommensteuer, Mehrwertsteuer, Beiträge
Höhe	partielles oder volles BG
Subjekt	Individuum, Haushalt
institutionelle Ausgestaltung	Steuer, Sozialversicherung, eigene Leistung
zusätzliche finanzielle Sozialleistungen	ja/nein, welche?
zusätzliche (soziale) Krankenversicherung	ja/nein, Ausgestaltung
sonstige zusätzliche Sozialleistungen	ja/nein, welche?

2.3.3. Ziele

Wie in Abschnitt 2.2. ausgeführt wurde, existieren vielfältige Begründungen und Ziele eines Bürgergeldes bzw. eines Grundeinkommens (Parijs 1992, 2004; Standing 2005). Im Folgenden sollen einige der wichtigsten Argumentationsstränge unter einer nochmals anderen Perspektive zusammengefasst werden. Die meisten Vorschläge werden in der Regel mit einem ganzen Zielbündel begründet, wobei der Schwerpunkt der Zielsetzungen durchaus unterschiedlich sein kann.

a) Sozialpolitische Ziele

Im Zentrum vieler Argumentationen für ein Grundeinkommen oder Bürgergeld steht die Verringerung von Armut. Der Vorteil eines Grundeinkommens bzw. Bürgergelds ist dabei vor allem, dass tatsächlich jede Bürgerin und jeder Bürger auf einfache, unbürokratische Weise einen Grundbetrag erhält. Das führt dazu, dass die verdeckte Armut von Menschen, die Anspruch auf eine soziale Leistung haben, diese aber nicht in Anspruch nehmen (CDU/CSU-Bundestagsfraktion 1999; Becker u. a. 2005), effektiver bekämpft wird. Auch davon profitieren insbesondere wieder Familien, da diese im besonderen Maße von verdeckter Armut betroffen sind. Dabei ist zu betonen, dass selbst dann, wenn es sich nur um ein partielles Grundeinkommen handelt, die Armut sinkt, weil ein großer Teil der Armen bereits über eigenes, aber nicht ausreichendes Einkommen verfügt. Durch ein existenzsicherndes Grundeinkommen oder Bürgergeld in Kombination mit einer armutsvermeidenden Zusatzleistung für diejenigen, bei denen Bürgergeld plus eigenes Einkommen nicht reicht, könnte Armut, zumindest relative Einkommensarmut, vollkommen beseitigt werden.

Zu betonen ist, dass durch die individuelle Ausgestaltung insbesondere Familien besser vor Armut geschützt werden, was daran liegt, dass bei der Berechnung von Armutsgrenzen Einsparmöglichkeiten im Haushaltskontext mit berücksichtigt werden (siehe auch die Argumentation unter 2.3.2. c). So liegt das Solidarische Bürgergeld für einen Alleinstehenden relativ weit unter der EU-Armutsgrenze von 938 € (Stand 2003), aber für einen Paarhaushalt mit zwei Kindern relativ dicht unter der entsprechenden Armutsgrenze. Wenn darüber hinaus berücksichtigt wird, dass in armen Familien häufig eine Person erwerbstätig ist (Strengmann-Kuhn 2003a, S. 158ff.), wäre damit zu rechnen, dass Kinder- und Familienarmut im Sinne der EU-Armutsgrenze durch ein Bürgergeld relativ stark reduziert werden kann. Die in den letzten Jahren im europäischen Vergleich festzustellende Entwicklung der Armutsquote Deutschlands von einem vorderen Platz, direkt hinter den skandinavischen Ländern und den Niederlanden, hin zu einer Armutsquote, die im EU-Durchschnitt liegt (Strengmann-Kuhn 2007a; Europäischer Rat 2006), könnte so umgekehrt werden.

Das bisherige soziale Sicherungssystem ist sehr stark an Normalarbeitsverhältnissen (nicht befristete abhängige Vollzeitbeschäftigungen) orientiert. Aufgrund der oben angesprochenen Veränderungen auf dem Arbeitsmarkt nimmt diese Art der Beschäftigung allerdings ab, manche sprechen sogar von einer „Erosion des Normalarbeitsverhältnisses". Ein Grundeinkommen zielt deshalb darauf, die wachsende Zahl derer, die nicht oder nicht ausreichend durch Sozialversicherungen abgedeckt sind, besser abzusichern. Dazu gehören z.B. Selbstständige, Teilzeiterwerbstätige oder befristet Beschäftigte. Darüber hinaus soll ein Grundeinkommen oder Bürgergeld dazu dienen, auch andere Tätigkeiten oder Arbeit, die nicht notwendigerweise Erwerbsarbeit ist, besser abzusichern. Dabei ist insbesondere wieder an die Familien- und Erziehungsarbeit zu denken, aber auch an ehrenamtliche Tätigkeiten, bürgerschaftliches Engagement etc.

Schließlich soll ein Grundeinkommen dazu dienen, ganz allgemein den gesellschaftlichen Zusammenhalt zu stärken, weil jedes Mitglied der Gemeinschaft ein Anrecht darauf hat und nicht davon ausgeschlossen ist. Das bedeutet nicht, die Faulenzerei zu fördern oder bestimmte Bevölkerungsgruppen aufs Abstellgleis zu schieben. Im Gegenteil: Durch die Zahlung und den Erhalt eines Bürgergeldes entsteht eine Verpflichtung des Einzelnen, der Gesellschaft dafür auch etwas zurückzugeben – wie auch die Gesellschaft in der Pflicht ist, Möglichkeiten zur Teilhabe zur Verfügung zu stellen. Diese Pflicht ist allerdings nicht mit Zwang verbunden und wird nicht durch bürokratische Institutionen oder durch gesetzgeberische Maßnahmen überprüft. Die Beteiligung aller an der Gemeinschaft wird stattdessen als gesellschaftliche Aufgabe verstanden.

b) Ökonomische Ziele

Neben diesen sozialpolitischen Zielen gibt es ökonomische Gründe, die für ein Grundeinkommen sprechen. So haben sich unter anderem mehrere wirtschaftswissenschaftliche Nobelpreisträger (James Meade, Milton Friedman, James Tobin) für ein Grundeinkommen oder eine negative Einkommensteuer ausgesprochen.

Ein wesentlicher Punkt ist dabei, dass durch die stabile Basisabsicherung nach unten das Risiko für ökonomische Aktivitäten reduziert wird. Die Folge wäre, dass Existenzgründungen leichter sind und selbstständige Tätigkeiten insgesamt gefördert werden, wovon insbesondere kleine und mittlere Unternehmen profitieren. Ein Bürgergeld kann auch zu mehr Investitionen führen, weil manche bisher als zu risikoreich eingeschätzte Investitionen dann durchgeführt werden können (zu den positiven ökonomischen Effekten einer erhöhten Risikobereitschaft siehe Sinn 1986). Durch die Reduzierung von Existenzängsten können darüber hinaus die Produktivität und die Innovationsbereitschaft und -fähigkeit steigen.

Eine weitere ökonomische Begründung für bestimmte Ausgestaltungsformen eines Grundeinkommens, vor allem eines über die Einkommensteuer finanzierten Bürgergeldes, wird darin gesehen, dass sich die Arbeitsanreize im unteren Einkommensbereich gegenüber dem Status quo verbessern, wie an den Abbildungen 2 und 3 deutlich zu sehen ist. Nun lassen verschiedene empirische Untersuchungen daran zweifeln, dass die Arbeitsanreize zu niedrig sind und ob die Armutsfalle überhaupt existiert (Gebauer

u. a. 2002), auch die Existenz der hohen Zahl von „Working Poor" in Deutschland deutet darauf hin (Strengmann-Kuhn 2003). Dennoch stellt die Reform hin zu einem integrierten Steuer-Transfer-Tarif sicher, dass mit zunehmendem eigenem Einkommen auch das Nettoeinkommen steigt, sich Arbeit also immer lohnt, was in jedem Fall sinnvoll ist. Denn selbst wenn das Arbeitsanreizproblem überschätzt werden würde, sind die sozialpsychologischen und sozialintegrativen Vorteile eines einheitlichen und durchgängigen Steuer-Transfer-Systems erheblich. Wie bereits diskutiert wirkt „Workfare", also Arbeitszwang, praktisch nicht und wenn, dann überwiegend diskriminierend auf bereits motivierte Personen. Ein auf Anreiz setzendes System muss jedoch transparent sein, damit zwischen legitimer Inanspruchnahme und Missbrauch für alle Beteiligten klare Differenzierungen möglich sind.

Schließlich bringt die Einführung eines Grundeinkommens oder Bürgergeldes einen erheblichen Abbau von Bürokratie mit sich, insbesondere, wenn sie auch auf der Einnahmenseite mit einer Vereinfachung verbunden ist. Dies kann als ein Gewinn an sich betrachtet werden, darüber hinaus aber auch Effizienzgewinne nach sich ziehen.

c) Freiheit

Für etliche Befürworterinnen und Befürworter eines Grundeinkommens oder Bürgergeldes steht die Erhöhung der individuellen Entscheidungsfreiheit im Vordergrund, was in Buchtiteln wie „Befreiung von falscher Arbeit" (Schmid 1984), „Freiheit von Armut" (Opielka/Zander 1988), „Real Freedom for All" (Van Parijs 1995) oder im Namen der Initiative „Freiheit statt Vollbeschäftigung" (Liebermann 2006) zum Ausdruck kommt. Dabei geht es darum, dass jede einzelne Person in die Lage versetzt werden soll, alternative Entscheidungen zu fällen, wozu (auch) ein gewisses Maß an ökonomischen Ressourcen notwendig ist. Wichtig ist dabei, dass diese Ressourcen individuell zur Verfügung gestellt werden, um die Unabhängigkeit sowohl gegenüber dem Staat als auch gegenüber anderen zu erhöhen und (finanzielle) Abhängigkeiten abzubauen.

2.4. Der Vorschlag Solidarisches Bürgergeld

Der Vorschlag Solidarisches Bürgergeld von Dieter Althaus geht von einem grundsätzlichen Anspruch aller erwachsenen Bürgerinnen und Bürger auf einen Betrag von 600 € aus, das als bedingungsloses Grundeinkommen zu verstehen ist. Kinder erhalten unabhängig vom Einkommen der Eltern einen Betrag von 300 €. Für ein Ehepaar mit zwei Kindern bedeutet das also einen Grundbetrag von 1800 € und damit etwas mehr als das derzeitige steuerliche Existenzminimum. Ohne weitere Einkommen liegt das

Solidarische Bürgergeld jedoch unter den oben diskutierten Armutsgrenzen, die ca. 2000 € bzw. ca. 2150 € betragen, ist allerdings 200 € höher als das durchschnittliche Arbeitslosengeld II für eine vierköpfige Familie mit zwei Kindern.

Sowohl für Kinder als auch für Erwachsene kommt eine Gesundheitsprämie von je 200 € pro Monat hinzu, die mit dem Bürgergeld ausgezahlt werden soll. In dieser Gesundheitsprämie sind auch die Leistungen für die Pflegeversicherung enthalten. Die Gesundheitsprämie von 200 € (Kopfpauschale) soll an eine gesetzliche oder private Krankenversicherung nach eigener Wahl abgeführt werden und müsste dann administrativ sinnvollerweise als Gutschein (Voucher) ausgestaltet sein. Krankenversicherungen müssen zu diesem Betrag ein Angebot inklusive Pflegeleistungen anbieten. Der Betrag darf nicht unter 200 € liegen, es sollen aber Beitragsrückerstattungen möglich sein. 200 € liegen dabei über den derzeitigen durchschnittlichen Einnahmen der Krankenkassen pro Person. Dadurch, dass Kinder den gleichen Betrag zahlen wie Erwachsene, führt das im Übrigen dazu, dass die Kassen und Versicherungen einen starken Anreiz haben, familienfreundliche Angebote zu machen.

Alternativ zur Auszahlung der Gesundheitsprämie sei nach Althaus auch eine komplette Finanzierung der Gesundheitsleistungen aus Steuermitteln denkbar (FAZ 25.7.2006; Teil 1, Konzeption). Wir werden deshalb ein zweites Grundmodell untersuchen, bei dem die Gesundheitsprämie nicht direkt ausgezahlt, sondern indirekt über eine Gesundheitssteuer finanziert wird. Die Einnahmen könnten z.B. in einen Gesundheitsfonds fließen, aus dem dann entweder die Versicherten die Gesundheitsprämie erhalten (eventuell auch als Gutschein/Voucher) oder aus dem direkt die Versicherungen finanziert werden. Die Finanzierung des Solidarischen Bürgergeldes erfolgt im Prinzip durch eine lineare Einkommensteuer, folgt aber der Idee des Transfergrenzenmodells (Pelzer 1999) mit zwei verschiedenen Steuersätzen, sodass sich insgesamt eine an der Transfergrenze geknickte, stückweise lineare Einkommensteuer ergibt. Das Steuersubjekt soll sich dabei gegenüber dem jetzigen Einkommensteuerrecht nicht ändern. Während das Bürgergeld ein individuelles Recht ist, werden bei der Finanzierung Ehepaare zusammen besteuert. Die Ehegattensubsidiarität mit der Annahme, dass das Einkommen innerhalb einer Ehe geteilt wird, bleibt also erhalten. Für ein Ehepaar ergibt sich dann bei einem Bürgergeld inklusive Gesundheitsprämie (Grundmodell 1), also 800 € pro Person, und einer Transferentzugsrate von 50% eine Transfergrenze von 3200 € (1.600:0,5 bzw. 1600×2). Bis zu diesem Einkommen liegt das Nettoeinkommen über dem Bruttoeinkommen. Ab 3200 € für ein Ehepaar bzw. 1.600 € bei einem Alleinstehenden beginnt die positive Steuerzahlung, wobei der Steuersatz nur noch 25% betragen soll. Damit der Tarifverlauf der Einkommensteuer ohne Sprungstelle verläuft, muss die Höhe des Bürgergeldes für die Nettozahler entsprechend angepasst werden. Bei einem Steuersatz von 25% ergibt sich für einen Alleinstehenden ebenfalls eine Transfergrenze von 1.600 €, wenn das Bürgergeld 400 € beträgt (1600 =

400:0,25 bzw. 400×4). Ein Ehepaar hat bei einem Einkommen über der Transfergrenze von 3200 € ebenfalls die Möglichkeit, das kleine Bürgergeld, also 400 € pro Person, mit dem dann kleineren Steuersatz zu wählen. Ehepartner erhalten also jeweils das gleiche Bürgergeld und müssen den gleichen Steuersatz zahlen. Dadurch entfällt in dem Modell der negative Arbeitsanreiz des jetzigen Ehegattensplittings für Frauen. Der Tarifverlauf ist in Abbildung 4 zur Veranschaulichung grafisch dargestellt.

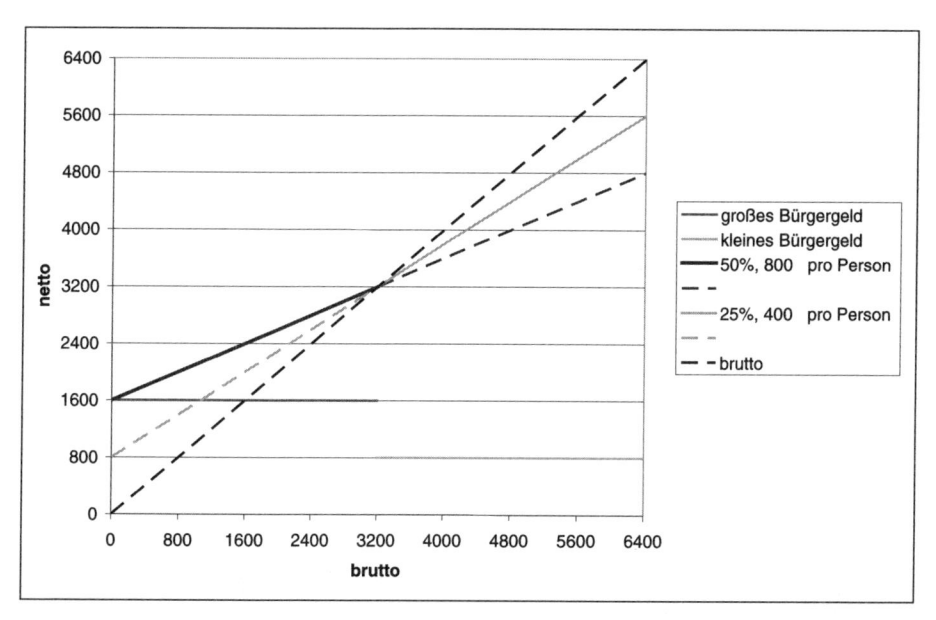

Abbildung 4: Darstellung des Vorschlags Solidarisches Bürgergeld mit integrierter Gesundheitsprämie für einen Paarhaushalt
Quelle: eigene Darstellung

Das Solidarische Bürgergeld kann als echtes Grundeinkommen ausgestaltet sein, indem Personen mit einem Einkommen unter 1600 € bzw. Paare mit einem Einkommen unter 3200 € ein (großes) Bürgergeld in Höhe von 800 € pro Person und besser Verdienende ein (kleines) Bürgergeld in Höhe von 400 € pro Person ausgezahlt bekommen. Bezieher des großen Bürgergeldes müssten dann ihr komplettes Einkommen (außer dem Bürgergeld selbst) mit 50 % und Bezieher des kleinen Bürgergeldes mit 25 % besteuern. Alternativ dazu wäre auch eine Verrechnung von Bürgergeld und zu zahlender Steuer möglich, sodass bei Geringverdienern eine „negative Steuer" ausgezahlt werden würde und bei einem Einkommen über der Transfergrenze nur der Saldo als positive Steuer zu zahlen wäre (siehe Abbildung 5).

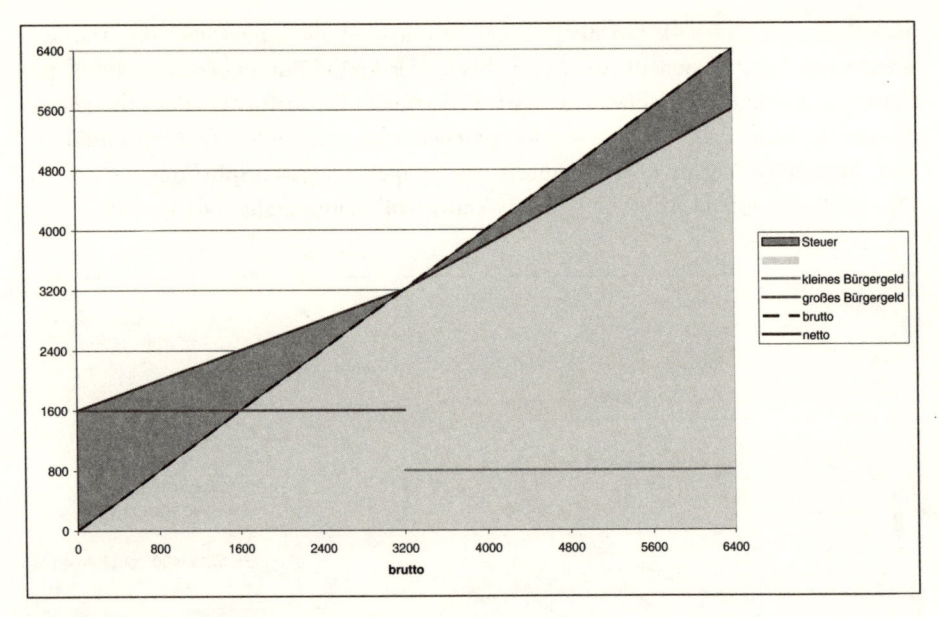

Abbildung 5: Darstellung des Vorschlags Solidarisches Bürgergeld mit integrierter Gesundheitsprämie als negative Einkommensteuer für einen Paarhaushalt
Quelle: eigene Darstellung

Damit sich ein durchgängiger Tarifverlauf ergibt, sind die Steuersätze und die unterschiedlichen Höhen des Bürgergeldes so konstruiert, dass sich die beiden Tarifverläufe in Abbildung 4 und 5 gerade bei der Transfergrenze schneiden. Wenn wir das große Bürgergeld mit BI_1 und das kleine BI_2 und die dazugehörigen Steuersätze mit t_1 bzw. t_2 bezeichnen, gilt:

$$TG = \frac{BI_1}{t_1} = \frac{BI_2}{t_2} \qquad 3$$

Im Allgemeinen muss deshalb das Verhältnis von kleinem zu großem Bürgergeld dem Verhältnis der Steuersätze entsprechen, da:

$$\frac{BI_1}{t_1} = \frac{BI_2}{t_2} \Leftrightarrow \frac{BI_1}{BI_2} = \frac{t_1}{t_2} \qquad 4$$

Aufgrund dieses Zusammenhangs ist es im Übrigen nicht der Fall, dass sich die Finanzierbarkeit des Bürgergeldes durch den geringeren Betrag BI_2 für Bezieher höherer Einkommen verbessert. Im Gegenteil: Ein kleineres Bürgergeld BI_2 für Besserverdienende geht mit einem niedrigeren Steuersatz t_2 der Nettozahler einher. Der „Steuerkeil" rechts wird kleiner, je kleiner das kleine Bürgergeld ist. Der Vorteil des gesplitteten Tarifs sind also nicht die geringeren Nettokosten (weil die geringeren Kosten mit noch niedrigeren Einnahmen einhergehen), sondern der Vorteil ist der geringere Steuersatz für die Nettozahler im Vergleich zu einer Basic Income Flat Tax mit einem einheitlichen Steuersatz.

Auch im Grundmodell 2, dem Bürgergeld mit Gesundheitssteuer, wird von Einkommensteuersätzen von 50 % bei Bezug des großen Bürgergeldes von 600 € pro Person und 25 % bei Bezug des kleinen Bürgergeldes ausgegangen. Hinzu kommt dann noch eine Gesundheitssteuer. Das führt dann dazu, dass die Transfergrenze wesentlich niedriger ist als im Grundmodell 1. Wenn wir die Gesundheitssteuer mit t_G bezeichnen, gilt:

$$TG = \frac{BI_1}{t_1 + t_G} = \frac{BI_2}{t_2 + t_G} \qquad 5$$

Gleichung 5 macht auch deutlich, dass das kleine Bürgergeld dann auch nicht mehr 300 € beträgt, da dann für das Verhältnis zwischen großem und kleinen Bürgergeld gilt:

$$\frac{BI_1}{BI_2} = \frac{t_1 + t_G}{t_2 + t_G} \Leftrightarrow BI_2 = BI_1 \cdot \frac{t_2 + t_G}{t_1 + t_G} \qquad 6$$

Bei einer Gesundheitssteuer von etwa 14 % bedeutet das, dass die Transfergrenze für einen Alleinstehenden etwas unter 1000 € und für ein Ehepaar etwas unter 2000 € liegt. Personen mit höherem Einkommen sind dann Nettozahler, während alle, die ein geringeres Einkommen haben, Nettoempfänger sind. Bei einem Umstieg auf ein Bürgergeldsystem, sei es als negative Einkommensteuer oder als Sozialdividende, fallen die bisherigen Grundfreibeträge automatisch weg. Das Einkommen unterliegt – vom Bürgergeld abgesehen – ab dem ersten Euro der Steuerpflicht. Wie gezeigt fängt die effektive Steuerzahlung aber erst bei einem wesentlich höheren Einkommen an. Neben den Grundfreibeträgen sollen im Modell des Solidarischen Bürgergeldes auch alle anderen Freibeträge entfallen. Das Bürgergeld ist damit nicht nur ein Vorschlag zur Reform der sozialen Grundsicherung, sondern auch zur Vereinfachung des Einkommensteuerrechts im kirchhofschen Sinne (Kirchhof 2005, Merz 2005). Durch die Einführung eines Bürgergeldes gibt es aber im Gegensatz zu den Vorschlägen von Kirchhof keine soziale Schieflage.

Neben dem Grundbürgergeld soll es im Konzept des Solidarischen Bürgergeldes für Personen mit Behinderung oder andere Personen in besonderen Lebenslagen die Möglichkeit geben, einen individuellen *Bürgergeldzuschlag* zu beziehen, der dann aber nicht mehr bedingungslos, sondern einkommens- und vermögensabhängig ist und ebenfalls aus Steuermitteln finanziert wird. Der Bürgergeldzuschlag entspricht systematisch dem AHV-Zuschlag der Schweizer Alterssicherung, stellt also eine aus Bundesmitteln finanzierte, aber dezentral administrierte bedarfsorientierte sozialhilfeähnliche Leistung dar, die die Aufgaben der Sozialhilfe (HbL, HLU) sowie die des Wohngeldgesetzes übernimmt (ähnlich den Arbeitslosengeld-II-Leistungen).

Schließlich ist vorgesehen, dass es im Alter eine reformierte *Zusatzrente* gibt. Diese soll durch eine ausschließlich von den Arbeitgebern gezahlte Lohnsummensteuer[12] finanziert werden, die zu einem Anspruch auf die Zusatzrente führt, die von Althaus „Rentenzuschlag" genannt wird (siehe Teil 1, Konzeption). Diese soll erst ab 67 ausgezahlt werden und, ähnlich wie dies bei der AHV der Fall ist, maximal so hoch sein wie das Bürgergeld selbst (ohne Gesundheitsprämie), also noch einmal 600 €, sodass die Summe aus Bürgergeld, Gesundheitsprämie und Zusatzrente maximal 1400 € beträgt. Zusätzlich sollen im Interesse des Vertrauensschutzes auch die bisherigen Rentenansprüche, die darüber hinausgehen, erfüllt werden. Dies soll durch eine *Rentenzulage* erfolgen, die ebenfalls über die Lohnsummensteuer mitfinanziert wird. Nach dem Vorbild der Schweizer Alterssicherung AHV soll sich die staatliche Rente langfristig auf das Bürgergeld und die Zusatzrente beschränken. Um sprachliche Verwechslungen zwischen den ähnlichen Begriffen Rentenzuschlag und Rentenzulage zu vermeiden, sprechen wir im Folgenden durchgängig von *Zusatzrente* statt von Rentenzuschlag.

2.5. Untersuchungsfragen, Datengrundlage und grundlegende Annahmen

Im Zentrum dieser Studie steht die Frage, ob das eben dargestellte Modell eines Solidarischen Bürgergeldes über eine reformierte Einkommensteuer finanziert werden

---

[12] Eine „Lohnsummensteuer" existiert als Vorbild beispielsweise in Österreich, bis 1994 begrifflich als kommunale Lohnsummensteuer, seitdem wird sie als „Kommunalsteuer" bezeichnet. Sie ist technisch aber weiterhin eine Lohnsummensteuer in Höhe von 3 % auf die Bruttolohnsumme. Bis 1980 war die Lohnsummensteuer auch in Deutschland fakultativer Bestandteil der Gewerbesteuer (vergleiche Monatsbericht des BMF, Juli 2005, S. 79). In Österreich werden zudem die Familienleistungen überwiegend aus Beiträgen der Arbeitgeber – erhoben ebenfalls als Lohnsummensteuer in Höhe von 4,5 % – finanziert, die in einen „Familienlastenausgleichsfonds" (FLAF) fließen (siehe www.bmsg.gv.at und Europäische Kommission 2006, S. 17). Eine Lohnsummensteuer bietet darüber hinaus die Möglichkeit, Bonus-Malus-Systeme einzuführen bzw. gestaffelte Beitragssätze, die die arbeitsmarktpolitische Risikoorientierung der Arbeitgeber (z. B. deren Freisetzungsrate) berücksichtigen, wie dies in der Schweiz, in Frankreich und den USA bereits praktiziert wird (vergleiche Gerhardt 2006, S. 212f.). In Deutschland wäre die Beitragsstaffelung der gesetzlichen Unfallversicherung ein Anknüpfungspunkt für derartige Regelungen.

kann bzw. wie es gegebenenfalls modifiziert werden könnte, um die Finanzierbarkeit sicherzustellen. Dazu werden sowohl die zur Finanzierung des Bürgergeldes notwendigen Ausgaben als auch die zu erwartenden Einnahmen aus der reformierten Einkommensteuer quantitativ auf der Basis von repräsentativen Individualdaten durch Mikrosimulationen abgeschätzt.

Datengrundlage ist das Sozio-Oekonomische Panel (SOEP), ein repräsentativer Längsschnittdatensatz des Deutschen Instituts für Wirtschaftsforschung (DIW), der jährlich erhoben wird. Die aktuellsten Daten stammen aus dem Jahr 2005. Die Basis der Berechnungen sind die darin enthaltenen Informationen über das Jahreseinkommen 2004. Das SOEP ist für die zu bearbeitende Fragestellung besonders gut geeignet, weil es ausführliche Informationen zu den Einkommen der privaten Haushalte enthält, wobei jedes Haushaltsmitglied, das 16 Jahre oder älter ist, mit einem eigenen Fragebogen zu seiner sozioökonomischen Situation, also insbesondere auch zu seinen Einkommen befragt wird. Allerdings ist anzumerken, dass nur private Haushalte befragt werden, d. h. die gesamte Anstaltsbevölkerung sowie Personen ohne festen Wohnsitz sind im SOEP nicht erfasst.[13]

Die Berechnungen finden als statische Simulation statt. Eine Abschätzung der Verhaltensänderung würde den Rahmen dieser Studie sprengen. Um quantitative Abschätzungen von Wirkungen auf Arbeitslosigkeit und Beschäftigung durchzuführen, wäre ein umfangreiches Mikrosimulationsmodell notwendig, mit dem die Auswirkungen auf Arbeitsangebot, Arbeitsnachfrage und auch auf Konsum und Ersparnis simuliert werden könnten, das auch die makroökonomischen (Rück-)Wirkungen mitberücksichtigt.[14] Ein solches Modell steht in dieser Form nicht zur Verfügung. Es ist aber darüber hinaus grundsätzlich fraglich, ob eine solche dynamische Simulation des hier untersuchten Vorschlags wissenschaftlich vertretbar ist, weil üblicherweise nur Verhaltensreaktionen auf der Basis kleinerer Veränderungen geschätzt werden können. Bei einer so umfassenden Reform wie dem Solidarischen Bürgergeld ist das unseres Erachtens hingegen nicht möglich. Wir werden aber am Ende der Studie einige denkbare makroökonomische Wirkungen andiskutieren.

[13] Der hier vertretene Berechnungsansatz erscheint auf den ersten Blick methodisch nicht ganz konsistent, da die Status-quo-Analyse (tatsächliches Steueraufkommen, entfallendes Transfervolumen) auf den Daten der amtlichen Statistik (Steuer- und Sozialstatistik) und den dort ausgewiesenen Aggregaten basiert, fiktive Größen aber aus dem SOEP abgeleitet werden. Alternativ hätte auch die Ableitung des entfallenden Steueraufkommens und der einzusparenden Transfers aus dem SOEP erfolgen können. Wir halten diese Inkonsistenz im Interesse einer möglichst realitätsnahen Kostenschätzung allerdings für vertretbar. Für eine Analyse der Verteilungswirkungen einer Bürgergeldreform, die mit der vorliegenden Studie nicht beabsichtigt war, wäre eine Status-quo-Analyse auf SOEP-Basis jedoch erforderlich.
[14] Zur Problematik und den Möglichkeiten solcher Simulationsmodelle in der Politikberatung am Beispiel der Analyse der Folgen einer Senkung von Sozialabgaben vergleiche Feil/Zika 2005.

Im Rahmen der Simulationen wird fallgenau für jede Person das Bruttoeinkommen ermittelt, sodass darauf aufbauend bestimmt werden kann, welches Bürgergeld bezogen wird und wie hoch die Einkommensteuerzahlungen sind. Wir gehen dabei davon aus, dass im Grundsatz das gesamte Markteinkommen, also Arbeits- und Vermögenseinkommen ohne Freibeträge und Abzugsmöglichkeiten einer Besteuerung unterliegt (Bruttobesteuerung). Dabei beschränken wir uns auf die Simulation der Lohn- und Einkommensteuer auf der Basis der im SOEP angegebenen personellen Einkommen. Im Prinzip könnte die Einführung eines Bürgergeldes aber auch Auswirkungen auf die Bemessungsgrundlage der Körperschaftsteuer hin zu einer Bruttobesteuerung haben. Wie diese genau aussehen könnte und welche finanziellen Konsequenzen sich daraus ergeben, kann allerdings im Rahmen dieses Gutachtens nicht untersucht werden.

Um die Finanzierung des Vorschlags Solidarisches Bürgergeld zu simulieren, werden zwei Grundmodelle durchgerechnet, die auf den oben beschriebenen Vorschlägen von Althaus basieren. Das erste ist das Modell mit integrierter Gesundheitsprämie, in dem das große Bürgergeld 800 € und das kleine 400 € beträgt. Wer das große Bürgergeld erhält, zahlt 50 % Einkommensteuern, wer das kleine bezieht, 25 %. Darüber hinaus wird ein zweites Grundmodell ohne integrierte Gesundheitsprämie durchgerechnet, bei dem das große Bürgergeld 600 € und das kleine 300 € beträgt. Wir nehmen für dieses zweite Grundmodell an, dass die Krankenversicherung durch eine zusätzliche zweckgebundene Gesundheitssteuer bzw. einen steuerähnlichen Beitrag, eine Sozialsteuer (social security tax), finanziert wird.

Bezüglich der Rente gehen wir für beide Grundmodelle in den Simulationen von folgenden Annahmen aus: Erstens, Personen ab 67 Jahren erhalten eine *Zusatzrente*, die maximal 600 € beträgt. Die Zusatzrente wird berechnet, indem von der jetzigen Rente (Summe aus gesetzlichen Renten und Pensionen) das Bürgergeld abgezogen wird. Ist die Differenz größer als 600 € so wird, zweitens, eine *Rentenzulage* gezahlt, die darüber hinausgehende Rentenansprüche deckt. Sowohl die Zusatzrente als auch die Rentenzulage werden durch eine Lohnsummensteuer finanziert. Damit auch Selbstständige und freiberuflich Tätige einen solchen Anspruch erhalten, wird angenommen, dass sie ebenfalls einen Beitrag auf ihr Erwerbseinkommen in gleicher Höhe entrichten. Für die Berechnungen nehmen wir an, dass Personen unter 67 Jahren keine Zusatzrente, sondern nur das Bürgergeld erhalten. Ihre bereits bestehenden Rentenansprüche werden in voller Höhe durch die Rentenzulage gedeckt.[15] Wie oben bereits erläutert, ist diese Rentenzulage sowohl für Personen unter wie über 67 Jahren voll zu versteuern, die Zusatzrente hingegen nicht.

---

[15] Vernachlässigt wird dabei, dass Erwerbsunfähige unter 67 Jahren natürlich auch eine Zusatzrente erhalten sollten. Wir können im SOEP aber nicht ohne Weiteres vorgezogene Altersrenten und Erwerbsunfähigkeitsrenten unterscheiden.

Der Vorschlag des Solidarischen Bürgergeldes sieht vor, dass auch Personen über 67 Jahren die Möglichkeit eröffnet werden soll, das kleine Bürgergeld und den geringeren Steuersatz von 25 % zu wählen. Da die Wahl Auswirkungen auf die Höhe der Zusatzrente und die Rentenzulage hat und damit auf die Höhe des zu versteuernden Einkommens, lässt sich für diese Gruppe keine einfache Regel finden, ab wann diese Option günstiger ist. Wir gehen deshalb der Einfachheit halber davon aus, dass ab 67 Jahren alle Personen das große Bürgergeld erhalten und auf zu versteuerndes Einkommen 50 % Steuern zahlen. Für die Berechnungen hätte die Berücksichtigung der Option zur Folge, dass dadurch zwar die Kosten für das Bürgergeld etwas sinken würden, die Einnahmen der Einkommensteuer würden aber stärker sinken, sodass die Nettokosten insgesamt höher wären. Abschätzungen, die wir durchgeführt haben, zeigen, dass sich bei Einführung dieser Option je nach Modell die Nettoeinnahmen um maximal 5 bis 10 Mrd. € verringern würden.

Auch bezüglich der Rente gehen wir vom Status quo aus, d. h., die Renten werden so simuliert, dass für alle die (Brutto-)Rente in (mindestens) gleicher Höhe erhalten bleibt. Sie wird nur durch eine Summe aus Bürgergeld, Zusatzrente und Rentenzulage ersetzt. In den Simulationen unterstellen wir allerdings, dass die Renten anders als zurzeit besteuert werden, sodass sich netto die Rentenhöhe ändern kann. Während zurzeit Pensionen ganz und gesetzliche Renten zur Hälfte besteuert werden, wird wie erwähnt in unserer Simulation davon ausgegangen, dass nur die Rentenzulage versteuert wird, also die Besteuerung erst ab einer Rentenhöhe von 1400 € bzw. 1200 € im Monat anfängt. Umgekehrt entfallen aber die bisherigen Freibeträge. Langfristig soll nach dem Vorbild der Schweizer AHV die Rentenzulage fortfallen, außerdem könnte langfristig die Zusatzrente besteuert werden. Auch bezüglich der Renten werden aber Veränderungen im Zeitverlauf nicht simuliert.

3. Zur Finanzierbarkeit des Solidarischen Bürgergeldes

Zur Untersuchung der Finanzierbarkeit des Solidarischen Bürgergeldes wird zunächst dargestellt, wie sich die Bemessungsgrundlage der Einkommensteuer nach Einführung eines Bürgergeldes verändern würde und wie hoch die Summe der gesamten zu versteuernden Einkommen dann wäre. Diese Bemessungsgrundlage ist sowohl die Grundlage für die Berechnung der Einnahmen der reformierten Einkommensteuer als auch die Grundlage dafür, wer ein Bürgergeld in welcher Höhe erhält. Dabei soll noch einmal erwähnt werden, dass bei Paarhaushalten davon ausgegangen wird, dass sie gemeinsam veranlagt werden. Grundlage ist dann also für jeden Einzelnen die Hälfte des gemeinsamen Einkommens.

Für die Berechnung der Finanzierbarkeit ist von zentraler Bedeutung, wie hoch der Betrag ist, der neben dem Bürgergeld sonst noch durch die Einkommensteuer finanziert werden muss. Dabei ist erstens zu berücksichtigen, dass durch die Einführung des Solidarischen Bürgergeldes, wie es oben beschrieben wurde, eine Reihe von bisher steuerfinanzierten Ausgaben entfallen kann. Das resultierende Einsparpotenzial wird in 3.2.1. beschrieben. Gleichzeitig ersetzt die simulierte Einkommensteuer die alte Lohn- und Einkommensteuer. Aus der Differenz zwischen jetzigen Einnahmen und möglichen Ersparnissen ergibt sich, um wie viel die simulierten Einnahmen über den simulierten Ausgaben liegen müssen.

Nach diesen grundsätzlichen Klärungen werden dann im weiteren Verlauf die beiden zentralen Grundmodelle mit Gesundheitsprämie (Grundmodell 1) und mit Gesundheitssteuer (Grundmodell 2) simuliert (Abschnitt 3.3.). Schließlich werden im Abschnitt 3.4. noch einige Modifikationen der Grundmodelle diskutiert. Eine ausführliche Simulation dieser modifizierten Modellvarianten war allerdings im Rahmen der Projektzeit nicht möglich. Diese Möglichkeiten sind:

a) die Einführung eines Stufentarifs unter Beibehaltung eines Steuersatzes von 25 % für untere bis mittlere Einkommen, aber einem höheren Steuersatz für Besserverdienende;

b) alternative Finanzierungen der Renten- und Krankenversicherung;

c) die Einführung einer Mindestrente, z. B. nach dem schweizerischen oder schwedischen Vorbild, und Einführung eines Bürgergeldes ausschließlich für den Rest der Bevölkerung.

In Abschnitt 3.5. werden wir schließlich einige bis dahin nicht berücksichtigte Punkte ansprechen, die Auswirkungen auf die Finanzierungsmöglichkeiten haben könnten

3.1. Einkommensquellen, versteuerbares Einkommen

Zunächst untersuchen wir, wie hoch das maximal zu versteuernde Einkommen im Datensatz des SOEP ist. Dabei wird auch der Frage nachgegangen, ob eventuell manche Einkommensarten untererfasst sind, um zu überprüfen, ob die Ergebnisse unserer Berechnungen möglicherweise von der Wirklichkeit abweichen würden.[16] Dazu werden

---

[16] Zu den methodischen Problemen des SOEP hinsichtlich der Datenquellen und des Messkonzeptes, vom Problem der Einkommenserfassung (summarisches monatliches Haushaltsnettoeinkommen, generiertes Jahres- oder Monatseinkommen) über Restriktionen bei der Vermögenser-

die Ergebnisse auf der Basis des SOEP mit drei anderen Datenquellen verglichen, und zwar mit Zahlen der volkswirtschaftlichen Gesamtrechnung (VGR), der Lohn- und Einkommensteuerstatistik und der Einkommens- und Verbrauchsstichprobe (EVS). Naheliegend ist der Vergleich mit dem in der VGR ermittelten Volkseinkommen, weil es sich um die Summe aller Einkommen handelt, die den Inländern letztlich zufließen: „Das Volkseinkommen (Nettonationaleinkommen zu Faktorkosten) (...) ist die Summe aller Erwerbs- und Vermögenseinkommen, die Inländern letztlich zugeflossen sind. Es umfasst das von Inländern empfangene Arbeitnehmerentgelt sowie die Unternehmens- und Vermögenseinkommen." (Statistisches Bundesamt 2006, S.7) Die Höhe des Volkseinkommens (für 2006: 1728 Mrd. €) verweist zunächst auf die Notwendigkeit einer breitestmöglichen Bemessungsgrundlage.[17]

Tabelle 3: Entwicklung der Anteile des Volkseinkommens

	1999	2005
Volkseinkommen	1487,26	1675,13
– Arbeitnehmerentgelt (Inländer)	1059,51	1129,26
– Unternehmens- und Vermögenseinkommen	427,75	545,87
Anteil am Volkseinkommen	*28,8 %*	*32,6 %*

Quelle: Statistisches Bundesamt 2006, Tab. 2, eigene Berechnungen

Allerdings darf dies nicht mit der Steuerbasis der Lohn- und Einkommensteuer verwechselt werden, da das Volkseinkommen nicht nur die Arbeitnehmerentgelte sowie die Unternehmens- und Vermögenseinkommen der privaten Haushalte enthält, sondern auch die Vermögenseinkommen des Staates und die nicht ausgeschütteten Gewinne der Unternehmen (Frenkel/John 2003, S. 93). Müller kommt deswegen zu dem Schluss: „Von den in der volkswirtschaftlichen Gesamtrechnung enthaltenen Größen weist das Volkseinkommen den größten theoretischen Bezug zur ertragsteuerlichen Bemessungsgrundlage und auch zum Aufkommen der Einkommen- und Körperschaftsteuer auf" (Müller 2004, S. 5). Ein Teil des Volkseinkommens wird also in der Körperschaftsteuer und nicht in der Einkommensteuer veranlagt. Dass sich hier ein verteilungspolitisches Problem verbirgt, wird in der Übersicht sichtbar: Der Anteil der Unternehmens- und Vermögenseinkommen am Volkseinkommen erhöhte sich zwischen 1999 und 2005 von 28,8 % auf 32,6 %.

fassung bis zur Abgrenzung von Bedarfsgemeinschaften und schließlich zur Einbeziehung von Leistungsniveaus vergleiche Becker 2006, S. 5–17.
[17] Wert laut mündlicher Auskunft Statistisches Bundesamt, in Tabelle 3 werden die öffentlich verfügbaren Daten eingetragen.

Hinzu kommt, dass in der VGR das Volkseinkommen zwar zwischen Arbeitnehmerentgelten auf der einen Seite und Einkommen aus selbstständiger Tätigkeit und Vermögen auf der anderen Seite unterschieden wird, Letztere aber nicht weiter differenziert werden können, weil sie sich rein rechnerisch als Restgröße bestimmen, während die Arbeitnehmerentgelte direkt ermittelt werden. Die Einkommen aus selbstständiger Tätigkeit und Vermögen ergeben sich, indem die Arbeitnehmerentgelte vom Volkseinkommen abgezogen werden. Damit spiegeln sich in dieser Größe alle Erhebungsfehler wider, die bei der Berechnung des Volkseinkommens entstehen. Das Volkseinkommen wird berechnet, indem vom Bruttonationaleinkommen zunächst die Abschreibungen abgezogen werden, was dann das Nettonationaleinkommen ergibt, das auch Primäreinkommen genannt wird. Werden vom Primäreinkommen schließlich noch die Nettoproduktionsabgaben (Produktions- und Importabgaben minus Subventionen) abgezogen, ergibt sich das Volkseinkommen.

Im Gegensatz zum Volkseinkommen ist für das Primäreinkommen eine Aufteilung in die Sektoren private Haushalte, Kapitalgesellschaften, Staat und übrige Welt möglich (Statistisches Bundesamt 2005, S. 638). Zu betonen ist aber, dass die hier vorgenommene Abgrenzung zwischen Kapitalgesellschaften und privaten Haushalten nicht der Abgrenzung der Bemessungsgrundlagen der Körperschaftsteuer und der Einkommensteuer entspricht (Müller 2004, S. 12). Außerdem werden die Abschreibungen in der VGR anders ermittelt als bei der Einkommen- und Körperschaftsteuer (ebd., S. 9). Trotz dieser Schwierigkeiten bei der Vergleichbarkeit werden die entsprechenden Zahlen aus der „Verteilung der Primäreinkommen nach Sektoren" als Vergleichzahlen herangezogen, um überhaupt einen Anhaltspunkt zu haben.

Ein zweiter Vergleichsmaßstab ist die Lohn- und Einkommensteuerstatistik, die alle drei Jahre erhoben wird. Die neuesten Ergebnisse stammen aus dem Jahr 2001 (Statistisches Bundesamt 2005, S. 600ff.; Statistisches Bundesamt 2006a). Schließlich werden noch Ergebnisse der Einkommens- und Verbrauchsstichprobe (EVS) herangezogen. Hierbei handelt es sich um eine vom Statistischen Bundesamt durchgeführte Befragung von Haushalten, die alle fünf Jahre stattfindet. Die neuesten Zahlen stammen aus dem Jahr 2003 (Statistisches Bundesamt 2005, S. 539ff.).

3.1.1. Erwerbseinkommen

Im SOEP wird getrennt nach drei Arten von (regelmäßigen) Erwerbseinkommen gefragt: Löhne und Gehälter, Einkommen aus selbstständiger Tätigkeit sowie Nebenerwerbseinkommen. Außerdem werden einmalige Zahlungen wie Weihnachtsgeld, Urlaubsgeld etc. erhoben. Werden alle Löhne und Gehälter für das Jahr 2004 zusammengerechnet, so ergibt sich ein Betrag von 874,5 Mrd. €. Zusammen mit den einmaligen Zahlungen in Höhe von 49,7 Mrd. € ergibt sich somit eine Summe von 924,2 Mrd. € an Erwerbseinkommen aus abhängiger Beschäftigung.

Dieser Betrag weicht damit kaum von dem Wert in der volkswirtschaftlichen Gesamtrechnung (VGR) ab, der mit 912 Mrd. € sogar etwas niedriger liegt. In der Lohn- und Einkommensteuerstatistik für 2001 sind 779 Mrd. € angegeben, wobei zu berücksichtigen ist, dass nicht alle Erwerbseinkommen steuerpflichtig sind. Im Statistischen Jahrbuch 2006 (Statistisches Bundesamt 2006, S. 552) sind auch Zahlen der Einkommens- und Verbrauchstichprobe (EVS) enthalten, die sich auf das Jahr 2003 beziehen. Danach beträgt das Arbeitseinkommen aus abhängiger Beschäftigung etwa 851 Mrd. €.

Zu den Einkommen aus abhängiger Beschäftigung gehören schließlich noch die Sozialversicherungsbeiträge der Arbeitgeber, sie werden aber nicht besteuert. Wir gehen für die Simulationen davon aus, dass die Finanzierung der Krankenversicherung und der Pflegeversicherung von den Löhnen abgekoppelt wird. Die Arbeitslosenversicherung entfällt im Modell des Solidarischen Bürgergeldes ganz. Die Bruttolöhne könnten dann also um die entsprechenden Beiträge der Arbeitgeber steigen, wodurch sich die Bemessungsgrundlage der Steuer verbreitern würde. Da die Arbeitgeber im Modell des Solidarischen Bürgergeldes nach wie vor einen Beitrag zur Alterssicherung in Form einer Lohnsummensteuer zahlen, gehen wir nicht davon aus, dass die Löhne auch um den Rentenbeitrag der Arbeitgeber steigen.

Die Beiträge der Arbeitgeber werden mit dem SOEP simuliert, wobei sich zeigt, dass die Einzelbeträge relativ dicht an den im Sozialbudget ausgewiesenen Werten liegen (siehe Tabelle 4).

Tabelle 4: Höhe der Sozialversicherungsbeiträge der Arbeitgeber

	SOEP 2004 (simulierte Beiträge) (a)	Sozialbudget 2003 (b)	Sozialbudget 2005 (c)
GRV	76,8	72,9	71,9
ALV	25,5	25,3	24,8
GKV	47,1	45,4	46,3
GPV	5,7	5,8	6,0
Summe (mit GRV)	155,0	149,4	149
Summe (ohne GRV)	78,3	76,5	77,1

a: eigene Berechnungen
b: Quelle: Statistisches Jahrbuch 2005, S. 197
c: Quelle: Sozialbudget 2005, S. 14

Insgesamt betragen die versteuerbaren Arbeitseinkommen aus abhängiger Beschäftigung auf der Basis des SOEP 1002,5 Mrd. € (924,2 Mrd. + 78,3 Mrd.). Würden auch die Arbeitgeberbeiträge zur Rente als Lohn ausgezahlt, würde sich dieser Wert auf 1079,3 Mrd. € erhöhen. In der VGR belaufen sich die Arbeitnehmerentgelte (die Summe aus Löhne, Gehältern und Sozialversicherungsbeiträgen) auf 1134 Mrd. €, wobei darin auch die Beiträge zur Unfallversicherung sowie unterstellte Beiträge für die Alterssicherung der Beamten enthalten sind.

Neben Arbeitseinkommen aus abhängiger Beschäftigung werden im SOEP auch Einkommen aus selbstständiger Tätigkeit erfragt, die Gesamtsumme betrug für das Jahr 2004 131,6 Mrd. €. Während es für die Arbeitnehmerentgelte eine brauchbare Vergleichszahl in der VGR gibt, ist die Vergleichbarkeit für die Selbstständigen- und Vermögenseinkommen aus oben genannten Gründen stark eingeschränkt.

In der Verteilungsrechnung des Primäreinkommens ist angegeben, dass die privaten Haushalte ein Selbstständigeneinkommen von 195 Mrd. € haben, also etwas mehr als die im SOEP erfassten 131,6 Mrd. €. Insgesamt werden Selbstständigeneinkommen in Höhe von 512 Mrd. € ausgewiesen, wobei aber etwa 300 Mrd. € Selbstständigeneinkommen von Kapitalgesellschaften sind. In der Lohn- und Einkommensteuerstatistik 2001 betrug die Summe aus Einkommen aus Gewerbebetrieb und aus selbstständiger Tätigkeit insgesamt 140 Mrd. €, was wiederum sehr gut mit den Zahlen aus dem SOEP korrespondiert.

Schließlich wird im SOEP nach Einkommen aus Nebentätigkeiten gefragt, die abhängige oder selbstständige Beschäftigungen sein können. Die Gesamtsumme beträgt 31 Mrd. € (inklusive Arbeitseinkommen, die nicht eindeutig selbstständiger oder abhängiger Beschäftigung zugeordnet werden konnten).

Insgesamt beträgt die Summe der besteuerbaren Erwerbseinkommen im SOEP inklusive Arbeitgeberbeiträge zur Arbeitslosen-, Kranken- und Pflegeversicherung, also 1165,2 Mrd. € (1002,5 Mrd. + 131,6 Mrd. + 31,0 Mrd.), die den folgenden Simulationen zugrunde gelegt werden. Zum Vergleich: In der VGR beträgt der entsprechende Wert 1329 Mrd. €, wobei darin auch die Arbeitgeberbeiträge zur Renten- und Unfallversicherung sowie unterstellte Arbeitgeberbeiträge für Pensionen enthalten sind. Die Erwerbseinkommen sind im SOEP also alles in allem sehr gut erfasst. Durch die getroffenen Annahmen lässt sich dabei die Bemessungsgrundlage der Besteuerung deutlich verbreitern. Die Erwerbseinkommen in der Lohn- und Einkommensteuerstatistik 2001 betragen zusammen nur 920 Mrd. €, von denen dann auch noch Freibeträge abgezogen werden, während wir davon ausgehen, dass das gesamte Einkommen besteuert wird.

3.1.2. Vermögenseinkommen der privaten Haushalte

Im SOEP gibt es zwei Fragen zu Vermögenseinkommen. Erstens wird nach Zinsen und Dividenden und zweitens nach Einnahmen aus Vermietung und Verpachtung gefragt. Die Summe der in 2004 erhaltenen Zinsen und Dividenden beträgt 30,2 Mrd. € und die Einnahmen aus Vermietung und Verpachtung 36,4 Mrd. €. Von Letzteren sind allerdings noch die Kosten abzuziehen. Als Schätzwert dafür wurden die ebenfalls erfragten diesbezüglichen Abzüge verwendet, die bei der Einkommensteuer angegeben wurden. Die Summe dieser Werte betrug 10,6 Mrd. €. Wir nehmen an, dass negative Mieteinnahmen nicht mit anderen Einkommen verrechnet werden können. Werden nur die positiven Werte herangezogen, bei denen die Einnahmen höher sind als die Kosten, beträgt die Summe der Nettomieteinnahmen 27,2 Mrd. €. Insgesamt ergeben sich Vermögenseinkommen in Höhe von 57,4 Mrd. € (30,2 Mrd. + 27,2 Mrd.).

Tabelle 5: Höhe der Zinseinnahmen, Ausschüttungen und Entnahmen (Auszug aus VGR-Verteilungsrechnung 2004)

	gesamte Volkswirtschaft	private Haushalte	nicht finanzielle Kapitalgesellschaften	finanzielle Kapitalgesellschaften
Zinsen				
empfangene	394	76	23	366
geleistete	417	59	53	241
Saldo	−23	17	−30	+125
Ausschüttungen und Entnahmen				
empfangene	308	241	31	33
geleistete	300	–	261	35
Saldo	8	241	−230	−2

Quelle: Statistisches Bundesamt 2005, S. 638

In der Verteilungsrechnung des Primäreinkommens (Statistisches Bundesamt 2005, S. 638) gibt es Angaben zu Zinseinnahmen sowie zu Ausschüttungen und Entnahmen. Die Zinseinnahmen der privaten Haushalte betragen danach brutto 76 Mrd. € (Tabelle 5), liegen also höher als im SOEP. Diesen Einnahmen stehen aber auch Zinsausgaben gegenüber, die 59 Mrd. € betragen. Die Nettozinseinnahmen der privaten Haushalte betragen nach der VGR also 17 Mrd. €. Insgesamt sind für die gesamte Volkswirtschaft Zinseinnahmen in Höhe von 394 Mrd. € ausgewiesen, denen allerdings 417 Mrd. € Zinsausgaben gegenüberstehen, sodass die Nettozinseinkommen insgesamt negativ sind. Die Ausschüttungen und Entnahmen betragen für die gesamte Volkswirtschaft netto 8 Mrd. €, wobei es sich um 308 Mrd. € Einnahmen und 300 Mrd. € Ausgaben handelt. Für die privaten Haushalte ergibt sich ein Wert von

241 Mrd. €, dem bei den Kapitalgesellschaften 232 Mrd. € gegenüberstehen. Der Wert von 241 Mrd. € ist dabei also deutlich höher als die Summe aus Zinsen und Dividenden im SOEP. Inwieweit es sich dabei um Entnahmen, also bloße Verschiebungen von den Kapitalgesellschaften zu den privaten Haushalten, handelt, ist unklar.

In der Lohn- und Einkommensteuerstatistik für 2001 sind insgesamt 32,6 Mrd. € Einkünfte aus Kapitalvermögen angegeben. Hinzu kommen noch Einnahmen aus Vermietung und Verpachtung, wobei die Summe für die Fälle mit positiven Mieteinnahmen 20,4 Mrd. € ausmacht. Es ist aber zu berücksichtigen, dass in der Lohn- und Einkommensteuerstatistik die Summe der negativen Mieteinnahmen mit 22,4 Mrd. € höher ist, sodass sich in der Summe negative Mieteinnahmen ergeben. Werden nur die positiven Fälle herangezogen, entsprechen die Vermögenseinkommen aber in etwa der Summe der Vermögenseinkommen, die im SOEP erfasst sind.

Auch in der EVS bewegen sich die Vermögenseinkommen in einer ähnlichen Größenordnung wie im SOEP. Dort werden Zinseinkommen in Höhe von 21,5 Mrd. € und Mieteinnahmen (ohne Berücksichtigung von steuerlichen Abzugsmöglichkeiten) in Höhe von 35,1 Mrd. € aufgeführt, sodass sich Gesamtvermögenseinkommen in Höhe von 56,6 Mrd. € ergeben.

Die Zahlen des SOEP korrespondieren in etwa mit den Größenordnungen der Lohn- und Einkommensteuerstatistik sowie der EVS. In allen drei Datensätzen ist aber mit einer Untererfassung zu rechnen. So sind in der Lohn- und Einkommensteuerstatistik die Vermögenseinkommen nicht vollständig erfasst, weil nicht alle Zinsen besteuert werden. In der EVS fehlen die reichsten Haushalte mit den höchsten Vermögenseinkommen, weil nur Haushalte bis zu einem Monatseinkommen von 18.000 € befragt werden. Außerdem ist davon auszugehen, dass es sowohl bei der EVS als auch beim SOEP eine Reihe fehlender oder falscher Angaben geben dürfte. Wie hoch die Unterschätzung ist, ist unklar, auch die Zahlen der VGR helfen als Anhaltspunkt nicht weiter.

Werden Vermögen der privaten Haushalte aus der Finanzierungsrechnung der Bundesbank mit der Höhe der Geldvermögen in der EVS verglichen, so ergibt sich ein Erfassungsgrad von etwa 50 bis 60 % (Ammermüller u. a. 2005, S. 41), sodass davon ausgegangen werden kann, dass die tatsächlichen Vermögenseinkommen vielleicht maximal doppelt so hoch sind wie die im SOEP erfassten.

Für die Simulationen gehen wir davon aus, dass alle positiven Einnahmen aus Zinsen und Dividenden der privaten Haushalte ohne Abzugsmöglichkeiten besteuert werden und gezahlte Zinsen nicht verrechnet werden können. Bei den Mieteinnahmen wird vor der Besteuerung der Betrag abgezogen, der auch bisher schon bei der Steuer als abzugsfähig geltend gemacht wurde. Aber auch hier nehmen wir an, dass negative Beträge nicht mit anderen Einkommen verrechnet werden können.

3.1.3. Renten/Pensionen

Neben Einkommen aus Erwerbstätigkeit und Vermögen sind auch Renten und Pensionen einkommensteuerpflichtig. Pensionen, betriebliche Renten und private Renten sind es in vollem Umfang, gesetzliche Renten waren bis vor Kurzem nur zum Ertragsanteil zu versteuern. Seit 2005 wird die Rentenbesteuerung schrittweise auf eine nachgelagerte Besteuerung umgestellt, d. h. die Beiträge werden nach und nach abzugsfähig, während auch die gesetzlichen Renten letztlich voll besteuert werden sollen. In 2005 wurde zunächst die Hälfte der Renten besteuerungspflichtig, wobei der Anteil in den nächsten Jahren langsam auf 100 % steigt. Wir gehen für die Simulationen davon aus, dass das Bürgergeld nicht besteuert wird. Auch die Zusatzrente, die das Bürgergeld um maximal 600 € aufstockt, soll nicht besteuert werden, da sich ansonsten Rentnerinnen und Rentner, deren Renten knapp über dem Bürgergeldniveau liegen, verschlechtern würden, weil deren Renten bisher nicht versteuert werden. Allerdings soll die Rentenzulage, die noch über die Zusatzrente hinausgehende Rentenansprüche deckt, voll versteuert werden. Langfristig könnte auch die Zusatzrente versteuert werden, was insofern gerechtfertigt wäre, da die Beiträge[18] aus nicht versteuertem Einkommen stammen.

Insgesamt werden im SOEP für das Jahr 2004 Renten in folgender Höhe nachgewiesen:
1. gesetzliche Renten: 205 Mrd. €
2. Pensionen: 35,9 Mrd. €
3. Kriegsopferrenten: 1,1 Mrd. €
4. Unfallrenten: 2 Mrd. €
5. betriebliche Renten: 18,4 Mrd. € (davon öffentlicher Dienst: 5,6 Mrd. €)
6. private Renten: 2,7 Mrd. €
7. sonstige Renten: 2,7 Mrd. €

Für die Simulationen gehen wir davon aus, dass betriebliche und private Renten voll versteuert werden. Die Kriegsopferrenten, die Unfallrenten und auch die sonstigen Renten, die nicht genau zuordenbar sind, bleiben der Einfachheit halber voll erhalten und werden auch nicht versteuert. Der individuelle Rentenanspruch, der später für die Berechnung der Zusatzrente und der Rentenzulage entscheidend ist, ist die Summe der bisherigen gesetzlichen Renten plus Pensionen, wobei Witwenrenten und eigene Renten zusammengezählt werden.

---

[18] Wie die Berechnung der Ansprüche auf die Zusatzrente erfolgen soll, ist im Modell Solidarisches Bürgergeld (dort: „Rentenzuschlag") nicht genauer beschrieben. Da die Zusatzrente (wie die Rentenzulage) aus der Lohnsummensteuer finanziert wird, existieren zunächst keine individuellen Beitragskonten. Man könnte – etwa analog dem Modell der Schweizer AHV – annehmen, dass die Höhe der jährlichen Einkommensteuerzahlung kontiert und der Anspruchsberechnung zugrunde gelegt wird. Faktisch würde damit die Einkommensteuer zu einer Sozialsteuer (social security tax).

In den Simulationen wird der Status quo an Einkommensflüssen mit den geänderten Modellparametern Solidarisches Bürgergeld dargestellt. Dies bedeutet, dass auch die heute entweder vollständig (Pensionen) oder teilweise (GRV-Renten) besteuerten Alterseinkünfte, die als Rentenzulage Bestandsschutz erhalten, versteuert werden müssen. Je nach Simulationsmodell beträgt die Rentenzulage zwischen 98 und 108 Mrd. €. Wir tragen deshalb einen Mittelwert von 103 Mrd. € in die besteuerbaren Gesamteinkünfte ein.

3.1.4. Besteuerbare Gesamteinkünfte

Insgesamt ergeben sich auf der Basis des SOEP für das Jahr 2004 folgende besteuerbaren Einkünfte, die den Simulationen zugrunde gelegt werden:

regelmäßige Löhne und Gehälter	874,5 Mrd. €
plus einmalige Zahlungen (Weihnachtsgeld etc.)	49,7 Mrd. €
	924,2 Mrd. €
plus Sozialversicherungsbeiträge (GKV, GPV und ALV) der Arbeitgeber*	78,3 Mrd. €
Erwerbseinkommen aus abhängiger Beschäftigung	**1002,5 Mrd. €**
plus Einkommen aus selbstständiger Tätigkeit	131,6 Mrd. €
plus Nebenerwerbseinkommen	31,0 Mrd. €
Summe der Erwerbseinkommen	**1165,1 Mrd. €**
Einnahmen aus Zinsen und Dividenden	30,2 Mrd. €
(Netto-)Einnahmen aus Vermietung und Verpachtung	27,2 Mrd. €
Vermögenseinkommen	**57,4 Mrd. €**
betriebliche und private Renten	21,1 Mrd. €
Rentenzulage (zu versteuernder Anteil der Bestandsrenten und -pensionen)	ca. 103 Mrd. € (+/– 5 Mrd. €)
Summe	**1346,7 Mrd. €**

* Ohne Rentenversicherungsbeiträge, da der Arbeitgeberanteil in der Lohnsummensteuer aufgehen soll.

Zum Vergleich: Das Volkseinkommen der VGR betrug im Bezugsjahr 2004 1650,6 Mrd. € (Statistisches Bundesamt 2006, Tab. 2), lag also um 22,6 % höher als die den folgenden Simulationen zugrunde gelegte Bemessungsgrundlage.

3.2. Notwendige Einkommensteuereinnahmen

Bevor wir die Simulationen der Kosten des Bürgergeldes und die Einnahmen der reformierten Einkommensteuer darstellen, ist die Höhe der Ausgaben abzuschätzen, die neben dem Bürgergeld noch durch die Einkommensteuer finanziert werden müssen.

Dabei ist zu berücksichtigen, dass durch die Einführung des Solidarischen Bürgergeldes inklusive der Neuordnung der Alterssicherung und der Krankenversicherung die meisten steuerfinanzierten Leistungen entfallen können. Welche das sind und in welcher Höhe Einsparungen entstehen, wird in Abschnitt 3.2.1. diskutiert. Auf der Einnahmenseite ist zu berücksichtigen, dass erstens die simulierten Einnahmen die jetzige Lohn- und Einkommensteuer vollständig ersetzen. Zweitens machen diese aber nur einen Teil der Steuereinnahmen aus, wobei wir für die Finanzierungsberechnungen davon ausgehen, dass sich diese sonstigen Steuereinnahmen, vor allem indirekte Steuern, z. B. Mehrwertsteuer, nicht verändern. Die jetzigen Staatsausgaben G finanzieren sich durch die Lohn- und Einkommensteuer T_E sowie sonstige Steuern T_{sonst} sowie die Neuverschuldung D:

$$G = T_E + T_{sonst} + D \qquad 7$$

Nach Einführung des Solidarischen Bürgergeldes ergeben sich Veränderungen auf der Einnahmen und der Ausgabenseite:

$$G^{neu} = G - G_S + BG = T_E^{neu} + T_{sonst} + D \qquad 8$$

Die neuen Staatsausgaben G^{neu} lassen sich berechnen, indem von den jetzigen Staatsausgaben G die Kosten für das Bürgergeld BG hinzugezählt werden und die entstehenden Einsparmöglichkeiten G_S abgezogen werden. Damit sich das Bürgergeld kostenneutral finanzieren lässt, folgt aus den Gleichungen 7 und 8 die Gleichung 9:

$$G_S - BG = T_E - T_E^{neu} \qquad 9$$

bzw.:

$$T_E^{neu} = BG + (T_E - G_S) \Leftrightarrow T_E^{neu} - BG = T_E - G_S \qquad 10$$

Durch die neuen Einkommensteuereinnahmen T_E^{neu} muss das Bürgergeld finanziert werden sowie die Differenz aus jetzigen Einkommensteuereinnahmen T_E und Ersparnissen G_S. Anders ausgedrückt: Das Bürgergeld kann kostenneutral finanziert werden, wenn der Saldo aus simulierten Einnahmen T_E^{neu} und simulierten Kosten BG gerade der Differenz aus jetzigen Einkommensteuereinnahmen T_E und Ersparnissen G_S entspricht. Ist diese Differenz größer als null, weil die Einsparungen kleiner sind als die jetzigen Einnahmen der Einkommensteuer, müssen die (Brutto-)Einnahmen aus der neuen, simulierten Einkommensteuer entsprechend größer sein als die Kosten des Bürgergeldes. Sollten die Einsparungen größer sein als die bisherigen Einkommensteuereinnahmen, würde es hingegen ausreichen, wenn die Einnahmen kleiner wären als die Kosten des Bürgergeldes. Das Bürgergeld würde dann zum Teil aus anderen Steuern finanziert, von denen wir, wie erwähnt, annehmen, dass sie in unveränderter Höhe bestehen bleiben.

3.2.1. Aufkommen der Lohn- und Einkommensteuer

Die bisherigen Einnahmen der Lohn- und Einkommensteuer können nur ungefähr abgeschätzt werden, da der genaue Betrag erst mit einer gewissen Zeitverzögerung bekannt wird. So wurde erst kürzlich die Lohn- und Einkommensteuerstatistik, die alle drei Jahre erstellt wird, für 2001 vorgelegt. Danach betrug die Summe der festgelegten Lohn- und Einkommensteuer 177 Mrd. €, 1998 waren es 170 Mrd. € (Quelle: Statistisches Bundesamt 2005). Als Anhaltspunkt für die aktuelle Höhe der Einkommensteuereinnahmen können die kassenmäßigen Steuereinnahmen dienen. Werden die Einnahmen der Lohnsteuer, der veranlagten Einkommensteuer und der Zinsabschlagsteuer zusammengerechnet, so ergab sich für 1998 ein Betrag von 169,9 Mrd. €, also sehr dicht an der festzusetzenden Einkommensteuer, für 2001 war dieser Betrag mit 182,4 Mrd. € mehr als 5 Mrd. € höher als der Betrag in der Lohn- und Einkommensteuerstatistik. 2004 betrugen die kassenmäßigen Einnahmen aus den drei genannten Quellen zusammen 170,4 Mrd. €, also deutlich weniger als 2001 und wieder in einer ähnlichen Größenordnung wie 1998. In diesen Zahlen ist das Kindergeld jeweils noch enthalten, deswegen sind die Zahlen, die z. B. im Bundeshaushalt zu finden sind, entsprechend kleiner. Hinzu kommt dann noch der Solidaritätszuschlag in Höhe von etwa 10 Mrd. €, sodass die jetzigen durch die Einkommensteuer finanzierten Einnahmen etwa zwischen 180 und 190 Mrd. € betragen.

Wären die zu erwartenden Einsparungen geringer als dieser Betrag, so müssten die Einnahmen der simulierten Einkommensteuer entsprechend höher sein als die Kosten des Bürgergeldes. Wäre es hingegen so, dass die Einsparmöglichkeiten größer wären als diese jetzigen Einnahmen, so würde es für eine kostenneutrale Finanzierung des Bürgergeldes ausreichen, wenn die Einnahmen der simulierten Einkommensteuer kleiner wären als die Ausgaben für das Bürgergeld. Aus diesem Grund werden im Folgenden die Einsparpotenziale nach Einführung des Solidarischen Bürgergeldes abgeschätzt und anschließend mit den bisherigen Einnahmen der Lohn- und Einkommensteuer verglichen.

3.2.2. Einsparmöglichkeiten bei steuerfinanzierten Sozialleistungen

Im Folgenden wird für die steuerfinanzierten Sozialleistungen, die durch ein Bürgergeld ganz oder teilweise wegfallen können, diskutiert, wie hoch das jeweilige Einsparpotenzial ist. Diese Liste ist allerdings nicht als konkrete Sparliste zu verstehen, sondern es geht um die Darstellung der Größenordnung möglicher Einsparungen. Bei den einzelnen Zahlen handelt es sich zum Teil nur um grobe Abschätzungen, außerdem beziehen sie sich auf unterschiedliche Zeiträume. Für die meisten Leistungen verwenden wir Statistiken von 2004, weil das auch das Jahr ist, für das die Simulationen durchgeführt werden. Manche Leistungen sind allerdings erst später eingeführt worden (z. B. das Arbeitslosengeld II ab 2005 oder das Elterngeld ab 2007) oder haben sich seitdem stark verändert (z. B. die Sozialhilfe).

Ganz wegfallen können nach Einführung des Bürgergeldes das Arbeitslosengeld II, das Sozialgeld und BAföG-Leistungen. Die Gesamtausgaben für Geldleistungen nach dem Sozialgesetzbuch II (SBG II), also Arbeitslosengeld II und Sozialgeld, betrugen 37,1 Mrd. € im Jahr 2005, von denen 25,0 Mrd. € auf die Zahlung der Regelsätze und 12,1 Mrd. € auf die Ausgaben für Wohnkosten entfielen (Kaltenborn/Schiwarov 2006, S. 2). Dieser Betrag kann komplett eingespart werden. Dies gilt ebenso für die BAföG-Leistungen, die 2005 etwa 1 Mrd. € betrugen (Jahresrechnung). Hinzu kommen noch 0,5 Mrd. € sonstige Ausgaben des Bundes für Ausbildungsförderung (Sozialbudget 2005), die – soweit es sich um Geldleistungen handelt – vermutlich ebenfalls eingespart werden können.

Die Gesamtausgaben für die Sozialhilfe betrugen 2004 insgesamt etwa 28 Mrd. €. Davon entfielen auf die Hilfe zum Lebensunterhalt (HLU) 10 Mrd. €, auf die Hilfe in besonderen Lebenslagen (HbL) ca. 16 Mrd. € und auf die Grundsicherung im Alter und bei Erwerbsunfähigkeit ca. 2 Mrd. € (BMAS 2006, S.678). Durch die Einführung des Arbeitslosengeldes II am 1.1.2005 hat sich die Zahl der Personen, die HLU beziehen, drastisch reduziert, weil das Arbeitslosengeld II nicht nur die Grundsicherung für Arbeitslose, sondern für alle erwerbsfähigen Erwachsenen bildet. HLU beziehen deshalb nur noch Personen, die weder als erwerbsfähig noch als dauerhaft erwerbsunfähig klassifiziert werden. Dadurch haben sich die Gesamtkosten der Sozialhilfe in 2005 auf ca. 20 Mrd. € reduziert (Sozialbudget 2005). Es liegen noch keine Zahlen zur Aufteilung dieser Summe vor, es ist aber zu vermuten, dass die Reduzierung voll zugunsten der HLU ging, sodass die Kosten für die Hilfe zum Lebensunterhalt nur noch 2 Mrd. € betragen dürften.

Von den 16 Mrd. € für die HbL ist unklar, wie hoch der Anteil ist, der über den monatlichen Betrag von 600 € Bürgergeld hinausgeht. Zu vermuten ist aber, dass dies erheblich ist, weil es sich bei den Betroffenen in der Regel um Personen mit einem hohen Finanzbedarf handelt. Diese Leistungen sollen nach dem Konzept des Solidarischen Bürgergeldes beibehalten und in einen Bürgergeldzuschlag umgewandelt werden (siehe oben). Wenn wir davon ausgehen, dass es für diesen Kreis eher sinnvoll ist, die Leistungen zu erweitern als zu kürzen, nehmen wir an, dass es bezüglich der HbL kein Einsparpotenzial gibt.

Es verbleiben also 2 Mrd. € für die HLU und 2 Mrd. € für die Grundsicherung im Alter. Allerdings ist zu berücksichtigen, dass die Höhe des Bürgergeldes für manche

Haushaltstypen unter dem bisherigen Existenzminimum, das durch die Sozialhilfe garantiert wird, liegt. Deshalb ist es sinnvoll, neben dem Bürgergeldzuschlag für Menschen mit Behinderungen und andere Personen in besonderen Lebenslagen auch einen (bedürftigkeitsgeprüften) Bürgergeldzuschlag für die wenigen Personen vorzusehen, bei denen das Bürgergeld plus zusätzlichem eigenem Einkommen nicht ausreicht, den Grundbedarf abzudecken (siehe auch Abschnitt 4). Da dies aber nur noch eine relativ kleine Gruppe ist, gehen wir von Kosten von 2 Mrd. € pro Jahr aus, sodass sich ein Einsparpotenzial von 2 Mrd. € ergibt. Dieser Bürgergeldzuschlag wäre vergleichbar mit dem oben diskutierten Kinderzuschlag zum Kindergeld.

Die Kosten für das Wohngeld betragen nach der Reform der Sozialhilfe und der Einführung des Arbeitslosengeldes II nur noch 1 Mrd. €. Darin sind jetzt nur noch Leistungen enthalten, die oberhalb des Grundsicherungsniveaus liegen. Dieses Wohngeld würde also durch die Einführung des Bürgergeldes nicht automatisch wegfallen. Für Alleinstehende entstünden vermutlich Mehrkosten, da heute Wohnkosten oberhalb von 600 € durch das Arbeitslosengeld II getragen werden; für Mehrpersonenhaushalte ist das Solidarische Bürgergeld großzügiger, daher dürften Mehrkosten abgedeckt sein. Eine Möglichkeit bestünde darin, das Wohngeld ebenfalls in den Bürgergeldzuschlag mit einfließen zu lassen, um den Bedarf von Personen mit unvermeidbar hohen Wohnkosten abzudecken. Damit kann auch dem Einwand begegnet werden, dass das große Bürgergeld von 600 € monatlich insbesondere in Großstädten mit hohen Mietwerten nicht existenzsichernd sei.

Eine weitere Leistung, die über das Bürgergeld hinausgeht bzw. gehen kann, ist das zum 1.1.2007 eingeführte Elterngeld. Insgesamt sind im Bundeshaushalt 2007 Kosten von 4 Mrd. € veranschlagt. Da durch die Einführung des Bürgergeldes Leistungen, die unter 600 € liegen, entfallen und bei höheren nur die Differenz ausgezahlt werden muss, gehen wir von einem Einsparvolumen von 3 Mrd. € aus. Das Kindergeld und der eingeführte Kinderzuschlag (zusammen etwa 30 Mrd. €) können hingegen ganz entfallen. Allerdings handelt es sich beim Kindergeld eigentlich nicht um einen staatlichen Transfer, sondern um die Auszahlung eines Steuerfreibetrags, der im Einkommensteuerrecht (§ 32 EStG) geregelt ist. Beim Bundeshaushalt ist das Kindergeld deswegen auch nicht als Ausgabe verzeichnet, sondern verringert die Einnahmen der Einkommensteuer – eine Lösung, die auch für das Bürgergeld denkbar wäre.

Da sowohl die Renten und Pensionen als auch die Krankenversicherung anderweitig finanziert werden, können alle steuerfinanzierten Ausgaben für diese Bereiche ebenfalls entfallen. Laut Sozialbudget 2005 belaufen sich die Kosten der Pensionen auf 35 Mrd. € und die der Beihilfen auf 10 Mrd. €, die nicht mehr über die Einkommensteuer finanziert werden müssen. Das Gleiche gilt für die steuerfinanzierten Zuschüsse zur gesetzlichen Rentenversicherung, die durch das (steuerfinanzierte) Bürgergeld plus Zusatzrente und Rentenzulage, die durch die Lohnsummensteuer finanziert werden, ersetzt werden. Es bleibt also der bisherige Mix aus Steuerfinanzierung und Beitragsfinanzierung erhalten. Eingespart (bzw. durch das Bürgergeld für Ältere ersetzt) werden können der allgemeine und der zusätzliche Zuschuss zur gesetzlichen Rentenversicherung sowie der Zuschuss zur Knappschaft. Auch die Familienzuschläge im öffentlichen Dienst könnten eingespart werden, da für Kinder und gegebenenfalls nicht erwerbstätige Partner ein Bürgergeld gezahlt wird. Im Jahr 2003 belief sich diese Summe auf 6,9 Mrd. € (Statistisches Bundesamt 2005, S. 197).

Was die Beitragszahlung für Kindererziehung betrifft, könnte einerseits argumentiert werden, dass sie beibehalten werden sollte. Es wäre in dieser Perspektive sinnvoll, dass Rentenansprüche auch durch entsprechende Beitragszahlungen gedeckt sind und nur versicherungsfremde Leistungen durch allgemeine Steuermittel finanziert werden sollten (Schmähl 2003, S.18). Da die beschriebene Zusatzrente aber ohnehin als eine steuerähnliche Leistung finanziert wird (der Unterschied besteht lediglich darin, dass die Vermögenseinkommen in Höhe von ungefähr 50 Mrd. € in der Bemessungsgrundlage nicht berücksichtigt werden[19]), gibt es keinen Grund mehr, die Kinderbeiträge aus allgemeinen Steuermitteln zu bezahlen. Damit können die gesamten steuerfinanzierten Zuschüsse zur Rentenversicherung in Höhe von etwa 77,5 Mrd. € eingespart werden. Im Prinzip könnten auch die Leistungen der Kriegsopferversorgung und -fürsorge in Höhe von ca. 3 Mrd. € um den Bürgergeldbetrag gekürzt werden. Da die Leistungen aber auch schon heute nicht auf die Grundsicherung im Alter bzw. früher auf die Sozialhilfe angerechnet wurden und sie demografisch bedingt auslaufen, plädieren wir, auch in Hinblick darauf, dass es sich um eine besondere Bevölkerungsgruppe handelt, für eine Beibehaltung in voller Höhe.

In der vergangenen Legislaturperiode wurde ein steuerfinanzierter Zuschuss zur gesetzlichen Krankenversicherung zur Finanzierung der versicherungsfremden Leistungen eingeführt. Dieser wird 2007 auf 1,5 Mrd. € gesenkt und soll danach ganz gestrichen werden. Stattdessen soll es ab 2008 nach den Eckpunkten zur Gesundheitsreform einen steuerfinanzierten Zuschuss zu den Kinderbeiträgen der Krankenversicherung in gleicher Höhe geben, der in den darauffolgenden Jahren steigen soll. Da die Krankenver-

---

[19] Auch dies könnte bei entsprechendem politischem Willen anders gehandhabt werden. Sollte die Bemessung des Rentenzuschlags auf der Grundlage der Einkommensteuerzahlung erfolgen (siehe oben), wäre dies auch sachgerecht. Das üblicherweise vor allem von Gewerkschaftsseite vorgetragene Argument, dass Rentenleistungen, die der Lebensstandardsicherung dienen, dem Ausgleich des im Alter fortfallenden Erwerbseinkommens dienen, Vermögenseinkommen vom Renteneintritt – mit Ausnahme privater Renten – in der Regel aber nicht betroffen sind, müsste insoweit pragmatisch übergangen werden. Der Vorteil wäre die deutlich verbreiterte Bemessungsgrundlage: Auf Vermögenseinkommen würde dann eine der Lohnsummensteuer entsprechende Rentensteuer erhoben. Ein entsprechender Vorschlag wird in Kapitel 3.4. diskutiert.

sicherung im Modell des Solidarischen Bürgergeldes direkt oder indirekt über Steuern finanziert wird, kann dieser Zuschuss entfallen.

Schließlich gibt es steuerfinanzierte Leistungen im Rahmen der landwirtschaftlichen Sozialpolitik in Höhe von insgesamt 3,7 Mrd. €, von denen 2,3 Mrd. € an die Alterssicherung und 1,1 Mrd. € an die Krankenversicherung gehen. Auch diese Zuschüsse können entfallen, weil die Leistungen bereits anderweitig finanziert sind.

Durch die Einführung einer negativen Einkommensteuer bzw. eines Bürgergeldes kann als Folge der Verwaltungsvereinfachung, da sämtliche monetäre Transferleistungen über die Finanzverwaltung administriert werden, mit erheblichen Kostenersparnissen bzw. Effizienzgewinnen gerechnet werden. Die verfügbaren Daten lassen jedoch keine präzisen Aussagen über die Verwaltungskosten zu, die sich einsparen ließen. Wir greifen deshalb zu einer Schätzung mit Plausibilisierung. Als Verwaltungskosten des Arbeitslosengeld II werden seitens der Bundesagentur 3,5 Mrd. € angegeben (laut Haushaltsentwurf des Bundes für 2007), was bei einem Ausgabenvolumen von 33 Mrd. € gut 10 % bedeutet. Unter der Annahme, dass in diesem Teilsystem die Verwaltungskosten besonders hoch sind, schätzen wir die Verwaltungskosten für die derzeitigen Geldtransfersysteme auf durchschnittlich 7 % der Ausgaben, also etwa 13,8 Mrd. €. Zur Kalkulation der Einsparmöglichkeit ist aber zu bedenken, dass es auch sinnvoll sein kann, die frei werdenden Kapazitäten für einen besseren Bürgerservice durch verbesserte Arbeitsvermittlung und Beratung zu verwenden. Wir gehen deshalb von einem Einsparvolumen von 50 % der Verwaltungskosten aus, d. h. bei geschätzten 13,8 Mrd. € Verwaltungskosten ein Einsparvolumen von ca. 7 Mrd. €.

Insgesamt ergeben sich damit Einsparungen in Höhe von 204 Mrd. € mit Kindergeld bzw. 174 Mrd. € ohne (siehe Tabelle 6).[20] Andererseits ist aber zu berücksichtigen, dass durch die Einführung des Solidarischen Bürgergeldes zusätzlicher Einnahmebedarf entsteht, weil einige bisher durch Beiträge finanzierte Sach- und Dienstleistungen durch Steuern finanziert werden müssen. Hierzu gehören die aktive Arbeitsmarktpolitik nach dem Sozialgesetzbuch III (ca. 5 bis 10 Mrd. €)[21] und die Rehabilitationsleistungen der Rentenversicherung (ca. 5 Mrd. €). Letztere könnten allerdings eventuell in die Krankenversicherung integriert werden.

Die geschätzten Einsparungen entsprechen also in etwa den Einnahmen aus der Lohn- und Einkommensteuer inklusive Solidaritätszuschlag. Da sie eher etwas höher sind

---

[20] In einer Diskussion der ersten Fassung der vorliegenden Studie argumentieren Straubhaar und Hohenleitner, die Obergrenze der Einsparpotenziale bei steuerfinanzierten Sozialtransfers läge bei etwa 276 Mrd. € (Straubhaar/Hohenleitner 2007). Die Streichung sämtlicher steuerfinanzierter Sozialleistungen halten wir jedoch für unrealistisch und problematisch.

[21] Schwer abzuschätzen: Summe der Ausgaben für aktive Arbeitsmarktpolitik 2005: 16,8 Mrd. (Bundesagentur für Arbeit 2006, S. 124)

Tabelle 6: Einsparmöglichkeiten bei steuerfinanzierten Sozialleistungen nach Einführung des Solidarischen Bürgergeldes

	Einsparvolumen	bisherige Ausgaben	Anmerkung
Arbeitslosengeld II/ Sozialgeld	37 Mrd. €	37 Mrd. €	kann wegfallen
BAföG	1 Mrd. €	1 Mrd. €	kann wegfallen
Ausbildungsförderung	0,5 Mrd. €	0,5 Mrd. €	
Hilfe in besonderen Lebenslagen	–	16 Mrd. €	Umwandlung in Bürgergeldzuschlag
Hilfe zum Lebensunterhalt	2 Mrd. €	2 Mrd. €	Umwandlung in
Grundsicherung im Alter		2 Mrd. €	zusätzlichen
Wohngeld		1 Mrd. €	Bürgergeldzuschlag
Elterngeld	3 Mrd. €	4 Mrd. €	nur Beträge oberhalb des Bürgergeldes
Pensionen	35 Mrd. €	35 Mrd. €	kann wegfallen
Familienzuschläge (öffentlicher Dienst)	7 Mrd. €	7 Mrd. €	kann wegfallen
Beihilfe	10 Mrd. €	10 Mrd. €	kann wegfallen
allgemeiner Bundeszuschuss zur Rentenversicherung	37,5 Mrd. €	37,5 Mrd. €	kann wegfallen
zusätzlicher Bundeszuschuss zur Rentenversicherung	17 Mrd. €	17 Mrd. €	kann wegfallen
Kriegsopferversorgung und -fürsorge	–	3 Mrd. €	sollte der Einfachheit halber beibehalten bleiben
Beiträge für Kindererziehung an die GRV	12 Mrd. €	12 Mrd. €	kann wegfallen
Zuschuss zur Krankenversicherung	1,5 Mrd. €	1,5 Mrd. €	bis 2007: allgemeiner Zuschuss wg. versicherungsfremder Leistungen, ab 2008 (geplant): Zuschuss zu den Beiträgen der Kinder in gleicher Höhe
Landwirtschaftliche Sozialpolitik	3,5 Mrd. €	3,7 Mrd. €	Kann bis auf Unfallversicherung wegfallen
	167 Mrd. €	**190 Mrd. €**	
Einsparung Verwaltungskosten	7 Mrd. €	14 Mrd. €	
Einsparvolumen	**174 Mrd. €**	**204 Mrd. €**	ohne Kindergeld
Kindergeld	30 Mrd. €	30 Mrd. €	kann ganz entfallen (je nach Berechnung auf der Einnahmen- oder auf der Ausgabenseite)
Einsparvolumen	**204 Mrd. €**	**234 Mrd. €**	mit Kindergeld

– ca. 15 bis 25 Mrd. € –, reicht es sogar schon aus, wenn die Einnahmen der neuen Einkommensteuer um diese Beträge geringer sind als die Ausgaben für das Bürgergeld. Es ist aber zu berücksichtigen, dass erstens, wie erwähnt, ein nicht gut abzuschätzender zusätzlicher Einnahmebedarf in Höhe von ca. 10 Mrd. € für bisher beitragsfinanzierte Leistungen besteht und zweitens mit der Einführung des Solidarischen Bürgergeldes auch ein Abbau der Staatsverschuldung angestrebt wird (siehe Punkt 1.7. der „Thesen zum Solidarischen Bürgergeld" im Teil 1, Konzeption). Insgesamt liegt das gesamte Einsparvolumen etwa 5 bis 15 Mrd. € über den bisherigen Einnahmen der Lohn- und Einkommensteuer (einschließlich Solidaritätszuschlag). Da sich darüber hinaus in den Abschätzungen eine Reihe von Unsicherheitsfaktoren befinden, verwenden wir, um auf der sicheren Seite zu sein, folgende Regel: *Ein Modell ist genau dann kostenneutral finanzierbar, wenn die simulierten Einnahmen aus der Einkommensteuer in etwa den simulierten Kosten des Bürgergeldes entsprechen.*

Sollten die simulierten Kosten höher sein als die simulierten Einnahmen der Einkommensteuer, so wäre eine Finanzierung durch weitere Einnahmenverbesserungen oder Ausgabenkürzungen zu erreichen. Zu betonen ist auch, dass ökonomische Effekte, die sich eventuell günstig auf Einnahmen oder Ausgaben auswirken könnten, bei den Simulationen nicht berücksichtigt sind.

Zum Verständnis ist deshalb festzuhalten, dass in den folgenden Berechnungen aufgrund der Gleichgewichtsregel die geschätzten Einsparungen *und* die Einkommensteuereinnahmen (sowie alle Sozialversicherungsbeiträge auf Arbeitseinkommen) auf null gesetzt werden und darauf aufbauend das Modell des Solidarischen Bürgergeldes simuliert wird.

3.3. Mikrosimulation der Finanzierung des Solidarischen Bürgergeldes

Die Simulationen zum oben beschriebenen Grundmodell 1 werden in Abschnitt 3.3.1. und zum Grundmodell 2 im Abschnitt 3.3.2. dargestellt. Da bei den Grundmodellen jeweils noch eine mehr oder weniger große Finanzierungslücke besteht, wird zusätzlich gezeigt, wie hoch die Steuersätze sein müssten, damit die Kosten des Bürgergeldes in etwa den (Brutto-)Einnahmen aus der Einkommensteuer entsprächen. Für die in Abschnitt 3.4. und 3.5. dargestellte „Variante des Grundmodells 1" wurde keine vergleichbare Mikrosimulation vorgenommen, da die Datengrundlage für diese Variante unsicherer ist. Wir greifen dafür auf die Ergebnisse der Mikrosimulation der Grundmodelle 1 und 2 zurück.

3.3.1. Bürgergeld mit Gesundheitsprämie (Grundmodell 1)

Im ersten Grundmodell erhalten alle Personen ab 18 Jahren mit einem Einkommen unter 1600 € sowie alle Personen ab 67 Jahren ein Bürgergeld von 800 €. Erwachsene unter 67 mit einem Einkommen über dieser Transfergrenze beziehen das kleine Bürgergeld in Höhe von 400 € und Kinder bis 15 Jahre sowie unter 18-Jährige, die zu Hause leben, erhalten 500 €, worin ebenfalls eine Gesundheitsprämie von 200 € enthalten ist. Jugendliche über 15 Jahre, die bereits einen eigenen Haushalt führen, werden behandelt wie Erwachsene.

Rentnerinnen und Rentner erhalten zusätzlich eine nicht zu versteuernde Zusatzrente in Summe von 41,6 Mrd. € sowie eine zu versteuernde Rentenzulage in Summe von 98,6 Mrd. €. Da die Erwerbseinkommen insgesamt 1165,2 Mrd. € betragen, muss der Beitrag für die Lohnsummensteuer bei etwa 12 % liegen, um diese 140,2 Mrd. € zu finanzieren. Das gesamte zu versteuernde Einkommen beträgt im ersten Grundmodell damit 1342,3 Mrd. € (1243,7 + 98,6).

Tabelle 7: Simulation des Grundmodells mit Gesundheitsprämie
(Steuersätze 50 % bzw. 25 %, Bürgergeldhöhe 800/400 €):

Alter (Jahre)		Anzahl (in Mio.)	Nettoeinnahmen (Mrd. €/Jahr)	Kosten (Mrd./Jahr) davon: (Gesundheitsprämie)	Einnahmen (Mrd. €/Jahr)	Einkommen (Mrd. €/Jahr)	Rentenzulage (Mrd. €/Jahr)
< 18	Kinder und Jugendliche	4,9	−89,5	89,6 (35,8)	0,1	0,5	0,04
18–66	großes Bürgergeld	21,5	−120,0	206,3 (51,6)	86,3	172,6	2,8
	ohne Eink.	3,9	−37,3	37,3	–	–	–
	mit Eink.	17,6	−82,7	169,0	86,3	172,6	2,8
	kleines Bürgergeld	26,8	121,6	128,6 (64,3)	250,2	1000,1	2,0
	Rentnerinnen und Rentner unter 67	5,6	−8,5	45,6 (13,4)	37,0	99,7	71,1
ab 67	großes Bürgergeld	13,2	−92,6	126,9 (31,7)	34,3	68,6	22,7
		82,0	−189,0	597,0 (196,8)	408,0	1342,3	98,6

Quelle: SOEP 2005, Jahreseinkommen 2004, Berechnungen von Wolfgang Strengmann-Kuhn

Tabelle 7 zeigt die Ergebnisse der Simulation dieses Modells. Danach gibt es knapp 15 Mio. Kinder und Jugendliche unter 18 Jahren, die in der Regel noch kein eigenes Einkommen haben. Die Kosten für deren Bürgergeld belaufen sich auf 89,6 Mrd. €, also ungefähr dreimal so viel wie für das jetzige Kindergeld. Auf der anderen Seite des Altersspektrums gibt es 13,2 Mio. Personen ab 67 Jahre, die durchweg das große Bürgergeld erhalten, was Bruttokosten von 126,9 Mrd. € ausmacht. Sie verfügen aber über ein zu versteuerndes Einkommen in Höhe von 68,6 Mrd. €, davon 22,7 Mrd. € durch die Rentenzulage. Da diese zu 50 % zu versteuern sind, fließen netto nur noch 92,6 Mrd. € aus Steuermitteln an Personen über 67 Jahre. Die 5,6 Mio. Rentnerinnen und Rentner unter 67 Jahre erhalten netto noch einmal zusätzlich 8,5 Mrd. €. Sie beziehen ein Bürgergeld in der Summe von 45,6 Mrd. € und zahlen insgesamt 37 Mrd. € Steuern. Diese drei Gruppen (Kinder und Jugendliche unter 18, Rentnerinnen und Rentner unter 67 sowie Personen ab 67) verursachen also Nettokosten in Höhe von 189,6 Mrd. €. Die restliche Bevölkerung teilt sich auf in 21,5 Mio., die ein großes Bürgergeld beziehen (davon 3,9 Mio. ohne Einkommen und 17,6 Mio. mit einem Einkommen unter 1600 €), und 26,8 Mio. mit einem Einkommen über 1600 €. Letztere verfügen über das Gros der Einkommen, nämlich ungefähr 1000 Mrd. €, sie erhalten 128,6 Mrd. € Bürgergeld, zahlen aber 250,2 Mrd. € in die Einkommensteuer ein. Werden diese beiden Zahlen miteinander verrechnet, ergibt das Nettoeinnahmen von 121,6 Mrd. €, was gerade ausreichen würde, um das Bürgergeld und die Gesundheitsprämie für die Erwachsenen, die keine Rentnerinnen und Rentner sind, zu finanzieren. Insgesamt bleibt aber bei diesem Modell, wenn man die Deckung ausschließlich über die Einkommensteuer erreichen will, eine Finanzierungslücke von 189 Mrd. €, weil den Gesamtausgaben für das Bürgergeld (einschließlich Gesundheitsprämie) von 597,0 Mrd. € nur Einnahmen von 408 Mrd. € gegenüberstehen.

Es ist wichtig, darauf hinzuweisen, dass in den Kosten von 597,0 Mrd. € bzw. von 400,2 Mrd. € nur für das Bürgergeld (ohne Gesundheitsprämie) die Kosten der Zusatzrente und der Rentenzulage nicht enthalten sind, da die Rentenleistungen oberhalb des Bürgergeldes nicht aus der Einkommensteuer, sondern aus einer Lohnsummensteuer finanziert werden sollen. Die Zusatzrente ist in den Simulationen nicht einbezogen, die Rentenzulage insoweit, als sie das versteuerbare Einkommen erhöht.

Falls im Sinne einer Negativsteuer die Einkommensteuer mit dem Bürgergeldbetrag verrechnet wird, verringern sich die tatsächlichen Ausgaben des Bürgergelds (inklusive Gesundheitsprämie) auf 310,6 Mrd. €: Für Kinder entstehen Bürgergeldausgaben in Höhe von 89,5 Mrd. €, für Rentnerinnen und Rentner ab 67 Jahre in Höhe von 92,6 Mrd. (126, 9 Mrd. € Kosten stehen Einnahmen von 34,3 Mrd. € gegenüber), für Rentnerinnen und Rentner unter 67 Jahren 8,5 Mrd. € (45,6 Mrd. € minus 37,0 Mrd. €) sowie 120 Mrd. € für sonstige Erwachsenen, die ein großes Bürgergeld beziehen (die Kosten von 206,3 Mrd. € können mit den [Einkommensteuer-]Einnahmen von 86,3 Mrd. € gegengerechnet werden). In diesen 310,6 Mrd. € sind die Kosten für die Gesundheitsprämie bereits enthalten. Diesen Kosten stehen Einnahmen der Nettozahler in Höhe von 121,6 Mrd. € pro Jahr gegenüber. Die Differenz von 189 Mrd. € pro Jahr entspricht in etwa den Kosten für die Gesundheitsprämie. Die Kosten für das Bürgergeld alleine sind mit diesen Einnahmen abgedeckt. Zur Finanzierung des Gesamtkonzeptes Solidarisches Bürgergeld, d. h. unter Einschluss der Gesundheitsprämie, sind jedoch Modifikationen erforderlich.

Steuersätze von 50 % und 25 % reichen also zur Finanzierung des Bürgergeldes *und* der Gesundheitsprämie über die Lohn- und Einkommensteuer einschließlich des Solidaritätszuschlags nicht aus. Die fehlenden 189 Mrd. € entsprechen dabei in etwa den Kosten für die Kranken- und Pflegeversicherung, die durch die Gesundheitsprämie 200 € pro Kopf finanziert werden sollen. Um das zu verdeutlichen, haben wir in der Spalte „Kosten" die für alle Gruppen jeweils entstehenden Kostenanteile der Gesundheitsprämie ausgewiesen. Die Gesamtkosten der Gesundheitsprämie im Grundmodell liegen bei 196,8 Mrd. €[22] und damit um knapp 8 Mrd. € über dem ausgewiesenen Fehlbetrag. Im Weiteren werden zunächst zwei Möglichkeiten der Finanzierung der Gesundheitskosten innerhalb der Modellarchitektur von Althaus (siehe Teil 1, Konzeption) durchgerechnet. Die erste ist eine Finanzierung im Rahmen der Einkommensteuer. Dazu müssen im Grundmodell 1 entsprechend die Steuern angehoben werden. Die zweite Möglichkeit ist das Grundmodell 2, bei dem die Gesundheitsfinanzierung aus der Einkommensteuer ausgegliedert wird und durch eine Gesundheitssteuer stattfindet. Weitere Möglichkeiten zur Finanzierung der Krankenversicherung werden wir im Abschnitt 3.4. diskutieren.

Doch zunächst noch einmal zurück zum Grundmodell 1 und zur vollständigen Finanzierung durch die Einkommensteuer: Um bei einem Bürgergeld von 800 € und 400 € zu bleiben, müssen dazu die beiden Steuersätze so lange proportional erhöht werden, bis schließlich die Gesamtausgaben den Gesamteinnahmen entsprechen. Bei Steuersätzen von 75 % und 37,5 % wären die Einnahmen gerade etwas höher als die Ausgaben. Diese Steuersätze klingen auf den ersten Blick relativ hoch, allerdings ist zu berücksichtigen, dass damit sowohl eine steuerfinanzierte Grundrente (d. h. das große Bürgergeld für Rentner) als auch die Krankenversicherung finanziert sind und keine weiteren Abzüge dazukommen. Je nachdem, ob mehr Wert auf eine geringe Transferentzugsrate oder auf einen geringeren Spitzensteuersatz gelegt wird, sind darüber hinaus weitere Varianten möglich: z. B. ein Spitzensteuersatz von 35 % und eine Transferentzugsrate von 80 %. Die Transfergrenze liegt dann bei einem Monatseinkommen von 1000 € (800/0,8). Damit diese Variante einen durchgängigen Steuertarif ergibt, müsste das kleine Bür-

---

[22] Dieser Betrag liegt über den tatsächlichen Kosten des Gesundheitswesens heute (gesetzliche und private Krankenversicherung, Beihilfe), die etwa 180 Mrd. € betragen.

gergeld 350 € pro Monat betragen. Dann wäre die Transfergrenze ebenfalls 1000 € (350/0,35).

Tabelle 8: Finanzierbare Varianten des Grundmodells 1 mit Gesundheitsprämie

Steuersätze	BG-Höhe	Transfergrenze	Kosten Bürgergeld	Einnahmen	Netto-Einnahmen
75:37,5	800:400	1066,7 €	562,2	565,6	3,4
80:35	800:350	1000 €	535,5	538,8	3,3
70:40	800:457	1142 €	591,0	591,4	0,4

Quelle: SOEP 2005, Jahreseinkommen 2004, Berechnungen von Wolfgang Strengmann-Kuhn

Wenn das Augenmerk eher auf verbesserte Zuverdienstmöglichkeiten im unteren Einkommensbereich gelegt wird, wäre auch eine Kombination von 70 % und 40 % finanzierbar (Tabelle 8). Somit wären die Transferentzugsrate für Geringverdiener niedriger als beim Arbeitslosengeld II und der Spitzensteuersatz trotzdem geringer als heute. Auch für diese Variante muss die Höhe des kleinen Bürgergeldes wieder angepasst werden, damit das Verhältnis zum großen Bürgergeld wieder dem der Steuersätze entspricht. Es müsste dann $0,4 \times 800 : 0,7$, also ungefähr 457 €, betragen, die Transfergrenze läge bei $800 : 0,7$, also ungefähr 1142 €. Bei einem großen Bürgergeld von exakt 800 € ergeben sich also keine glatten Beträge. Um das zu vermeiden, wäre aber ein großes Bürgergeld von 805 € und ein kleines von 460 € mit einer Transfergrenze von 1150 € denkbar. Die Einnahmen lägen dann etwa 3 Mrd. € unter den Kosten, was aber, wie oben diskutiert, aufgrund der Einsparmöglichkeiten trotzdem eine kostenneutrale Finanzierung ermöglicht.

Im Folgenden werden die beiden „Extrem"-Modelle 70:40 und 80:35 miteinander verglichen, um deutlich zu machen, wie sich die verschiedenen Steuersätze auswirken. Im Vergleich zum Grundmodell 1 mit einem Spitzensteuersatz von 25 % und einer Transferentzugsgrenze von 50 % sind es dann in dem Modell mit Steuersätzen von 70 % und 40 % (Tabelle 9), von Kindern und Rentnerinnen bzw. Rentnern abgesehen, nur noch 16,3 Mio. Personen, die das große Bürgergeld beziehen und also Nettoempfänger sind. Dem stehen 32 Mio. erwachsene Bezieher des kleinen Bürgergeldes unter 67 gegenüber, die keine eigene Rente beziehen. Diese zahlen netto 261,6 Mrd. € in die Einkommensteuer ein, während es oben nur ungefähr 120 Mrd. € waren. Insgesamt sind die Einnahmen auch bei den anderen Gruppen deutlich höher, während die Kosten für das Bürgergeld in etwa gleich bleiben. Die Kosten für das kleine Bürgergeld sind zwar höher, was aber durch die höheren Steuereinnahmen mehr als ausgeglichen wird. Die Kosten für das große Bürgergeld sind deutlich geringer, weil sehr viel weniger Personen ein Einkommen unter der niedrigeren Transfergrenze von etwas unter 1150 € haben.

Tabelle 9: Simulation eines Bürgergeldmodells mit Gesundheitsprämie (Grundmodell 1) mit Steuersätzen von 70 % bzw. 40 % (Bürgergeldhöhe 800/457 €):

Alter (Jahre)		Anzahl (in Mio.)	Nettoeinnahmen (Mrd. €/Jahr)	Kosten (Mrd. €/Jahr)	Einnahmen (Mrd. €/Jahr)	Einkommen (Mrd. €/Jahr)	Rentenzulage (Mrd. €/Jahr)
< 18	Kinder und Jugendliche	14,9	–89,4	89,6	0,2	0,5	0,04
18–66	großes Bürgergeld	16,3	–99,9	155,8	55,9	79,9	2,2
	ohne Eink.	3,9	–37,3	37,3	–	–	–
	mit Eink.	12,4	–62,6	118,5	55,9	79,9	2,2
	kleines Bürgergeld	32,0	261,6	175,8	437,4	1093,6	2,6
	Rentnerinnen und Rentner unter 67	5,6	7,0	42,8	49,8	99,7	71,1
>67	großes Bürgergeld	13,2	-78,9	126,9	48,0	68,6	22,7
		82,0	0,4	591,0	591,4	1342,3	98,7

Quelle: SOEP 2005, Jahreseinkommen 2004, Berechnungen von Wolfgang Strengmann-Kuhn

Im Modell mit Steuersätzen von 80 % und 35 % ist die Anzahl der erwachsenen Nettoempfänger, die keine Rentnerinnen und Rentner sind, mit 14,7 Mio. Personen noch geringer (Tabelle 10). Da auch die Bruttokosten für das kleine Bürgergeld geringer sind, verringern sich die Gesamtkosten für das Bürgergeld in dieser Variante auf 535,5 Mrd. €. Gleichzeitig reduzieren sich aber auch die Einnahmen gegenüber der 70 : 40-Variante, da der Grenzsteuersatz für die Nettozahler nur 35 % beträgt. Deshalb sind die Nettoeinnahmen der Hauptzahlergruppe, nämlich der Erwachsenen mit einem Einkommen über der Transfergrenze, die keine Rentnerinnen oder Rentner sind, mit 249 Mrd. € etwa 12 Mrd. € geringer als im Modell mit 70 % und 40 %.

Tabelle 10: Simulation eines Bürgergeldmodells mit Gesundheitsprämie (Grundmodell 1) mit Steuersätzen von 80 % bzw. 35 % (Bürgergeldhöhe 800/350 €):

Alter (Jahre)		Anzahl (in Mio.)	Netto- einnahmen (Mrd. €/ Jahr)	Kosten (Mrd. €/ Jahr)	Ein- nahmen (Mrd. €/ Jahr)	Ein- kommen (Mrd. €/ Jahr)	Renten- zulage (Mrd. €/ Jahr)
< 18	Kinder und Jugendliche	14,9	−89,5	89,6	0,2	0,5	0,04
18–66	großes Bürgergeld	14,7	93,9	141,5	47,6	59,4	1,6
	ohne Eink.	3,9	−37,3	37,3	–	–	–
	mit Eink.	10,8	−56,6	104,2	47,6	59,4	1,6
	kleines Bürgergeld	33,5	249,0	140,9	389,9	1114,0	3,2
	Rentnerinnen und Rentner unter 67	5,6	9,7	36,6	46,3	99,7	71,1
>67	großes Bürgergeld	13,2	−72,1	126,9	54,8	68,6	22,7
		82,0	3,3	535,5	538,8	1342,3	98,6

Quelle: SOEP 2005, Jahreseinkommen 2004, Berechnungen von Wolfgang Strengmann-Kuhn

Um weitere Einblicke zu erhalten, wird das Solidarische Bürgergeld schließlich mit dem Status quo anhand der Belastung mit Steuern und Sozialversicherungsbeiträgen verglichen (Abbildung 6). Abgetragen sind die Durchschnittssteuersätze in Abhängigkeit vom Einkommen beim gegenwärtigen Einkommensteuertarif, die Summe aus diesen Steuersätzen und den Sozialversicherungsbeiträgen sowie der Verlauf der Durchschnittssteuersätze beim Solidarischen Bürgergeld. Dabei ist zu berücksichtigen, dass die Bemessungsgrundlagen für das auf der waagerechten Achse abgetragene Einkommen jeweils unterschiedlich sind, sodass letztlich nur der ungefähre Verlauf der Kurven miteinander verglichen werden kann.

Der aktuelle Steuertarif beginnt bei knapp 8000 € Jahreseinkommen und steigt dann an, wobei die Steigung mit zunehmendem Einkommen flacher wird und sich approximativ dem Spitzensteuersatz annähert. Zu erkennen ist, dass selbst bei einem Einkommen von 150.000 € im Jahr der Durchschnittssteuersatz noch unter 40 % liegt.

Werden Steuern und Sozialversicherungsbeiträge zusammengezählt, wobei in der Grafik nur die Arbeitnehmeranteile berücksichtigt werden, so ist zu erkennen, dass die Belastung schon unter dem Existenzminimum beginnt, nämlich bei der Geringfügigkeitsgrenze. Die Gesamtbelastung steigt dann mit zunehmendem Einkommen an und erreicht mit fast 50 % ihren Höhepunkt bei etwa 60.000 € Jahreseinkommen, nämlich

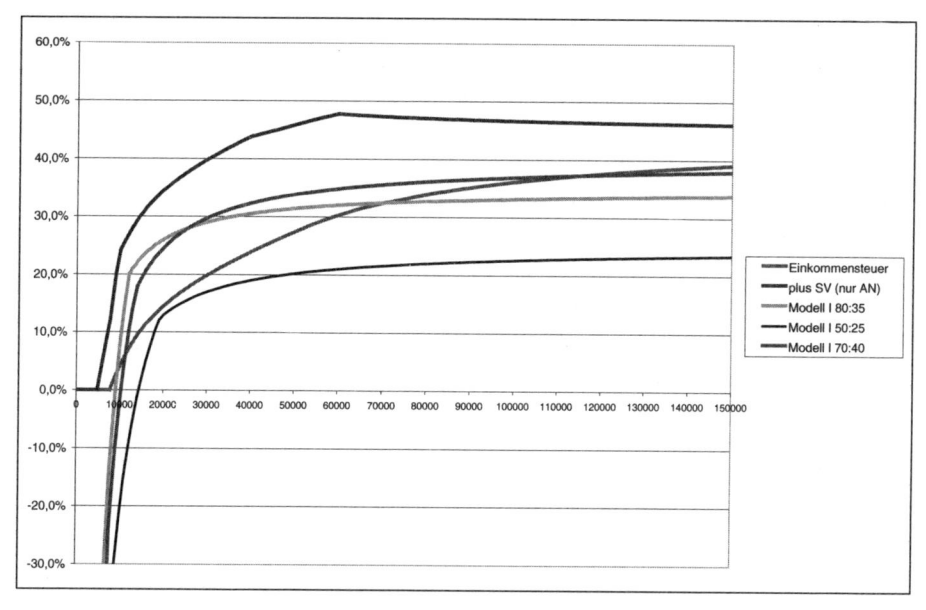

Abbildung 6: Vergleich der Belastungsquoten (Steuer plus Gesundheitsprämie) in Abhängigkeit vom Jahreseinkommen: Status quo und Solidarisches Bürgergeld (Grundmodell 1)
Quelle: eigene Darstellung auf der Basis der Simulationen sowie der geltenden Regeln zur Einkommensteuer und den Sozialversicherungen

bei der Beitragsbemessungsgrenze der Rentenversicherung. Würden die Arbeitgeberbeiträge mit berücksichtigt, die letztlich auch von den Löhnen der Arbeitnehmer gezahlt werden, läge die Gesamtbelastung bereits ab etwa 50.000 € Jahreseinkommen bei über 50 %, steigt dann auf eine maximale Belastung von fast 70 % an und sinkt mit zunehmendem Einkommen wieder langsam ab, sodass sie bei den höchsten Einkommen wieder unter 50 % liegt. Die Personen mit mittleren Einkommen sind also prozentual stärker an der Finanzierung der staatlichen Leistungen beteiligt als Besserverdienende.

Beim Solidarischen Bürgergeld hingegen steigt die Belastung relativ und absolut durchgängig mit steigendem Einkommen. Im Grundmodell mit Steuersätzen von 50 % und 25 % liegt die Belastung dabei für alle Einkommensgruppen unter den derzeitigen Durchschnittssteuersätzen. Wie gezeigt wurde, reichen diese – ohne weitere Quellen – zur Finanzierung des Bürgergeldes jedoch nicht aus. Die 70:40-Variante stellt, wenn sie nur mit der Einkommensteuer verglichen wird, eine Entlastung für kleine Einkommen dar. Auch bei den ganz hohen Einkommen ist die Steuerbelastung aufgrund des geringeren Spitzensteuersatzes etwas kleiner. Bezieher mittlerer Einkommen zahlen hingegen höhere Einkommensteuern, allerdings ist das genau die Gruppe, die bisher die Hauptlast der Sozialversicherungsbeiträge zu tragen hat, die beim Solidarischen Bürgergeld wegfallen. Werden Steuern und Sozialversicherungsbeiträge zusammengezählt, ist die Entlastung bei den mittleren Einkommen sogar besonders groß. Für alle Einkommen liegt der Durchschnittssteuersatz beim Solidarischen Bürgergeld aber unter der gegenwärtigen Gesamtbelastung aus Steuern und Sozialversicherungsbeiträgen. Dies ist auch bei der 80:35-Variante so, allerdings ist die Entlastung bei den kleinen Einkommen relativ gering, dafür liegt bereits ab etwa 70.000 € Jahreseinkommen die Steuerbelastung unter derjenigen der jetzigen Einkommensteuer. Bis etwa 30.000 € Bruttoeinkommen ist die 70:40-Variante günstiger, bei höheren Einkommen die 80:35-Variante.

3.3.2. Bürgergeld plus Gesundheitssteuer (Grundmodell 2)

In dem zweiten Grundmodell, das wir untersuchen, wird nur der eigentliche Bürgergeldbetrag ausgezahlt. Die Krankenversicherung wird durch eine zweckgebundene Steuer finanziert, die z. B. in einen Gesundheitsfonds fließt, aus dem die gesetzlichen und privaten Krankenversicherungen im Durchschnitt[23] einen Betrag pro Kopf von 200 € pro Monat, also insgesamt ca. 196 Mrd. € pro Jahr erhalten, womit sowohl Gesundheits- und Pflegekosten finanziert werden. Als Beitragsgrundlage für diese Sozialsteuer (social security tax) kann das gesamte zu versteuernde Einkommen dienen. Das sind ca. 1350 Mrd. € pro Jahr. Da Rentnerinnen und Rentner heute auf ihre Rente Krankenversicherungsbeiträge zahlen, ist es angemessen, dass nicht nur die zu versteuernde Rentenzulage, sondern auch die Zusatzrente (55 Mrd. € pro Jahr) zur Beitragsbemessung herangezogen wird. Zusammen würde das eine Bemessungsgrundlage von etwas über 1400 Mrd. € ausmachen, sodass der Satz für die Gesundheitssteuer 14 % beträgt.

Bei Bezug des großen Bürgergeldes wären also im Grundmodell 50 % Einkommensteuer plus 14 % Gesundheitssteuer zu bezahlen. Die Transfergrenze würde dann 937,50 € = 600 €:(0,5 + 0,14) betragen. Ist das Einkommen höher, wird ein kleines Bürgergeld bezogen und es werden nur noch 25 % Einkommensteuer (plus Gesundheitssteuer) gezahlt. Damit es einen durchgehenden Tarif gibt, müsste das kleine Bürgergeld ca. 366 € betragen. Einen glatteren Betrag von 375 € würde man bei einen Steuersatz von 26 % erhalten.

Bei diesem Modell würde die Summe der besteuerbaren Einkommen 1351,8 Mrd. € betragen. Das sind etwas mehr als im Grundmodell 1 (mit Gesundheitsprämie), weil

---

[23] Wenn in diesen Gesundheitsfonds der Risikostrukturausgleich mit eingebaut wäre, könnten die Beiträge, die die Versicherungen aus diesem Fond erhalten, auch differenziert ausfallen, z. B. höhere Beträge für Ältere und kleinere Beträge für Jüngere.

Tabelle 11: Simulation des Grundmodells mit Gesundheitssteuer (Grundmodell 2) (Steuersätze 50% bzw. 26%, Bürgergeldhöhe 600/375 €):

Alter (Jahre)		Anzahl (in Mio.)	Nettoeinnahmen (Mrd. €/ Jahr)	Kosten (Mrd. €/ Jahr)	Einnahmen (Mrd. €/ Jahr)	Einkommen (Mrd. €/ Jahr)	Rentenzulage (Mrd. €/ Jahr)
< 18	Kinder und Jugendliche	14,9	−53,7	53,8	0,1	0,5	0,04
18–66	großes Bürgergeld	14,3	−75,8	102,7	26,9	53,7	1,3
	ohne Eink.	3,9	−27,9	27,9	−	−	−
	mit Eink.	10,4	−47,9	74,8	26,9	53,7	1,3
	kleines Bürgergeld	34,0	138,1	153,0	291,1	1119,7	3,5
	Rentnerinnen und Rentner unter 67	5,6	2,1	31,0	31,2	99,7	71,1
>67	großes Bürgergeld	13,2	-56,1	95,2	39,0	78,1	32,2
		82,0	-47,4	435,8	388,4	1351,8	108,2

Quelle: SOEP 2005, Jahreseinkommen 2004, Berechnungen von Wolfgang Strengmann-Kuhn

die Rentenzulage jetzt etwas höher ausfällt. Die Gesamtsumme ist 108,2 Mrd. €, also etwa 10 Mrd. € mehr als oben. Die Bruttoeinnahmen der Einkommensteuer würden sich dann auf 388,4 Mrd. € belaufen, denen Kosten für das Bürgergeld in Höhe von 435,8 Mrd. € gegenüberstehen (Tabelle 11).

Werden die Bruttoeinnahmen und die Kosten verrechnet, so gibt es bei den Nichtrentenbeziehern unter 67 Jahren positive Nettoeinnahmen in Höhe von 138,1 Mrd. €. Hinzu kommen noch positive Nettoeinnahmen von Rentnerinnen und Rentnern unter 67 Jahren von 2 Mrd. €. Diese Einnahmen in Höhe von ca. 140 Mrd. € reichen nicht ganz aus, um die Nettokosten von Kindern und Jugendlichen in Höhe von 53,7 Mrd. €, von Personen ab 67 Jahren in Höhe von 56,1 Mrd. € sowie sonstigen Beziehern eines großen Bürgergeldes in Höhe von 75,8 Mrd. € zu finanzieren. Es verbleibt ein negativer Saldo von 47,4 Mrd. €. Bei einem Steuersatz von 25% über der Transfergrenze wären es etwas mehr, nämlich 55,1 Mrd. €.

Eine Möglichkeit, diese Finanzierungslücke zu schließen, wäre, den Steuersatz der Nettozahler zu erhöhen, wobei entsprechend das kleine Bürgergeld erhöht werden müsste, um wieder auf die gleiche Transfergrenze von 937,50 € monatlich zu kommen. (An dieser Stelle zeigt sich noch einmal anschaulich, dass die Nettoeinnahmen umso höher sind, je höher das kleine Bürgergeld ist.) Bei einem Steuersatz von 34% (das kleine

Tabelle 12: Finanzierung von Varianten des Grundmodells mit Gesundheitssteuer (Grundmodell 2)

Steuersätze	Gesundheits-steuer	BG-Höhe	Transfer-grenze	Kosten Bürgergeld	Netto-einnahmen
50:25	14%	600:366	937,50 €	431,5	−55,1
50:26	14%	600:375	937,50 €	435,8	−47,4
50:32	14%	600:431,25	937,50 €	461,0	−0,7
50:34	14%	600:450	937,50 €	469,5	+14,7
64:25	14%	600:300	769,23 €	393,3	−5,6
61:26	14%	600:320	800 €	404,3	−6,6

Quelle: SOEP 2005, Jahreseinkommen 2004, Berechnungen von Wolfgang Strengmann-Kuhn

Bürgergeld würde dann 450 € betragen) wären die Einnahmen um 14,7 Mrd. € pro Jahr höher als die Kosten des Bürgergeldes (Tabelle 12). Schon bei einem Steuersatz von 32 % – das kleine Bürgergeld müsste dann 431,25 € monatlich betragen – halten sich Kosten und Einnahmen in etwa die Waage, der Saldo beträgt −0,7 Mrd. €.

Die Alternative zu einer Erhöhung des Spitzensteuersatzes wäre eine Erhöhung der Transferentzugsrate, also des Steuersatzes der Nettoempfänger. Bei einem Spitzen-

Tabelle 13: Simulation eines Bürgergeldmodells mit Gesundheitssteuer (Grundmodell 2) mit Steuersätzen von 50 % bzw. 34 % (Bürgergeldhöhe 600/450 €):

Alter (Jahre)		Anzahl (in Mio.)	Netto-einnahmen (Mrd. €/Jahr)	Kosten (Mrd. €/Jahr)	Ein-nahmen (Mrd. €/Jahr)	Ein-kommen (Mrd. €/Jahr)	Renten-zulage (Mrd. €/Jahr)
< 18	Kinder und Jugendliche	14,9	−53,7	53,8	0,2	0,5	0,04
18–66	großes Bürgergeld	14,5	75,8	102,7	26,9	53,7	1,3
	ohne Eink.	3,9	−27,9	27,9	–	–	–
	mit Eink.	10,4	−47,9	74,8	26,9	53,7	1,3
	kleines Bürgergeld	34,0	197,1	183,6	380,7	1119,7	3,5
	Rentnerinnen und Rentner unter 67	5,6	3,3	34,1	37,4	99,7	71,1
>67	großes Bürgergeld	13,2	−56,1	95,2	39,1	78,1	32,2
		82,0	14,7	469,5	484,2	1351,8	108,2

Quelle: SOEP 2005, Jahreseinkommen 2004, Berechnungen von Wolfgang Strengmann-Kuhn

Tabelle 14: Simulation eines Bürgergeldmodells mit Gesundheitssteuer (Grundmodell 2) mit Steuersätzen von 61% bzw. 26% (Bürgergeldhöhe 600/320 €):

Alter (Jahre)		Anzahl (in Mio.)	Nettoeinnahmen (Mrd. €/Jahr)	Kosten (Mrd. €/Jahr)	Einnahmen (Mrd. €/Jahr)	Einkommen (Mrd. €/Jahr)	Rentenzulage (Mrd. €/Jahr)
< 18	Kinder und Jugendliche	14,9	–53,7	53,8	0,1	0,5	0,04
18–66	großes Bürgergeld	12,9	–68,5	92,8	24,3	39,8	0,8
	ohne Eink.	3,9	–27,9	27,9	–	–	–
	mit Eink.	9,0	–40,6	64,9	24,3	39,8	0,8
	kleines Bürgergeld	35,4	158,9	135,8	294,8	1133,7	4,0
	Rentnerinnen und Rentner unter 67	5,6	4,3	26,6	30,9	99,7	71,1
>67	großes Bürgergeld	13,2	-47,6	95,2	47,6	78,1	32,2
		82,0	-6,6	404,3	397,8	1351,8	108,2

Quelle: SOEP 2005, Jahreseinkommen 2004, Berechnungen von Wolfgang Strengmann-Kuhn

steuersatz von 25% müsste dieser 64% betragen, damit die Einnahmen in etwa den Ausgaben entsprächen. Der Saldo wäre dann –5,6 Mrd. €, was aufgrund der oben diskutierten Ersparnisse aber ausreicht, um dieses Bürgergeld kostenneutral zu finanzieren. Das kleine Bürgergeld würde für diese Steuersätze übrigens 300 € betragen, weil 64%+14% dividiert durch 25% +14% gerade 2 ergibt. Bei einem etwas höheren Steuersatz für die Nettozahler von 26% würde aber bereits eine Transferentzugsrate von 61% ausreichen. Das kleine Bürgergeld würde dann 320 € monatlich betragen.

Im Folgenden werden zwei dieser finanzierbaren Varianten genauer betrachtet: eine Variante mit einem geringen Steuersatz für die Nettozahler (26%) und einer gegenüber dem Grundmodell höheren Transferentzugsrate von 61% und eine zweite Variante mit einer Transferentzugsrate von 50%, aber mit einem höheren Spitzensteuersatz von 34%.

Bei der Variante mit Steuersätzen von 50% und 34% beziehen genauso viele Menschen das große Bürgergeld wie im Grundmodell 1, und auch die entsprechenden Kosten und Einnahmen für diese Gruppe sind identisch (Tabelle 13). Die Bruttokosten für die Nettozahler sind aufgrund des höheren kleinen Bürgergeldes zwar deutlich höher, die Einnahmen steigen aber wesentlich stärker, sodass insgesamt die Nettoeinnahmen so hoch sind, dass die Finanzierungslücke des Grundmodells 2 weitgehend geschlossen wird.

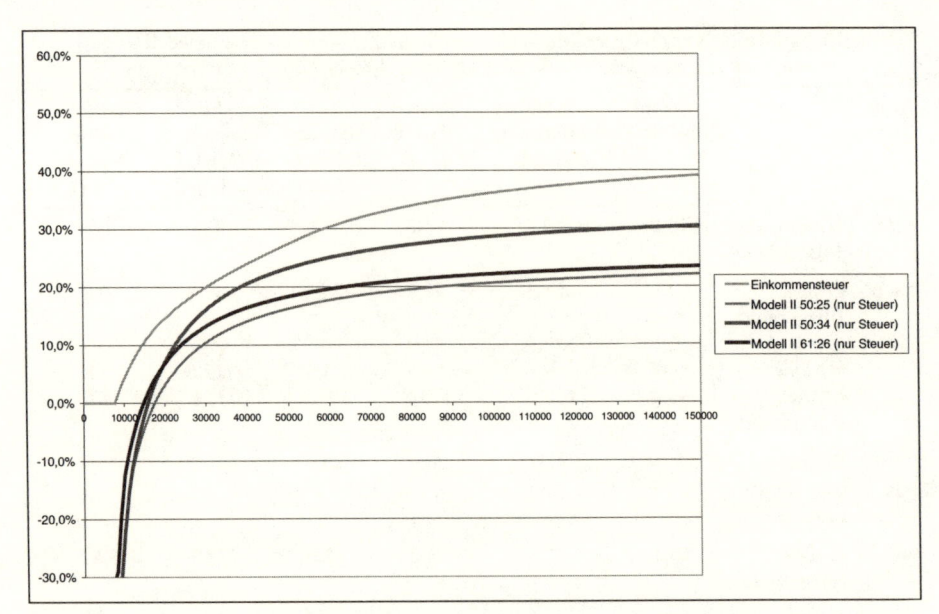

Abbildung 7: Vergleich der Durchschnittssteuersätze (ohne Gesundheitssteuer und Sozialversicherungsbeiträge) in Abhängigkeit vom Jahreseinkommen: Status quo und Solidarisches Bürgergeld (Grundmodell 2)

Quelle: eigene Darstellung auf der Basis der Simulationen sowie der geltenden Regeln zur Einkommensteuer

Bei der anderen Variante verringern sich gegenüber dem Grundmodell 1 die Bruttokosten von 435,8 auf 404,3 Mrd. €, weil deutlich weniger Personen das große Bürgergeld beziehen (Tabelle 14). Gleichzeitig erhöhen sich die Einnahmen von 378,1 auf 397,8 Mrd. €. Werden Bruttoeinnahmen und Bruttokosten miteinander verrechnet, so ergeben sich für Nichtrentnerinnen und -rentner mit kleinem Bürgergeld positive Nettoeinnahmen von 158,9 Mrd. €. Und auch Rentnerinnen und Rentner unter 67 zahlen im Saldo insgesamt positive Einkommensteuern in Höhe von 3,3 Mrd. €. Zusammen liegt das etwas unter der gegenwärtigen Einkommensteuerhöhe von etwas über 170 Mrd. €., reicht aber trotzdem aus, um das Bürgergeld zu finanzieren. Von diesen Nettoeinnahmen fließen je etwa 50 Mrd. € an Kinder und Jugendliche, an Personen ab 67 und an Erwachsene ohne Rentenbezug, die das große Bürgergeld beziehen.

Wie im Grundmodell 1 werden nun wieder die Durchschnittssteuersätze und Belastungsquoten mit dem Status quo verglichen. Zunächst betrachten wir nur die Durchschnittssteuersätze der Einkommensteuer. Dabei ist erstens zu sehen, dass die Belastung beim Solidarischen Bürgergeld durchweg geringer ist als bei der jetzigen Einkommensteuer. Zweitens sind die Unterschiede zwischen den beiden eben diskutierten Varianten

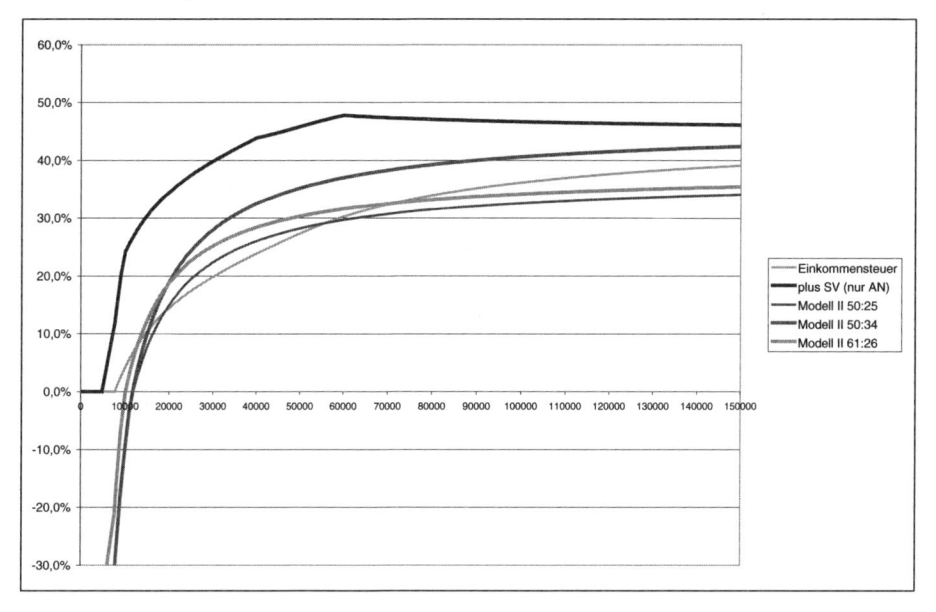

Abbildung 8: Vergleich der Gesamtbelastungsquoten (Steuer plus Gesundheitssteuer) in Abhängigkeit vom Jahreseinkommen: Status quo und Solidarisches Bürgergeld (Grundmodell 2)
Quelle: eigene Darstellung auf der Basis der Simulationen sowie der geltenden Regeln zur Einkommensteuer und den Sozialversicherungen

zu erkennen. Im Fall 61:26 werden die unteren Einkommen etwas schlechter gestellt, bei etwa 25.000 € Jahreseinkommen ist die Belastung annähernd gleich und bei höheren Einkommen ist der Durchschnittssteuersatz gegenüber der 50:34 Variante geringer.

Zu den Einkommensteuern kommt in diesem zweiten Grundmodell die social security tax für die Krankenversicherung hinzu. Im Vergleich zur derzeitigen Einkommensteuer ist dann die Gesamtbelastung beim Solidarischen Bürgergeld ab einem je nach Variante unterschiedlichen Einkommensniveau höher. Bei der 61:26-Variante ist sie dann ab etwa 80.000 € Jahreseinkommen geringer als die jetzige Einkommensteuer alleine, bei der 50:34-Variante ist sie auch bei den hohen Einkommen höher. Der eigentliche Vergleichsmaßstab muss aber, wenn beim Solidarischen Bürgergeld Einkommensteuer und Gesundheitssteuer addiert werden, die Summe aus Einkommensteuer und Sozialversicherungsbeiträgen sein, wobei sich dann wieder wie beim ersten Grundmodell eine nominale Entlastungswirkung für alle Einkommen zeigt.

In Tabelle 15 werden die beiden simulierten Grundmodelle kontrastierend zusammengefasst, bevor in Abschnitt 3.4. (sowie in Kapitel 5.) weitere, allerdings nicht vergleichbar simulierte Modifikationen der Grundmodelle diskutiert werden.

Tabelle 15: Ausgewählte Möglichkeiten der kostenneutralen Finanzierung des Solidarischen Bürgergeldes durch die Einkommensteuer

	Grundmodell 1		Grundmodell 2	
	geringe Transferentzugsrate	geringer Spitzensteuersatz	geringe Transferentzugsrate	geringer Spitzensteuersatz
Höhe des Bürgergeldes	800 €/ Monat	800 €/ Monat	600 €/ Monat	600 €/ Monat
Finanzierung der Kranken- und Pflegeversicherung	200 €/ Monat (Gesundheitsprämie)	200 €/ Monat (Gesundheitsprämie)	14 % (social security tax)	14 % (social security tax)
Transferentzugsrate	70 %	80 %	50 %	64 %
Spitzensteuersatz	40 %	35 %	32 %	25 %

Quelle: SOEP 2005, Jahreseinkommen 2004, Berechnungen von Wolfgang Strengmann-Kuhn

3.4. Modifizierungen der Modelle

Im Folgenden sprechen wir einige denkbare Modifikationen der bisher diskutierten Modelle an, ohne dabei einen Anspruch auf Vollständigkeit zu erheben. Es handelt sich dabei um keine vollständig simulierten Modelle, sondern es werden nur grundsätzliche Punkte andiskutiert, die gegebenenfalls um einfache Abschätzungen ergänzt werden.

3.4.1. Stufentarif

Eine erste Modifizierung wäre die Einführung eines Stufentarifs, bei dem nicht nur zwischen der Transferentzugsrate der Nettoempfänger und des Steuersatzes der Nettozahler unterschieden wird, sondern bei dem für Personen mit höheren Einkommen der Steuersatz etwas höher ist, z.B. 35 % statt 25 %.

Bei der Implementierung ist dabei zu beachten, dass auch hier der Einkommensteuertarif durchgängig sein sollte, d.h., für die Einkommensgrenze Y_2, ab der der höhere Steuersatz zu bezahlen ist, muss gelten:

$$BG_2 - t_2 Y_2 = BG_3 - t_3 Y_2 \Leftrightarrow Y_2 = \frac{BG_3 - BG_2}{t_3 - t_2}, \qquad 11$$

wobei t_2 und BG_2 der niedrigere Steuersatz der Nettozahler ist und t_3 der höhere. BG_2 und BG_3 sind die dazugehörigen Höhen des jeweiligen Bürgergelds. Die Einkommensgrenze zwischen mittleren und hohen Einkommen wird mit Y_2 bezeichnet, um sie von der ersten Einkommensgrenze zwischen unteren und mittleren Einkommen, also der Transfergrenze, zu unterscheiden.

Tabelle 16: Ausgewählte Varianten eines Stufentarifs im Grundmodell 1

T1	T2	T3	BG3	Y2	Nettoeinnahmen
80	25	35	400	1500	−19,4
80	25	40	475	1500	+6,6
80	25	37,5	450	1.600	−10,7

Quelle: SOEP 2005, Jahreseinkommen 2004, Berechnungen von Wolfgang Strengmann-Kuhn

Die Konsequenz aus Gleichung 11 ist, dass das Bürgergeld BG_3 höher sein muss als das Bürgergeld BG_2 von Personen mit geringerem Einkommen.[24] Sollte ein sehr hoher Spitzensteuersatz angestrebt werden, müsste es gegebenenfalls sogar höher sein als das Bürgergeld für Einkommen unter der Transfergrenze. Dieses Bürgergeld wird zwar letztlich mit den höheren Steuerzahlungen verrechnet, ist also insbesondere bei einer Ausgestaltung als negative Einkommensteuer nur eine rechnerische Größe. Dies mag aber bei der politischen Vermittlung trotzdem Schwierigkeiten bereiten, vor allem wenn das Bürgergeld als Sozialdividende tatsächlich ausgezahlt werden sollte und erst im Nachhinein mit den Steuerzahlungen verrechnet wird.

Im Grundmodell 1 (mit integrierter Gesundheitsprämie) war ein Ergebnis, dass ein Modell mit einer Transferentzugsrate von 80 % und einem Steuersatz von 35 % zur Finanzierung ausreicht, die (Netto-)Einnahmen aus der Einkommensteuer waren dabei leicht positiv. In dieses Modell bauen wir im Folgenden einen Stufentarif ein, um die Wirkungen und Möglichkeiten abzuschätzen (Tabelle 16). Dabei nehmen wir an, dass der Steuersatz für die mittleren Einkommen bei 25 % liegt. Da die Transfergrenze 1000 € (800/0,8) beträgt, muss als mittleres Bürgergeld BG_2 250 € gezahlt werden. Die drei anderen Größen BG_3, t_3 und Y_2 müssen dann so gewählt werden, dass die Gleichung 11 erfüllt wird. Bleiben wir zunächst bei einem Spitzensteuersatz von 35 %, so ist klar, dass die Nettoeinnahmen sinken, weil auf die mittleren Einkommen ein geringerer Grenzsteuersatz anfällt. Wenn wir die Parameter so wählen, dass bereits ab 1500 € der Steuersatz von 35 % zu zahlen ist (das dazugehörige Bürgergeld würde 400 € betragen), sinken die Nettoeinnahmen aber lediglich um 22 Mrd. € auf −19,4 Mrd. €. Bei einem Spitzensteuersatz von 40 % ab 1500 € wären hingegen positive Nettoeinnahmen von 6,6 Mrd. € zu verzeichnen. Das Bürgergeld für die Personen oberhalb der Transfergrenze würde dann 475 Mrd. € betragen. Das wäre also durchaus eine denkbare Möglichkeit. Für eine mittlere Variante von 37,5 % muss die Einkommensgrenze ein wenig auf 1600 € verschoben werden, um auch für die Bürgergeldhöhe einen glatten Betrag, nämlich 450 € pro Monat, zu erhalten. Die Nettoeinnahmen wären dann zwar

---

[24] Dies gilt auch dann, wenn nur der Betrag höher besteuert wird, der über einem bestimmten Wert liegt: $T = t \times (Y - Y2) = t \times Y - t \times Y2 = t \times Y - BG3$, da $t \times Y2 = BG3$.

Tabelle 17: Ausgewählte Varianten eines Stufentarifs im Grundmodell 2

T1	T2	T3	BG3	Y2	Nettoeinnahmen
50	26	36	600	2250	−17,0
50	26	36	550	1750	−3,4
50	26	36	525	1500	4,9

Quelle: SOEP 2005, Jahreseinkommen 2004, Berechnungen von Wolfgang Strengmann-Kuhn

mit etwa 10 Mrd. € pro Jahr im Minus, was aber vermutlich trotzdem ohne Weiteres zu finanzieren wäre. Ein Stufentarif wäre für das Grundmodell 1 als Alternative durchaus denkbar. Allerdings ist der Gewinn insofern relativ gering, als lediglich in einem schmalen Korridor, in den Beispielrechnungen zwischen 1000 € und 1500 bzw. 1600 € Monatseinkommen, der Steuersatz auf 25 % sinken würde.

Auch für das Grundmodell 2 haben wir ähnliche Beispielrechnungen mit dem Ziel durchgeführt, zu überprüfen, wie die Parameterkonstellationen sein müssten, um eine Variante mit Steuersätze von 50 % als Transferentzugsrate, etwa 25 % für mittlere und etwa 35 % für höhere Einkommen zu finanzieren. Um glatte Beträge für BG_2 und BG_3 zu erhalten, rechnen wir dabei mit 26 % und 36 %. Die Transfergrenze würde dann, wegen der noch dazukommenden Gesundheitssteuer, 937,50 € und das kleine Bürgergeld 375 € betragen. Wenn wir davon ausgehen, dass das Bürgergeld für die Personen oberhalb der Transfergrenze nicht höher sein sollte als für diejenigen darunter, so ergibt sich eine Variante durch die Zahlung von 600 € Bürgergeld für die Gutverdienenden und einem Steuersatz von 35 % ab 2250 €. Die Kosten dieses Modells würden die simulierten Einnahmen der Einkommensteuer um etwa 17 Mrd. € übersteigen (siehe Tabelle 17). Ohne zusätzliche Einnahmen müsste der höhere Steuersatz also früher einsetzen. Bei 1750 € monatlich verbliebe noch ein negativer Saldo von 3,4 Mrd. € und bei 1500 € gäbe es ein Plus von 4 Mrd. €. Dieses Stufenmodell wäre also finanzierbar, allerdings gelten die gleichen Einwände wie beim Stufentarif von Grundmodell 1. Außerdem ist zu berücksichtigen, dass zu den genannten Steuersätzen noch die Gesundheitssteuer von 14 % hinzukommt. Trotzdem wäre das eine denkbare Variante.

3.4.2. Alternative Finanzierung von Rente und Gesundheit

In den bisher diskutierten Modellen wurde die Rentenversicherung (Zusatzrente und Rentenzulage) durch eine Lohnsummensteuer finanziert, während die Krankenversicherung im Grundmodell 1 indirekt über die Einkommensteuer und in Grundmodell 2 über eine explizite Gesundheitssteuer finanziert wurde. Im Folgenden soll diskutiert werden, welche Möglichkeiten und Veränderungen sich dadurch ergeben würden, wenn entweder beides über eine Sozialsteuer oder beides über die Lohnsummensteuer finanziert werden würde.

a) Finanzierung von Renten- und Krankenversicherung durch eine Sozialsteuer

Sollte auch die Rente über eine Sozialsteuer finanziert werden, hat das zunächst den Vorteil, dass die Arbeitgeber von sämtlichen Sozialabgaben befreit wären und auch der bisherige Arbeitgeberbeitrag zur Rentenversicherung an die Arbeitnehmer ausgezahlt werden könnte, was die Steuerbasis noch einmal um ca. 75 Mrd. € verbreitert. Sie würde dann etwa 1320 Mrd. € betragen (inklusive zu versteuerndes Einkommen der Rentnerinnen und Rentner, aber ohne die Rente selbst). Im Sinne der nachgelagerten Besteuerung könnten im Prinzip auch die Renten besteuert werden – zumindest langfristig. Da aber dann gleichzeitig die Beitragszahlungen steuerfrei gestellt werden müssten, ergibt sich insgesamt ein Nullsummenspiel, sodass die Steuerbasis im Grundmodell 2 in jedem Fall bei 1320 Mrd. € bleibt. Über die Rentensteuer müssten im Grundmodell 2 die Rentenzulage (107 Mrd. €) und die Zusatzrente (53 Mrd. €), also insgesamt ca. 160 Mrd. €, finanziert werden, was einen Steuersatz von etwas über 12 % nötig macht. Zusammen mit der Gesundheitssteuer würde die Sozialsteuer damit etwa 24 % betragen.

Wenn diese zu einer Einkommensteuer von 50 % und 25 % hinzukäme, ergibt sich eine Transferentzugsrate von 74 % und ein Gesamtsteuersatz für die Nettozahler von 49 %. Bei einem großen Bürgergeld von etwa 600 € und einem kleinen von etwa 400 € würde die Transfergrenze bereits bei 800 € liegen. Wir haben dieses Modell nicht gerechnet, bei diesen Parametern ist aber zu vermuten, dass es finanzierbar wäre. Allerdings sind die Steuersätze so hoch, dass es möglicherweise politisch nicht sehr attraktiv erscheint.

b) Finanzierung von Renten- und Krankenversicherung durch eine Lohnsummensteuer

Würde die Renten- und die Krankenversicherung über eine Lohnsummensteuer finanziert werden, würde das bedeuten, dass die Löhne nicht um die bisherigen Beiträge der Arbeitgeber steigen würden. Die Steuerbasis würde sich also um etwa 45 Mrd. € verringern mit entsprechenden Konsequenzen für die notwendigen Steuersätze. Die Lohnsumme beträgt dann nur noch 1120 Mrd. € (inklusive Einkommen aus selbstständiger Tätigkeit). Bei der Finanzierung der Krankenversicherung kommen dann noch die Zusatzrente und die Rentenzulage als zusätzliche Beitragsbemessungsgrundlage hinzu. Um die Kranken- und Pflegeversicherung in Höhe von 196 Mrd. € zu finanzieren, ergäbe sich dann ein Beitragssatz von 15,5 % im Grundmodell 1 bzw. 15,3 % im Grundmodell 2. Für die Rentenversicherungen wären 12,5 % (Grundmodell 1) bzw. 14,3 % (Grundmodell 2) der Lohnsumme zu zahlen. Insgesamt würde das einen Beitragssatz für die Arbeitgeber zwischen 28,0 % und 29,6 % bedeuten. Um diese gegenüber heute höhere Belastung der Arbeitgeber zu vermeiden, könnte darüber nachgedacht werden, diesen Beitragssatz paritätisch zu finanzieren. Arbeitnehmer und Arbeitgeber müssten dann also jeweils etwa 14 bis 15 % zahlen. Man kann allerdings auch darauf verweisen, dass der seit dem 1. 7. 2006 geltende Arbeitgeberbeitrag für die sogenannten Minijobs (max. 400 €) von 28 % (13 % KV + 15 % RV)[25] nicht als Hinderungsgrund für die – von vielen ja als problematisch betrachtete – Ausweitung geringfügiger Beschäftigungen wirkt.

Wenn die Beitragsbemessungsgrundlage schließlich auf die bisher noch nicht berücksichtigten Einkommen (Vermögenseinkommen sowie private und betriebliche Renten) ausgedehnt werden würde, ließe sich dieser Satz noch etwas reduzieren, womit wir letztlich wieder nicht mehr weit vom Grundmodell 2 entfernt wären, mit dem Unterschied, dass dort alle Personen 12 % Gesundheitssteuer zahlen, während in dieser Modellvariante die Selbstständigen und Bezieher von Vermögenseinkommen den vollen Beitrag bezahlen würden.

c) Finanzierung von Renten- und Krankenversicherung durch eine Mischung aus Lohnsummensteuer und Sozialsteuer

Denken wir diesen Gedankengang noch etwas weiter und gehen von folgender Überlegung aus, wobei wir sowohl Elemente der Lohnsummensteuer als auch der Sozialsteuer (social security tax) aufnehmen. Nehmen wir an, die Beiträge der abhängig Beschäftigten werden weiterhin paritätisch finanziert, wobei die Arbeitgeber eine Lohnsummensteuer zahlen. Nehmen wir weiter an, dass auf alle anderen Einkommen eine Sozialsteuer mit dem halben Beitragssatz erhoben wird, dann könnte eine Finanzierung der Kranken- und Rentenversicherung folgendermaßen erfolgen:

Die Einkommen aus abhängiger Beschäftigung betragen 955 Mrd. €. Wenn davon sowohl die Arbeitgeber als auch die Arbeitnehmer jeweils 8,5 % an die Krankenversicherung und an die Rentenversicherung zahlen, führt dies zu Einnahmen von 162,35 Mrd. € an die Kranken- und von 143,25 Mrd. € an die Rentenversicherung. Sonstige Einnahmen (Vermögenseinkommen, Einkommen aus selbstständiger Tätigkeit, betriebliche und private Renten sowie Nebenerwerbseinkommen) belaufen sich auf 240 Mrd. €. Wenn diese zu je 8,5 % für die Kranken- und 7,5 % für die Rentenversicherung verbeitragt werden, ergibt dies weitere Einnahmen von 20,4 Mrd. € bzw. 18 Mrd. €. Wenn schließlich, wie schon beim Grundmodell 2 argumentiert, auf die

---

[25] Es fallen damit grundsätzlich 28 % vom Arbeitgeber zu entrichtende Pauschalbeiträge zur Sozialversicherung und – sofern keine Lohnsteuerkarte vorgelegt wird – 2 % ebenfalls vom Arbeitgeber zu entrichtende pauschale Lohnsteuer an. Allerdings existieren bei den Beiträgen zur Sozialversicherung verschiedene Sonderregelungen, beispielsweise für Studenten, Auszubildende und Praktikanten.

Rentenzulage und auf die Zusatzrente Krankenversicherungsbeiträge in Höhe von 8,5 % gezahlt werden, führt das zu Einnahmen von weiteren 12 Mrd. € (Grundmodell 1) bzw. 13,8 Mrd. € (Grundmodell 2). Somit ergeben sich Gesamteinnahmen für die Krankenversicherung in Höhe von etwas über 196 Mrd. € und für die Rentenversicherung von etwas über 160 Mrd. €, wodurch diese beiden Bereiche finanziert wären.

Zu den Einkommensteuern kämen dann also für die Einzelnen noch jeweils Sozialsteuern bzw. Sozialversicherungsbeiträge von 8,5 % plus 7,5 % hinzu, sodass bei Steuersätzen von 50 und 25 % die Grenzbelastung im unteren Einkommensbereich 66 % und über der Transfergrenze 41 % betragen würde. Ob sich diese Modelle letztlich kostenneutral finanzieren ließen, ist unklar, zumal sich die Steuerbasis gegenüber unseren Simulationen, wie oben erwähnt, um 45 Mrd. € verringern würde. Wir werden dieses Modell als „Variante des Grundmodell 1" in Abschnitt 5. aufgreifen.

3.4.3. Bürgergeld nur für Personen ohne Rente

Aus grundsätzlichen, aber auch aus finanziellen Erwägungen wäre ein weiterer Vorschlag für eine praktische Umsetzung des Modells, für die Rente nach anderen Lösungen, die eine Grundrente garantieren, zu suchen und das Bürgergeld nur für den Rest der Bevölkerung zu implementieren (Strengmann-Kuhn 2006). Mit der Aufteilung der jetzigen Rentenansprüche in das Bürgergeld, eine Zusatzrente und eine Rentenzulage wird zwar ein Weg aufgezeigt, wie eine Grundrente sofort in das jetzige System integriert werden könnte, trotzdem sind einige praktische Fragen unter anderem zum Übergang, zur Ermittlung der Ansprüche auf die Zusatzrente noch nicht geklärt. Insofern ist denkbar, dass die Lösung sowohl juristisch als auch politisch auf Widerstände stößt. Hinzu kommt, dass die Implementierung eines Bürgergeldes, bei dem das Problem der Rente ausgeklammert wird, sich auch einfacher finanzieren lässt.

Für die Rente bieten sich insbesondere das Schweizer Modell der Alterssicherung wie auch die jüngste Rentenreform in Schweden als Blaupausen für eine Rentenreform in Deutschland an, bei der sowohl eine geringe Beitragsbelastung als auch eine stabile Grundrente in ein System integriert sind. In der Schweiz wird die gesamte AHV-Rente durch steuerähnliche Beiträge finanziert, deren Bemessungsgrundlage das gesamte Einkommen umfasst (Opielka 2004; Carigiet/Opielka 2006; Piller 2006). Von der Leistungsseite her war die AHV wie bereits angesprochen Vorbild für die Überlegungen zur Alterssicherung im Rahmen des Vorschlags zum Solidarischen Bürgergeld. Die Höhe ist im Prinzip beitragsabhängig, es gibt aber eine Mindestrente und eine doppelt so hohe Höchstrente (Abbildung 9). Durch die breite Finanzierung über alle Einkommen und ohne Beitragsbemessungsgrenze bei gleichzeitiger Obergrenze auf der Leistungsseite liegt der Beitrag zur AHV bei nur 10,1 %.

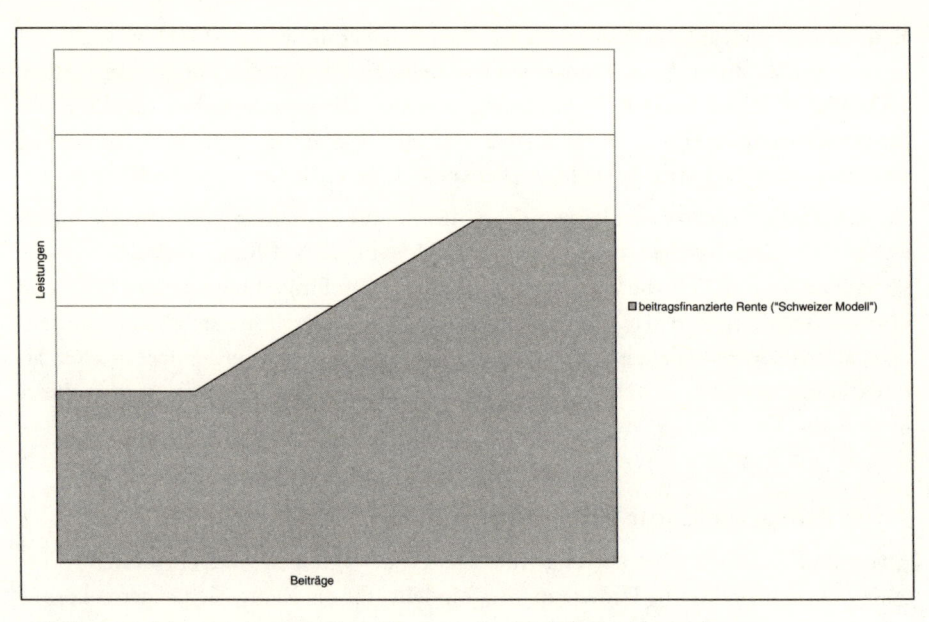

Abbildung 9: Schematische Darstellung des Schweizer Modells der Alterssicherung

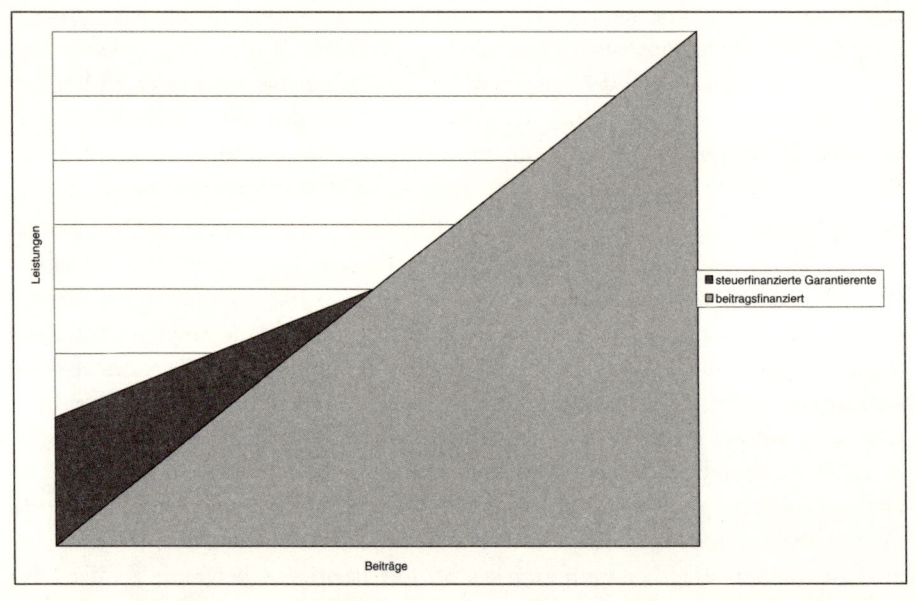

Abbildung 10: Schematische Darstellung der Garantierente im schwedischen Modell der Alterssicherung

Das (neue) schwedische Rentensystem zeichnet sich vor allem durch drei Elemente aus (Hort 2004). Erstens ist der Beitragssatz auf konstante 18,5 % festgesetzt worden. Zweitens bestehen diese 18,5 % aus einem Teil von 16 %, mit dem eine umlagefinanzierte Rente finaziert wird, und einem Teil von 2,5 %, mit der eine private kapitalgedeckte Rente finanziert wird. Das dritte Element ist eine steuerfinanzierte Garantierente, durch die niedrige Renten aufgestockt werden. Dabei werden wie bei einer negativen Einkommensteuer die eigenen Rentenansprüche nur zum Teil auf die Garantierente angerechnet (Abbildung 10).

3.5. Verhaltensänderungen und Optionen zur besseren Finanzierung des Bürgergeldes

Im Folgenden soll abschließend auf einige Punkte hingewiesen werden, die in den Simulationen nicht berücksichtigt wurden, die aber zu einer besseren Finanzierung des Bürgergeldes führen könnten. Dabei muss betont werden, dass wir keine volkswirtschaftlichen Effekte simuliert haben. Wir haben oben begründet, dass dies wissenschaftlich seriös auch mit größerem Aufwand bei einem solch umfassenden Vorschlag wie dem Bürgergeld nicht möglich ist. Trotzdem sollen einige mögliche Effekte diskutiert werden.

Bereits weiter vorne wurden die besseren Anreizwirkungen im unteren Einkommensbereich als eine Begründung für ein Grundeinkommen oder auch eine negative Einkommensteuer angesprochen. Ob es durch ein Bürgergeld oder ein Grundeinkommen insgesamt zu positiven Beschäftigungseffekten kommt, ist allerdings unklar, weil es eine Reihe von Wirkungen gibt, die zum Teil gegenläufig sind. Zunächst zu den Arbeitangebotswirkungen. Einerseits steigt das Angebot, weil es sich immer lohnt, mehr zu arbeiten, und insbesondere im unteren Einkommensbereich die Grenzsteuersätze geringer sind. Andererseits gibt es aber auch den ökonomischen Anreiz, die Arbeitszeit in Form von Teilzeitarbeit zu reduzieren (Schneider 2006), was insofern arbeitsmarktpolitisch sinnvoll ist, weil dadurch der Arbeitsmarkt ceteris paribus entlastet wird. Außerdem ist dies einer der häufig von Befürworterinnen und Befürwortern eines Grundeinkommens angestrebten gesellschaftspolitischen Effekte, weil die reduzierten Arbeitszeiten für Kindererziehung, gemeinnützige Tätigkeiten oder Ähnliches verwendet werden können.

Dass die Arbeitsangebotswirkungen nicht eindeutig sind, kann am Beispiel des Arbeitsangebotes von Frauen verdeutlicht werden. Einerseits lohnt sich Erwerbstätigkeit für Frauen, die bisher nicht erwerbstätig waren, weil häufig erst zusammen mit dem Bürgergeld ein Einkommen erzielt werden kann, das attraktiv ist. Andererseits sind insbesondere Frauen eher bereit, mit weniger Einkommen auszukommen, was den positiven Effekt schmälern kann.

Da bei Arbeitslosigkeit das Arbeitsangebot größer ist als die Arbeitsnachfrage, sind für die Beschäftigungseffekte allerdings vor allem die Wirkungen auf die Arbeitsnachfrage von Bedeutung. Bei konstanter Arbeitsnachfrage würde ein Anstieg des Arbeitsangebots lediglich zu einem Anstieg der Arbeitslosigkeit führen (vergleiche Riphahn und andere 1999, S. 99). Sowohl Straubhaar/Hohenleitner (2007) als auch Müller (2006) kommen bei ihrer theoretischen Analyse zu dem Ergebnis, dass die Arbeitsnachfrage ceteris paribus steigt. Werden Arbeitsangebots- und Arbeitsnachfragewirkungen zusammen betrachtet, kann zwar vermutet werden, dass es eher positive Beschäftigungseffekte gibt, die negativen Arbeitsangebotseffekte könnten aber auch so stark sein, dass die Beschäftigung nicht steigt oder sogar zurückgehen könnte. Zudem ist in der wissenschaftlichen Literatur nicht eindeutig, inwieweit eine Ausweitung des Beschäftigungsvolumens – sofern diese durch ein Bürgergeld induziert würde – zugleich die Arbeitslosigkeit sinken lässt und ob daraus Wachstumseffekte resultieren, die wiederum die Finanzierungsbedingungen eines Bürgergeldes erleichtern.

Für die Thüringer Staatskanzlei hat das Institut Zukunft der Arbeit in Bonn (IZA) eine Simulationsrechnung über die Beschäftigungseffekte des Modells Solidarisches Bürgergeld erstellt, das noch zu etwas höheren Werten gelangt (Bonin/Schneider 2006). Holger Bonin und Hilmar Schneider verwenden ein mikroökonometrisches Arbeitsangebotsmodell, das auch vom Sachverständigenrat zur Simulation der Beschäftigungswirkungen seines Kombilohnvorschlages herangezogen wurde (SVR 2006; siehe Abschnitt 2.2.3.). „Die gesamtwirtschaftlichen Beschäftigungseffekte ergeben sich als Summe aus simulierten individuellen nutzenmaximierenden Entscheidungen vor dem Hintergrund veränderter monetärer Erwerbsanreize. Das Modell setzt somit voraus, dass es keine Beschränkungen auf der Nachfrageseite gibt." (Bonin/Schneider 2006, S. 1) Beschränkungen dieser Betrachtung sind offensichtlich, gleichwohl sind die Ergebnisse interessant: „Die Beschäftigungseffekte des Solidarischen Bürgergelds sind relativ hoch. Im Vergleich zum Status quo würde die Zahl der Personen, die zu dem für sie erreichbaren Marktlohn bereit wären, eine Erwerbstätigkeit aufzunehmen, um gut 600.000 steigen." (ebd., S. 2) Bereits aus diesen Effekten sind Einnahmeverbesserungen des Staates zu erwarten, die in der IZA-Studie auf etwa 12 Mrd. € geschätzt werden.

Zu kritisieren ist an den Berechnungen, dass angenommen wird, dass ein Gleichgewicht von Angebot und Nachfrage auf dem Arbeitsmarkt existiert. „Das Modell geht davon aus, dass es keine Beschränkungen auf der Nachfrageseite gibt" (ebd., S. 1) – angesichts von über 4 Mio. Erwerbslosen eine erstaunliche Annahme, die offensichtlich nicht die Wirklichkeit widerspiegelt. Die von den IZA-Autoren vorgenommenen Kostenschätzungen sind zudem vage. Ihr Resümee – „zusammengenommen rechtfertigen die mit dem Solidarischen Bürgergeld erzielbaren Beschäftigungsgewinne nicht die für den Staat damit einhergehenden Finanzierungsrisiken" (ebd., S. 2) – resultiert vor allem daraus, dass sie das Althaus-Modell – in unserer Studie: Grundmodell 1 – statisch applizieren und mögliche Modifikationen nicht in Erwägung ziehen. Wie sich die Beschäftigungswirkungen durch Modifizierungen verändern, kann hier nicht prognostiziert werden. Im Mittelpunkt unserer Studie stehen die Finanzierbarkeit und Grundfragen der Operationalisierung.

Dennoch soll hier noch auf eine zweite quantitative Abschätzung der Beschäftigungseffekte des Modells Solidarisches Bürgergeld hingewiesen werden, die das Hamburger Weltwirtschaftsinstitut (HWWI) vorgelegt hat. Auch in dieser Studie wird auf die von uns angesprochene Problematik einer quantitativen Simulation von umfangreichen Politikveränderungen hingewiesen (vergleiche Straubhaar/Hohenleitner 2007, Kapitel 5.1) Deshalb finden die Abschätzung nur in Form einer „stark stilisierten Simulationsrechnung" statt (Straubhaar/Hinterleitner 2007, Kap. 9.4.3).[26] Sie gehen bei ihrer von einem einfachen neoklassischen Arbeitsmarktmodell aus, bei dem die Analyse der Arbeitslosigkeit daran liegt, dass der Lohn nicht auf das Gleichgewichtsniveau sinken könnte. Durch die Einführung eines Grundeinkommens würde diese Schranke wegfallen, was folgenden Prozess auslösen würde:

„Mit Einführung des Solidarischen Bürgergeldes würden bei vollkommen flexiblen Löhnen diese kurzfristig drastisch sinken. Damit würde sich das derzeit vorhandene Überangebot an Arbeitskräften in diesem Bereich [also das Arbeitsangebot, MO WSK] zugleich ebenfalls drastisch reduzieren. Zugleich würde die Nachfrage entsprechend steigen, sodass Arbeitsangebot und -nachfrage ausgeglichen sind. Damit gäbe es keine unfreiwillige Arbeitslosigkeit mehr. Unmittelbar nach dieser Schockwirkung setzt ein Anpassungsprozess ein, der zu einer mittel- bis langfristig weiter steigenden Nachfrage nach Arbeitskräften führt. Aufgrund des gesunkenen Lohnniveaus in Bereichen mit niedriger Produktivät entstehen hier neue Tätigkeitsfelder. Dies verändert die Nachfragestruktur. So ist zu erwarten, dass mehr Dienstleistungen, v. a. im haushaltsnahen Bereich, nachgefragt werden. Die steigende Nachfrage führt zu einem weiteren Anstieg der Beschäftigung in diesem Bereich bei gleichzeitig steigenden Löhnen."

Je nach angenommener durchschnittlicher Arbeitsangebotselastizität kommt das HWWI auf einen Beschäftigungszuwachs im Niedriglohnbereich von kurzfristig zwischen 130.000 bis 440.000 zusätzlichen Vollzeitstellen, langfristig von bis zu 1,17 Mio. Stellen. Da in Wirklichkeit auch Teilzeitstellen entstehen, läge der Beschäftigungseffekt entsprechend höher. Damit würde auch die Finanzierung des Bürgergeldes erleichtert werden.

---

[26] Da hier aus einer Vorfassung zitiert wird, werden keine Seitenzahlen angegeben.

Ein zweiter Wirkungszusammenhang, auf den bereits oben (Abschnitt 2.3.3.) hingewiesen wurde, wäre, dass ein Bürgergeld positive ökonomische Effekte haben kann, weil damit eine implizite Förderung von Selbstständigkeit und Investitionen verbunden ist und eine höhere Produktivität aufgrund erhöhter sozialer Sicherheit denkbar ist. Darüber hinaus bietet ein Grundeinkommen auch die Möglichkeit zu mehr Flexibilität, Mobilität und Innovationen. Es ist zu vermuten, dass sich diese Faktoren zumindest mittel- bis langfristig in höheren Wachstumsraten auswirken könnten, die allerdings, je nachdem, ob die diskutierten positiven oder negativen Beschäftigungswirkungen stärker sind, gegebenenfalls verstärkt oder geschmälert werden können. Eine Quantifizierung dieser Effekte ist allerdings nicht möglich.

Ein Argument, das oben schon angesprochen wurde, ist, dass durch eine grundsätzliche Steuerfinanzierung der Sozialleistungen sowohl Wachstums- als auch Beschäftigungseffekte entstehen könnten. Das DIW (2002) hat im Auftrag der Zeitschrift DER SPIEGEL berechnet, wie die Effekte einer nahezu vollständigen Steuerfinanzierung der sozialen Sicherung wären. Das DIW verweist in seinem Gutachten darauf, dass einige Besteuerungsarten unter dem durchschnittlichen internationalen Niveau liegen, wodurch ein Weg aufgezeigt wird, um eventuelle Finanzierungslücken bei der Finanzierung eines Bürgergeldes zu schließen. So schlagen die Autoren des DIW-Gutachtens neben einer vierprozentigen Erhöhung der Mehrwertsteuer eine Anhebung der Grund- und der Erbschaftsteuer um 370 % vor, was nach ihren Berechnungen zu zusätzlichen Einnahmen von 46 Mrd. € führen würde. Mit dieser Erhöhung würde etwa das Niveau der entsprechenden Besteuerung in den USA erreicht und läge immer noch unter dem internationalen Durchschnitt. Ein Prozentpunkt Mehrwertsteuererhöhung würde zusätzliche Einnahmen von etwa 8 Mrd. € bringen. Allerdings muss dabei berücksichtigt werden, dass mit einer Mehrwertsteuererhöhung negative ökonomische Effekte verbunden sein können und außerdem nach der in 2007 erfolgten Mehrwertsteuererhöhung um drei Prozent vermutlich zunächst keine weiteren Erhöhungen politisch durchsetzbar sind.

Das Ergebnis der Berechnungen des DIW für das SPIEGEL-Modell ist ein Beschäftigungseffekt von etwa 300.000 bis 500.000 Vollzeitäquivalenten, wobei auch hier angemerkt werden muss, dass eine seriöse Abschätzung bei einem solch umfassenden Modell wiederum eigentlich nicht möglich ist.

Wir erwähnen diese Schätzungen auch deshalb, weil unserer Studie – aus unserer Sicht zu Unrecht – vorgehalten wird, wir „legen lediglich statische Simulationen ohne Verhaltensänderungen zugrunde – und vernachlässigen Effekte auf z. B. Arbeitslosigkeit, Beschäftigung, Konsum und Ersparnis" (Spermann 2007, S. 13). Alexander Spermann, Mitarbeiter des Mitglieds des Sachverständigenrats Wolfgang Franz, fordert deshalb die Kombination von Mikrosimulationsmodellen mit allgemeinen Gleichgewichtsmodellen und muss gleichwohl zugestehen: „Doch selbst wenn die modernsten empirischen Methoden angewandt werden: Es bleiben große Unsicherheiten mit Bezug auf die dynamischen Verhaltensanpassungen der Menschen" (ebd., S. 15). Seine Behauptung, dass sich die „Menschen weniger als bisher qualifizieren und weniger als bisher arbeiten" (ebd.), beruht auf der Annahme, dass durch ein Grundeinkommen die Bruttolöhne sinken würden. Wäre das tatsächlich der Fall, ist dieses Argument nicht von der Hand zu weisen (Strengmann-Kuhn 2003, S. 210). Wie oben gezeigt, gibt es in einem einfachen neoklassischen Arbeitsmarktmodell nach Einführung eines Grundeinkommens Marktkräfte, die zu einem Anstieg der Löhne führen. In anderen Modellrahmen gibt es aber auch gegenteilige Wirkungen, sodass die Lohnwirkungen wie die Beschäftigungswirkungen eines Grundeinkommens theoretisch nicht eindeutig sind (vergleiche Müller 2006). Um ein Absinken der Bruttolöhne und damit verbundene negative ökonomische Effekte zu vermeiden, ist die Einführung eines gesetzlichen Mindestlohnes sinnvoll. Wie oben bereits erwähnt stehen ein Mindestlohn *und* ein Grundeinkommen bzw. eine negative Einkommensteuer nicht im Widerspruch zueinander, sondern können eine sinnvolle Ergänzung sein.

Letztlich bleibt von den von Spermann genannten Kritikpunkten lediglich übrig, dass durch die „Abwesenheit eines Arbeitszwangs" die „soziale Arbeitsnorm stark relativiert" würde, was negative Verhaltensänderungen zur Folge hätte. Eine These, die freilich ebenfalls auf bestreitbaren Annahmen beruht, die aber – auch seinen Aussagen nach – nicht empirisch zu bestimmen sind. „,Menschenbildabhängige' Szenarien mit modernen empirischen Methoden dynamisch simuliert" (Spermann 2007, S. 16) liegen womöglich nicht nur deshalb nicht vor, weil man in die Instrumentarien noch nicht investierte, sondern weil das wirkliche Leben nur begrenzt simuliert werden kann und Politik immer Entscheidung unter Risikobedingungen bedeutet. Daraus aber abzuleiten, die in unserer Studie vorgelegten Simulationen der Finanzierbarkeit hätten keinen politischen Nutzwert, erscheint abwegig.

Zur Finanzierbarkeit des Bürgergeldes könnten zudem mögliche Einnahmeverbesserungen bei der Körperschaftsteuer infolge der Einführung eines Grundeinkommens beitragen. Wie gezeigt wird nur ein Teil des Volkseinkommens, wenn auch der überwiegende, durch die Lohn- und Einkommensteuer besteuert. Bei der Lohn- und Einkommensteuer sind wir bei den Simulationen davon ausgegangen, dass die Bemessungsgrundlage dadurch erheblich verbreitert wird, dass sämtliche Freibeträge gestrichen werden, was durch die Einführung des Bürgergelds, das wie ein großer pauschaler Freibetrag für alle wirkt, begründet werden kann. Nun stellt sich die Frage, ob dieses Argument nicht auch auf die Körperschaftsteuer übertragen werden kann und es auch dort aufgrund der Einführung eines Bürgergeldes zu einer erheblichen Verbreiterung der Bemessungsgrundlage und höheren Steuereinnahmen kommen dürfte (so argumentieren auch Straubhaar/Hinterleitner 2007, Kapitel 9.3).

Schließlich soll noch auf einen möglichen Ergänzungsvorschlag zum Modell Solidarisches Bürgergeld aufmerksam gemacht werden. In einem Hintergrundpapier wurden folgende Überlegungen entwickelt:

„Erwerbsfähige Erwachsene bis zum 67. Lebensjahr erhalten das Solidarische Bürgergeld nur, wenn sie nachweisen können, dass sie einen Gesundheitsvoucher haben. Den Gesundheitsvoucher erhalten sie von ihrem Arbeitgeber, der diesen beim Gesundheitspool zum Preis von 100 € monatlich kauft, der Wert beträgt 200 €. Wer keine Erwerbstätigkeit findet, hat Anspruch auf Beschäftigung im kommunalen bzw. ehrenamtlichen Bereich. Der kommunale beziehungsweise ehrenamtliche Träger erwirbt ebenfalls beim Gesundheitspool einen Gesundheitsvoucher im Wert von 200 € zu einem Preis von 100 €. Erwachsene Erwerbsfähige, die nicht bereit sind, eine angebotene Aufgabe zu übernehmen, können den Gesundheitsvoucher für 200 € trotzdem kaufen und haben dann Anspruch auf das bedingungslose Grundeinkommen von 600 € beziehungsweise 200 € bei Beziehern höherer Einkünfte. Unter 18- und über 67-Jährige erhalten den Gesundheitsvoucher ohne Beschäftigungsnachweis. Es ist attraktiv, eine Beschäftigung zu suchen, weil man damit kostenlos krankenversichert ist. Auch für den potenziellen Arbeitgeber oder Träger ehrenamtlichen Engagements ist es eine lukrative Lösung. Mit 100 € im Monat eigenen Ausgaben verschafft man dem Mitarbeiter einen Wert von 200 €. Die 100 € erhöhen die Lohnzusatzkosten des Arbeitgebers. Neben den 12 % Lohnsummensteuer noch 100 € pro Beschäftigtem. Bei einem Einkommen von 1250 € betragen die Lohnzusatzkosten 100 € plus 12 % Lohnsummensteuer genau 20 %, bei einem Einkommen von 2500 € betragen die Lohnzusatzkosten für den Arbeitgeber noch 18 %, bei 5000 € noch 14 % und bei 10.000 € 13 % usw. Gegenwärtig liegt die ‚Lohnsummensteuer' bei Mini-Jobs bei 30 %. Bei allen Einkommen über 335 € belasten 12 %ige Lohnsummensteuer und 100 € Arbeitgeberkosten für den Voucher den Arbeitgeber weniger als die heutige Regelung. Dazu kommt, dass der Arbeitnehmer nicht nur keine steuerlichen Verpflichtungen hat, sondern sogar noch etwas herausbekommt."[27]

Dadurch soll ein Anreiz zur Erwerbsarbeit oder zu einer anderen, der Erwerbsarbeit sozialrechtlich angeglichenen Tätigkeitsform (Familienarbeit, Ehrenamt und so fort) erfolgen, da nur hierbei die Gesundheitskosten aus dem allgemeinen Steuerhaushalt subventioniert werden – unter der Voraussetzung, dass auch für jene Tätigkeitsformen ein Voucheranspruch existiert, was dringend anzuraten wäre und an gegenwärtige Regelungen (z. B. Mitversicherung von Ehegatten in der GKV) anschließen würde, die wiederum klarer beispielsweise an die Familienarbeit geknüpft werden würden.

Darüber hinaus wäre auch die Gesamtentlastung erheblich. Sie wurde in unseren Modellberechnungen nicht simuliert, lässt sich aber zumindest grob schätzen: Über Steuermittel wäre auch in diesem Vorschlag die Gesundheitsprämie (Gesundheitsvoucher) für alle Personen unter 18 Jahren (14,9 Mio.) und über 67 Jahren (13,2 Mio.) sowie 50 % der Prämie (100 €) für alle sozialversicherungspflichtig Beschäftigten (28 Mio.) zu finanzieren. Die arbeitgeberseitig hinzukommenden Kosten für die Hälfte des Voucher – und damit die Entlastung für den Steuerhaushalt – belaufen sich auf

---

[27] Das Hintergrundpapier ist kein Bestandteil des veröffentlichten und in Teil 1 dieses Buches dokumentierten Konzepts Solidarisches Bürgergeld.

33,6 Mrd. € (unter dem Vorbehalt, dass sich dabei die Belastungsstruktur ändert). Die Arbeitgeberseite würde nicht in dem Umfang entlastet, wie das das Konzept (im Grundmodell 1) vorsieht. Dies dürfte zwar liberale Befürworter eines Niedriglohnsektors stören, Befürworter einer sozialen Mitverantwortung der Privatwirtschaft jedoch für das Modell möglicherweise einnehmen. Die verbleibenden, immerhin knapp 25,9 Mio. Personen (Selbstständige, Mithelfende/Familienangehörige und so fort), die nicht sozialversicherungspflichtig beschäftigt sind, müssen für den Voucher entweder vollumfänglich oder hälftig aufkommen (im Falle einer gemeinnützigen Tätigkeit etc. übernimmt beispielsweise der Träger diese Hälfte), was den Steuerhaushalt um einen erheblichen Betrag entlastet (vermutlich um etwa 40 bis 50 Mrd. €).

Im Ergebnis würde dieser Ergänzungsvorschlag aber bedeuten, dass Personen ohne Einkommen 600 € Bürgergeld erhalten und – wenn sie erwerbsfähig sind und kein Erwerbsersatzgründe vorliegen (Familienarbeit, Engagement, Krankheit und so fort) – von diesem Betrag 200 € für den Voucher bezahlen müssen (da eine Krankenversicherungspflicht existiert). Netto würden dann also nur noch 400 € verbleiben. Nichterwerbstätige, aber Erwerbsfähige, die sich weder dem Arbeitsmarkt zur Verfügung stellen wollen noch anderweitig ohne Bezahlung tätig sind, erhielten dann aber nur noch ein „partielles Grundeinkommen", das nicht existenzsichernd wäre. Nun kann auch ein partielles Grundeinkommen sinnvoll sein (siehe Abschnitt 2.3.2., Strengmann-Kuhn 2005a). Ein solcher Vorschlag ist aber nur dann akzeptabel, wenn es eine darüber hinausgehende Zusatzleistung gäbe, die das Existenzminimum sichert. Dies könnte insbesondere durch einen bedürftigkeitsgeprüften Bürgergeldzuschlag geschehen, wie wir ihn in Abschnitt 4.1. vorschlagen, oder durch ein Zusatzleistung wie bei dem Vorschlag eines „BAföG für alle" (50 % Darlehen und 50 % Zuschuss für Erwerbsfähige, die sich nicht vermitteln lassen wollen) im Rahmen des Konzepts einer „Grundeinkommensversicherung" (siehe Anhang und Opielka 2004, 2005).

Eine andere Möglichkeit wäre, bei der Bürgergeldhöhe von 800 € beziehungsweise 400 € zu bleiben, von dem dann der Gesundheitsvoucher bezahlt werden müsste und in den oben genannten Fällen statt 200 € nur 100 € kosten würde. Die oben geschätzten Einsparungen gegenüber dem Grundmodell 1 würden dann entfallen. Man könnte aber argumentieren, dass der Vorschlag ohnehin weniger wegen der erheblichen finanziellen Entlastung, sondern mehr wegen der eindeutig positiven Anreizwirkung, eine bezahlte oder ehrenamtliche Beschäftigung zu suchen, interessant ist.

Genauere Überlegungen wären bei diesem Vorschlag jedoch erforderlich, um zu vermeiden, dass er schlicht zu einer Drohkulisse gegenüber Erwerbslosen aufgebaut wird. Problematisch wäre bei einer solchen Lösung, dass die Bedingungslosigkeit der Grundeinkommenssicherung auf existenzsicherndem Niveau fehlt, die das Konzept

Solidarisches Bürgergeld auszeichnet. So ist z.B. bei dem zitierten Vorschlag nicht klar, ob der Abschluss einer Krankenversicherung eine Bedingung für die Zahlung des Bürgergeldes ist oder umgekehrt die Verpflichtung besteht, aus dem Bürgergeld, das jede Person bedingungslos erhält, die Krankenversicherung zu bezahlen. Im ersten Fall könnte es dazu kommen, dass Menschen nicht krankenversichert sind, wenn sie nicht bereit sind, einen Gesundheitsvoucher zu kaufen, was dem Anfang 2007 im Rahmen der Gesundheitsreform in der Großen Koalition vereinbarten Ziel einer allgemeinen Krankenversicherungspflicht widersprechen würde. Wäre der Kauf eines Gesundheitsvouchers hingegen Pflicht und wäre die Finanzierung für jeden durch das Bürgergeld, also über allgemeine Steuereinnahmen, sichergestellt, könnte dieses Ziel auf sozialpolitisch sinnvolle Weise erreicht werden.

Die in diesem Abschnitt diskutierten Überlegungen legen nahe, dass das Konzept Solidarisches Bürgergeld und auch das „Grundmodell 1" darin über weitere Modifikationen finanzpolitisch realitätsnah, da haushaltsneutral finanzierbar erscheinen.

4. Umsetzungsprobleme und ergänzende Vorschläge

Neben den quantitativen Fragen müssen im Rahmen einer Analyse des Vorschlags Solidarisches Bürgergeld auch Probleme der konkreten Umsetzung angesprochen werden: Wie genau könnte ein Bürgergeld implementiert werden? Im Rahmen des Einkommensteuerrechts? Welche Vor- und Nachteile hätte eine Implementierung als negative Einkommensteuer? Wäre eine Integration in die Sozialversicherungen sinnvoll und wie hängen Bürgergeld und Gesundheitsprämie zusammen? Welche grundsätzlichen Probleme der Umsetzung sind mit dem Bürgergeld verbunden und wie könnten sie gelöst werden? Diese Fragen werden hier nicht ausführlich diskutiert. Es geht vielmehr darum, Probleme, die bei der Umsetzung entstehen könnten, und Lösungsmöglichkeiten anzusprechen. Auswirkungen auf den föderalen Finanzausgleich können nicht berechnet werden.

4.1. Institutionelle Probleme und mögliche Lösungen

Ein wesentliches Problem des Solidarischen Bürgergeldes ist die Höhe. Wie oben gezeigt wurde, liegt es zwar für Familien über dem steuerlichen Existenzminimum, bei Alleinstehenden liegt es jedoch darunter. Dies ist ein verfassungsrechtliches Problem, aber auch ein sozialpolitisches, weil das Solidarische Bürgergeld den Anspruch hat, das soziokulturelle Minimum abzudecken. Oben wurde dargestellt, dass eine genaue wissenschaftliche Festlegung des Existenzminimums nicht möglich ist, doch politisch sollte der Maßstab mindestens das derzeitige Arbeitslosengeld II beziehungsweise Sozialhilfeniveau sein, wobei dieses von vielen als nicht ausreichend zur Abdeckung des soziokulturellen Minimums bezeichnet wird. Unter anderem es liegt das Solidarische Bürgergeld wie das Arbeitslosengeld II deutlich unter der von der EU festgelegten Armutsgrenze. Selbst für Familien reicht das Solidarische Bürgergeld alleine für diesen Maßstab nicht aus, es liegt aber immerhin, wie oben gezeigt, deutlich über dem Sozialhilfeniveau. Für Alleinstehende, aber auch für Alleinerziehende ist dies nicht der Fall.

Man muss allerdings berücksichtigen, dass das Solidarische Bürgergeld nicht so konzipiert wurde, dass es eine dauerhafte Rentierexistenz ermöglicht. Wir haben weiter oben darauf aufmerksam gemacht, dass das Modell in dieser Hinsicht wie ein „partielles Grundeinkommen" wirkt, oder anders ausgedrückt: dass das Existenzminimum eher bescheiden angesetzt wird. Kritiker, vor allem aus dem linken politischen Spektrum, können argumentieren, dass damit ein „stummer Arbeitszwang" hergestellt wird, ähnlich wie dies während der Negativsteuerexperimente in den USA (1968–1980) der Fall war und mit der Negativsteuer für Erwerbstätige (EITC) heute der Fall ist (siehe Abschnitt 2.2.1.), wo extrem niedrige Sozialhilfesätze einen faktischen Arbeitszwang erzeugen. Entscheidend für die Einführung des Solidarischen Bürgergeldes dürfte sein, dass Bevölkerungsgruppen, die auf Grundsicherungsleistungen zwingend angewiesen sind, gegenüber den gegenwärtigen Regelungen nicht schlechter gestellt werden.

In Tabelle 18 werden die seit dem 1.7.2006 geltenden durchschnittlichen Bedarfe der Hilfe zum Lebensunterhalt und des Arbeitslosengeldes mit den im Grundmodell 1 des Konzepts Solidarisches Bürgergeld vorgesehenen Beträgen verglichen. Wie in unserer Studie bereits mehrfach angesprochen, liegen die heute gezahlten Leistungen für fast alle Bedarfsgemeinschaften im Durchschnitt niedriger als die Werte des Solidarischen Bürgergeldes, nicht jedoch für Alleinstehende und – besonders deutlich – für Alleinerziehende.

Aus diesem Grund ist neben dem Bürgergeldzuschlag für besondere Lebenslagen, wie er im Vorschlag Althaus enthalten ist, ein weiterer Bürgergeldzuschlag zur Deckung des Existenzminimums erforderlich. Sinnvoll wären drei Arten des Bürgergeldzuschlags, die jeweils bedürftigkeitsgeprüft sind. Erstens ein pauschalierter Bürgergeldzuschlag, der wie der existierende Kindergeldzuschlag die Differenz zwischen dem Bürgergeld und der Armutsgrenze abdeckt und maximal ca. 200 bis 300 € je Steuersubjekt, also pro Alleinstehenden (einschließlich Alleinerziehende) oder Paar, beträgt und auf den eigenes Einkommen voll angerechnet wird. Dadurch wäre das Existenzminimum im Regelfall gesichert und die Einkommensarmut könnte drastisch redu-

Tabelle 18: Durchschnittlicher Bedarf Alg II im Vergleich zum Solidarischen Bürgergeld (Grundmodell 1)

Durchschnittlicher Bedarf im Rahmen der Hilfe zum Lebensunterhalt (SGB XII) und des Alg II (SGB II) Früheres Bundesgebiet einschl. Berlin (Stand: 1. 7. 2006)						zum Vergleich: Solidarisches Bürgergeld (Grundmodell 1)
Typ der Bedarfsgemeinschaft	Regel-satz	Mehr-bedarf	Kalt-miete	Heiz-kosten	Summe (€/Monat)	
Alleinlebende(r)	345	/	278	53	676	600
Ehepaar ohne Kind	621	/	358	73	1052	1200
Ehepaar mit Kindern						
einem Kind	843	/	424	81	1348	1500
zwei Kindern	1065	/	480	81	1626	1800
drei Kindern	1287	/	537	97	1921	2100
Alleinerziehende(r) mit						
einem Kind unter 7 Jahren	552	124	358	73	1107	900
zwei Kindern zw. 7 u. 14	828	124	424	81	1457	1200

Durchschnittlicher Bedarf im Rahmen der Hilfe zum Lebensunterhalt (SGB XII) und des Alg II (SGB II) Neue Länder (Stand: 1. 7. 2006)						zum Vergleich: Solidarisches Bürgergeld (Grundmodell 1)
Typ der Bedarfsgemeinschaft	Regel-satz	Mehr-bedarf	Kalt-miete	Heiz-kosten	Summe (€/Monat)	
Alleinlebende(r)	345	/	211	49	605	600
Ehepaar ohne Kind	621	/	290	64	975	1200
Ehepaar mit Kindern						
einem Kind	843	/	336	76	1255	1500
zwei Kindern	1065	/	378	85	1528	1800
drei Kindern	1287	/	422	87	1796	2100
Alleinerziehende(r) mit						
einem Kind unter 7 Jahren	552	124	290	64	1030	900
zwei Kindern zw. 7 u. 14	828	124	336	76	1264	1200

Quelle: ISG 2006, S. 3 (Daten aktualisiert um die Anpassung neue Länder zum 1.7.2006)

ziert, wenn nicht sogar beseitigt werden.[28] Darüber hinaus mag es noch eine sehr kleine Gruppe geben, bei der aufgrund hoher Wohnkosten ein bedarfsgeprüfter Bürgergeldzuschlag notwendig ist, um diese zu decken. Schließlich ist, drittens, ein bedarfsgerechten Bürgergeldzuschlag für besondere Notlagen, unter anderem Behinderungen,

---

[28] Dabei birgt im Prinzip jede Art der Bedürftigkeitsprüfung die Gefahr der Nichtinanspruchnahme und damit der verdeckten Armut in sich.

bereitzustellen, wie er in dem Vorschlag des Solidarischen Bürgergeldes vorgesehen ist. Sinnvoll ist dabei eine Orientierung an der früheren Hilfe in besonderen Lebenslagen (HbL), was die Anrechnung von Vermögen und sonstigen Haushaltseinkommen einschließt. Eine genaue Abschätzung der Kosten für einen solchen Bürgergeldzuschlag ist nicht möglich, da die notwendigen Informationen im SOEP nicht oder nur unzureichend erfasst sind (unter anderem weil keine Angaben über die Anstaltsbevölkerung erhoben werden) und auch ansonsten keine aktuellen Daten dafür zur Verfügung stehen. Die ungefähre Abschätzung der Kosten haben wir aber implizit bereits im Teil 3.2.2. vorgenommen, weil wir die bisherigen Kosten der Hilfen in besonderen Lebenslagen (16 Mrd. €) und des Wohngelds (1 Mrd. €) sowie einen Teil der Ausgaben für die Sozialhilfe und die Grundsicherung im Alter, nämlich 2 Mrd. €, *nicht* als Einsparung verbucht haben. Insofern ist die Finanzierung der Kosten für den Bürgergeldzuschlag in Höhe von 19 Mrd. € in unseren Simulationen bereits enthalten. Die Kosten sind also auf der Ausgabenseite nicht berücksichtigt, jedoch auf der Einnahmeseite.

Hinsichtlich der administrativen Abwicklung des Bürgergeldzuschlages kann auf die Erfahrungen des AHV-Zuschlags in der Schweiz zurückgegriffen werden, der die hier genannten Elemente beinhaltet. Der entscheidende Unterschied zu den gegenwärtigen – aber auch insbesondere im linken Spektrum diskutierten – „Grundsicherungs"-Formen (Arbeitslosengeld II, Sozialgeld beziehungsweise Sozialhilfe) ist, dass im System eines Solidarischen Bürgergeldes ein universalistischer, jedem Bürger zustehender Grundbetrag existiert, der in vielen Fällen bereits existenzsichernd ist. Der zusätzliche Bedarf ist damit stets weitaus geringer als das heutige Antragsvolumen, was administrative Entscheidungsprozesse entlastet.

Ein weiterer Problemkreis, was die konkrete Umsetzung des Bürgergeldvorschlags angeht, ist der Übergang zum neuen Rentensystem. Insbesondere ist unklar, wie die neuen Anwartschaften gebildet werden, da die Rentenfinanzierung über eine unbürokratische, aber nicht personalisierte Lohnsummensteuer erfolgt. Unter anderem wäre auch zu klären, wie Kindererziehungszeiten zu Anwartschaften führen. Eine weitere Frage ist, wie die Besteuerung der Rente langfristig aussehen sollte. Wir sind bei unseren Simulationen davon ausgegangen, dass nur die Rentenzulage besteuert wird, haben aber angedeutet, dass es langfristig auch zu einer Besteuerung der Zusatzrente kommen könnte. Auch hier müsste der Übergang geregelt werden. Denkbar wäre, dass die in der „Variante des Grundmodells 1" zur Finanzierung von Rente und Gesundheit herangezogene Sozialsteuerzahlung auch die Anwartschaften der Zusatzrente bestimmt. In diesem Sinne ist das Schweizer Rentensystem AHV organisiert.

Ein zentraler Punkt wäre die Integration des Bürgergelds in das Steuersystem. Hier stellen sich mehrere Fragen. Grundsätzlich ist zu klären, ob das Bürgergeld als Sozialdividende ausgezahlt werden soll oder ob es mit den Steuerzahlungen verrechnet wird. Die Ausgestaltung als Sozialdividende hat dabei den scheinbaren Nachteil, dass es sehr aufwendig erscheint, erst allen Bürgern das Geld auszuzahlen und dann anschließend über die Steuer wieder hereinzuholen. Bei genauerem Hinsehen ist dieser Weg aber vielleicht sogar einfacher. Eine regelmäßige Überweisung eines festen Betrags dürfte heute technisch kein übermäßiger Aufwand mehr sein. Die Vereinfachung liegt aber vor allem auf der Steuereinzugsseite, falls es mehrere Einkommensquellen gibt. Bei der Ausgestaltung als negative Einkommensteuer muss nämlich an einer Stelle angegeben werden, dass das Bürgergeld zu verrechnen ist, bei allen anderen Einkommensquellen darf das dann nicht mehr passieren, sondern dort ist der volle Steuersatz zu zahlen. Bei einer Ausgestaltung als Sozialdividende wird das Bürgergeld ausgezahlt und die Einkommensteuer ist nur proportional zum Einkommen. Dies ist insbesondere dann einfach, wenn es nur einen einzigen Steuersatz gibt, wie im „Basic Income Flat Tax" Modell, bei dem letztlich alle Einkommensteuern der Quellenbesteuerung unterliegen könnten, was eine breite Erfassung der Einkommen möglich machen würde. Bei zwei Steuersätzen wie beim Solidarischen Bürgergeld ist das schon nicht mehr ganz so einfach möglich.

Ein weiterer Nachteil bei einer Ausgestaltung als negative Einkommensteuer ist, dass eine Lösung dafür gefunden werden muss, wie finanzielle Notlagen kurzfristig behoben werden können, da die Steuererhebung in der Regel auf der Basis des Jahreseinkommens erfolgt. Es muss deshalb die Möglichkeit geben, das Bürgergeld auch schon vorab zu erhalten. Eine Möglichkeit wäre, dass das Finanzamt das Bürgergeld auszahlt und dieses dann bei der Steuererklärung wieder zurückgezahlt werden muss, falls das Jahreseinkommen doch höher war. Das führt letztlich aber zu einem gewissen Verwaltungsaufwand, der dafür spricht, das Solidarische Bürgergeld als Sozialdividende auszugestalten.

Die institutionellen Probleme bei der Einführung des Solidarischen Bürgergeldes dürften allerdings durch die erhebliche Verwaltungsvereinfachung mehr als aufgewogen werden. Insgesamt wird der Steuerverwaltung die zentrale Funktion der Einkommenssicherung zukommen, was im Sinne einer liberalen, an Selbstverantwortung orientierten Rechtspolitik den Verzicht auf Verhaltenskontrollen erfordert. Allerdings steigt der Kontrollbedarf zur Durchsetzung von Steuerehrlichkeit auch im unteren Einkommensbereich. Dies allerdings erscheint ohnehin unvermeidlich und aus Gründen der Steuergerechtigkeit unproblematisch. Das Modell des Solidarischen Bürgergeldes kann hier aufgrund seiner gegenüber den geltenden Regelungen gravierenden Vereinfachungen des Einkommenssteuer- und Sozialabgabenrechts als implementationsfreundlich gelten. Vor allem die (weitgehende) Abschaffung von Freibeträgen und die Einführung des Bruttobesteuerungsprinzips dürfte die auch vom Bundesrechnungshof beklagte Komplexität des Steuerrechts und die daraus folgenden Vollzugsdefizite sichtbar abbauen.[29] Dies dürfte auch zur Finanzierbarkeit des Modells Solidarisches Bürgergeld beitragen.

4.2. Gesundheitsprämie als Steuerfinanzierung des Gesundheitswesens

Eine der Besonderheiten des von Althaus vorgeschlagenen Bürgergeld-Modells ist die systematische Berücksichtigung der Gesundheitskosten, und zwar in einer leicht zu übersehen Form: Faktisch soll das Gesundheitswesen im Wesentlichen aus Steuermitteln finanziert werden. Etwa ein Drittel der Gesamtkosten des Modells in Höhe von etwa 597 Mrd. € entfallen mit ca. 189 Mrd. € auf die Kranken- und Pflegeversicherung, die in Form einer „Gesundheitsprämie" finanziert werden soll. In der Öffentlichkeit wurde vorgetragen, dass die Gesundheitsprämie im Modell Solidarisches Bürgergeld „die Geringverdiener benachteiligt" (die tageszeitung vom 25.10.2006, S. 6). Eine einfache Überschlagsrechnung scheint diese Auffassung zu bestätigen: Wer nur 800 € Bürgergeld bekommt, dem werden 200 € abgezogen und damit 25%, wer 3000 € verdient, dem werden ebenso 200 € für den Basistarif abgezogen und damit knapp 7%. Darin könne eine gewisse soziale Asymmetrie gesehen werden. Diese Wahrnehmung beruht jedoch auf einem Denkfehler.

Entscheidend ist, dass die *gesamten* Gesundheitskosten – also die Gesundheitsprämie – im Modell Althaus aus Steuermitteln finanziert werden. Die Gesundheitsprämie in diesem Modell belastet also die Geringverdiener nur dann, wenn sie auch durch Steuern belastet werden. Im Grundmodell von Althaus beträgt die Steuerfreigrenze freilich 1600 € für Alleinstehende und 3200 € für Paare. Diese Personen würden im Grundmodell 1, also im ursprünglichen Althaus-Vorschlag, überhaupt keine Gesundheitskosten tragen. Man kann also nicht von einer „Benachteiligung von Geringverdienern" sprechen – ganz im Gegenteil. Dies gilt auch dann, wenn – wie in Kapitel 3.5. diskutiert – ein Teil der Gesundheitsprämie (als „Gesundheitsvoucher") arbeitgeberseitig getragen würde, um einen weiteren Anreiz zu Erwerbsarbeit oder vergleichbar anerkannter Tätigkeit zu setzen. Im Übrigen wurde in dieser Studie – weil Ausgaben und Einnahmen nicht selten verwechselt werden – auch die Variante einer Gesundheitssteuer durchgerechnet.

---

[29] So hat eine Untersuchung des Bundesrechnungshofs in 25 Finanzämtern erhebliche Vollzugsprobleme ergeben. 50 gemischte Gremien von Vertretern des Bundes und der Länder befassen sich nur mit Steuerproblemen und Steuerarten. Zur Auslegung des Steuerrechts durch die Verwaltung gebe es mittlerweile 4427 Schreiben und zahlreiche Gerichtsurteile sowie Entscheidungen des Bundesfinanzhofes. Nach Auskunft der Landesrechnungshöfe gebe es Beanstandungsquoten von bis zu 50% (Das Parlament, 44/45 v. 30.10.2006, S. 8).

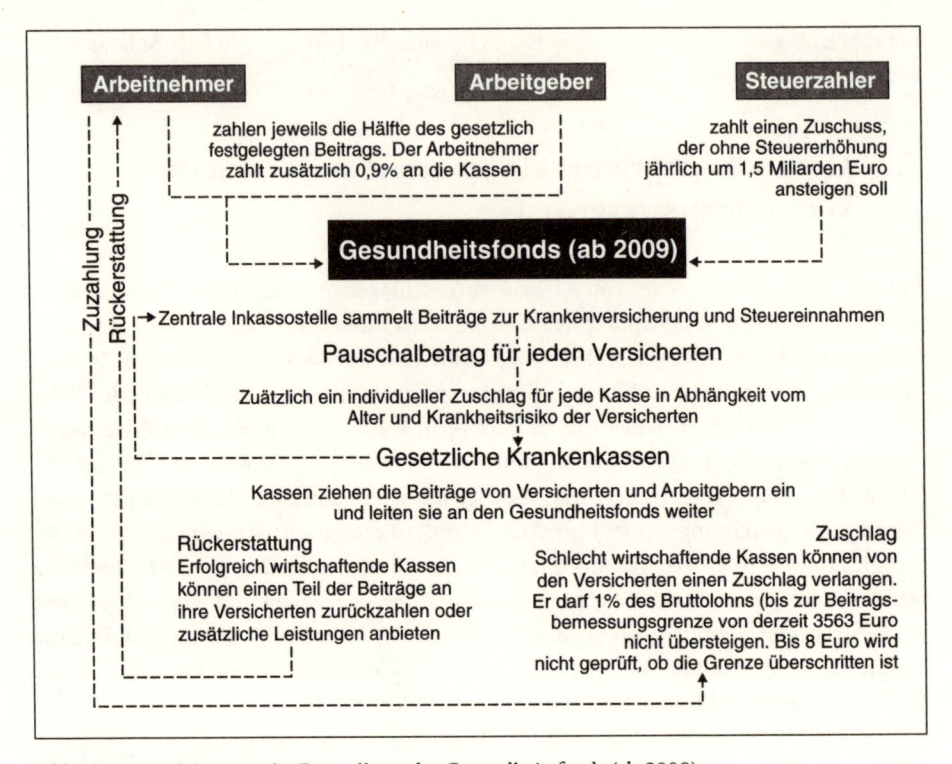

114 Michael Opielka und Wolfgang Strengmann-Kuhn

```
Arbeitnehmer                    Arbeitgeber                  Steuerzahler
      zahlen jeweils die Hälfte des gesetzlich          zahlt einen Zuschuss,
      festgelegten Beitrags. Der Arbeitnehmer           der ohne Steuererhöhung
      zahlt zusätzlich 0,9% an die Kassen               jährlich um 1,5 Miliarden Euro
                                                        ansteigen soll

                        Gesundheitsfonds (ab 2009)

   Zentrale Inkassostelle sammelt Beiträge zur Krankenversicherung und Steuereinnahmen
                        Pauschalbetrag für jeden Versicherten
          Zuätzlich ein individueller Zuschlag für jede Kasse in Abhängigkeit vom
                     Alter und Krankheitsrisiko der Versicherten
                             Gesetzliche Krankenkassen
           Kassen ziehen die Beiträge von Versicherten und Arbeitgebern ein
                     und leiten sie an den Gesundheitsfonds weiter

   Rückerstattung                              Zuschlag
   Erfolgreich wirtschaftende Kassen           Schlecht wirtschaftende Kassen können von
   können einen Teil der Beiträge an           den Versicherten einen Zuschlag verlangen.
   ihre Versicherten zurückzahlen oder         Er darf 1% des Bruttolohns (bis zur Beitrags-
   zusätzliche Leistungen anbieten             bemessungsgrenze von derzeit 3563 Euro
                                               nicht übersteigen. Bis 8 Euro wird
                                               nicht geprüft, ob die Grenze überschritten ist
```

Abbildung 11: Schematische Darstellung des Gesundheitsfonds (ab 2009)
Quelle: eigene Darstellung

Das Althaus-Modell schließt zudem auf interessante Weise an das von der Großen Koalition im Herbst 2006 vereinbarte und ab 2009 geplante und vor allem vonseiten verschiedener Gesundheitslobbyisten politisch kritisierte Strukturmodell eines „Gesundheitsfonds" an (Abbildung 11). Unabhängig von den Details dieser Regelungen, die im Einzelnen womöglich nicht immer praktikabel erscheinen mögen, erscheint als ordnungspolitische Weichenstellung die Öffnung zur Steuerfinanzierung des Gesundheitswesens.

Wie Abbildung 11 zeigt, kann ein Gesundheitsfonds die weitgehende Selbstständigkeit der Krankenkassen mit verschiedenen Finanzierungsformen verknüpfen, da der heute in den Krankenkassen vorgenommene und um den Risikostrukturausgleich ergänzte Solidarausgleich zwischen verschiedenen Einkommensgruppen vollständig auf den Gesundheitsfonds delegiert wird. Verteilungspolitisch entscheidend ist dabei allerdings, ob alle Bevölkerungsgruppen an der Finanzierung des Gesundheitsfonds beteiligt werden.

Hier zeigt das Althaus-Modell eine pragmatische Orientierung auf eine Gleichberücksichtigung aller Einkommens- und Statusgruppen. Faktisch würde die Gesundheitsprämie im Althaus-Modell zu einer Bürgerversicherung beziehungsweise „Bürgerprämie" (Wagner 2005), wie sie in der Schweiz mit der dort „Kopfpauschale" genannten Regelung existiert, in der private und gesetzliche Krankenkassen gleich behandelt werden (dazu Opielka 2004, S. 196ff.; Spöndlin 2006). Anders aber als in der Schweiz wäre die Finanzierung vollständig in das Steuer- und Beitragssystem integriert, ob nun als Abzug der Gesundheitsprämie vom Bürgergeld-Brutto oder als Finanzierung der Prämie über eine einkommensbezogene Sozialsteuer.

Aus politikanalytischer Sicht überrascht, dass die privaten Krankenversicherungen eine teils manipulative Lobbyarbeit – so wurden fiktive Protestbrief an Abgeordnete mit gefälschten Unterschriften versandt (siehe DER SPIEGEL 44/2006, S. 13) – auch bei Abgeordneten und Funktionsträgern von CDU und CSU mit Erfolg betreiben können. Der Anteil der Privatversicherten bei CDU/CSU-Mitgliedern und -Wählern liegt nicht über den entsprechenden Bevölkerungswerten, d. h. unter 10 %, und darüber hinaus wären viele Privatversicherte, insbesondere die große Gruppe der beihilfeberechtigten Beamten, bereit, die umständlichen Abrechnungstechniken (Barvorleistungen, Doppelabrechnung bei Beihilfe und PKV) zugunsten der elektronischen Abrechnung der GKV aufzugeben. Die österreichischen Regelungen, wonach alle Bürger identischen Regelungen unterliegen, Beamte sich aber auch hier zusätzlich privat versichern müssen, und die privaten Krankenversicherungen auf Zusatzleistungen beschränkt werden (Opielka 2004, S. 193ff.), erscheinen hier pragmatischer, effizienter und bürgerfreundlicher. Das Modell Solidarisches Bürgergeld wirkt auch in dieser Hinsicht implementationsfreundlich, sofern die politischen Akteure dem Lobbyismus von Partikularinteressen widerstehen.

4.3. Politische Probleme: Pfadabhängigkeit und Pfadwechsel

In der vergleichenden Sozialpolitikforschung dominiert die These der „Pfadabhängigkeit", einer „longue durée" langfristiger Bindung durch institutionellen Entscheidungen (Pierson 2004). Demnach bestimmen zu einem früheren Zeitpunkt etablierte Muster der sozialen Sicherung und des Zuschnitts des politischen Entscheidungsprozesses die Optionen der Politik in erheblichem Umfang. Allerdings wäre es ganz falsch, von einem „Pfad-Determinismus" auszugehen, wie dies bei dem Begründer der Theorie der „Wohlfahrtsregime", Gøsta Esping Andersen (1990), wohl der Fall ist. „Die Dauerhaftigkeit und Kontinuität von Institutionen, die vielfach als Garant für deren Wirkung herangezogen wird, nimmt im Konzept der Pfadabhängigkeit problematische Züge an" (Beyer 2006, S. 12), so die berechtigte Kritik von Jürgen Beyer. Denn auch die komplexen Wohlfahrtsregime – liberal, konservativ, sozialdemokratisch – haben sich überhaupt erst zu solchen entwickelt oder dahin gewandelt. Eindrückliche Beispiele bieten die Idealtypen des „liberalen" Wohlfahrtsstaates Großbritannien und die USA, die von vielen Analytikern als gescheiterte – oder womöglich verzögerte – Varianten des schwedischen (sozialdemokratischen) Modells betrachtet werden. Der „New Deal" der 1930er-Jahre führte beispielsweise zur Einführung einer noch heute stabilen Rentenversicherung als Bürgerversicherung (*Social Security*) in den USA, das Ende des 2. Weltkriegs zu einem universalistischen, wenn nicht sozialistischen Gesundheitswesen (*National Health Service*) in Großbritannien, das nach wie vor breit akzeptiert ist (ausführlicher und kritisch: Opielka 2004, S. 51ff.). Es wäre also verfehlt, wenn die sehr weit reichenden institutionellen Änderungen, die das Modell des Solidarischen Bürgergeldes impliziert, vorschnell unter Verweis auf pfadabhängige Beharrungskräfte des deutschen Sozialstaats für unmöglich erachtet werden.

In wirtschaftshistorischer Perspektive wird deutlich, dass die im weltweiten Vergleich exzeptionelle Stärke der deutschen Wirtschaftsordnung nach 1945 zum einen auf lange Traditionen korporativer und kooperativer Vernetzung sowohl im nationalen wie im internationalen Zusammenhang zurückgeht, Vernetzungen, die stets auch die Fähigkeit zum Kompromiss einschlossen (Abelshauser 2004). Damit ist sozusagen die liberale, die Leistungsseite des deutschen „Wirtschaftswunders" markiert. Die andere, sozusagen soziale, die Bedarfs- und Verteilungsseite ist damit freilich untrennbar verknüpft: Der „Rheinische Kapitalismus" steht spätestens seit der „Agenda 2010" auch in seiner sozialpolitischen Relevanz zur Disposition. Die Folgen sind Verunsicherungen und Zukunftsängste bis in die Mittelschichten hinein, wie die im Herbst 2006 in den Medien breit diskutierte Studie „Gesellschaft im Reformprozess" der Friedrich-Ebert-Stiftung belegt (Müller-Hilmer 2006).

Ob diese Rahmenbedingungen die Chancen für eine weitreichende, „garantistische" (Opielka 2004) Sozialreform in Richtung eines Grundeinkommens erhöhen, wie sie von Dieter Althaus mit dem Modell des „Solidarischen Bürgergeldes" vorgelegt wurde, kann sozialwissenschaftlich nicht prognostiziert werden. Es lassen sich allerdings einige Bedingungen identifizieren, die dies begünstigen können.

Entscheidend ist, dass die gesellschaftlichen Eliten, Meinungsträger und Entscheider der Idee eines Grundeinkommens wohlwollend gegenüberstehen. Eine explizite Befürwortung wäre mehrheitlich nicht zwingend erforderlich.

Von Bedeutung ist auch, dass ein Modell eines Bürgergeldes beziehungsweise Grundeinkommens entwickelt wird, das sich einerseits als Kompromissfolie zwischen den natürlicherweise divergierenden Vorstellungen der gesellschaftlichen Gruppen und Parteien eignet und das andererseits auch den technischen Anforderungen zur Umsetzung unter komplexen gesellschaftlichen Anforderungen genügt. Zu diesen Anforderungen gehört selbstverständlich auch die Frage seiner Finanzierbarkeit. Sie konnte in dieser Studie durchaus positiv beantwortet werden.

5. Schlussfolgerungen

Der Thüringische Ministerpräsident Dieter Althaus hat mit dem Solidarischen Bürgergeld einen Vorschlag vorgelegt, durch den nicht nur die Grundsicherung neu gestaltet wird, sondern er umfasst auch eine grundlegende Reform der Kranken- und Rentenversicherung sowie nicht zuletzt auch der Einkommensteuer. Die Arbeitnehmerbeiträge zur Sozialversicherung werden komplett abgeschafft und die Arbeitgeber zahlen lediglich eine Lohnsummensteuer, über die die über das Bürgergeld hinausgehende Zusatzrente, die langfristig nach oben begrenzt werden soll, sowie die bisherigen Rentenansprüche finanziert werden. Alle anderen Sozialleistungen werden durch Steuern finanziert.

Auf der Finanzierungsseite kann die Einführung des Solidarischen Bürgergeldes zu einer erheblichen Verbreiterung der Steuerbasis führen. Die Summe der Einkünfte in der Lohn- und Einkommensteuerstatistik beträgt etwa 1000 Mrd. €, von denen noch diverse Freibeträge abgezogen werden können. Bei unseren Berechnungen auf der Basis des SOEP kommen wir letztlich auf eine Steuerbasis von etwa 1350 Mrd. €, die komplett ohne Abzugsmöglichkeiten der Besteuerung unterliegen. Dabei ist in den Berechnungen durchaus noch etwas Spielraum nach oben, weil vermutlich die Vermögenseinkommen, möglicherweise auch die Selbstständigeneinkommen, im SOEP untererfasst sind, sodass auch ein Betrag von 1400 Mrd. € realistisch erscheint. Anderseits gibt es aber auch in die Gegenrichtung gewisse Ungenauigkeiten. So sind wir davon ausgegangen, dass die Löhne um die komplette Summe der jetzigen Arbeitgeberbeiträge zur Kranken-, Pflege- und Arbeitslosenversicherung ansteigen. Da die Zahlungen der Lohnsummensteuer der Arbeitgeber etwa 25 Mrd. € über diesem Betrag liegen, kann es sein, dass dies nicht in dem unterstellten Maß geschieht.

Dieser Betrag liegt aber immer noch unter dem Volkseinkommen der VGR, das im Jahr 2004 1650,6 Mrd. € betrug (Statistisches Bundesamt 2006, Tab. 2), also um etwa 20 % über dem von uns in den Berechnungen zugrunde gelegten Betrag. Wir haben schon angesprochen, dass möglicherweise durch Veränderungen bei der Körperschaftsteuer auch bei diesem Teil die Bemessungsgrundlage nach Einführung eines Bürgergeldes verbreitert werden kann.

Trotz allem wird an diesen Zahlen bereits deutlich, dass ein Steuersatz von 25 % für die Nettozahler allein nicht ausreicht, um damit ein Bürgergeld zu finanzieren, in dem ein verdoppeltes Kindergeld und eine Grundrente enthalten sind, sowie zusätzlich die Krankenversicherung, die in den Berechnungen alleine fast 200 Mrd. € kostet. Wir haben aber in dem Gutachten mehrere Wege aufgezeigt, wie das Solidarische Bürgergeld finanziert und trotzdem die (nominellen) Belastungsquoten durch Steuer- und Sozialversicherungsabgaben gegenüber dem Status quo reduziert werden können.

Ein Weg war die Erhöhung der Steuersätze auf ein Niveau von etwa 70 bis 80 % für die Transferentzugsrate beziehungsweise etwa 35 bis 40 % für die Nettozahler. Zwar lässt sich zeigen, dass im Vergleich zu der *Summe* aus Sozialversicherungsbeiträgen und Einkommensteuer auch bei diesen Zahlen die Durchschnittssteuersätze geringer sind. Aber sowohl für die politische Vermittlung als auch aus ökonomischen Gründen kann es sinnvoll sein, wenn die gesamte zu finanzierende Summe in mehrere Teile aufgeteilt wird. So ist bei den Simulationen des Grundmodells 2 zu erkennen, dass bei Finanzierung der Krankenversicherung über eine „social security tax" Steuersätze für die Einkommensteuer ausreichen, die in der Nähe des Ursprungsvorschlags des Solidarischen Bürgergeldes liegen.

Je nachdem, welche Zielsetzungen vorrangig verfolgt werden, ist es dabei möglich, die beiden Hauptelemente des Modells – das kleine und das große Bürgergeld – und die beiden daran geknüpften Steuersätze zu variieren. Geht es vor allem um die Erhöhung des Arbeitsanreizes beziehungsweise die Subvention von Niedrigeinkommen, dann ist es möglich, einen relativ niedrigen Anrechnungssatz (Negativsteuersatz) zu wählen. Im Grundmodell 1 wäre das z. B. die Variante mit 70 %, wobei der Spitzensteuersatz 40 % betragen würde. Im Grundmodell 2 wäre eine Variante mit 50 % und 32 % kostenneutral finanzierbar, wobei dann noch 14 % Gesundheitsbeitrag beziehungsweise -steuer hinzukommen, während bei den Steuersätzen im Grundmodell 1 die Finanzierung der Krankenversicherung schon mit enthalten ist. Wird hingegen vor allem eine Reduzierung des Spitzensteuersatzes angestrebt, so sind z. B. Varianten von 80:35 (Grundmodell 1) oder 61:26 (Grundmodell 2) machbar.

Im Kapitel 3.4. haben wir weitere Möglichkeiten diskutiert, ohne diese jedoch vollständig durchgerechnet zu haben. Dabei hat sich die Variante eines Stufentarifs zwar als eine finanzierbare Möglichkeit herausgestellt. Um die Einnahmen aber nicht zu sehr zu verringern, muss der höchste Steuersatz relativ früh einsetzen, außerdem führt der Stufentarif dazu, dass die Besserverdienenden ein höheres Bürgergeld erhalten. Auch wenn dies für diese Gruppe letztlich nur eine rein rechnerische Größe ist, lässt sich dies möglicherweise schwer vermitteln.

Vor allem haben wir aber Möglichkeiten diskutiert, wie die Kosten der Alterssicherung und der Krankenversicherung aus dem Einkommensteuersystem herausgenommen werden können, ohne dass die ökonomischen Vorteile einer Steuerfinanzierung verloren gehen. Es wäre sinnvoll, sowohl die Kranken- als auch die Rentenversicherung durch eine „social security tax" zu finanzieren, also einem steuerähnlichen Beitrag, bei dem die Einnahmen in einen Parafiskus fließen und letztlich so organisiert werden wie die Sozialversicherung (dazu auch Spieß 2004, die einen ähnlichen Vorschlag zur Finanzierung der Familienleistungen macht). Dadurch würden die Vorteile von Steuern und Beiträgen miteinander kombiniert und eine Finanzierung des Solidarischen Bürgergeldes wäre mit Einkommensteuersätzen möglich, die zumindest in der Nähe des ursprünglichen Vorschlags liegen. Denkbar wäre zudem, wie in Kapitel 3.5. diskutiert wurde, die Gesundheitsprämie (Gesundheitsvoucher) der Krankenversicherung hälftig von der Arbeitgeberseite aufbringen zu lassen und damit einen starken Anreiz zur Aufnahme von Erwerbstätigkeit zu schaffen. Faktisch würde dies allerdings bedeuten, dass der bedingungslose Grundeinkommensanspruch reduziert wird und für Personen ohne Vermittlungswillen nur noch ein „partielles Grundeinkommen" in Höhe von etwa 400 € garantiert wird. Die Kosten des Grundmodells 1 könnten durch diese Maßnahme in relevantem Umfang reduziert werden.

Die Finanzierungsrechnungen des von Dieter Althaus vorgelegten Modells Solidarisches Bürgergeld zeigten im Wesentlichen zweierlei auf: Zum einen verfügt der deutsche Sozialstaat über eine in den letzten Jahren zunehmend eingeschränkte Bemessungsgrundlage für Steuern und Beiträge, sodass sich die Belastung der Arbeitnehmereinkommen relativ erhöhte. Zum anderen machen die Simulationen deutlich, dass die beiden Hauptelemente des Modells – das kleine und das große Bürgergeld – und die beiden daran geknüpften Steuersätze variiert werden müssen, je nachdem, welche Zielsetzungen vorrangig verfolgt werden sollen. Geht es vor allem um die Erhöhung des Arbeitsanreizes beziehungsweise der Subvention von Niedrigeinkommen, dann empfiehlt sich ein relativ niedriger Anrechnungssatz (Negativsteuersatz) von etwa 50 %. Der Preis dafür ist eine relativ hohe Transfergrenze von bis zu 1600 € für Alleinstehende beziehungsweise 3200 € für Paare (im Grundmodell 1) und damit ein sehr breiter Bereich, in dem noch keine Steuern gezahlt und Nettotransfers empfangen werden.

Abschließend sollen die zwei simulierten Grundmodelle und die skizzierte „Variante von Grundmodell 1" in einer tabellarischen Übersicht verglichen werden (Tabelle 19):

Tabelle 19: Synopse der Varianten des Modells Solidarisches Bürgergeld

	Grundmodell 1	Grundmodell 2	Variante des Grundmodells 1
Leistungshöhe (großes Bürgergeld/ kleines Bürgergeld/ Kinder)	800/400/500 € jeweils abzüglich 200 € Gesundheitsprämie	600/300/300 € jeweils abzüglich 200 €	800/400/500 € Gesundheitsprämie
Finanzierung Kranken-/ Pflegeversicherung	Gesundheitsprämie (200 €) – zusätzliche Finanzierung erforderlich	Gesundheitssteuer (14 %)	Gesundheitsprämie (200 €) oder Gesundheitsfonds/ Voucher – finanziert durch Sozialsteuer
Finanzierung Zusatzrente/ -zulage	Lohnsummensteuer (12 %)	Lohnsummensteuer (14 %)	Sozialsteuer
angestrebte Einkommensteuersätze (bei kleinem bzw. großem Bürgergeld)	50 %/25 % (Fehlbetrag 189 Mrd. € ~ Kosten der Gesundheitsprämie)	50 %/25 % (Fehlbetrag 50 Mrd. €)	50 %/25 %
Steuersätze bei kostenneutraler Finanzierung	80 %/35 % 70 %/40 %	50 %/32 % 61 %/26 %	ähnlich oder etwas höher wie Grundmodell 2
Sozialsteuer (einschließlich Lohnsummensteuer)	Lohnsummensteuer (12 %) (für Rente)	Sozialsteuer (28 %): Gesundheitssteuer (14 %) Lohnsummensteuer (14 %) (für Rente)	Einkommen aus abhängiger Beschäftigung: paritätisch je 16 % (Gesundheit 8,5 %, Rente 7,5 %) für Arbeitgeber (als Lohnsummensteuer) und Arbeitnehmer Vermögenseinkommen und Einkommen aus selbstständiger Tätigkeit: Sozialsteuer (16 %)
Transfergrenze (= Steuerfreibetrag für Einkommensteuer; Alleinstehende/Paar)	1600 €/3200 €	937,50 €/ 1875 € bzw. 800 €/1600 €	ca. 1250 €/2500 € bzw. 950 €/1900 €
Maximalbelastung für Haushalte in % (ohne Arbeitgeberseite)	25 % plus Steuern für Fehlbetrag (35 % bzw. 40 % bei finanzierbaren Varianten)	40 % bzw. 46 % (bei finanzierbarer Variante)	ähnlich oder etwas höher wie Grundmodell 2
Transferentzugsrate	70 % bis 80 %	50 % bis 61 % plus 14 % Gesundheitssteuer	ähnlich oder etwas höher wie Grundmodell 2
Vorzug:	Einfachheit	Klarheit (3-Säulen-Modell) geringe Transferentzugsrate wie Grundmodell 1	Klarheit (3-Säulen-Modell) niedrigere Belastung bei selbstständiger Tätigkeit

Aus wissenschaftlicher Sicht fällt eine Empfehlung für eine der drei Varianten nicht leicht. In der „Variante des Grundmodells 1" dürften die politischen Intentionen des Autors dieses Modells – Dieter Althaus – wahrscheinlich am deutlichsten verwirklicht werden: die Berücksichtigung einer „Gesundheitsprämie", eine deutliche Subventionierung niedriger Erwerbseinkommen und eine Pauschalsteuer (flat tax), die zwar um eine Sozialsteuer ergänzt wird, dennoch aber zu einer erheblichen Steuervereinfachung und Bürokratiereduzierung führen würde.

Zusammenfassend konnte belegt werden, dass das Solidarische Bürgergeld in allen drei diskutierten Varianten finanzierbar ist. Wir haben uns dabei ausschließlich auf die Simulation der Finanzierung durch die Einkommensteuer konzentriert. Um noch geringere Einkommensteuersätze zu erhalten, wäre es denkbar, gegebenenfalls indirekte (Konsum-)Steuern oder andere Steuern wie die im internationalen Vergleich relativ geringen Vermögens- und Erbschaftssteuern zu erhöhen. Außerdem könnte, wie angesprochen, die Zahlung des Bürgergeldes ein Argument zur Verbreiterung der Bemessungsgrundlage auch bei der Körperschaftsteuer sein. In der politischen Diskussion wird es vor allem darum gehen, wie wichtig möglichst niedrige Einkommensteuersätze sind, wie hoch die Transferentzugsrate sein soll, welche Sozialleistungen zugunsten des Bürgergeldes tatsächlich eingespart werden können und wie hoch die Lohnsummensteuer sowie zusätzliche Sozialversicherungsbeiträge beziehungsweise Sozialsteuern angesetzt werden sollen. Optionen dafür haben wir in dieser Studie aufgezeigt.

Anhang: Vergleich mit anderen Grundeinkommensmodellen

Abschließend soll das Modell des Solidarischen Bürgergeldes mit den wichtigsten der in der deutschen Diskussion vertretenen Grundeinkommensmodellen[30] synoptisch verglichen werden. Wir beschränken uns dabei auf diejenigen Modelle, für die zumindest ansatzweise auch Finanzierbarkeitsrechnungen vorgelegt wurden.

a) Modell Thomas Straubhaar/BIFT

Der Präsident des Hamburger Weltwirtschaftsinstituts (HWWI) fordert ein bedingungsloses Grundeinkommen als Sozialdividende, das an alle Bürgerinnen und Bürger ausgezahlt wird (Straubhaar 2006). Finanziert werden soll es durch eine lineare Einkommensteuer mit einem festen Steuersatz auf alle Einkommen, die als Quellensteuer erhoben werden soll. Es handelt sich also um eine Basic Income Flat Tax (BIFT), wie sie oben (2.3.1.) schon allgemein beschrieben wurde. Außerdem soll die Mehrwertsteuer auf 25 % angehoben werden. Die Kranken- und Pflegeversicherung soll zu einer Pflichtversicherung umgewandelt werden. Außer dem sozialen Ausgleich für die Krankenversicherung sollen alle weiteren Sozialleistungen abgeschafft werden. Ob damit nur die finanziellen Transfer- und Sozialversicherungsleistungen gemeint sind oder auch Sachleistungen, war zunächst nicht ganz klar. Bei der Höhe legt Straubhaar sich nicht genau fest, weil es letztlich Ergebnis eines politischen Prozesses sein soll. Es sollte und könnte aber mindestens das steuerliche Existenzminimum (etwa 7600 € pro Jahr) decken, „vielleicht sind auch 800 € pro Monat möglich, vielleicht runde 10.000 € pro Jahr" (Interview in brand eins 7/2005).[31] Auch bei der Höhe des notwendigen Steuersatzes für die Einkommensteuer legt er sich dementsprechend nicht fest und spricht einmal von 25 %, einmal von 35 %, wobei wie beim Solidarischen Bürgergeld dann sämtliche Freibeträge abgeschafft werden können. Darüber hinaus ähneln sich die beiden Vorschläge darin, dass sich die Höhe in einer ähnlichen Größenordnung bewegt. Ein wesentlicher Unterschied ist, dass es im Modell von Straubhaar weder eine zusätz-

---

[30] Darüber hinaus haben weitere Autoren Grundeinkommensmodelle vorgelegt, die in der akademisch-politischen Diskussion jedoch nur am Rande oder gar keine Rolle spielten. In der Regel handelte es sich um Negativsteuermodelle (zum Überblick über den Stand bis Mitte der 1990er-Jahre vergleiche Kaltenborn 1995). Eine aktualisierte Übersicht und den eigenen Vorschlag eines „garantierten Mindesteinkommens" legt Klaus-Uwe Gerhardt vor, dessen Finanzierungsvorschlag allerdings nur auf Schätzungen beruht (Gerhardt 2006, S. 204–216).

[31] Anfang 2007 nannte er einen Betrag von 625 € zuzüglich der Leistungen für die Gesundheitsversorgung (die tageszeitung vom 13.2.2007, S. 8).

liche Rente geben soll, die über die Grundrente hinausgeht, noch ersichtlich ist, wie spezifische Bedarfslagen oberhalb des Grundeinkommensniveaus gedeckt werden könnten. Bei der Ausgestaltung legt sich Straubhaar auf eine Sozialdividende und einen einheitlichen Steuersatz fest, weil dies eine flächendeckende Quellensteuer ermögliche, wodurch sämtliche Einkommen, insbesondere auch Einnahmen aus selbstständiger Tätigkeit besteuert werden könnten, wodurch sich die Bemessungsgrundlage auf ein Maximum verbreitere und Steuerhinterziehung erschwert werde (unsere Diskussion dazu in Abschnitt 4.).

In einer Anfang 2007 vorgestellten Studie zum Vergleich seines nach eigenen Angaben „idealtypischen" Grundeinkommens mit dem „realtypischen" Konzept des Solidarischen Bürgergeldes kommt Straubhaar (mit Ingrid Hohenleitner) zu einer äußerst wohlwollenden Bewertung des Althaus-Modells (Straubhaar/Hohenleitner 2007). In dieser Studie werden zwei Punkte konkretisiert und gegenüber früheren Veröffentlichungen korrigiert: Zum einen wird anstelle einer marktorientierten Versicherungspflicht für Gesundheit und Pflege im Sinne des Althaus-Modells für eine „steuerfinanzierte Pflichtversicherung" argumentiert: „Derzeit können besserverdienende Gesunde sich aus der Solidargemeinschaft der gesetzlich Krankenversicherten zurückziehen und sich anderweitig günstiger versichern. Dies führt zu einer Zwei-Klassen-Medizin, die gesetzlich und privat Versicherte unterschiedlich behandelt." (ebd., Kapitel 9.2.6) Zweitens wird die Frage der Umverteilung sehr pragmatisch und als Stärke von Bürgergeldmodellen betrachtet: „Ein wesentliches Anliegen, das mit der Idee des Grundeinkommens verbunden ist, besteht darin, alle Steuerbürger gleichermaßen in die Umverteilung einzubinden und diese transparent zu gestalten. Insofern ist auch eine real höhere Belastung Besserverdienender ein Schritt in diese Richtung." (ebd., Kapitel 9.2.4) Straubhaar unterstützt damit ausdrücklich die in (einer ersten Fassung) der vorliegenden Studie vorgenommenen Modifikationen des Althaus-Modells mit höheren Steuersätzen für Nettozahler.

b) Ulmer Modell (Transfergrenzenmodell)

Bei dem von Helmut Pelzer zuerst entwickelten Transfergrenzenmodell, auch „Bürgergeld nach dem Ulmer Modell" genannt (Pelzer 1999; Fischer/Pelzer 2006), handelt es sich vor allem um ein Rechenmodell, mit dem gezeigt werden kann, wie groß die zusätzliche Steuerbelastung bei Einführung eines Grundeinkommens oder Bürgergeldes wäre. Interessant ist, dass es auch in dem Ulmer Modell zwei unterschiedlich hohe Steuersätze oberhalb und unterhalb der Transfergrenze gibt – wie beim Solidarischen Bürgergeld. Dabei entspricht der Steuersatz im unteren Einkommensbereich (Basissteuer S I) der Transferentzugsrate beim Solidarischen Bürgergeld. Oberhalb der Transfergrenze gibt es hingegen zwei Steuern. Erstens, eine allgemeine, zweckungebundene

Steuer, die im Prinzip so hoch ist wie die jetzige Einkommensteuer und bei der die Bemessungsgrundlage das unveränderte zu versteuernde Einkommen ist. Darüber hinaus soll es, zweitens, eine Bürgergeldabgabe (Basissteuer S II) geben, deren Bemessungsgrundlage das gesamte Bruttoeinkommen inklusive Sozialversicherungsleistungen ist. Durch diese sehr breite Bemessungsgrundlage können die Sätze für diese Bürgergeldabgabe entsprechend gering sein. Auf konkrete Werte legt sich das Modell nicht fest. Es versteht sich, wie gesagt, als Rechenmodell, das dann Grundlage für die normativ zu fällende politische Entscheidung sein kann. Für gewählte Parameterkonstellationen wie die Höhe des Bürgergeldes oder die Höhe der Transferentzugsrate folgt dann aber automatisch die Höhe der Bürgergeldabgabe. Je nach Parameterkonstellation bewegt sich die Bürgergeldabgabe im einstelligen oder kleineren zweistelligen Bereich (siehe Tabelle 20).

Tabelle 20: Parameterkonstellationen und notwendige Höhe der Bürgergeldabgabe S II im Transfergrenzenmodell (Stand 2003)

BGE mtl. (€)	S I (unter der Transfergrenze) in % vom Brutto	S II (über der Transfergrenze) in % vom Brutto
602,92	50	2,84
602,92	40	5,46
800,00	60	5,06
800,00	50	8,48
800,00	40	15,65
1000,00	60	11,90
1000,00	50	19,56

Quelle: Fischer/Pelzer (2006), Datenbasis: EVS 2003

c) Grundeinkommensversicherung (Opielka)

Das Modell einer „Grundeinkommensversicherung" wurde von Michael Opielka erstmals 2004 vorgestellt (Opielka 2004b) und in einer Reihe von Publikationen weiterentwickelt und vertieft (Opielka 2004, 2005, 2006). Der Grundgedanke lässt sich folgendermaßen skizzieren: Jeder Bürger zahlt eine Art pauschale, nicht progressive „Sozialsteuer" auf sein steuerliches Einkommen ohne Beitragsbemessungsgrenze und ohne Möglichkeit, diese „Sozialsteuer" gegen Negativeinkünfte zu verrechnen. Opielka kalkulierte, dass ein Beitrag von 17,5 % ausreicht, um sämtliche Geldleistungen des deutschen Sozialstaats zu finanzieren, wenn sich – wie im Schweizer Grundrentensystem – das Leistungsniveau zwischen dem Grundeinkommen und maximal seinem Doppelten bewegt.[32] Würde auch die Krankenversicherung, als Bürgerversicherung,

---

[32] Opielka geht vom Volkseinkommen der VGR als Bemessungsgrundlage aus. Im vorliegenden Gutachten haben wir diese Annahme problematisiert, da hierfür insbesondere eine Harmonisierung von Einkommensteuer- und Unternehmenssteuerrecht erforderlich ist.

genauso finanziert – ein Beitrag von etwa 7,5 % würde (wie in Österreich) ausreichen –, könnte die verbleibende Einkommensteuer auf maximal 25 % gesenkt werden. Die Idee einer Grundeinkommensversicherung (GEV) stellt insoweit eine Übertragung des Schweizer Alterssicherungsmodells AHV auf die Gesamtheit der Geldleistungssysteme dar. Sie umfasst die bisherigen Risikosicherungssysteme Rentenversicherung und Pensionen, Arbeitslosenversicherung, Familienleistungsausgleich (Erziehungsgeld, Kindergeld), Krankengeld, BAföG und Sozialhilfe.

Tabelle 21: Grundeinkommensversicherung (GEV) – Leistungen und Beiträge (Stand 2004)

Leistungsbereich (auf alle Einkommen)	Leistung	Beitrag in Prozent
Renten	768–1536 €	10
Übergangszuschlag Renten		2
Arbeitslosengeld	640–1280 €	1,5
Erziehungsgeld	640–1280 €	0,5
Kindergeld	je Kind 160 € (*zusätzl. bis 160 € Zuschlag*)	2
Krankengeld	640–1280 €	0,2
Ausbildungsgeld	640 € (*davon 50 % Darlehen*)	0,3
Grundsicherung	640 € (*davon 50 % Darlehen*)	1
Beitrag GEV insgesamt (*auf Einkommen lt. ESt, ohne Beitragsbemessungsgrenze/Sozialsteuer*)		17,5

Quelle: Opielka 2004, S. 258

Jeder in Deutschland zur Einkommensteuer veranlagte Bürger ab dem 18. Lebensjahr (beziehungsweise ab dem 20. Lebensjahr bei Ausbildung) zahlt entsprechend seinem gesamten Bruttoeinkommen (nach Abschreibungen) einen Beitrag zur Grundeinkommensversicherung (einschließlich Selbstständige, Beamte, Nichterwerbstätige). Der bisherige Arbeitgeberanteil wird als Bruttolohn ausgezahlt, die paritätische Mitfinanzierung durch die Arbeitgeber entfällt. Eine Beitragsbemessungsgrenze existiert nicht. Eine Verrechnung mit sonstigen Ausgaben (Werbungskosten) ist nicht möglich (Bruttoprinzip). Die Leistungen der GEV selbst sind beitragsfrei. Der Beitrag hat insoweit teilweise den Charakter einer „Sozialsteuer". Er ist jedoch trotz der Steuerähnlichkeit ein Beitrag, da er ohne Freibeträge auf die gesamten Primäreinkommen erhoben wird, nicht mit anderen Einkommen verrechnet werden kann, zweckgebunden für die Einkommenssicherung verwendet und durch eine von den Versicherten selbst verwalteten Körperschaft des öffentlichen Rechts verwaltet wird (siehe Tabelle 21).

Das Prinzip der „Leistungsgerechtigkeit" wird durch eine eingeschränkte Teilhabeäquivalenz verwirklicht: Dem Modell der Schweizer Alters- und Hinterlassenenversicherung (AHV) folgend, führen Beiträge auf Einkommen bis zur fünffachen Höhe des Grundeinkommensbetrages zu Ansprüchen bis zur doppelten Höhe dieses Betrages. Höhere Beiträge führen nicht zu einer Erhöhung der Leistungsansprüche. Personen, die kein Einkommen erzielen, jedoch über Vermögen oberhalb eines Freibetrages verfügen, zahlen wie im Modell der AHV pauschalierte Beiträge. Gleichfalls wie im Modell der AHV wird ein Mindestbeitrag erhoben. Ohne Beitragszahlung bestehen keine Ansprüche auf Leistungen der GEV. Da die Beiträge pro Person erhoben werden, entstehen individuelle Leistungsansprüche in einem voll eigenständigen Sicherungssystem für Frauen und Männer. Aufgrund der umfassenden Beitragsgrundlage wäre im Modell eine Mitfinanzierung durch die öffentlichen Haushalte im Grundsatz nicht notwendig. Der Beitrag zur Grundeinkommensversicherung setzt sich aus Teilbeiträgen zusammen, die insgesamt erhoben werden.

Das Modell der Grundeinkommensversicherung garantiert für alle gesellschaftlich als Risiko definierten Lebenslagen ein Grundeinkommen sowie maximal den doppelten Betrag, je nach Beitrags- beziehungsweise Sozialsteuervorleistung (außer für Studierende). Personen, die in keinen formalisierten Risikobereich fallen, also auch Personen, die sich dem Arbeitsmarkt aus welchen Gründen auch immer nicht zur Verfügung stellen, erhalten eine „Grundsicherung" in Form eines partiellen Grundeinkommens in Höhe von 50 % des Grundeinkommensbetrages sowie die Differenz zum vollen Betrag als Darlehen („BAföG für alle").

Im Unterschied zum Modell des Solidarischen Bürgergeldes geht das Modell der Grundeinkommensversicherung nicht von einer breiten Übergangszone zwischen Transfer- und Einkommensbezug aus. Die Konstruktion von partiellem Grundeinkommen und Darlehensanteil in der „Grundsicherung", d.h. einem bedarfsbezogenem partiellem Grundeinkommen, führt aber faktisch zu einer solchen Übergangszone, die für das Modell jedoch bisher nur für den Haushaltstyp Alleinstehende dargestellt wurde (siehe Tabelle 2 in Opielka 2005, S. 128).

d) Grundeinkommensfinanzierung über Konsumsteuern
    (Götz W. Werner)

Der Hauptgesellschafter der Drogeriemarktkette dm, Götz W. Werner, zugleich Inhaber des Lehrstuhls für Entrepreneurship an der Universität Karlsruhe, tritt seit Ende 2004 charismatisch und öffentlichkeitswirksam mit dem Vorschlag eines bedingungslosen Grundeinkommens in Form einer Sozialdividende auf. Ein Teil seiner Interviews liegt unterdessen in Buchform vor (Werner 2006), ergänzt um Beiträge von Sascha Liebermann, Wolfgang Eichhorn und Thomas Straubhaar.[33] Ausgangspunkt seiner Forderung ist die Annahme eines hohen Wohlstandsniveaus – „wir leben insofern in paradiesischen Zuständen, als wir in unserem Kulturkreis keinen existentiellen Mangel mehr erleben" (ebd., S. 49). Dies erlaube, etwa 50 % des verfügbaren Einkommens pauschal an alle Bürger in einer Höhe – er spricht von bis zu 1500 € pro Person und Monat – zu verteilen, sodass ein ökonomischer Druck zur Erwerbsarbeit entfällt. Die zweite Annahme betrifft die Stellung von Volkswirtschaften innerhalb einer globalisierten Marktwirtschaft, die es ratsam erscheinen lasse, die Kosten des Sozialstaats nicht bei der Produktentstehung, sondern möglichst ausschließlich bei der Konsumption anzusiedeln. Damit würden die Angebotspreise für den Weltmarkt niedrig gehalten und die internationale Wettbewerbsfähigkeit gestärkt. Entsprechend beinhaltet sein Vorschlag eine vollständige Finanzierung des Grundeinkommens, ausgestaltet in Form einer Sozialdividende, über Konsumsteuern: „Ein Grundeinkommen von 800 Euro können wir uns sofort leisten (...), Kinder bekommen 300 Euro, Rentner etwas weniger als Leute im Arbeitsalter" (ebd., S. 41).

Sein Berater Benediktus Hardorp, innerhalb der anthroposophischen Sozialwissenschaften ein ausgewiesener Steuerfachmann, argumentiert dafür, innerhalb der Wertschöpfungskette die Unternehmerkette steuerfrei zu lassen, wie dies mit der Umsatzsteuer seit 1968 der Fall sei (in Werner 2006, S. 95ff.), um Leistungsreserven zu wecken, zur Entbürokratisierung beizutragen und die Steuerbelastung transparent zu gestalten.

Kritisch kann gegen Werners Konzept eingewandt werden, dass die volkswirtschaftlichen Verteilungswirkungen dieser Globalreform nicht thematisiert und insoweit auch nicht untersucht wurden. Ein Verbrauchsteuersatz, der ein Umverteilungsvolumen des heutigen Sozialstaats – laut Werner „über 720 Milliarden" (ebd., S. 41) – finanzieren könnte, müsste bei bis zu 100 % liegen (Werner spricht von einem Mehrwertsteueranteil von 48 % an den Preisen). Das würde dann reichen, um zunächst ein Grundeinkommen auf dem Niveau des Arbeitslosengelds II zu finanzieren (ohne dass dieses genau berechnet wäre). Nach Einsetzen der von Werner vermuteten volkswirtschaftlichen Effekte könnte das Grundeinkommen mittelfristig auf 1500 € steigen, die grob geschätzt etwa den Konsumwert eines Betrages von 1000 € heute besitzen, vorausgesetzt, auch in diesem System blieben bestimmte Ausgabenbestandteile der privaten Haushalte entweder umsatzsteuerfrei (wie die Kaltmieten) oder mit reduzierten Mehrwertsteuersätzen belegt (wie Lebensmittel oder Bücher). Der Verzicht auf jede Form der Einkommens- und Vermögensbesteuerung entspricht einem stark wirtschaftsliberalen Duktus – in diesem Sinn sind auch die komplementären Texte

---

[33] Im Internet unter: www.unternimm-die-zukunft.de.

von Straubhaar und Liebermann zu verstehen –, „unterbelichtet" sind jedoch die damit verbundenen Verteilungsprobleme. Diese treten jedenfalls dann auf, wenn bestimmte im gehobenen und hohen Einkommensbereich relevante Ausgabeblöcke – insbesondere Beschaffungen von (Luxus-)Immobilien oder Konsumausgaben im Ausland –, aber auch verzögerter Konsum in Form von Sparen und Anlagen sozial- und verteilungspolitisch nicht mehr berücksichtigt werden.

Gleichwohl haben die Vorschläge von Werner die Grundeinkommensdiskussion in Deutschland sehr befruchtet. Sie demonstrieren vor allem ordnungspolitische Alternativen, die durch eine gründliche Analyse und Simulation der verteilungspolitischen und der vermuteten ökonomischen Effekte an Glaubwürdigkeit gewinnen würden. Erste Hintergrundpapiere wurden aus seinem Karlsruher Universitätsinstitut vorgelegt. Sie sind allerdings noch nicht veröffentlicht und sehr vorläufig, sodass ihre Kritik an dieser Stelle verfrüht erscheint. In seinem neuesten Buch betont Werner – vielleicht etwas zu volkspädagogisch –, dass die „Finanzierungsvorbehalte" „gerade in Deutschland" dann ins Feld geführt werden, wenn eine Auseinandersetzung über tiefere Gründe vermieden werden soll. Unter Bezug auf die hier vorliegende Studie und ihren Nachweis der Finanzierbarkeit des Bürgergeldes argumentiert er: „Ich bin einstweilen sogar noch vorsichtiger und sage nur, dass das ein Prozess mit vielen Schritten und über viele Jahre, vielleicht sogar einige Jahrzehnte sein wird. So ist zum Beispiel völlig klar, dass man nicht heute die Mehrwertsteuer auf 30 Prozent erhöhen und dafür per Federstrich die Gewerbesteuer abschaffen könnte." (Werner 2007, S. 211) Werners von zahlreichen, charismatischen Medienauftritten unterstützte Programmatik besteht in der Kombination von Grundeinkommen und Konsumsteuern. Im Kern geht es ihm „nicht um eine *Finanzfrage*, sondern um eine *Bewusstseinsfrage*" (ebd., S. 210).

e) „Grüne Grundsicherung"

Innerhalb der Partei „Bündnis 90/DIE GRÜNEN" wurde das Thema Grundeinkommen insbesondere während der rot-grünen Koalition 1998–2005 nicht behandelt. Die „Hartz IV"-Gesetze wurden mit getragen, wobei die Bemühung um Erleichterungen für Einkommensschwache erkennbar war. Bundestagsfraktion und Bundesvorstand versuchen bisher, an der Ablehnung von Grundeinkommensmodellen programmatisch (Kuhn/Dückert 2006, Göring-Eckardt/Kurth 2006) und durch politische Initiativen festzuhalten. Hierzu zählen insbesondere technische Weiterentwicklungen von „Hartz IV" (Bündnis 90/Die Grünen 2006) und ein „grünes Progressiv-Modell", mit dem Sozialversicherungsbeiträge für Bruttoinkommen unterhalb von 2000 € im Monat progressiv ausgestaltet werden sollen (dies. 2006a). Seit dem Ausscheiden aus der Bundesregierung gewinnen allerdings Vorschläge für ein Grundeinkommen – die in den Grünen seit den 1980er-Jahren zumindest bei der Parteibasis und bei dieser Partei nahestehenden Intellektuellen und sozialen Bewegungen durchgängig auf Resonanz stießen – wieder zunehmende Beachtung (z. B. Grüner Zukunftskongress September 2006, Bundesdelegiertenkonferenz Dezember 2006).

Besonders interessant ist das zum Zukunftskongress vorgelegte Diskussionspapier „Grüne Grundsicherung" (Emmler/Poreski 2006), das viele Parallelen zum „Solidarischen Bürgergeld" aufweist und dessen Finanzierung auf der Basis von aggregierten Daten der amtlichen Statistik durchgerechnet wurde. Die Grundsicherung besteht in einem bedingungslosen Grundeinkommen von 500 € pro Monat (Kinder erhalten 400 €) und einer steuerfinanzierten Krankenversicherung. Die Krankenkassen erhalten dazu einen Betrag von durchschnittlich 155 € pro Kopf – also etwas weniger als beim Solidarischen Bürgergeld und ohne Einschluss der Pflegeversicherung –, der nach Geschlecht und Alter variieren soll.

Darüber hinaus ist ein bedürftigkeitsgeprüftes Wohngeld vorgesehen, um das Existenzminimum zu decken – sozusagen ein Bürgergeldzuschlag. Ein Zuschlag für Personen in besonderen Lebenslagen wird nicht diskutiert. Rentner erhalten einen Zuschuss von 200 €, auf den sich die Rente langfristig beschränken soll. Die bereits erworbenen Rentenansprüche bleiben bestehen, werden aber voll versteuert. Finanziert wird das Modell durch eine flat tax von insgesamt 50 %, die in 25 % Einkommensteuer und 25 % Sozialbeitrag aufgeteilt werden soll. Die bisherigen Arbeitgeberbeiträge zu den Sozialversicherungen sollen in eine Grundsicherungsabgabe in gleicher Höhe umgewandelt werden. Mit diesen Einnahmen sind dann das Grundeinkommen, die Krankenversicherung und die Rente voll finanziert.

Von den Grundüberlegungen her gibt es also eine Reihe von Parallelen zum Solidarischen Bürgergeld. Die Hauptunterschiede sind, dass es langfristig keine einkommensabhängige soziale Absicherung im Alter mehr geben soll und dass der Grundbetrag für Alleinstehende noch etwas niedriger ist. Letzteres hat zur Folge, dass die Zusatzabsicherung zur Deckung des Existenzminimum (im Modell „Grüne Grundsicherung" durch das Wohngeld, beim Solidarischen Bürgergeld durch einen Bürgergeldzuschlag) im Modell von Emmler und Poreski etwas umfangreicher sein muss. Für vierköpfige Familien mit zwei Kindern ist der Grundbetrag mit 1800 € aber identisch und liegt ohne Zusatzleistungen über dem jetzigen Arbeitslosengeld-II-Niveau, wenn auch unter der EU-Armutsgrenze.

f) Modell der BAG Grundeinkommen der Linkspartei

Auch in der Linkspartei („Die Linke.PDS") besteht seit 2005 eine intensive Diskussion zum Thema Grundeinkommen. Sie wird insbesondere durch die stellvertretende Parteivorsitzende Katja Kipping vorangetrieben. Bemerkenswert ist dabei, dass die zur

Fusion angetretene Partei WASG, die mit der PDS eine gemeinsame Bundestagsfraktion bildet, fast durchweg gegen die Idee eines Grundeinkommens argumentiert, da dieses das Primat der Erwerbsarbeit und damit, so das allerdings empirisch nicht vertiefte Argument, die Organisationsbasis der Gewerkschaften erodiere: „Dass gesellschaftliche Wertschöpfung nicht mehr durch gesellschaftliche Arbeit erfolgt, sondern gleichsam immateriell und ohne Aneignung von bezahlter Arbeit, ist der große Irrtum des Konzepts." (Bischoff u. a. 2006, S. 4; auch Schlecht 2006) Eine zentrale Argumentationslinie gegen ein Grundeinkommen resultiert aus einer Marxismusinterpretation, die die derzeitige kapitalistische Gesellschaftsformation als ungeeignet für sozialistische Umverteilungen betrachtet (so Busch 2005, dagegen jedoch Blaschke 2005, Kipping/Blaschke 2005).

Eine seit 2006 existierende „BAG Grundeinkommen in und bei der Linkspartei. PDS"[34], die insbesondere aus jüngeren Parteimitgliedern besteht, fordert in Diskussionspapieren ein Grundeinkommen in Höhe von 60 % des „mediangemittelten Nettoäquivalenzeinkommens", derzeit etwa 950 € (475 € für Kinder), in Form einer Sozialdividende, darüber hinausgehende Sozialversicherungsleistungen sollen erhalten bleiben. Bei einem Mindestlohn von 8,60 € sei, so die Autoren, bei 35 Stunden pro Woche ein Nettoeinkommen von 1620 € garantiert. Die Finanzierung soll insbesondere über eine „Grundeinkommensabgabe" in Höhe von 35 % auf alle Bruttoeinkommen „ab dem ersten Euro" erfolgen (Ertrag: 542 Mrd. €). Zusätzlich solle ein Kranken-/Pflegeversicherungsbeitrag (6,5 %) erhoben werden, die Arbeitgeber sollen eine Wertschöpfungsabgabe (Volumen 101 Mrd. €) abführen und Arbeitnehmer wie Arbeitgeber paritätisch je 5 % Rentenversicherungsbeitrag zahlen. Zudem solle ein Einkommensteuersatz von 7,5 % (ab 12.000 € im Jahr) bis 25 % (ab 60.000 € im Jahr) existieren. Darüber hinaus wird eine weitere Reihe von teils neuen Steuern genannt: Börsenumsatzsteuer, Sachkapitalsteuer, Primärenergiesteuer, Vermögensteuer, Tobin Tax, Luxusumsatzsteuer. Insgesamt geht das Konzept von einer Staatsquote in Höhe von 71 % des BIP aus: „Eine so hohe Staatsquote ist, wenn auch nicht ohne weiteres, realisierbar. Schweden hatte zu besten Zeiten eine Staatsquote von fast 2/3 des BIP erreicht, im Jahr 2000 lag die Staatsquote noch immer bei 56,3 %." (BAG Grundeinkommen 2006, S. 6) Simulationsrechnungen wurden bisher nicht vorgelegt. Das hohe Umverteilungsvolumen dürfte darüber hinaus Auswirkungen auf Preise und Löhne haben, die möglicherweise das konzipierte Grundeinkommensniveau zumindest in Bezug auf die Kaufkraft reduzieren.

Die Idee eines distributiven Sozialismus knüpft interessanterweise am schwedischen (sozialdemokratischen) Wohlfahrtsstaatsmodell an. Das Grundeinkommen stellt in dieser Lesart, wie die teils heftige parteiinterne Kritik deutlich macht, dennoch einen Bruch mit der traditionsmarxistischen Staats- und vor allem Arbeitskonzeption dar.

[34] Siehe www.bag-grundeinkommen.de.

g) Bürgergeld der FDP

Als erste Partei setzte sich die FDP bereits in ihrem Wahlprogramm 1994, schließlich in ihrem Parteiprogramm von 1996/7 für ein Grundeinkommen in Form einer negativen Einkommensteuer ein. Im Jahr 2004 erarbeitete eine „Kommission Bürgergeld-Negative Einkommensteuer" unter Leitung des stellvertretenden Parteivorsitzenden Andreas Pinkwart ein Diskussionspapier (KoBÜNE 2005), das die Grundlinien des „Liberalen Bürgergelds" skizzierte und auf dem Bundesparteitag in Köln im Mai 2005 in seinen wesentlichen Elementen verabschiedet wurde: „Ziel des Bürgergelds ist es, möglichst alle steuerfinanzierten Sozialleistungen in einem Universaltransfer zusammenzufassen. Dazu gehören sowohl die Grundsicherung, die Sozialhilfe (ohne Sozialhilfe in besonderen Lebenslagen), das Wohngeld, das Arbeitslosengeld II und das BAföG, also auch die mit dem liberalen Reformkonzept für die Kranken- und Pflegeversicherung verbundene steuerfinanzierte Unterstützungsleistung für Kinder und für Personen mit unzureichendem Einkommen." (FDP 2005, S. 3) Das Niveau soll etwa in Höhe des heutigen Arbeitslosengeldes II liegen (662 € für einen Alleinstehenden, 1919 für eine Familie mit 3 Kindern) (KoBÜNE 2005, S. 18f.).

Ziel des Konzepts ist die sozialpolitische Abfederung eines Niedriglohnsektors. Das Konzept geht von einer Grenzbelastung der unteren Einkommensgruppen von 60 % aus, ohne genauere Angaben über die Steuerbelastung im mittleren und oberen Einkommenssegment vorzulegen. Verwiesen wird einerseits darauf, dass das Bürgergeld in den Einkommensteuertarif integriert sein soll (ebd., S. 8), andererseits wird auf den Gesetzentwurf für ein neues Einkommensteuerrecht mit einem Stufentarif (15 %, 25 % und 35 %) sowie einer Zinsabgeltungssteuer (25 %) und einem Grundfreibetrag von 7700 € (pro Person, auch Kinder) verwiesen. Es fehlt ein Hinweis auf die Gesamtfinanzierung oder selbst die Ankündigung einer solchen Finanzierungsrechnung, sodass offenbleibt, ob die postulierten Steuersätze zur Finanzierung des Modells ausreichen.

In Tabelle 22 sind die hier andiskutierten Grundeinkommensmodelle synoptisch einander gegenübergestellt.

132   Michael Opielka und Wolfgang Strengmann-Kuhn

Tabelle 22: Synopse der Grundeinkommensmodelle im Vergleich mit dem Modell Solidarisches Bürgergeld

Unterscheidungsmerkmale	Solidarisches Bürgergeld	HWWI/ Straubhaar	Ulmer Modell/ Pelzer	Grundeinkommensversicherung/ Opielka	Götz Werner	"Grüne Grundsicherung" (Emmler/ Poreski)	BAG Grundeinkommen der Linkspartei	FDP "Bürgergeld"
grundsätzlich: Sozialdividende oder negative Einkommensteuer?	negative Einkommensteuer/ Sozialdividende	Sozialdividende	negative Einkommensteuer/ Sozialdividende	Sozialdividende	Sozialdividende	Sozialdividende	Sozialdividende	negative Einkommensteuer
Finanzierung	Einkommensteuer, Transfergrenzenmodell	Einkommensteuer, flat tax mit einem Steuersatz, Erhöhung der Mehrwertsteuer auf 25 %	einkommensabhängige Abgabe Transfergrenzenmodell	Sozialsteuer (social security tax)	Mehrwertsteuer	Einkommensteuer flat tax mit einem Steuersatz v. 25 % plus Sozialversicherungsbeitr. v. 25 %	Grundeinkommensabgabe (35 %), Einkommensteuer und Sozialabgaben	Einkommensteuer
Höhe	600 €, evtl. plus 200 € Gesundheitsprämie	650 € bis 800 €	variabel	(mind.) Arbeitslosengeld II-Niveau	kurzfristig: Alg II- Niveau langfristig bis zu 1500 €	500 €	950 €	Alg II-Niveau
partielles oder volles Grundeinkommen	(fast) volles Grundeinkommen	volles Grundeinkommen	volles Grundeinkommen	Rentner/-innen, Kranke, Arbeitslose, Eltern: voll, sonst: partielles Grundeinkommen plus Darlehen (je 50%)	volles Grundeinkommen	partielles Grundeinkommen	volles Grundeinkommen	volles Grundeinkommen
Kinder	300 €, evtl. plus 200 € Gesundheitsprämie	gleiche Höhe wie Erwachsene	Kindergeld als bedingungsloses Grundeinkommen für alle Kinder	Kindergeld plus Kindergeldzuschlag	etwas niedriger als für Erwachsene	400 €	475 €	
Subjekt (Haushalt/ Individuum)	Individuum, Finanzierung: Haushalt	Individuum	Individuum	Individuum	Individuum	Individuum	Individuum	Individuum
institutionelle Ausgestaltung	Einkommensteuerrecht	Einkommensteuerrecht	zusammen mit der Einkommensteuer	Bürgerversicherung	unklar	Einkommensteuerrecht	vermutlich Einkommensteuerrecht bleiben im Wesentlichen erhalten	Einkommensteuerrecht
zusätzliche finanzielle Sozialleistungen?	Zusatzrente, Bürgergeldzuschlag	nein, außer sozialer Ausgleich bei der Krankenversicherung	Sozialversicherungen wie bisher	maximal des Doppelte des Grundeinkommens (analog AHV Schweiz)	vermutlich keine	Zuschlag für Rentnerinnen und Rentner, Wohngeld		
zusätzliche (soziale) Krankenversicherung?	Gesundheitsprämie (als Aufschlag auf das Bürgergeld) oder Gesundheitssteuer	Pflichtversicherung mit steuerfinanziertem Ausgleich	wie bisher	ja, Bürgerversicherung (social security tax)	unklar	steuerfinanziert	Bürgerversicherung	private Krankenversicherungspflicht

Literaturverzeichnis

Abelshauser, Werner (2004): Deutsche Wirtschaftsgeschichte seit 1945. München: Beck.

Ackerman, Bruce/Alstott, Anne (1999): The Stakeholder Society. New Haven/London: Yale University Press.

Ackerman, Bruce/Alstott, Anne/Parijs, Philippe Van (eds.) (2006): Redesigning Distribution. Basic Income and Stakeholder Grants as Cornerstones for An Egalitarian Capitalism. London/New York: Verso.

Adenauer, Patrick (2006): Der Wohlfahrtsstaat entlässt seine Kinder. *Die Welt* v. 19. 10. 2006.

Althammer, Jörg (2002): Erwerbsarbeit in der Krise? Zur Entwicklung und Struktur der Beschäftigung im Kontext von Arbeitsmarkt, gesellschaftlicher Partizipation und technischem Fortschritt. Berlin: Duncker & Humblot.

Althaus, Dieter (2006): Das Solidarische Bürgergeld. Sicherheit und Freiheit ermöglichen Marktwirtschaft. Ms. 11. 8. 2008. www.d-althaus.de (sowie als Faltblatt der Staatskanzlei Thüringen) (Dokumentation in Teil 1, Konzeption dieser Studie).

Ammermüller, Andreas/Weber, Andrea Maria und Westerheide, Peter (2005): Die Entwicklung und Verteilung des Vermögens privater Haushalte unter besonderer Berücksichtigung des Produktivvermögens, Bundesministerium für Gesundheit und Soziale Sicherung, Mannheim.

Atkinson, Anthony B. (1995): Public Economics in Action. The Basic Income/Flat Tax Proposal. Oxford: Clarendon Press.

BAG Grundeinkommen (2006): Konzept der BAG Grundeinkommen in und bei der Linkspartei.PDS für ein Bedingungsloses Grundeinkommen (BGE) in Höhe der Armutsgrenze. Fassung vom 16. 7. 2006. www.bag-grundeinkommen.de.

Becker, Irene (1995): Das Bürgergeld als alternatives Grundsicherungssystem. Darstellung und kritische Würdigung einiger empirischer Kostenschätzungen. *Finanzarchiv, Neue Folge*, Band 52, H. 3, S. 306–338.

Becker, Irene (2006): Armut in Deutschland: Bevölkerungsgruppen unterhalb der Alg-II-Grenze. Arbeitspapier des Projekts „Soziale Gerechtigkeit" Nr. 3 (gefördert durch die Hans-Böckler-Stiftung). Frankfurt: Universität Frankfurt.

Becker, Irene/Hauser, Richard (2005): Dunkelziffer der Armut. Ausmaß und Ursachen der Nichtinanspruchnahme zustehender Sozialhilfeleistungen. Unter Mitarbeit von Klaus Kortmann, Tatjana Mika und Wolfgang Strengmann-Kuhn, Berlin: edition sigma.

Beckert, Jens (1997): Grenzen des Marktes. Die sozialen Grundlagen wirtschaftlicher Effizienz. Frankfurt/New York: Campus.

Beckert, Jens (2006): Sein Teil haben – Chancengleichheit und Eigentum als Organisationsprinzipien sozialer Solidarität. In: Grözinger u. a. 2006, S. 167–178.

Beyer, Jürgen (2006): Pfadabhängigkeit. Über institutionelle Kontinuität, anfällige Stabilität und fundamentalen Wandel. Frankfurt: Campus.

Bischoff, Joachim/Radke, Björn/Troost, Axel (2006): Aufregung um ein „bedingungsloses" Grundeinkommen. Ms. Berlin: Bundestagsfraktion Linkspartei.

Blaschke, Ronald (2005): Garantierte Mindesteinkommen. Aktuelle Modelle von Grundsicherungen und Grundeinkommen im Vergleich. Aktualisierte Fassung. Dresden (nur online: http://www.archiv-grundeinkommen.de/blaschke/synopse.pdf).

BMAS (2006): Übersicht über das Sozialrecht 2006. Nürnberg: Bildung und Wissen.

BMF (1996): Probleme einer Integration von Einkommensbesteuerung und steuerfinanzierten Sozialleistungen. Gutachten der Expertenkommission „Alternative Steuer-Transfer-Systeme". Schriftenreihe des Bundesministeriums der Finanzen Heft 59. Bonn: Bundesministerium der Finanzen.
BMGS (2004): Übersicht über das Sozialrecht 2004. Nürnberg: Bildung und Wissen.
Bofinger, Peter/Dietz, Martin/Genders, Sascha/Walwei, Ulrich (2006): Vorrang für das reguläre Arbeitsverhältnis: Ein Konzept für Existenz sichernde Beschäftigung im Niedriglohnbereich. Gutachten für das Sächsische Ministerium für Wirtschaft und Arbeit (SWMA), o.O.
Bonin, Holger/Schneider, Hilmar (2006): Ergebnisse der Simulationsrechnungen zum Solidarischen Bürgergeld. Ms. Bonn: IZA.
Bonk, Julia/Kipping, Katja/Lay, Caren (2006): Freiheit und Sozialismus – Let's make it real. Emanzipatorische Denkanstöße für die neue linke Partei. www.emanzipatorische-linke.de.
Brauer, Carl M. (1982): Kennedy, Johnson, and the War on Poverty. *Journal of American History*, 1, Vol. 69, S. 98–119.
Brunetti, Aymo/Weder di Mauro, Beatrice (2006): Ein Markt mit spektakulärem Potenzial. Mit einer höheren Erwerbsbeteiligung könnte ein kräftiger Wachstumsschub angestoßen werden. *Frankfurter Allgemeine Zeitung*, 2.9.2006, S. 13.
Bündnis 90/DIE GRÜNEN (2006): Antrag „Hartz IV weiterentwickeln – Existenzsichernd, individuell, passgenau". BT-Drs. 16/1124 v. 4.4.2006. Berlin: Deutscher Bundestag.
Bündnis 90/DIE GRÜNEN (2006a): Antrag „Das grüne Progressiv-Modell". BT-Drs. 16/446 v. 24.1.2006. Berlin: Deutscher Bundestag.
Bundesagentur für Arbeit (2006): Arbeitsmarkt 2005. Amtliche Nachrichten der Bundesagentur für Arbeit (ANBA). 54. Jg., Sondernummer, Nürnberg 24.8.06.
Burkhauser, Richard/Couch, Kenneth A./Glenn, Andrew J. (1996): Public Policies for the working poor: The Earned Income Tax Credit versus Minimum Wage Legislation. *Research in Labour Economics*, 15, 65–109.
Busch, Ulrich (2005): Schlaraffenland – eine linke Utopie? Kritik des Konzepts eines bedingungslosen Grundeinkommens. *UTOPIE kreativ*, 181, November 2005, S. 987–991.
Carigiet, Erwin/Opielka, Michael (2006): Deutsche Arbeitnehmer – Schweizer Bürger? Zum deutsch-schweizerischen Vergleich sozialpolitischer Dynamiken. In: Carigiet, Erwin/Mäder, Ueli/Opielka, Michael/Schulz-Nieswandt, Frank (Hrsg.), Wohlstand durch Gerechtigkeit. Deutschland und die Schweiz im sozialpolitischen Vergleich. Zürich: Rotpunktverlag, S. 15–46.
CDU/CSU-Bundestagsfraktion (1999): Antrag „Bekämpfung der verdeckten Armut in Deutschland. BT-Drs. 14/1213. Berlin: Deutscher Bundestag.
CDU/CSU-Bundestagsfraktion (2006): Empfehlungen der Arbeitsgruppe der CDU/CSU Bundestagsfraktion und der unionsgeführten Länder für die Arbeitsgruppe Arbeitsmarkt der Bundesregierung (v. 5.10.2006). Berlin.
Dahrendorf, Ralf (1986): Ein garantiertes Mindesteinkommen als konstitutionelles Anrecht. In: Schmid, Thomas (Hrsg.), Befreiung von falscher Arbeit. Thesen zum garantierten Mindesteinkommen. 2., veränderte Auflage. Berlin: Wagenbach, S. 131–136.
Deutsche Bank Research (2004): Staatliche Finanzierungssysteme im Wettbewerb. Frankfurt: DB Research Management.
DIW (1996): Fiskalische Auswirkungen der Einführung eines Bürgergeldes. Gutachten im Auftrage des Bundesministers der Finanzen. Bearbeiter: Volker Meinhardt, Dagmar Svindland, Dieter Teichmann, Gert Wagner, Berlin: DIW.
DIW (2002): Berechnungen zum Reformvorschlag „Arbeit für viele". Im Auftrag des Nachrichten-

magazins DER SPIEGEL. Bearbeiter: Stefan Bach, Viktor Steiner, Dieter Teichmann, Berlin: Deutsches Institut für Wirtschaftsforschung.

EKD (2006): Gerechte Teilhabe. Befähigung zu Eigenverantwortung und Solidarität. Eine Denkschrift des Rates der Evangelischen Kirche in Deutschland zur Armut in Deutschland. 2. Aufl., Gütersloh: Gütersloher Verlagshaus.

Elicker, Michael (2004): Entwurf einer proportionalen Netto-Einkommensteuer. Köln: Otto Schmidt.

Emmler, Manuel/ Poreski, Thomas (2006): „Die Grüne Grundsicherung". Ein Diskussionspapier für den Zukunftskongress von Bündnis 90/ Die Grünen. www.grundsicherung.org.

Europäische Kommission (2006): MISSOC. Soziale Sicherheit in den Mitgliedsstaaten der Europäischen Union, im Europäischen Wirtschaftsraum und in der Schweiz. Vergleichende Tabellen, Teil 5. Köln: MISSOC-Sekretariat.

Europäischer Rat (2006): Gemeinsamer Bericht über Sozialschutz und soziale Eingliederung. Brüssel. http://ec.europa.eu/employment_social/social_inclusion/jrep_de.htm.

FDP (2005): Das Liberale Bürgergeld: aktivierend, einfach und gerecht. Beschluss des 56. Ord. Bundesparteitages der FDP, Köln, 5.–7. Mai 2005.

Feil, Michael/Zika, Gerd (2005): Politikberatung mit dem Simulationsmodell PACE-L. Möglichkeiten und Grenzen am Beispiel einer Senkung der Sozialausgaben. IAB-Forschungsbericht Nr. 17-2005. Nürnberg: Bundesagentur für Arbeit.

Fischer, Ute/Pelzer, Helmut (2007): Die Finanzierung eines bedingungslosen Grundeinkommens über das Transfergrenzen-Modell. Möglichkeiten einer Einbeziehung der Konsumsteuer. In: Werner, Goetz W./Presse, André (Hrg.): Grundeinkommen und Konsumsteuer – Impulse für „Unternimm die Zukunft". Karlsruher Symposium Grundeinkommen: bedingungslos. Universitätsverlag Karlsruhe (i. E.).

Frenkel, Michael/John, Klaus Dieter (2003): Volkswirtschaftliche Gesamtrechnung. 5. Auflage. München: Vahlen.

Frey, Bruno S. (1997): Markt und Motivation. Wie ökonomische Anreize die (Arbeits-)Moral verdrängen. München: Vahlen.

Frey, Bruno S./Osterloh, Margit (Hrsg.) (2002): Successful Management by Motivation. Balancing Intrinsic and Extrinsic Incentives. Berlin u. a.: Springer.

Friedman, Milton (1984; zuerst 1962): Kapitalismus und Freiheit. Frankfurt u. a.: Ullstein.

Fuest, Clemens/Peichl, Andreas/Schaefer, Thilo (2007): Führt Steuervereinfachung zu einer „gerechteren" Einkommensverteilung? Eine empirische Analyse für Deutschland. *Perspektiven der Wirtschaftspolitik*, 1, Jg. 8, S. 20–37.

Gebauer, Ronald/Petschauer, Hanna/Vobruba, Georg (2002): Wer sitzt in der Armutsfalle? Selbstbehauptung zwischen Sozialhilfe und Arbeitsmarkt. Berlin: edition sigma.

Gerhardt, Klaus-Uwe (2006): Hartz plus. Lohnsubventionen und Mindesteinkommen im Niedriglohnsektor. Wiesbaden: VS Verlag für Sozialwissenschaften.

Glück, Alois/Vogel, Bernhard/Zehetmair, Hans (Hrsg.) (2006): Solidarische Leistungsgesellschaft. Eine Alternative zu Wohlfahrtsstaat und Ellenbogengesellschaft. Herausgegeben von der Konrad-Adenauer-Stiftung. Freiburg: Herder.

Göring-Eckardt, Katrin/Kurth, Markus (2006): Weder Repression noch Illusion. Von der Notwendigkeit sozialer Bürgerrechte. Ms. Berlin: Bundestagsfraktion Bündnis 90/DIE GRÜNEN.

Grözinger, Gerd/Maschke, Michael/Offe, Claus (2006): Die Teilhabegesellschaft. Modell eines neuen Wohlfahrtsstaates, Frankfurt/New York: Campus.

Handler, Joel F./Babcock, Amanda Sheely (2006): The Failure of Workfare: Another Reason for a Basic Income Guarantee. *Basic Income Studies*, 1, Vol. 1, Article 3.

Hauser, Richard (1996): Ziele und Möglichkeiten einer sozialen Grundsicherung. Baden-Baden: Nomos.

Hauser, Richard (1999): Das allgemeine Grundeinkommen: sein Beitrag zur Verminderung von Arbeitslosigkeit und sein Verhältnis zu dem von der katholischen Soziallehre geforderten Familienlohn. *Caritas*, Jg. 100, 8/9, S. 357–367.

Hauser, Richard (1999a): Mindestsicherungssicherung innerhalb des Systems der gesetzlichen Rentenversicherung. *Deutsche Rentenversicherung*, 8–9, S. 471–479.

Hauser, Richard/Becker, Irene (2001): Lohnsubventionen und verbesserter Familienlastenausgleich als Instrumente zur Verringerung von Sozialhilfeabhängigkeit. In: Mager, Hans-Christian u. a. (Hrsg.): Private Versicherung und Soziale Sicherung. Festschrift zum 60. Geburtstag von Roland Eisen. Marburg: Metropolis Verlag.

Hegel, Georg Wilhelm Friedrich (1999, zuerst 1821): Grundlinien der Philosophie des Rechts. In: ders., Hauptwerke in 6 Bänden. Band 5. Hamburg: Meiner.

Heidelberger Akademie der Wissenschaften (Hrsg.) (2006): Politikberatung in Deutschland, Wiesbaden: VS Verlag für Sozialwissenschaften.

Hengsbach, Friedhelm (2006): Aufgaben und Grenzen des Sozialstaats aus der Sicht christlicher Gesellschaftsethik. In: Rüber, Hans-Josef (Hrsg.) (2006): Vom Wohlfahrtsstaat zur Sicherung des Existenzminimums. Berlin: Duncker & Humblot, S. 69–92.

Hönigsberger, Herbert (2006): Studien- und Hochschulfinanzierung in der Wissensgesellschaft II. Die demokratisch-republikanische Wende. Ms. Berlin: Heinrich-Böll-Stiftung.

Hort, Sven E.O. (2004): Renten in Schweden – auf dem Weg zurück zur Grundrente? In: Opielka 2004a, S. 167–188.

Hotz, V. Joseph/Scholz, Karl (2002): The Earned Income Tax Credit. Washington: NBER.

ISG/Institut für Sozialforschung und Gesellschaftspolitik (2006): Der Abstand zwischen dem Leistungsniveau der Hilfe zum Lebensunterhalt und unteren Arbeitnehmereinkommen. Berechnung des Instituts für Sozialforschung und Gesellschaftspolitik Stand Januar 2006. Köln: ISG.

Kaltenborn, Bruno (1995): Modelle der Grundsicherung: Ein systematischer Vergleich. Baden-Baden: Nomos.

Kaltenborn, Bruno (2003): Abgaben und Sozialtransfers in Deutschland. München/Mering: Rainer Hampp Verlag.

Kaltenborn, Bruno/Knerr, Petra (2006): Arbeitsanreize im Niedriglohnbereich – ein ausgewählter internationaler Vergleich. Gutachten im Auftrag des Bundesministeriums für Wirtschaft und Arbeit. Beiträge zur Wirtschaftsforschung und Politikberatung 30. Berlin.

Kaltenborn, Bruno/Schiwarov, Juliana (2006): Hartz IV: Ausgaben deutlich unterschätzt. *Blickpunkt Arbeit und Wirtschaft* 6/2006.

Kipping, Katja/Blaschke, Ronald (2005): „Und es geht doch um ..." – das Gespenst des Grundeinkommens. *Sozialismus*, 32. Jg., 10, S. 13–18.

Kipping, Katja/Opielka, Michael/Ramelow, Bodo (2006): „Sind wir hier bei ‚Wünsch dir was?'". Thesen für einen neuen Sozialstaat. *UTOPIE kreativ*, Heft 186, April, S. 333–336.

Kirchhof, Paul (2005): Der Weg zu einem neuen Steuerrecht – klar, verständlich, gerecht. München: dtv.

Kluve, Jochen (2006): Die Wirksamkeit aktiver Arbeitsmarktpolitik in Europa. *Bundesarbeitsblatt*, 10, S. 8–13.

Knecht, Alban (2002): Bürgergeld: Armut bekämpfen ohne Sozialhilfe. Negative Einkommensteuer, Kombilohn, Bürgerarbeit und RMI als neue Wege. Bern u. a.: Paul Haupt.

KoBÜNE/Kommission Bürgergeld-Negative Einkommensteuer (2005): Das Liberale Bürgergeld: aktivierend, transparent und gerecht. Ergebnisbericht der Kommission Bürgergeld – Negative Einkommensteuer. Vorsitz: Andreas Pinkwart, o. O.

Koch, Susanne/Stephan, Gesine/Walwei, Ulrich (2005): Workfare: Möglichkeiten und Grenzen. IAB DiscussionPaper No. 17/2005. Nürnberg: Bundesagentur für Arbeit.

Krömmelbein, Silvia/Nüchter, Oliver (2006): Bürger wollen auch in Zukunft weitreichende soziale Sicherung. Einstellungen zum Sozialstaat im Spannungsfeld von staatlicher Absicherung und Eigenvorsorge. *Informationsdienst Soziale Indikatoren ISI 36*, Juli 2006, S. 1–6.

Krupp, Hans-Jürgen/Weeber, Joachim (2004): Volkswirtschaftliche Aspekte eines Grundrentensystems. In: Opielka 2004a, S. 147–165.

Krupp, Hans-Jürgen/Rolf, Gabriele (2005): Bürgerversicherung für das Alter. In: Strengmann-Kuhn 2005b, S. 141–156.

Kuhn, Fritz/Dückert, Thea (2006): Geld für alle? Oder neue Zugänge zu Bildung und Arbeit? *profil: GRÜN 09/2006 (hrsg. von der Bundestagsfraktion Bündnis 90/DIE GRÜNEN)*.

Lang, Joachim/Herzig, Norbert/Hey, Johanna/Horlemann, Heinz-Gerd/Pelka, Jürgen/Pezzer, Heinz-Jürgen/Seer, Roman/Tipke, Klaus (2005): Kölner Entwurf eines Einkommensteuergesetzes. Köln: Otto Schmidt.

Liebig, Stefan/Lengfeld, Holger/Mau, Steffen (Hrsg.) (2004): Verteilungsprobleme und Gerechtigkeit in modernen Gesellschaften. Frankfurt/New York: Campus.

Liebig, Stefan/Schupp, Jürgen (2005): Empfinden die Erwerbstätigen in Deutschland ihr Einkommen als gerecht? *DIW Wochenbericht*, 48, 72. Jg., S. 721–725.

Liebermann, Sascha (2006): Freiheit ermöglichen, das Gemeinwesen stärken. In: Werner, Götz W. (Hrsg.): Ein Grund für die Zukunft: das Grundeinkommen. Stuttgart: Verlag Freies Geistesleben. S. 98–114.

Mead, Lawrence M. (2004): Government Matters. Welfare Reform in Wisconsin. Princeton/Oxford: Princeton University Press.

Merz, Friedrich (2005): Vereinfachungspotenziale im deutschen Steuerrecht unter besonderer Berücksichtigung des Verfahrens in der Einkommensteuer. In: Kirchhof, Paul/Lambsdorff, Otto Graf/Pinkwart, Andreas (Hrsg.): Perspektiven eines neuen Steuerrechts. Festschrift für Hermann Otto Solms. Berlin: Erich Schmidt Verlag, S. 63–75.

Mitschke, Joachim (2000): Grundsicherungsmodelle – Ziele, Gestaltung, Wirkungen und Finanzbedarf. Eine Fundamentalanalyse mit besonderem Bezug auf die Steuer- und Sozialordnung sowie den Arbeitsmarkt der Republik Österreich. Baden-Baden: Nomos.

Mitschke, Joachim (2004): Erneuerung des deutschen Einkommensteuerrechts. Köln: Otto Schmidt.

Müller, Christopher (2006): Arbeitsmärkte, Löhne und das bedingungslose Grundeinkommen. Eine modellbasierte Analyse. Diplomarbeit am Fachbereich Wirtschaftswissenschaften der Goethe-Universität Frankfurt/Main.

Müller, Heiko (2004): Das Aufkommen der Steuern vom Einkommen in Deutschland. Gründe für die vom Volkseinkommen abweichende Entwicklung Anfang und Mitte der 1990er Jahre. Wiesbaden: Deutscher Universitäts-Verlag.

Müller-Hilmer, Rita (2006): Gesellschaft im Reformprozess. Vorabpräsentation. Berlin; Friedrich-Ebert-Stiftung/TNS Infratest Sozialforschung.

Oorschot, Wim van (2006): Making the difference in social Europe: deservingness perceptions among citizens of European welfare states. *Journal of European Social Policy*, 1, Vol. 16, S. 23–42.

Opielka, Michael (2004): Sozialpolitik. Grundlagen und vergleichende Perspektiven. Reinbek: Rowohlt.

Opielka, Michael (2004a): Grundrente in Deutschland. Sozialpolitische Analysen. Wiesbaden: VS Verlag für Sozialwissenschaften.

Opielka, Michael (2004b): Grundeinkommensversicherung. Schweizer Erfahrungen, deutsche Perspektiven? *Sozialer Fortschritt*, 5, 53. Jg., S. 114–126.

Opielka, Michael (2005): Die Idee einer Grundeinkommensversicherung. Analytische und politische Erträge eines erweiterten Konzepts der Bürgerversicherung. In: Strengmann-Kuhn 2005b, S. 99–139.

Opielka, Michael (2005a): Bildung der Politik. Dilemmata und Optionen wissenschaftlicher Politikberatung. In: Krannich, Margret/Zwengel, Ralf (Hrsg.), Gesellschaftliche Perspektiven: Stadt und Staat. Jahrbuch der Heinrich-Böll-Stiftung Hessen. Essen: Klartext, S. 101–113.

Opielka, Michael (Hrsg.) (2005b): Bildungsreform als Sozialreform. Zum Zusammenhang von Bildungs- und Sozialpolitik. Wiesbaden: VS Verlag für Sozialwissenschaften.

Opielka, Michael (2006): Chancen einer Grundeinkommensversicherung. In: Carigiet u.a 2006, S. 170–189.

Opielka, Michael (2006a): Ist ein Bürgergeld konservativ? Zur Idee eines allgemeinen Grundeinkommens. *Die Politische Meinung*, Nr. 443, Oktober, 51. Jg., S. 25–28.

Opielka, Michael (2006b): Gemeinschaft in Gesellschaft. Soziologie nach Hegel und Parsons. 2. überarb. Aufl., Wiesbaden: VS Verlag für Sozialwissenschaften.

Opielka, Michael (2006c): Gerechtigkeit durch Sozialpolitik? *Aus Politik und Zeitgeschichte*, B 8–9, S. 32–38.

Opielka, Michael (2006d): Europas soziale Werte. Der Wohlfahrtsstaat als Projekt europäischer Identität. *Internationale Politik*, 4, 61. Jg., S. 106–115.

Opielka, Michael (2007): Zur Geschlechtergerechtigkeit von Grundeinkommenskonzepten. In: Berghahn, Sabine (Hrsg.), *Unterhalt und Existenzsicherung. Recht und Wirklichkeit in Deutschland*, Baden-Baden: Nomos, S. 323–347.

Opielka, Michael/Vobruba, Georg (Hrsg.) (1986): Das garantierte Grundeinkommen. Entwicklung und Perspektiven einer Forderung. Frankfurt: Fischer.

Opielka, Michael/Zander, Margherita (Hrsg.) (1988): Freiheit von Armut. Das Grüne Grundsicherungsmodell in der Diskussion. Essen: Klartext.

Parijs, Philippe Van (ed.) (1992): Arguing for Basic Income. Ethical Foundations for a Radical Reform. London/New York: Verso.

Parijs, Philippe Van (1995): Real Freedom for All. What (if anything) can justify capitalism? Oxford: Clarendon.

Parijs, Philippe Van (2004): Basic Income: A Simple and Powerful Idea for the Twenty-first Century. *Politics & Society*, 1, Vol. 32, S. 7–39 (Wiederabdruck in Ackerman et al. 2006, S. 3–42).

Parijs, Philippe Van (2006): Basic Income versus Stakeholder Grants. Some afterthoughts on how best to reinvent distribution. In: Ackerman et al. 2006, S. 199–208.

Pelzer, Helmut (1999): Finanzierung eines Allgemeinen Basiseinkommens „Bürgergeld". Ansätze zu einer kombinierten Sozial- u. Steuerreform. Aachen: Shaker Verlag.

Petersen, Hans-Georg (1995): Pros and Cons of a Negative Income Tax. Finanzwissenschaftliche Diskussionsbeiträge Nr. 2. Potsdam: Universität Potsdam.

Pierson, Paul (2004): Politics in Time. History, Institutions, and Social Analysis. Princeton/Oxford: Princeton University Press.

Piller, Otto (2006): Die soziale Schweiz. Die schweizerischen Sozialwerke im Überblick. Bern u. a.: Haupt.

Pioch, Roswitha (2000): Soziale Gerechtigkeit in der Politik. Orientierungen von Politikern in Deutschland und den Niederlanden. Frankfurt/New York: Campus.

Poreski, Thomas/Emmler, Manuel (2006): „Die Grüne Grundsicherung". Ein Diskussionspapier für den Zukunftskongress von Bündnis 90/DIE GRÜNEN. Ms. http://www.grundsicherung.org.

Rhys-Williams, Juliet Evangeline (1953): Taxation and Incentive. Oxford/New York: Oxford University Press.

Rolf, Gabriele/Wagner, Gert (1992): Ziele, Konzept und Detailausgestaltung des „Voll Eigenständigen Systems" der Altersvorsorge. *Sozialer Fortschritt*, 41. Jg., 12, S. 281–291.

Rifkin, Jeremy (2004; zuerst 1995): Das Ende der Arbeit und ihre Zukunft. Neue Konzepte für das 21. Jahrhundert. Frankfurt/New York: Campus.

Riphahn, Regina/Thalmaier, Anja/Zimmermann, Klaus F. (1999): Schaffung von Arbeitsplätzen für Geringqualifizierte. Gutachterliche Stellungnahme im Auftrag des Bundesministeriums für Arbeit und Sozialordnung. Bonn: Institut zur Zukunft der Arbeit.

Schlecht, Michael (2006): Solidaritätsprinzip aufrechterhalten. Die Forderung nach einem bedingungslosen Grundeinkommen ergibt sich aus einem schiefen Blick auf den realexistierenden Kapitalismus und ist deshalb nicht umsetzbar. *junge Welt*, 15. 9. 2006, S. 10.

Schmid, Thomas (Hrsg.) (1984): Befreiung von falscher Arbeit. Thesen zum garantierten Mindesteinkommen. Berlin: Wagenbach.

Schneider, Hilmar (2006): Kombilohn oder Workfare – Eine Frage der Grundsicherung. *Zeitschrift für Wirtschaftspolitik*, 2, 55. Jg.

Schmähl, Winfried (2003): Family, Social Security and Social Insurance - General Remarks and the Present Discussion in Germany as a Case Study. ZeS-Arbeitspapier Nr. 10/03, Universität Bremen.

Schramm, Michael (2007): Das „Solidarische Bürgergeld". Eine sozialethische Analyse. Stuttgart: Universität Hohenheim (in diesem Band im Anhang).

Schulte, Bernd (2004): Auswirkungen eines Grundrentensystems auf die internationale Sozialpolitik. Die Grundrente als ein Beitrag zur Harmonisierung des europäischen Sozialrechts? In: Opielka 2004a, S. 227–265.

Seidl, Christian (2003): Ein Sanierungskonzept für die Bundesrepublik Deutschland. *Wirtschaftsdienst*, 2, 83. Jg.

Seidl, Christian (2006): Eine umfassende Steuer- und Abgabenreform für Deutschland: Eine flat tax mit Sozialkomponente. In: Seidl, Christian/Jickeli, Joachim (Hrsg.): Steuern und Soziale Sicherung in Deutschland. Reformvorschläge und deren finanzielle Auswirkungen, Heidelberg: Physica-Verlag, S. 177–220.

Sinn, Hans-Werner (1986): Risiko als Produktionsfaktor. *Jahrbücher für Nationalökonomie und Statistik*, 201, 6, S. 557–571.

Sinn, Hans-Werner (2002): Der neue Systemwettbewerb. *Perspektiven der Wirtschaftspolitik*, 3, 4. Jg., S. 391–407.

Sinn, Hans-Werner (2004): Ist Deutschland noch zu retten? 5. Aufl. München: Econ.

SPD Thüringen Landtagsfraktion (2006): Das Althaus-Bürgergeld – eine Mogelpackung. Erfurt (download unter: www.spd-thl.de/dokumente/dok/argument-buergergeld-logo.pdf).

Spermann, Alexander (2007): Das Solidarische Bürgergeld – Anmerkungen zur Studie von Opielka/Strengmann-Kuhn. Mannheim: ZEW (in diesem Band im Anhang).

Spieß, C. Katharina (2004): Parafiskalische Modelle zur Förderung familienpolitischer Leistungen. DIW-Materialien Nr. 36. Deutsches Institut für Wirtschaftsforschung. Berlin.

Spöndlin, Ruedi (2006): Krankenversicherung in der Schweiz: Auf Umwegen zur Bürgerversicherung. In: Carigiet u.a. 2006, S. 103–115.

Standing, Guy (ed.) (2003): Minimum Income Schemes in Europe. Geneva: ILO International Labour Office.

Standing, Guy (ed.) (2005): Promoting Income Security as a Right. Europe and North America. London: Anthem.

Statistisches Bundesamt (2005): Statistisches Jahrbuch. Wiesbaden.

Statistisches Bundesamt (2006): Volkswirtschaftliche Gesamtrechnungen. Wichtige Zusammenhänge im Überblick, Wiesbaden: Statistisches Bundesamt.

Statistisches Bundesamt (2006a): Finanzen und Steuern. Lohn- und Einkommensteuer. Fachserie 14/Reihe 7.1. Wiesbaden: Statistisches Bundesamt.

Stiftung Marktwirtschaft (2006): Kommission „Steuergesetzbuch". Steuerpolitisches Programm. Einfacher, gerechter, sozialer: Eine umfassende Ertragsteuerreform für mehr Wachstum und Beschäftigung. Berlin: Stiftung Marktwirtschaft/Frankfurter Institut.

Straubhaar, Thomas (2006): Grundeinkommen: Nachhaltigkeit für den Sozialstaat Deutschland. *Update. Wissensservice des HWWI*, 5, S. 1–3.

Straubhaar, Thomas/Hohenleitner, Ingrid (2007): Bedingungsloses Grundeinkommen und Solidarisches Bürgergeld – mehr als sozialutopische Konzepte. Hamburg: HWWI.

Strengmann-Kuhn, Wolfgang (2003): Armut trotz Erwerbstätigkeit. Analysen und sozialpolitische Konsequenzen. Frankfurt/New York: Campus.

Strengmann-Kuhn, Wolfgang (2003a): Die geplante Zusammenlegung von Arbeitslosenhilfe und Sozialhilfe – finanzielle Auswirkungen für die Betroffenen und ein Gegenvorschlag. *Sozialer Fortschritt* 11–12/2003, S. 291–296.

Strengmann-Kuhn, Wolfgang (2004): Grundrente und Grundsicherung im Alter – Ziele, Modelle und offene Fragen. In: Opielka 2004a, S. 99–118.

Strengmann-Kuhn, Wolfgang (2004a): Poverty Measurement with the European Community Household Panel. Paper presented at the ChangeQual (the Economic Change, Unequal Life-Chances and Quality of Life research network) meeting May 2004 in Paris.

Strengmann-Kuhn, Wolfgang (2005): Das Modell Bürgerversicherung zur Reform der sozialen Sicherung in Deutschland. In: ders. 2005b, S. 7–27.

Strengmann-Kuhn, Wolfgang (2005a): Working Poor in Europe: A Partial Basic Income for Workers? In: Standing, Guy (ed.): Promoting Income Security as a Right: Europe and North America. London: Anthem Press, S. 255–271.

Strengmann-Kuhn, Wolfgang (Hrsg.) (2005b): Das Prinzip Bürgerversicherung. Wiesbaden: VS Verlag für Sozialwissenschaften.

Strengmann-Kuhn, Wolfgang (2006): Vermeidung von Kinderarmut in Deutschland durch finanzielle Leistungen. *Zeitschrift für Sozialreform*, 4, Jg. 52, S. 439–466.

Strengmann-Kuhn, Wolfgang (2007): Finanzierung eines Grundeinkommens durch eine „Basic Income Flat Tax". In: Werner, Goetz W./Presse, André (Hrg.): Grundeinkommen und Konsumsteuer – Impulse für „Unternimm die Zukunft". Karlsruher Symposium Grundeinkommen: bedingungslos. Universitätsverlag Karlsruhe (i. E.).

Strengmann-Kuhn, Wolfgang (2007a): Armut und soziale Ausgrenzung in Europa. In: Linzbach, Christoph/Lübking, Uwe/Scholz, Stephanie/Schulte, Bernd (2006): Globalisierung und Europäisches Sozialmodell. Baden-Baden: Nomos (i. E.).

Sulík, Richard (2006): Contribution Bonus. Paradigm Shift. Bratislava: Trend Visual (Download unter: www.sulik.sk/media/contribution_bonus.pdf).

SVR (2006): Arbeitslosengeld II reformieren: Ein zielgerichtetes Kombilohnmodell. Expertise im Auftrag des Bundesministers für Wirtschaft und Technologie, Wiesbaden: Sachverständigenrat zur Begutachtung der gesamtwirtschaftlichen Entwicklung.

Theobald, Robert (ed.) (1966): The Guaranteed Income. Next Step in Socioeconomic Evolution? Garden City, New York: Doubleday & Company.

Tobin, James/Pechmann, Joseph A./Mieszowski, Peter M. (1967): Is a negative income tax practical? *Yale Law Journal*, November 1967, No. 77, S. 1.

Vanderborght, Yannick/Parijs, Philippe van (2005): Ein Grundeinkommen für alle? Geschichte und Zukunft eines radikalen Vorschlags. Mit einem Nachwort von Claus Offe. Frankfurt/New York: Campus.

Veen, Robert van der/Parijs, Philippe Van (2006): A Capitalist Road to Communism. (Reprint). *Basic Income Studies*, 1, Vol. 1, Article 6.

Vobruba, Georg (2006): Entkoppelung von Arbeit und Einkommen. Das Grundeinkommen in der Arbeitsgesellschaft, Wiesbaden: VS Verlag für Sozialwissenschaften.

Wagner, Gert G. (2005): Eine Bürgerversicherung für die Gesundheitsversorgung – Pauschalprämie hat gegenüber einem Beitragssatz-System mehrere Vorteile. In: Strengmann-Kuhn 2005b, S. 83-98.

Wagner, Gert G. (2006): Teilhabe kann nicht abstrakt diskutiert werden. In: Grözinger u. a. 2006, S. 187–193.

Weber, Max 1988 (1904): Die „Objektivität" sozialwissenschaftlicher und sozialpolitischer Erkenntnis. In: ders., Gesammelte Aufsätze zur Wissenschaftslehre. 7. Aufl., Tübingen: Mohr, S. 146–214.

Welter, Ralf (2003): Solidarische Marktwirtschaft durch Grundeinkommen. Konzeptionen für eine nachhaltige Sozialpolitik. Hrsg.: Diözesanverband der KAB Aachen. Aachen: Shaker Verlag.

Werner, Götz W. (2006): Ein Grund für die Zukunft: das Grundeinkommen. Interviews und Reaktionen. Stuttgart: Verlag Freies Geistesleben.

Werner, Götz W. (2007): Einkommen für alle. Köln: Kiepenheuer & Witsch.

Widerquist, Karl (2005): A failure to communicate: what (if anything) can we learn from the negative income tax experiments? *Journal of Socio-Economics*, 1, Vol. 34, S. 49–81.

Wissenschaftlicher Rat des Bundesfinanzministeriums (2004): Flat Tax oder duale Einkommensteuer? Zwei Entwürfe zur Reform der deutschen Einkommensbesteuerung. Gutachten Juli 2004.

Das Solidarische Bürgergeld –
Anmerkungen zur Studie von Michael Opielka und Wolfgang Strengmann-Kuhn

Alexander Spermann

Qualitative Kurzexpertise im Auftrag der Konrad-Adenauer-Stiftung

Inhaltsverzeichnis

1	Einleitung	145
2	Theoretische Grundprobleme der Ausgestaltung einer Grundsicherung	146
	2.1 Grundsicherung im Spannungsfeld zwischen Allokation und Distribution	146
	2.2 Die Politikparameter bei der Ausgestaltung der Grundsicherung	147
	2.3 Grundvarianten der negativen Einkommensteuer	149
3	Kurzdarstellung des Solidarischen Bürgergeldes	153
4	Methodische Kritik	157
5	Implementationsprobleme und dynamische Verhaltensanpassungen	158
6	Zusammenfassung	160
7	Literatur	161

1 Einleitung

Mitte der Neunzigerjahre wurde in Deutschland intensiv über die Einführung eines sogenannten Bürgergeldes diskutiert. Im Mittelpunkt standen zwei Aspekte – die administrative Vereinfachung des Steuer- und Transfersystems und der Anreizgedanke. Zum einen sollte das Bürgergeld bestehende Transfers zusammenfassen. Manche Autoren – wie Mitschke – gingen sogar so weit, dass sie das Sozialversicherungs- und Einkommensteuersystem durch ein Bürgergeld in Kombination mit einer „flat rate"-Konsumsteuer ersetzen wollten. Zum anderen wurde auch die Bedeutung von finanziellen Anreizen für Bürgergeldempfänger betont. „Incentives matter" lautete die Botschaft für eine durch Arbeitspflicht mit Sanktionsandrohung gekennzeichnete soziale Grundsicherung, wie sie in Deutschland realisiert ist.

Die Bedeutung von Anreizen hebt auch das Althaus-Modell eines Solidarischen Bürgergeldes hervor: Das Modell Bürgergeld verzichtet auf Sanktionen und setzt ausschließlich auf positive Anreize (Opielka/Strengmann-Kuhn 2007, S. 44). Darin unterscheidet es sich fundamental von Kombilohnmodellen, wie sie vom Sachverständigenrat (2006) und vom ifo-Institut (Sinn et al., 2006) vorgeschlagen wurden, aber auch von Workfare-Konzepten, wie sie in den USA realisiert sind, sowie von Aktivierungsprogrammen, wie sie in Dänemark umgesetzt werden.

In dieser qualitativen Kurzexpertise wird in Kapitel 2 zunächst auf die Grundprobleme bei der Ausgestaltung der Grundsicherung eingegangen, weil sich der interessierte Leser ohne ein tieferes Verständnis der fundamentalen Zusammenhänge in der Bürgergeld-/Grundeinkommen-/Negative-Einkommensteuer-Diskussion in den Details der zahllosen Reformvorschläge verliert. In Kapitel 3 werden kurz die Besonderheiten des Solidarischen Bürgergeldes herausgearbeitet. Kapitel 4 ist dem Thema der Finanzierbarkeit des Solidarischen Bürgergeldes gewidmet. Dabei wird insbesondere die Methodik der statischen Mikrosimulation ohne Verhaltensänderungen kritisch reflektiert. Kapitel 5 geht auf die Implementationsprobleme und zu erwartende dynamische Verhaltensanpassungen ein. Kapitel 6 fasst die wichtigsten Ergebnisse der Expertise zusammen.

2 Theoretische Grundprobleme der Ausgestaltung einer Grundsicherung

2.1 Grundsicherung im Spannungsfeld zwischen Allokation und Distribution

In einer Welt ohne Grundsicherung und ohne weitere preisverzerrende staatliche Eingriffe spiegeln die Preise die relativen Knappheiten wider und eine effiziente Ressourcenallokation ist zumindest theoretisch möglich. Eine Welt ohne staatliche Transfers, Steuern und Abgaben führt jedoch nicht zu Wohlstand und Freiheit. Zumindest ist kein freiheitliches und ökonomisch wohlhabendes Land bekannt, das ohne staatliche Eingriffe in den Preismechanismus auskommt. So stellt sich bei der Ausgestaltung der Grundsicherung nicht die Frage des „Ob", sondern des „Wie".

Aus theoretischer Sicht bewegt sich die Gestaltung der Grundsicherung im Spannungsfeld zwischen Allokation und Distribution. Die aus allokativer Sicht erstbeste Welt ohne Preisverzerrung entspricht einer Welt ohne Umverteilung. Die aus einer naiven distributiven Sicht erstbeste Welt der Gleichverteilung der Einkommen zerstört sämtliche Leistungsanreize und ist dynamisch nicht überlebensfähig, wie die Wirtschaftsgeschichte gezeigt hat.

Wird ein System der Grundsicherung angestrebt, so sollten staatliche Eingriffe aus wohlfahrtsökonomischer Sicht die relativen Preise möglichst wenig verzerren, um Wohlfahrtsverluste zu minimieren. Anders formuliert: Die öffentliche Hand sollte die unsichtbare Hand des Marktes möglichst wenig stören. Aus allokativer Sicht müssen demnach möglichst breite Bemessungsgrundlagen gewählt werden, sodass geringe Grenzsteuersätze zur Finanzierung eines gegebenen Umverteilungsvolumens erhoben werden müssen. Weiterhin ist aus der wohlfahrtsökonomischen Literatur bekannt: In einem optimalen Steuer- und Transfersystem sollte jede zusätzlich gearbeitete Stunde zu einer Nettoeinkommenssteigerung führen.

Dieser für die Gestaltung eines Transfer-, aber auch Steuersystems zentrale ökonomische Zusammenhang bedarf ausführlicherer Erläuterung, da er in der öffentlichen und wissenschaftlichen Debatte häufig missverstanden und fehlinterpretiert wird. Entscheidend für die Anreizwirkung ist der Grenzsteuersatz, d. h. die Belastung des zusätzlichen Einkommens. Aus ökonomischer Sicht unterliegen die von Transferempfängern erzielten Einkommen „Grenzsteuersätzen" (= Transferentzugsraten). Grenzsteuersätze verändern die Preise und verursachen somit Verhaltensreaktionen der Individuen. Die Ergebnisse dieser Verhaltensreaktionen lassen sich dann in der Realität beobachten. So erzielen z. B. Steuerzahler weniger Einkommen bei sehr hohen Grenzsteuersätzen, sodass der

Fiskus auch weniger einnimmt. Im theoretischen Extremfall könnte es sein, dass bei einem hundertprozentigen Grenzsteuersatz (= Transferentzugsrate) kein (legales) Einkommen mehr erzielt wird, sodass die beobachtete Durchschnittssteuerlast null ist. Es wäre in einem solchen Fall dementsprechend absurd zu behaupten, dass hohe Anreize für die Einkommenserzielung bestehen, weil die Steuerlast null ist. Aber genau diese Argumentation findet sich z.B. in der Debatte zur steuerlichen Belastung von Unternehmen, aber auch im Rahmen der Grundsicherungsdiskussion wieder. Eine Erklärung für die häufig verwirrende öffentliche und wissenschaftliche Diskussion liegt darin, dass die Diskutierenden Ursache und Wirkung verwechseln. Ursache ist in diesem Beispiel der hohe Grenzsteuersatz, der eine Durchschnittssteuerlast von null bewirkt.

2.2 Die Politikparameter bei der Ausgestaltung der Grundsicherung

Zur Verdeutlichung der Probleme der Ausgestaltung der Grundsicherung soll folgender Schaubildtyp dienen, bei dem das Bruttoeinkommen an der Abszisse und das Nettoeinkommen an der Ordinate abgetragen wird (vgl. Spermann, 2001):

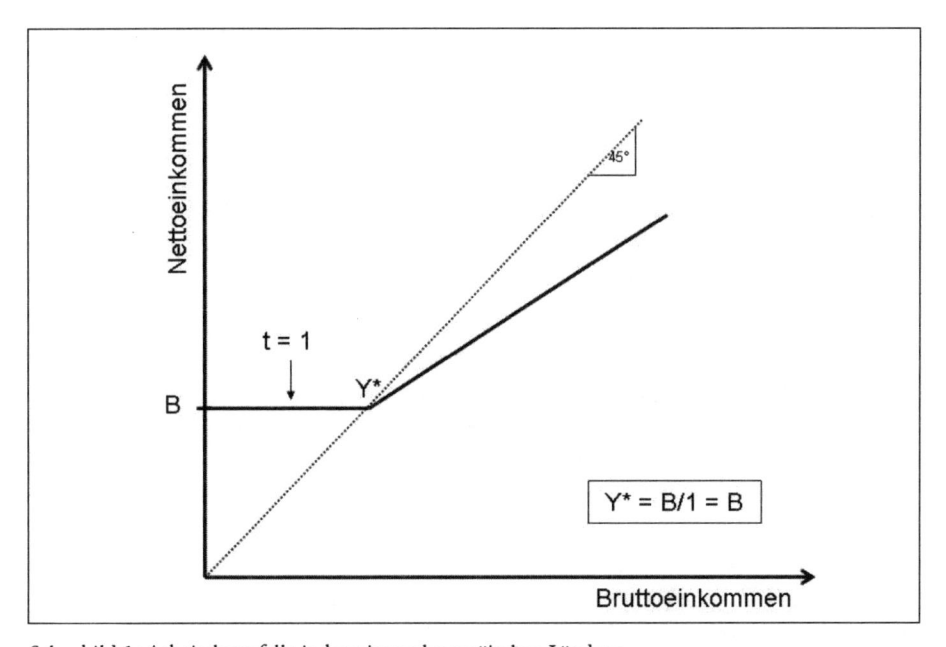

Schaubild 1: Arbeitslosenfalle in kontinentaleuropäischen Ländern

Die gestrichelte 45°-Linie beschreibt eine Welt ohne staatliche Transfers und Steuern – das erzielte Bruttoeinkommen entspricht dem Nettoeinkommen. Für die Konstruktion einer Grundsicherung stehen zwei staatlich festzulegende Politikparameter zur Verfügung – das Grundsicherungsniveau B (basic income) und der Grenzsteuersatz t (tax rate bzw. Transferentzugsrate) auf die Verdienste der Transferempfänger. Beide exogenen Politikparameter bestimmen den Schwellenwert Y* – dieses endogen bestimmte break-even-Einkommen ist das Einkommen, bei dem weder Steuern noch Transfers gezahlt werden. Rechts von der 45°-Linie ist die Nettoeinkommenslinie nach Abzug von Steuern in vereinfachter Form dargestellt; von einer Darstellung des Abgabensystems wird im Folgenden abstrahiert.

Im Status quo in den meisten kontinentaleuropäischen Ländern wird ein hohes Grundsicherungsniveau B kombiniert mit einer weitgehenden Vollanrechnung der eigenen Verdienste der Hilfeempfänger (sogenannte Armuts- bzw. Arbeitslosenfalle). Aus Vereinfachungsgründen wird eine Vollanrechnung (t = 1) für die grafische Darstellung gewählt. Die Vollanrechnung wird damit begründet, dass für Transferempfänger Arbeitspflicht besteht. In Zeiten hoher Beschäftigung, auch für gering qualifizierte Haushaltsvorstände von Familien mit mehreren Kindern, war der potenzielle institutionelle Fehlanreiz der Vollanrechnung weitgehend unschädlich, weil in der Regel ein Bruttoeinkommen oberhalb Y* erzielt werden konnte.

Wenn jedoch gering Qualifizierte in der Dienstleistungsgesellschaft auch bei großem zeitlichem Engagement lediglich ein Bruttoeinkommen im Bereich der Arbeitslosenfalle erzielen können, dann wird die Vollanrechnung entscheidungsrelevant. Wenn weiterhin die Arbeitspflicht durch die staatlichen Behörden nicht konsequent durch Prüfung der Arbeitsbereitschaft eingefordert wird, was z. B. wegen der damit verbundenen Transaktionskosten für Amtsmitarbeiter bürokratietheoretisch erklärbar ist, dann kann dieser institutionelle Fehlanreiz zu einer Verhaltensanpassung in Richtung Nichtarbeit führen. So lässt sich empirisch beobachten, dass nur wenige Personen im Bereich der Arbeitslosenfalle arbeiten.

Dass manche Personen trotz Vollanrechnung dennoch arbeiten, wird mitunter als Irrelevanz der Arbeitslosenfalle für Hilfeempfänger interpretiert. Dabei kann es neben dem Druck der Amtsmitarbeiter auf die Arbeitslosen oder nicht pekuniärer Motive, wie z. B. die Aufrechterhaltung sozialer Kontakte, auch ökonomische Erklärungen für dieses Verhalten geben. So könnte eine legale Arbeitsaufnahme trotz Arbeitslosenfalle ökonomisch rational sein, wenn dadurch höhere zukünftige Einkommenssteigerungen von den Transferempfängern erwartet werden. Doch solche Weitsicht dürfte der Ausnahmefall sein. Ein weiteres Indiz für die Relevanz der Arbeitslosenfalle im Entscheidungskalkül von Hilfeempfängern ist die Bedeutung von Schwarzarbeit, die ökonomisch betrachtet eine Situation der Nullanrechnung widerspiegelt (t = 0). Jedoch existiert lediglich anekdotische Evidenz zur quantitativen Bedeutung von Schwarzarbeit *bei Transferempfängern.*

Die institutionellen Fehlanreize des bestehenden Grundsicherungssystems werden seit über 50 Jahren in der Literatur diskutiert, in Europa findet die politische Diskussion verstärkt seit den 80er-Jahren statt. Wer auf fehlende Anreize für Transferempfänger aufmerksam macht, beklagt einen institutionellen Fehlanreiz und behauptet nicht, dass die Transferempfänger nicht arbeiten wollen. Darauf hat auch schon die Erfinderin der negativen Einkommensteuer, Lady Rhys-Williams, hingewiesen. Sie schrieb bereits in den 50er-Jahren des 20. Jahrhunderts, dass es keine Überraschung sei, dass „Menschen nach Jahren erzwungener Untätigkeit nicht mehr auf dem Arbeitsmarkt vermittelbar sind" (Rhys-Williams, 1953).

In der Literatur werden zwei verschiedene Spielarten der negativen Einkommensteuer unterschieden, die in den letzten 50 Jahren unter den verschiedensten Namen in vielen Ländern diskutiert wurden. Im Folgenden werden diese zwei wesentlichen Grundvarianten der negativen Einkommensteuer in vereinfachter Weise dargestellt.

2.3 Grundvarianten der negativen Einkommensteuer

Die Bürgergeldvariante nach Tobin (1965) kombiniert ein hohes Grundsicherungsniveau mit einem höheren Arbeitsanreiz (t = 50 %) mit der zwangsläufigen Konsequenz, dass ein relativ zum Status quo größerer Teil der Bevölkerung Transfereinkommen bezieht. Das Schwelleneinkommen Y* verdoppelt sich von B im Status quo auf 2B in der Bürgergeldvariante, wie in Schaubild 2 verdeutlicht.

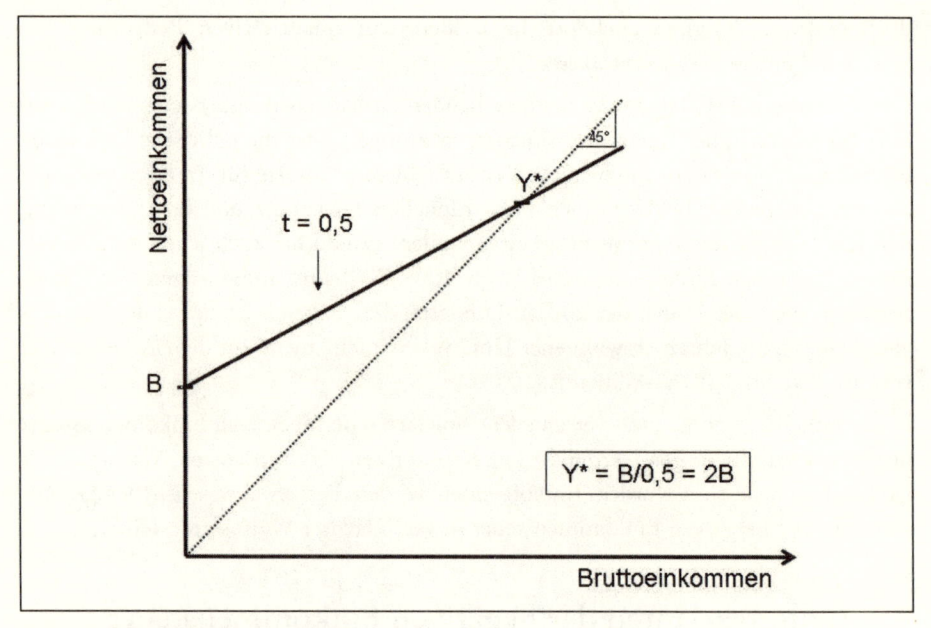

Schaubild 2: Bürgergeld nach Tobin

Das Bürgergeld (= Negativsteuer) wird im Schaubild durch den Abstand zwischen der fett gezeichneten Nettoeinkommenslinie und der 45°-Linie gemessen. Die Negativsteuer ist maximal in Höhe von B, wenn kein eigenes Einkommen erzielt wird, und nimmt mit steigendem Bruttoeinkommen ab, bis sie beim Schwellenwert Y* gleich null ist. Höhere Bruttoeinkommen werden besteuert – der Abstand zwischen der 45°-Linie und der Nettoeinkommenslinie misst den (positiven) Steuerbetrag.

Bei Einführung dieser Bürgergeldvariante entstehen im Übergang sehr hohe fiskalische Lasten, die die finanzielle Dimension selbst sehr ehrgeiziger Steuerreformprojekte deutlich übersteigen. Das liegt daran, dass im Bruttoeinkommensbereich zwischen B und 2B (= Y*) Transfers an bisherige Steuerzahler finanziert werden müssen. Da dieser Bruttoeinkommensbereich in der Einkommensverteilung stark besetzt ist, entstehen hohe fiskalische Einführungskosten. Aus diesem Grund hat sich die Tobin-Bürgergeldvariante bisher in keinem Land durchgesetzt, obwohl Protagonisten hohe dynamische Verhaltensanpassungen versprechen (höhere Partizipation, mehr Arbeitsstunden), die zumindest theoretisch über höhere Beschäftigung und mehr Wachstum zu einer weitgehenden Selbstfinanzierung führen können (Mitschke 1985/1995). Ob die dazu benötigten Beschäftigungseffekte jedoch ausreichen, darf bezweifelt werden, wie allgemeine Gleichgewichtsanalysen des ZEW zeigen (Boeters et al. 2006).

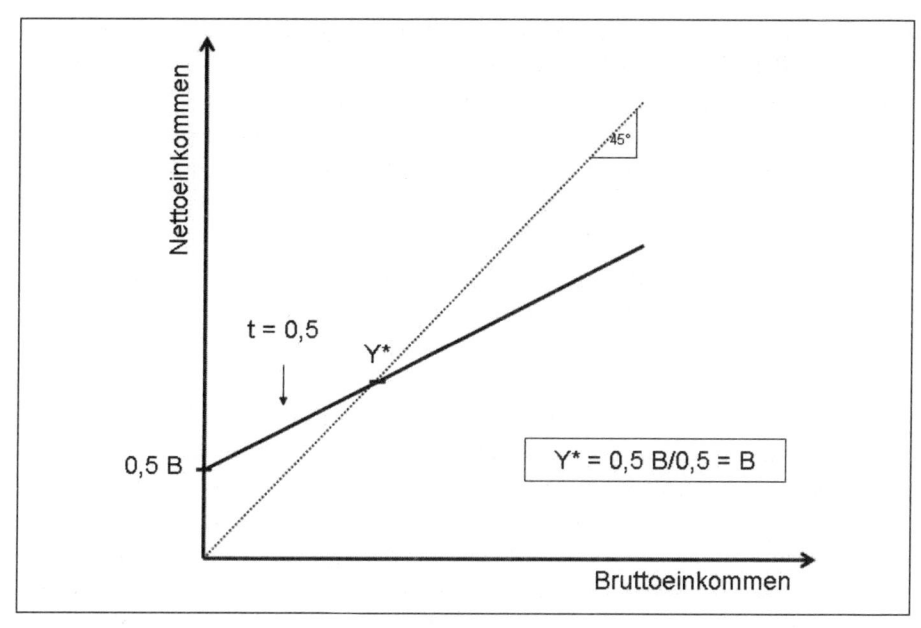

Schaubild 3: Armutslückenkonzept nach Friedman

Sämtliche Modifikationen des Bürgergeldes, die das Grundsicherungsniveau B unangetastet lassen, stehen vor dem Problem, dass sich die Finanzierbarkeit zum Umstellungszeitpunkt nur durch Erhöhung des Grenzsteuersatzes verbessern lässt. Variiert man nur den Politikparameter t, so erhöht sich die Finanzierbarkeit jedoch stets auf Kosten der Arbeitsanreize. Dagegen setzt das Armutslückenkonzept nach Friedman (1962/1968) auf die zusätzliche Veränderung des zweiten Politikparameter B, wie in Schaubild 3 verdeutlicht wird.

Durch die Variation der beiden Politikparameter B und t lässt sich die Negativsteuer zum Umstellungszeitpunkt so ausgestalten, dass sie fiskalisch finanzierbar bleibt – es entstehen im Gegensatz zum Bürgergeld keine zusätzlichen Transferempfänger. Die Absenkung von B auf die Hälfte (0,5 B) ist jedoch mit einer sogenannten Armutslücke verbunden, weil der geringere Betrag zur Finanzierung des Existenzminimums nicht ausreicht. Zwar wird unterstellt, dass bei entsprechend intensiver Arbeitssuche jeder Grundsicherungsbezieher eine Stelle mit einem ausreichend hohen Bruttoeinkommen finden kann. Die Frage, ob sich erfolglose Arbeitsuchende mit der Hälfte des Existenzminimums begnügen sollen, ist jedoch entscheidend; in Deutschland ist dies mit dem Sozialstaatsgebot des Grundgesetzes nicht vereinbar.

Friedman argumentierte zu diesem kritischen Punkt, dass er das niedrigere Existenzminimum 0,5 B auf Bundesebene vorschlage. Er plädiert dafür, dass a) die Bundesstaaten landesweite ergänzende negative Einkommensteuern einführen oder – vorzugsweise – b) private Wohlfahrtsorganisationen das Existenzminimum absichern sollten. Diese Antworten sind jedoch unbefriedigend. Der erste Weg ist zwar grundsätzlich gangbar, aber administrativ sehr aufwendig. Der zweite Weg ist unrealistisch, weil die Aufstockung der Einkommen durch Private nicht sichergestellt werden kann.

Varianten von Armutslückenkonzepten werden in der aktuellen Reformdiskussion immer wieder vorgeschlagen (Vaubel 1996; Sinn et al. 2002, 2006; Sachverständigenrat 2006). Die Antwort auf die entscheidende Schwachstelle des Konzepts heißt in der aktuellen Diskussion häufig öffentliche Beschäftigung für alle, die auf dem privaten Arbeitsmarkt keine Stelle finden. Die Kosten der staatlichen Beschäftigung werden dabei als geringer angesehen als die fiskalischen Entlastungen durch zusätzliche Beschäftigung und Wachstum. Auch hier ist vor dem Hintergrund der weltweiten Erfahrungen mit aktiver Arbeitsmarktpolitik berechtigte Skepsis angebracht. Die Kosten der Arbeitsmarktprogramme sind häufig viel höher als zunächst kalkuliert, auch weil zweite Arbeitsmärkte aus politökonomischen Gründen (u. a. wegen gut organisierter Interessengruppen) eine hohe Überlebenswahrscheinlichkeit haben.

Das Modell des Sachverständigenrats (2006) versucht diesem Dilemma zu entgehen. Zum einen erhalten Arbeitslosengeld-II-Empfänger den vollen Regelsatz, müssen jedoch dafür arbeiten (auf dem ersten Arbeitsmarkt oder in einer Arbeitsgelegenheit). Zum anderen sind die Arbeitsgelegenheiten für Hilfeempfänger wenig attraktiv, weil sie maximal das Arbeitslosengeld-II-Niveau erhalten (bei 30 Stunden Wochenarbeitszeit), sodass hinreichende Anreize zur Arbeitsaufnahme auf dem ersten Arbeitsmarkt bestehen.

Zwischen 1968 und 1982 wurden in den USA vier Feldexperimente mit Kontrollgruppen zu Negativsteuervarianten durchgeführt. Dabei wurden insbesondere die Arbeitsangebotsreaktionen von Familien empirisch überprüft. Das zentrale Ergebnis: Das Arbeitsangebot ist als Reaktion auf die Einführung der negativen Einkommensteuer leicht zurückgegangen (Burtless 1986). Die Intuition für dieses Ergebnis ergibt sich aus dem Vergleich von Schaubild 1 mit Schaubild 2: Im Bruttoeinkommensbereich zwischen B und 2B werden bisherige Steuerzahler zu Transferempfängern – mit der Konsequenz, dass sie ihr Arbeitsangebot einschränken, weil sie das gleiche Nettoeinkommen mit geringerem Arbeitseinsatz erzielen können. Dieser Teileffekt überkompensiert die erhöhte Arbeitsaufnahme der vor der Einführung Arbeitslosen. Deshalb haben sich in der Praxis Anreizmodelle durchgesetzt, die zwar die Grundidee der Negativsteuer umsetzen, jedoch auf Zielgruppenbindung und/oder zeitliche Befristung zählen.

3 Kurzdarstellung des Solidarischen Bürgergeldes

Mithilfe der in Kapitel 2 beschriebenen Politikparameter lässt sich das Althaus-Modell eines Solidarischen Bürgergeldes kurz beschreiben, wobei auf die Darstellung der Zusatzrente/Rentenzulage verzichtet wird, um den Sachverhalt nicht unnötig zu komplizieren. Das bedingungslose Grundeinkommen B wird auf 600 € für Erwachsene bzw. 300 € für Kinder gesetzt. Hinzu kommt als innovatives Element eine Gesundheitsprämie (Kopfpauschale) in Höhe von 200 € – sowohl für Erwachsene als auch für Kinder. Die Transferentzugsrate t wird auf 50 % festgelegt.

Beispiel: Für ein Paar ohne Kinder ergibt sich ein Grundeinkommen in Höhe von B = 1600 € (inkl. Gesundheitsprämie) und eine Transferentzugsrate von t = 0,5 sowie ein break-even-Einkommen in Höhe von Y* = 3200 €. Das „große" Bürgergeld wird in Schaubild 4 verdeutlicht.

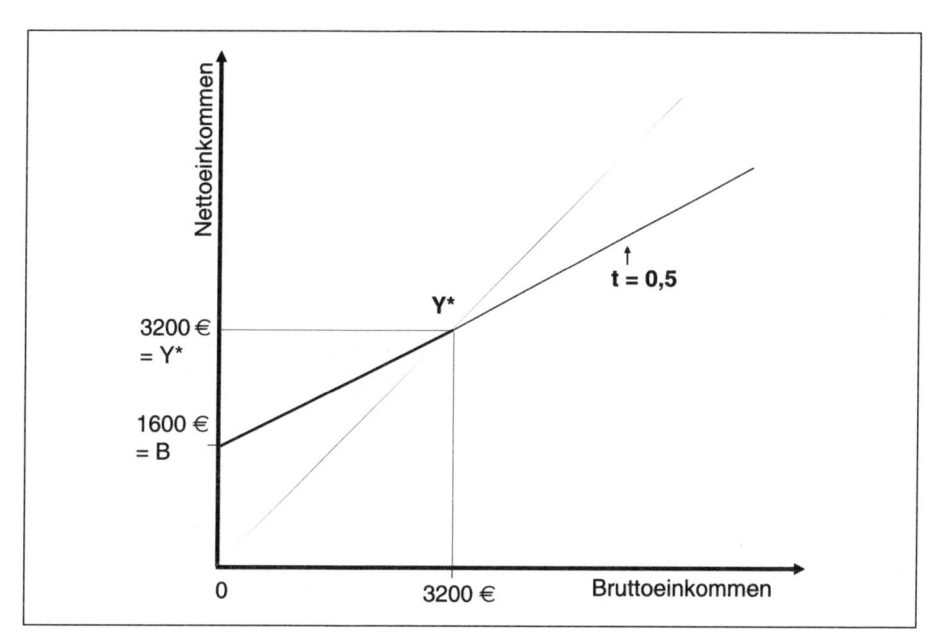

Schaubild 4: Darstellung des Vorschlags Solidarisches Bürgergeld mit integrierter Gesundheitsprämie für einen Paarhaushalt – „Großes" Bürgergeld

Dabei ist zu beachten, dass die Nettoeinkommenslinie lediglich bis zum break-even-Einkommen Y* relevant ist – und deshalb in diesem Einkommensbereich fett gezeichnet wurde. Wird ein Bruttoeinkommen oberhalb von Y* erzielt, so besteht ledig-

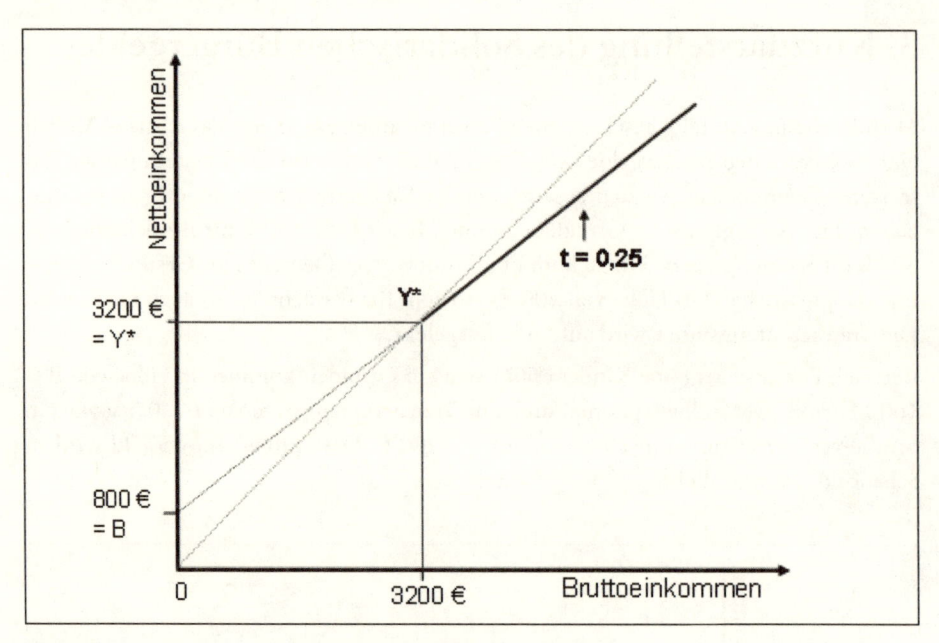

Schaubild 5: Darstellung des Vorschlags Solidarisches Bürgergeld mit integrierter Gesundheitsprämie für einen Paarhaushalt – „Kleines" Bürgergeld

lich Anspruch auf das „kleine Bürgergeld" von 400 € je Person, wie in Schaubild 5 illustriert.

Im gewählten Beispiel eines Paarhaushaltes führt das „kleine" Bürgergeld demnach zu einem geringeren bedingungslosen Grundeinkommen B = 800 €. Die Nettoeinkommenslinie unterhalb von Y* ist deshalb gestrichelt, weil sie de facto in diesem Einkommensbereich irrelevant ist – es soll lediglich die Konstruktion des „kleinen" Bürgergeldes veranschaulicht werden. Diese Lösung erlaubt es, ein hohes bedingungsloses Grundeinkommen B für Transferempfänger zu realisieren und gleichzeitig einen geringen Grenzsteuersatz von t = 25 % für Steuerzahler zu implementieren. Schaubild 6 verdeutlicht den Tarifverlauf des Solidarischen Bürgergeldes, der durch ein Knick in der Nettoeinkommenslinie beim break-even-Einkommen Y* gekennzeichnet ist.

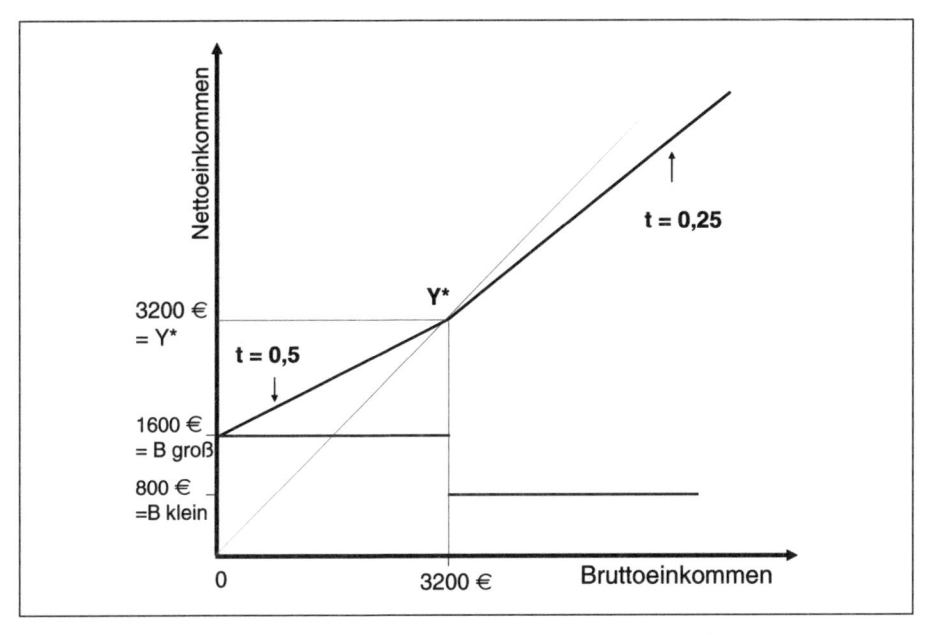

Anmerkungen zur Studie von M. Opielka und W. Strengmann-Kuhn   155

Schaubild 6: Illustration des Wechsels von „großem" Bürgergeld (B = 1600 €, t = 0,5) auf „kleines" Bürgergeld (B = 800 €, t = 0,25) ab einem Bruttoeinkommen von 3200 €

Bei der Darstellung des Bürgergeldvorschlags haben sich irreführende Aussagen eingeschlichen. So wird z. B. ausgeführt: „Bei einem Umstieg auf ein Bürgergeld-System, sei es als negative Einkommensteuer oder als Sozialdividende, fallen die bisherigen Grundfreibeträge automatisch weg. Das Einkommen unterliegt – vom Bürgergeld abgesehen – ab dem ersten Euro der Steuerpflicht" (Opielka/Strengmann-Kuhn 2007, S. 59). Wie Schaubild 7 jedoch anschaulich zeigt, fällt der Grundfreibetrag de facto nicht weg – er bewirkt zusammen mit der flat rate tax von 25 % (Grenzsteuersatz) eine indirekte Progression, die am steigenden Durchschnittssteuersatz gemessen wird.

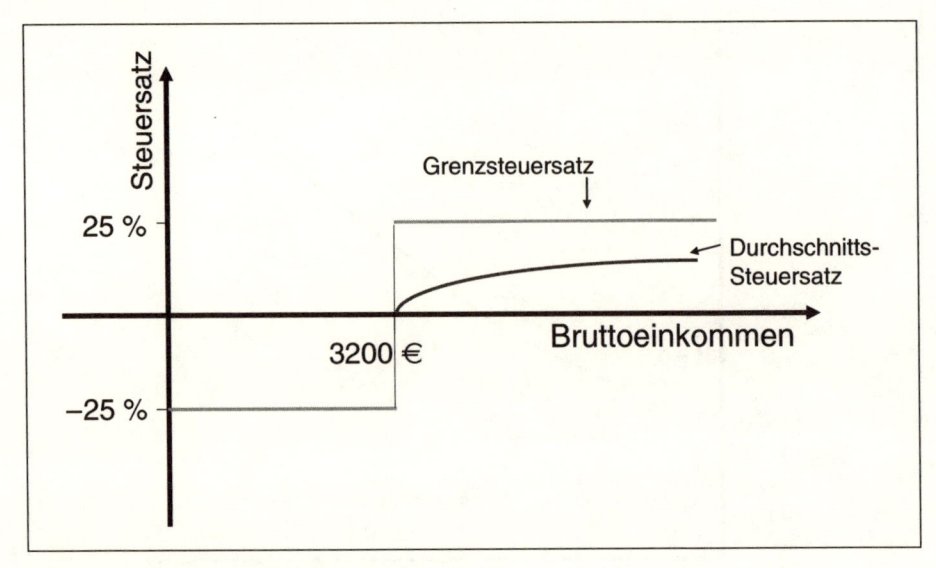

Schaubild 7: Progression beim „kleinen" Bürgergeld

Das break-even-Einkommen wirkt demnach im System des Solidarischen Bürgergeldes wie ein Grundfreibetrag. Richtig ist jedoch, dass das erzielte Bruttoeinkommen vom ersten Euro an mit 50 % auf den Bürgergeldanspruch angerechnet wird („großes" Bürgergeld) – bis zum break-even-Einkommen Y*. Das Bürgergeld ist maximal, wenn ein Bruttoeinkommen von null erzielt wird, es nimmt bei zunehmendem Bruttoeinkommen ab und wird bei Y* definitionsgemäß null. Wird mehr als 3200 € (Y*) im gewählten Beispiel verdient, dann müssen tatsächlich Steuern bezahlt werden – mit einem Grenzsteuersatz von 25 % beim „kleinen" Bürgergeld.

Auch ist nicht völlig klar, ob der Übergang vom „großen" zum „kleinen" Bürgergeld automatisch in Abhängigkeit vom erzielten Bruttoeinkommen vorgesehen ist. Althaus suggeriert mit der Formulierung: „Wer mit einem halbierten Bürgergeld in Höhe von 400 € einverstanden ist, muss sein Einkommen nur zu 25 % versteuern" (Althaus 2007, S. 10), ein Wahlrecht. Das ist aber wohl nicht gemeint, sondern es ist ein Automatismus im Sinne der obigen Darstellung des „großen" und „kleinen" Bürgergeldes vorgesehen, wie Ausführungen an anderer Stelle des Gutachtens nahelegen.

Althaus wählt in einem Vortrag ein Zahlenbeispiel, welches an dieser Stelle zum besseren Verständnis noch einmal erläutert werden soll (ebd., aus Vereinfachungsgründen ohne Gesundheitsprämie). Ausgehend von einem bedingungslosen Grundeinkommen B in Höhe von 600 € und einer Transferentzugsrate von 50 % („großes" Bürgergeld) führt ein eigener Verdienst von 300 € zu einem Nettoeinkommen von 750 €. Anders formuliert: Der Zuverdienst wird zur Hälfte dem Bürgergeldempfänger zugeschlagen (600 + 150 = 750) und zur Hälfte dem Staat, sodass die staatlichen Nettokosten auf 450 € (600 − 150 = 450) sinken können.

Zur weiteren Verdeutlichung der Zusammenhänge: Formal berechnet sich das Nettoeinkommen des Bürgers nach der Formel $Y^n = B + (1-t) Y^b = 600 + 0{,}5 \times 300 = 750$. Die Höhe des effektiv gezahlten Bürgergeldes (= Steuergutschrift = Negativsteuer = Sozialdividende) berechnet sich nach der Formel $B(\text{eff}) = B - (1-t)Y^b = 600 - 0{,}5 \times 300 = 450$.

4 Methodische Kritik

Das Solidarische Bürgergeld ist zweifellos eine weitreichende Reform – mit Rückwirkungen auf makroökonomische Variablen wie Löhne und Zinsen. Dementsprechend ist eine empirische Abschätzung der Wirkungen extrem anspruchsvoll. Michael Opielka und Wolfgang Strengmann-Kuhn ist diese Tatsache durchaus bewusst. Sie formulieren: „Es ist unabhängig davon auch grundsätzlich fraglich, ob die dynamische Simulation eines so umfassenden Vorschlags wie des Solidarischen Bürgergeldes wissenschaftlich vertretbar ist, weil üblicherweise nur Verhaltensreaktionen auf Basis kleinerer Veränderungen geschätzt werden können" (Opielka/Strengmann-Kuhn 2007, S. 22). Das ist richtig – nur welche Konsequenzen sollte man daraus ziehen? Der Ansatz der Autoren: Sie legen lediglich statische Simulationen ohne Verhaltensänderungen zugrunde – und vernachlässigen Effekte auf z. B. Arbeitslosigkeit, Beschäftigung, Konsum und Ersparnis. Sie begründen diese Vorgehensweise an anderer Stelle damit, dass die Abschätzung der Verhaltensänderung den Rahmen der Studie sprenge (Opielka/Strengmann-Kuhn 2007, S. 61). Um es auf den Punkt zu bringen: Weil die Abschätzung der Effekte des Solidarischen Bürgergeldes zu komplex ist, beschränken sich die Autoren auf Buchhaltung, ignorieren Verhaltensänderungen der Menschen als Reaktion auf die Reform – und kommen dennoch zu einer Einschätzung zu den fiskalischen Effekten der Reform.

Diese methodische Vorgehensweise ist unangemessen. Es gibt aus Sicht des Autors drei Möglichkeiten. Weg 1: Es werden Mikrosimulationen unter Berücksichtigung von Verhaltensreaktionen durchgeführt – eine Vorgehensweise, wie sie z. B. im Rahmen des Kombilohngutachtens des Sachverständigenrats gewählt wurde. Es ließe sich dann kritisch anmerken, dass statische Mikrosimulationen mit Verhaltensänderungen nur einen Teil der Effekte einfangen (Partialanalyse), insbesondere weil die Unternehmensseite in solchen Modellen rudimentär modelliert ist. Im Rahmen statischer allgemeiner berechenbarer Gleichgewichtsmodelle ließen sich weiter gehende Rückkoppelungen auf andere Märkte einfangen (Totalanalyse). Diesen Simulationsmodellen könnte kritisch entgegengehalten werden, dass sie dynamische Effekte vernachlässigen. Aber die Unsicherheit über mögliche fiskalische Auswirkungen wäre deutlich geringer als bei den im Rahmen des Gutachtens durchgeführten statischen Simulationen. Weg 2: Die Grenzen der Quantifizierbarkeit großer Reformen werden deutlich gemacht und die wichtigsten Wirkungskanäle auf die Einnahmen und Ausgaben des Staates offengelegt. Letztlich sind auf diesem Weg nur Wahrscheinlichkeitsaussagen möglich. Weg 3: Die modernsten empirischen Methoden werden sensibel angewandt – bei der Interpretation der Ergebnisse werden die vernachlässigten, aber relevanten Wirkungskanäle dargestellt. Vor diesem Hintergrund werden vorsichtige Politikempfehlungen abgeleitet.

Aus Sicht des Autors sollte Weg 3 beschritten werden; am ZEW werden zur Wirkungsanalyse von Reformen sowohl ein Mikrosimulationsmodell unter Berücksichtigung von Verhaltensänderungen als auch ein allgemeines Gleichgewichtsmodell eingesetzt sowie ein kombiniertes Mikrosimulations- und allgemeines Gleichgewichtsmodell verwendet. Im Gutachten von Opielka/Strengmann-Kuhn wird nur eine kurze Strecke des ersten Weges zurückgelegt – es werden jedoch auf dieser Basis weitreichende Schlussfolgerungen („das Modell Solidarisches Bürgergeld [ist] in der von Dieter Althaus vorgelegten Form mit nicht unerheblichen Modifikationen finanzierbar", Opielka/Strengmann-Kuhn 2007, S. 24) gezogen.

5 Implementationsprobleme und dynamische Verhaltensanpassungen

Ein bedingungsloses Grundeinkommen hebelt die in der deutschen Sozialgesetzgebung verankerte Arbeitspflicht für Grundsicherungsempfänger aus. Die Nachrangigkeit der Leistungsgewährung würde entfallen, Leistungen des Staates würden ohne Gegenleistung gewährt. Das Solidarische Bürgergeld stellt somit einen fundamentalen Systemwandel dar.

Zurzeit wird die Grundsicherung über die Jobcenter und die Sozialämter administrativ bewältigt. Die Autoren schlagen eine Finanzamtslösung vor – mit monatlicher Auszahlung der Transferbeträge. Die damit verbundenen administrativen Umwälzungen werden lediglich angedeutet. Dabei zeigen alleine schon die Softwareprobleme der Jobcenter, wie komplex die Berechnung von Grundsicherungsleistungen in der Praxis ist. Es kämen völlig neue Aufgaben auf die Finanzämter zu, die mit den bestehenden Verwaltungsabläufen (jährliche Einkommensteuererklärungen) zumindest kurzfristig nicht vereinbar sind.

Wichtiger sind jedoch die zu erwartenden Verhaltensanpassungen der Menschen, die von den Autoren entweder mit Verweis auf die Kuchentheorie des Arbeitsmarktes als unbedeutend dargestellt werden oder völlig ausgeblendet werden.

(1) Rückgang des Arbeitsangebotes bereits Beschäftigter

Wie in Kapitel 2 ausführlich dargestellt, besteht ein wesentliches Problem eines Bürgergeldes darin, dass die Transfergrenze Y* in relativ hohe Einkommensbereiche verschoben wird – mit der Konsequenz, dass bisherige Steuerzahler zu Transferempfängern werden. Damit ist das Anreizproblem verbunden, dass es für bisherige Steuerzahler nutzenmaximal ist, ihren Arbeitseinsatz zu reduzieren – ihr Einkommensverlust wird zum einen durch das Bürgergeld, zum anderen aber auch durch den Freizeitgewinn nutzenmäßig ausgeglichen.

Aus Sicht der Autoren ist dieser Effekt „arbeitsmarktpolitisch sinnvoll ..., weil dadurch der Arbeitsmarkt entlastet wird" (Opielka/Strengmann-Kuhn 2007, S. 101). Dieser Einschätzung liegt die Kuchentheorie des Arbeitsmarktes zugrunde, nach der es ein festes Arbeitsvolumen an zu verteilender Arbeit gibt. Theoretische und empirische Untersuchungen belegen jedoch eindeutig, dass diese Vorstellung nicht der Realität entspricht. Das Arbeitsvolumen wächst oder sinkt u. a. in Abhängigkeit der gewählten Arbeitsmarktpolitik (Franz 2006).

(2) Qualifizierung

Die in der Studie ausgeblendeten Auswirkungen eines bedingungslosen Grundeinkommens auf die Qualifizierungsbemühungen der Menschen könnten dramatische Ausmaße annehmen. Zwar sind solche Effekte schwer abzuschätzen (Oskamp/Snower 2006 für ein dynamisches empirisches Modell), doch ist es offensichtlich, dass sich eigene Anstrengungen deutlich weniger lohnen als bisher, wenn die Alternative ein relativ hohes Grundeinkommen ohne Gegenleistung ist. Insbesondere junge Menschen könnten vor diesem Hintergrund – noch mehr als bisher – Bildung und Ausbildung vernachlässigen, was mittelfristig negative Effekte auf Beschäftigung und Wachstum nach sich ziehen würde.

(3) Soziale Arbeitsnorm

Das Solidarische Bürgergeld zeichnet sich gerade durch das Fehlen eines Arbeitszwanges aus. Damit wird die soziale Arbeitsnorm stark relativiert. Es wird gesellschaftspolitisch akzeptabel, ein leistungsloses Grundeinkommen zu erzielen. Insbesondere die Gruppe der Menschen, deren Einkommen bereits jetzt kaum über dem Existenzminimum liegt, wird sich verstärkt die Frage stellen, weshalb weiterhin in der Leistungsgesellschaft gearbeitet werden soll. Anders formuliert: Die soziale Arbeitsnorm würde über die Zeit erodieren (Lindbeck 2006), der Anteil der Transferempfänger würde zulasten der Steuerzahler zunehmen – mit der Konsequenz steigender Steuerlasten für den verbleibenden Teil der Erwerbstätigen. Es stellt sich dann die Frage, wie stark die Steuerbelastung steigen muss, bis die Steuerzahler durch Steuervermeidung oder Abwanderung reagieren. Diese dynamische Verhaltensanpassung lässt sich empirisch mit den derzeitig verfügbaren Methoden nicht einfangen. Dennoch dürfte es sich um eine höchstrelevante Verhaltensanpassung handeln, die von den Autoren nicht problematisiert wird.

6 Zusammenfassung

Das Solidarische Bürgergeld stellt einen fundamentalen Systemwandel dar. Als bedingungsloses Grundeinkommen hebelt es die in der deutschen Sozialgesetzgebung verankerte Arbeitspflicht aus. Es setzt ausschließlich auf Anreize – im Gegensatz zu Zwangselementen.

Opielka/Strengmann-Kuhn 2006 kommen auf der Basis von statischen Mikrosimulationen zu dem Ergebnis, dass das Solidarische Bürgergeld „bei einer Transferentzugsrate von 80 % und einem Spitzensteuersatz von 35 % oder auch bei einer Transferentzugsrate von 70 % und einem Spitzensteuersatz von 40 % sowohl das Bürgergeld als auch die Gesundheitsprämie in den genannten Größenordnungen kostenneutral finanzierbar sind" (Opielka/Strengmann-Kuhn 2007, S. 22).

Dieser Schlussfolgerung wird in dieser Expertise entschieden widersprochen. Es wird zum einen gezeigt, dass solche weitreichenden Einschätzungen keinesfalls auf der Basis von statischen Mikrosimulationen getroffen werden können. Statische Simulationen blenden Verhaltensreaktionen der Menschen aus und betreiben Buchhaltung. Bei einer fundamentalen Reform des Grundsicherungssystems können jedoch Verhaltensreaktionen der Menschen nicht ausgeklammert werden – sie sind stattdessen für die Einschätzung der Finanzierbarkeit des Solidarischen Bürgergeldes zentral.

Um zumindest einen Eindruck über die Größenordnung der zu erwartenden fiskalischen Effekte zu bekommen, sollten Mikrosimulationsmodelle unter Berücksichtigung von Verhaltensanpassungen mit allgemeinen Gleichgewichtsmodellen kombiniert werden. Doch selbst wenn die modernsten empirischen Methoden angewandt werden: Es bleiben große Unsicherheiten mit Bezug auf die dynamischen Verhaltensanpassungen der Menschen. Unklar sind z. B. die Effekte auf die Qualifizierungsbemühungen und auf die soziale Arbeitsnorm in einer Gesellschaft mit einem bedingungslosen Grundeinkommen. Hier sind aus Sicht des Autors dieser Expertise enorme zusätzliche Finanzbedarfe zu erwarten, weil sich Menschen weniger als bisher qualifizieren und weniger als bisher arbeiten. Bei einem anderen Menschenbild mögen diese dynamischen Verhaltensanpassungen bedeutungslos sein. Die impliziten Annahmen über die Verhaltensanpassungen müssten jedoch offengelegt werden. So könnten z. B.

„menschenbildabhängige" Szenarien mit modernen empirischen Methoden dynamisch simuliert werden, um ein besseres Bild zu den finanziellen Konsequenzen des Solidarischen Bürgergeldes gewinnen zu können. Dazu bedarf es jedoch eines erheblichen Ausbaus des bestehenden empirischen Instrumentariums.

7 Literatur

Boeters, Stefan, Reinhold Schnabel und Nicole Gürtzgen (2006): Reforming Social Welfare in Germany – An Applied General Equilibrium Analysis, German Economic Review, 7, 363–388.

Burtless, Gary (1986): The Work Response to a Guaranteed Income: A Survey of Experimental Evidence, in: Munell, A.H. (Hrsg.): Lesson from the Income Maintenance Experiments, Federal Reserve Bank of Boston and the Brooking Institution, 22–52.

Franz, Wolfgang (2006): Arbeitsmarktökonomik, 6. Auflage, Berlin

Friedman, Milton (1962): Capitalism and Freedom, Chicago.

Friedman, Milton (1968): The Case for the Negative Income Tax, in: Melvin, L. (Hrsg.): Republican Papers, 202–220.

Lindbeck, Assar (2006): Sustainable social spending, International Tax and Public Finance, 13, 303–324.

Mitschke, Joachim (1985): Steuer- und Transferordnung aus einem Guß, Entwurf einer Neugestaltung der direkten Steuern und Sozialtransfers in der Bundesrepublik Deutschland, Schriften zur Organisationspolitik Bd. 2, hrsg. v. Frankfurter Institut für wirtschaftspolitische Forschung, Baden-Baden.

Mitschke, Joachim (1995): Steuer- und Sozialpolitik für mehr reguläre Beschäftigung, Wirtschaftsdienst 75, 75–84.

Opielka, Michael/Strengmann-Kuhn, Wolfgang (2007): Das Solidarische Bürgergeld – Finanz- und sozialpolitische Analyse eines Reformkonzepts. In: Borchard, Michael (Hrsg.): Das Solidarische Bürgergeld – Analysen einer Reformidee. Stuttgart 2007.

Oskamp, Frank u. Dennis Snower (2006): The Effect of Low-Wage Subsidies on Skills and Employment, Kiel Working Paper No. 1292, Kiel.

Rhys-Williams, Lady Juliet E. (1953): Taxations and Incentives, London.

Sachverständigenrat zur Begutachtung der gesamtwirtschaftlichen Entwicklung (2006): Arbeitslosengeld II reformieren: Ein zielgerichtetes Kombilohnmodell, Expertise im Auftrag des Bundesministers für Wirtschaft und Technologie, Wiesbaden.

Sinn, Hans-Werner et al. (2002): Aktivierende Sozialhilfe, Ein Weg zu mehr Beschäftigung und Wachstum, ifo-Schnelldienst Nr. 9, München.

Sinn, Hans-Werner et al. (2006): Aktivierende Sozialhilfe 2006: Das Kombilohn-Modell des ifo Instituts, ifo-Schnelldienst Nr. 2, München.

Spermann, Alexander (2001): Negative Einkommensteuer, Lohnsubventionen und Langzeitarbeitslosigkeit, Finanzwissenschaftliche Schriften Bd. 104, Frankfurt am Main.

Tobin, James (1965): On Improving the Economic Status of the Negro, Daedalus, Journal of the American Academy of Art and Sciences 94, 878–898.

Vaubel, Roland (1996): Aktuelle Möglichkeiten der Einkommenssicherung über eine negative Einkommenssteuer, in: Siebert, Horst (Hrsg.): Sozialpolitik auf dem Prüfstand, Leitlinien für Reformen, 169–195.

Subsidiarität durch Solidarisches Bürgergeld
Stellungnahme unter sozialethischen Gesichtspunkten

Von

Joachim Fetzer

Studie im Auftrag der Konrad-Adenauer-Stiftung

Der Autor:

Professor Dr. Joachim Fetzer, Fachhochschule Würzburg-Schweinfurt, Fakultät für Allgemeinwissenschaften, Lehrgebiet Wirtschaftsethik

Münzstraße 12
97070 Würzburg

Telefon 0931 3511-0/-132
Telefax 0931 3511-327

fetzer@wirtschaftsethik.com
www.wirtschaftsethik.com

Inhalt

1. Das Solidarische Bürgergeld 166

2. Klärung methodischer und normativer Grundlagen 167
   2.1. Zum Verhältnis zwischen sozialethischen Leitvorstellungen und politischen Vorschlägen 167
   2. 2. Im Zentrum: Menschenwürde – Christliche Ethik als Orientierungshilfe 168

3. Das Solidarische Bürgergeld: Im Widerspruch zur christlichen Sozialethik? 171
   3.1. Situationseinschätzung 171
   3.2. Beurteilung der Situation 173
   3.3. Argumente zugunsten des Solidarischen Bürgergeldes 173
   3.4. Wichtige Einwände 176

4. Zusammenfassende Beurteilung 178
   4.1. Ein epochaler Fortschritt 178
   4.2. Die finanziell-strukturelle Komponente 178
       4.2.1 Grenzen der Finanzierbarkeit 178
       4.2.2. Bedingungsloses Grundeinkommen 178
   4.3. Die terminologisch-ideologische Komponente 179
       4.3.1. Der Begriff „Bürgergeld" 181
       4.3.2. Solidaritätsgeld und Solidaritätssteuer 182
   4.4. Fazit: Eine gerechte Gesellschaft braucht staatliche Bekämpfung von Ungerechtigkeiten 183

5. Bisher nicht behandelte Fragestellungen 184

Literatur 187

1. Das Solidarische Bürgergeld

Der Ministerpräsident von Thüringen, Dieter Althaus, hat mit dem Solidarischen Bürgergeld einen – würde er verwirklicht – historischen Vorschlag zur Reform des Steuer- und Sozialsystems der Bundesrepublik Deutschland unterbreitet. Dieser Vorschlag umfasst: (Althaus 2006 a–c und Opielka/Strengmann-Kuhn 2007)

a) ein bedingungslos gewährtes Grundeinkommen von 800 € für Erwachsene und von 500 € für Kinder; dieses enthält 200 € Gesundheitsprämie zur Finanzierung einer Mindestkrankenversicherung. Dieses Grundeinkommen wird großes Bürgergeld genannt. Anstelle des großen Bürgergeldes kann ein kleines Bürgergeld von 400 € (inklusive der Gesundheitsprämie) gewählt werden (siehe b).

b) eine Reform des Einkommensteuersystems mit zwei Steuersätzen von 25 % und 50 %, die in Koppelung an die Höhe des Bürgergeldes wählbar sind. Diese sind so ausgestaltet, dass oberhalb der Transfergrenze von monatlich 1600 € das kleine Bürgergeld und damit der Steuersatz A von 25 % gewählt wird und unterhalb der Transfergrenze das große Bürgergeld und der Steuersatz B von 50 %. Da das Solidarische Bürgergeld als negative Einkommensteuer ausgestaltet ist, entspricht der Steuersatz B einer Transferentzugsrate für Erwerbseinkommen unterhalb der Transfergrenze.

c) die Einführung einer Kranken- und Pflegeversicherungspflicht zu einem Grundtarif in Höhe der Gesundheitsprämie (200 €) mit Wahlfreiheit der Krankenkasse.

d) die Abschaffung eines großen Teils der 155 Sozialleistungen, ausgegeben von 37 Stellen in Verbindung mit dem Wegfall sämtlicher Sozialversicherungsbeiträge.

e) einen bedürftigkeitsabhängigen Bürgergeldzuschlag für Personen mit Behinderung und in besonderen Lebenslagen.

f) eine vom Arbeitgeber zu entrichtende Lohnsummensteuer zur Finanzierung eines Rentenzuschlags von bis zu 600 € monatlich.

g) eine neue Sanktionsmöglichkeit von Straftaten, zum Beispiel von Schwarzarbeit, durch Umwandlung des Bürgergeldes in Gutscheine zum Lebensunterhalt.

Zu diesem Vorschlag liegt – neben den Ausführungen von Dieter Althaus – ein Gutachten von Michael Opielka und Wolfgang Strengmann-Kuhn (Opielka 2007) im Auftrag der Konrad-Adenauer-Stiftung vor, welches im Zentrum die Frage der Finanzierbarkeit eines solchen Systemwechsels hat. Darin wird – in Abgrenzung zu früheren Studien, deren Ergebnis die Nichtfinanzierbarkeit eines Grundeinkommens war – die Möglichkeit eines Systemwechsels nach einigen Modifikationen als realitätsnah dargestellt. Aber auch zu der grundsätzlichen Debatte über „negative Einkommensteuer" und Grundeinkommen gegenüber dem Workfare-Ansatz, zu den Institutionalisierungsformen einer Mindestkrankenversicherung und anderen Aspekten werden dort umfangreiche Aussagen getroffen.

Die folgenden Ausführungen beziehen sich auf den Ursprungsvorschlag von Dieter Althaus und auf die in der Finanzierungsstudie vorgeschlagenen alternativen Steuersätze im Grundmodell 1 (Opielka 2007, Abschnitt 3.3.1).

2. Klärung methodischer und normativer Grundlagen

2.1 Zum Verhältnis zwischen sozialethischen Leitvorstellungen und politischen Vorschlägen

Die normativen Impulse der christlich-sozialethischen Tradition lassen sich nicht einfach intuitiv in politische Maßnahmen übersetzen, wie sich auch die Wirkungen christlicher Traditionen nicht selten auf sehr indirektem Wege zu gesellschaftlichen Institutionen verdichten.[1]

In handlungsorientierender Absicht ist von mindestens drei Argumentationsebenen auszugehen:

1a: Der normativen Begründungsebene, auf der zumindest für gemeinsame Traditionsbezüge häufig auf einen weitgehenden Konsens zurückgegriffen werden kann. Dieser betrifft regulative Ideen wie Freiheit, Verantwortung, Solidarität und Subsidiarität, Menschenwürde und ähnliche.

1b: Die zeitbezogene, präzisierte Explikation dieser regulativen Ideen führt bereits in breitere normative Konflikte.

2: Analysen der Gegenwart im Hinblick auf Situationsbedingungen, Wirkungszusammenhänge und ähnliche.

3: Konkrete politische Vorschläge.

Gemeinsame sozialethische Aussagen der ersten Ebene können – bei divergierenden Einschätzungen der Gegenwart – durchaus zu unterschiedlichen politischen Vorschlägen führen. Dies ist bekannt. Weniger bekannt ist jedoch der – sachlich notwendige –

---

[1] Am bekanntesten hierfür ist Max Webers Protestantismus-Kapitalismus-These, zu anderen Zusammenhängen von christlichen Traditionen und modernen Institutionen (vergleiche Fetzer 2003).

Umkehrschluss, dass es auch gemeinsame politische Vorschläge (Ebene 3) von Menschen und Gruppierungen geben kann, deren präzisierte regulative Ideen (Ebene 1b) sehr weit voneinander entfernt liegen. Die Prüfung des Vorschlags Solidarisches Bürgergeld setzt bei einem konkreten Vorschlag an und prüft diesen daraufhin, ob er mit Grundprinzipien christlicher Sozialethik zu rechtfertigen ist. Selbst im Falle einer positiven Kompatibilität muss für den politischen Prozess in Rechnung gestellt werden, dass ein Instrument wie das Solidarische Bürgergeld auch für andere Zwecke genutzt werden kann.

Diese methodische Vorbemerkung ist deshalb wichtig, weil die Befürworter und Gegner eines Grundeinkommens teilweise sehr unterschiedliche Grundvorstellungen von einer „guten und gerechten Gesellschaft" haben. Ein bedingungsloses Grundeinkommen in Verbindung mit einer negativen Einkommensteuer kann einerseits als probates Mittel gehandelt werden, um spezifische Probleme der wettbewerblichen Arbeitsgesellschaft (nämlich die Integration von Menschen, deren Arbeitsproduktivität nicht ausreicht, ihr Existenzminimum zu sichern) bewältigen zu helfen, während die Grundnormen „Integration durch Erwerbstätigkeit" und „Sozial ist, was Arbeit schafft" aufrechterhalten bleiben (in diesem Sinne Schramm 1998). Ein bedingungsloses Grundeinkommen wird aber auch propagiert, um den Einstieg in eine zukünftige Nacharbeits- oder Konsumgesellschaft zu erreichen, in der die technologisch gestiegene Produktivität als gesamtgesellschaftliche Produktivität angesehen wird, die entsprechend zu verteilen ist, und gesellschaftliche Integration nicht vorzugsweise durch Arbeit, sondern durch Schaffung von Konsummöglichkeiten erreicht wird.[2]

2.2. Im Zentrum: Menschenwürde – christliche Ethik als Orientierungshilfe

Als Versuch, gemeinsame normative Grundlagen (methodische Ebenen 1a und 1b) christlicher Soziallehre in ökumenischer Zusammenarbeit zu formulieren, kann das von der Konrad-Adenauer-Stiftung veröffentlichte Dokument „Im Zentrum: Menschenwürde. Politisches Handeln aus christlicher Verantwortung" (Vogel 2006) gelten.

Für den hier interessierenden Zusammenhang relevant sind vor allem die Passagen zu Subsidiarität und Solidarität (in dieser Reihenfolge!), zur unterschiedlichen und gemeinsamen Würde, zur sozialen Gerechtigkeit und zum Begriff der Menschenwürde als solcher.

---

[2] In Richtung dieser Bloch'schen Utopie argumentiert Meireis in der aktuellen Ausgabe der Zeitschrift für Evangelische Ethik (Meireis 2006).

(1) Menschenwürde

„Menschenwürde ist ... der jedem Menschen eigene, weil mit seinem Dasein gegebene und darum objektive Anspruch auf Achtung als Mensch." (Vogel 2006, S. 21) „Dies impliziert, dass kein Mensch sich sein Lebensrecht oder seine Menschenwürde erst durch seine Fähigkeiten oder Leistungen verdienen muss, sondern dass diese ihm mit seinem Dasein gegeben sind." (Vogel 2006, S. 17)

Lebensrecht und Anspruch auf Achtung hat nicht „der Mensch" als Gattungswesen, sondern jeder „konkrete Mensch als Individuum in Gemeinschaft" (Vogel 2006, S. 18). Leben lässt sich zerstören und Achtung lässt sich mit Füßen treten. Lebensrecht und der Anspruch auf Achtung kann nicht verloren gehen und muss gerade daher geschützt werden – eine primäre Aufgabe des Staates.

(2) Subsidiarität

Das in diesem Begriff der Menschenwürde zum Ausdruck gebrachte Bild des Menschen ist nicht beliebig. Es impliziert bestimmte Aspekte des guten Lebens. So „gehört nach christlichem Verständnis zur Würde des Menschen, Verantwortung für sich selbst, für das eigene Leben, für die eigenen Angehörigen tragen zu dürfen und zu sollen, wo und soweit dies möglich ist. Das ist nicht mit der Menschenwürde identisch, resultiert aber aus ihr. Es handelt sich dabei einerseits um das *Recht*, andererseits um eine *Pflicht*, durch eigene Arbeit seinen Lebensunterhalt zu verdienen und durch eigene Entscheidung und Vorsorge seine Lebensplanung zu gestalten. Im Prinzip der *Subsidiarität*, das eng mit dem christlichen Menschenbild verknüpft ist, kommt dieses Moment der persönlichen Verantwortung ... zum Ausdruck" (Vogel 2006, S. 30)

Der Anspruch auf Achtung richtet sich nicht nur an andere, sondern auch an sich selbst. Sich selbst als Mensch zu achten heißt: zunächst Verantwortung für das eigene Leben, für die Mittel zum Leben und für die einem unmittelbar anvertrauten Menschen zu übernehmen. Eine Gesellschaft, die dies vergisst oder systematisch Anreize setzt, diese Pflicht zu missachten, entspricht nicht dem christlichen Bild vom Menschen. Christlich orientierte Politik hat deutlich zu machen, dass ein an Eigenverantwortung orientiertes Leben nicht eine zu wählende Lebensform neben anderen ist, sondern in besonderer Weise dem christlichen Menschenbild entspricht.

(3) Solidarität

Der Anspruch auf Achtung ist freilich mit dem Menschsein selbst gegeben und nicht von Leistung abhängig. Selbst wo Menschen dem skizzierten Menschenbild nicht gerecht werden, zum Beispiel Selbstachtung und Pflicht zur Arbeit negieren, bleibt ihr Lebensrecht und ihr Achtungsanspruch als Menschen erhalten. „Darüber hinaus leitet die Menschenwürde als Anspruch auf Achtung zu einer besonderen Aufmerksamkeit, Achtsamkeit und Zuwendung denen gegenüber an, die sich selbst nicht helfen und für ihre Lebenserfordernisse wirksam eintreten können." (Vogel 2006, S. 31) Freiwillige, vertragliche und auch gesetzlich geregelte und verpflichtende Formen der Solidarität ergänzen sich dabei gegenseitig.

(4) Differenzierende und gemeinsame Würde

Die jedem zukommende Menschenwürde beruht auf der Gemeinsamkeit des Menschseins. Zu diesem Menschsein gehört es, ein je spezifisches und unverwechselbares Individuum in Gemeinschaft zu sein. Nicht besondere Leistung konstituiert diese Würde, aber genauso wenig beruht sie auf einer unterstellten oder anzustrebenden Gleichförmigkeit der Individuen. „Die Stärke des gemeinsamen Begriffs der Menschenwürde bewährt sich gerade dort, wo der differenzierende Aspekt der Würde nicht hinter einer falschen Vorstellung von Gleichheit als Gleichförmigkeit zum Verschwinden gebracht wird. Eine Gesellschaft, die solche Differenzierungen von Würde aufgrund von Lebensleistung oder gesellschaftlicher Stellung nicht wahrnimmt und achtet, beschädigt langfristig sich selbst." (Vogel 2006, S. 19)

(5) Soziale Gerechtigkeit

Materielle Gleichheit kann kein Ziel christlich orientierter Politik sein. Selbst eine wie auch immer zu definierende „Einheitlichkeit der Lebensverhältnisse" ist fragwürdig. Gleichzeitig ist es aber „mit der Menschenwürde unvereinbar, wenn Einzelnen oder ganzen Gruppen der ihnen zustehende und von ihnen zum Leben benötigte Anteil an Entwicklungsmöglichkeiten willkürlich vorenthalten wird und sie dadurch in Armut, Not und Elend getrieben werden. Dabei kann die Grenze der Verantwortung auch für soziale Gerechtigkeit nicht mit den Grenzen des je eigenen Landes zusammenfallen." (Vogel 2006, S. 33)

(6) Keine Nacharbeitsgesellschaft

Schon durch diese kurzen Bemerkungen sollte für die Diskussion des Bürgergeldvorschlags aus sozialethischer Sicht zumindest eines deutlich sein: Die durch Arbeit vermittelte Teilhabe an der Gesellschaft gehört zum christlichen Verständnis menschenwürdigen Lebens. Dabei muss es sich nicht notwendigerweise um monetär entlohnte Erwerbsarbeit handeln. Ob das Bürgergeld eine geeignete Form ist, die Achtung gegenüber nicht oder nicht hinreichend entlohntem gesellschaftlichem Engagement auszudrücken, gehört zu den hier nicht hinreichend diskutierten Themen (siehe unten 5.). Eine Nacharbeitsgesellschaft oder Konsumgesellschaft, in der „das Recht und die

Pflicht, durch eigene Arbeit seinen Lebensunterhalt zu verdienen" aufgehoben sind, liegt jedenfalls nicht auf der hier vertretenen Linie christlicher Sozialethik. Aus der stärker mit der Reformation verbundenen Tradition des Berufsbegriffs könnten – was hier unterbleibt – weitere Argumente für diese Position gewonnen werden.

3. Das Solidarische Bürgergeld: Im Widerspruch zur christlichen Sozialethik?

Der Vorschlag des Solidarischen Bürgergeldes scheint zunächst den genannten Prinzipien der Sozialethik, insbesondere dem der Subsidiarität zu widersprechen. Eine Beurteilung eines politischen Vorschlags kann jedoch – wie dargelegt – nicht erfolgen ohne einen Blick auf die gegenwärtige Situation und deren Beurteilung.

3.1. Situationseinschätzung

(1) Relativ unstrittig ist, dass nach wie vor Arbeitslosigkeit und dabei vor allem Langzeitarbeitslosigkeit das wichtigste soziale Problem darstellt. Nach aller Voraussicht wird sich dieses Problem nicht von selbst mit der demografischen Veränderung „auswachsen". Gegen diese Annahme spricht zunächst, dass die deutsche Arbeitsmarktproblematik einerseits mit nicht marktgerechten Löhnen und andererseits mit nicht der Arbeitsnachfrage entsprechenden Qualifikationen zu tun hat. Insbesondere Arbeit mit geringem Qualifikationsanspruch ist entweder im Rahmen deutscher Lohnniveaus zu teuer oder schlicht nicht im nötigen Umfang vorhanden.

(2) Doch das Problem sitzt tiefer. Sowohl das Arbeits- wie das Sozialrecht gehen von einem Normalarbeitsverhältnis aus: Arbeit ist abhängige Erwerbsarbeit, Vollzeitarbeit und mindestens existenzsichernd entlohnt; Erwerbsbiografien sind kontinuierlich, ausreichend lang und allenfalls durch kurze Arbeitslosigkeitszeiten unterbrochen; der Mann ist Familienernährer und der einkommens- und sozialpolitische Status der Frau und der Kinder ist davon abgeleitet.

Das Arbeitsrecht normiert nun in folgendem Sinne: Wenn ein Arbeitsverhältnis geschlossen wird, dann soll es bestimmten Anforderungen genügen. Die Debatte über gesetzliche Mindestlöhne zielt genauso darauf, diese Norm zu erzwingen, wie der mittlerweile etwas erlahmte Kampf gegen sogenannte Scheinselbstständigkeit.

Das Sozialrecht macht diese Norm zur Annahme: Wenn ein Arbeitsverhältnis dieses bestimmten Typs vorliegt, dann knüpfen sich daran Rechte zum Bezug sozialstaatlicher Leistungen (so schon Vobruba 1990 und Fetzer 1999).

Solange die Inhalte von Normalitätsnorm im Arbeitsrecht und Normalitätsannahme im Sozialrecht deckungsgleich sind und ausreichenden Realitätsbezug aufweisen, ist dieses Verhältnis unproblematisch. Die höher gelagerten Sicherungssysteme (gesetzliche Krankenversicherung, gesetzliche Rentenversicherung, Arbeitslosenversicherung) funktionieren dann. Sozialhilfe bleibt dann wenigen Ausnahmefällen vorbehalten und wird deshalb nach Bedürftigkeitsprüfung im Einzelfall gewährt. Faktisch ist sie – jetzt im Zusammenspiel mit Arbeitslosengeld II – aber systemwidrig zur Grundsicherung geworden. Diese Systemwidrigkeit zeigt sich in den teilweise absurden – von manchen als entwürdigend angesehenen – Debatten bei Bedürftigkeits- und Arbeitsfähigkeitsprüfungen. Was in der seltenen Einzelfallbeurteilung sinnvoll ist, kann als massenhaft eingesetztes und notwendigerweise mit der Norm der Gleichbehandlung verbundenes rechtsstaatliches Instrument zum Bürokratiemonster werden. Persönliche Zuwendung, Fördern und Fordern, eine ganzheitliche Sicht auf den Klienten wird daher zu Recht im Bereich Arbeitsförderung angestrebt. Dies kollidiert aber einerseits mit der personellen Ausstattung in Behörden und Arbeitsagenturen. Andererseits stellen Sozialhilfe und Arbeitslosengeld II eine massenhaft angewandte Grundsicherung dar, weil die höher gelagerten Sicherungssysteme versagen, die wiederum den Realitätsbezug von Normalitätsnorm und Normalitätsannahme voraussetzen.

Genau dieser Realitätsbezug ist aber immer weniger gegeben. Dabei spielt die Deregulierung des Arbeitsrechts eine Rolle, aber auch Wandlungen der Arbeitsmarktsituation, der gestiegene Druck auf Lohngruppen, die gewachsene Volatilität von Beschäftigungsverhältnissen, die Veränderung von Rollenmustern zwischen Männern und Frauen, Ein-Eltern-Familien etc.

(3) Am deutlichsten wird dieses Missverhältnis am Faktum der sogenannten Arbeitslosenfalle, die häufig auch eine Armutsfalle ist. Wer seine Existenz aus Gründen zu geringer Qualifikation oder wegen anderer Einschränkungen seines Arbeitsangebots nicht selber decken kann, wird zwar von der Solidargemeinschaft unterstützt – zum Beispiel durch Sozialhilfe oder Arbeitslosengeld II. Eigene Arbeitseinkommen können in dieser Situation aber kaum noch einen Beitrag zur Existenzsicherung leisten. Sie werden von einem geringen Freibetrag abgesehen auf das Arbeitslosengeld II angerechnet. Dies führt zu einer Transferentzugsrate, gewissermaßen einem Grenzsteuersatz, von 80 bis 90%.

Nicht allein aufgrund, aber gefördert durch dieses System kommt es zunehmend zu Abspaltungen aus der Arbeitsgesellschaft. Der im internationalen Vergleich hohe Anteil an Langzeitarbeitslosen an allen Arbeitslosen ist dafür das deutlichste Indiz. Gelegentlich wird auch die Kombination von Sozialhilfe und Arbeitslosengeld II in Verbindung mit Schwarzarbeit attraktiver als der ohnehin aussichtslose Versuch, in den Bereich hoch produktiver und dann gut entlohnter Arbeit mit entsprechender sozialer Absicherung vorzudringen. Vor diesem Hintergrund ist es schon eher erstaunlich, welch große Zahl von Menschen sich der Mühe eigener Arbeit mit teilweise sehr niedrigen Einkommen unterzieht.

3.2 Beurteilung der Situation

(1) Wie ist diese Situation zu beurteilen? Aus sozialethischer Perspektive kann es dabei nicht nur und nicht primär um die volkswirtschaftlichen Kosten der Arbeitslosigkeit gehen, so wichtig diese sind. Viel entscheidender ist, dass das Prinzip der Subsidiarität durch die Arbeitslosenfalle eklatant verletzt wird. Wer im Bereich von Sozialhilfe und Arbeitslosengeld II lebt, dem wird zwar nicht das Recht auf Arbeit entzogen, durch die hohe Transferentzugsrate allerdings sehr wohl das Recht, durch diese Arbeit einen relevanten Beitrag zum eigenen Lebensunterhalt zu erwirtschaften. Dem könnte derzeit nur durch das staatlich zu garantierende Recht auf einen existenzsichernden Vollzeitarbeitsplatz abgeholfen werden, einer Idee, die mit einer grundsätzlich marktwirtschaftlichen Ordnung nicht zu vereinbaren ist. Dieses mangelnde Recht auf eigene Lebenssicherung kann fairerweise auch nicht unter der an sich sinnvollen Maxime „Fördern und Fordern" mit staatlichen Auflagen als Pflicht zur Arbeit (genauer gesagt als Pflicht, bestimmte Formen von Arbeit anzunehmen) substituiert werden.

(2) Hinzu kommt, dass es eine Absurdität darstellt, ausgerechnet in diesem Einkommensbereich den Aspekt der differenzierenden Würde „mehr Leistung, mehr Einkommen" fast vollkommen zurückzunehmen. In diesen Zusammenhang gehört auch die hier nicht neu aufzunehmende Debatte über das Lohnabstandsgebot, welches sich mit Realisierung des Althaus-Vorschlages erübrigen würde.

3.3 Argumente zugunsten des Solidarischen Bürgergeldes

(1) Beendigung einer strukturellen Ungerechtigkeit

Das aus sozialethischer Sicht wichtigste Argument für das Solidarische Bürgergeld ist, dass die genannte eklatante und staatlich induzierte Verletzung des Subsidiaritätsprinzips und des Prinzips der Leistungsgerechtigkeit durch Umsetzung des Vorschlages mit großer Wahrscheinlichkeit beendet würde. Richtigerweise wird als das wichtigste

Argument für ein Grundeinkommen mit negativer Einkommensteuer gesehen, „den Übergang aus und in den Arbeitsmarkt in allen Lebensphasen und für alle Bürgerinnen und Bürger offenzuhalten" (Opielka 2007, S. 30). Voraussetzung dafür ist allerdings, dass der genannte Steuersatz B im Bereich um die 50 % verbleibt und – sollte dies nicht finanzierbar sein – auch über eine Absenkung des Grundeinkommens nachgedacht wird.

(2) Niedriglohnsektor

Das Solidarische Bürgergeld ist nichts weniger als die Zerschlagung eines Systems, welches auf der oben genannten Normalitätsnorm und Normalitätsannahme beruht. Kritiker eines Grundeinkommens sehen dies sehr genau. Wenn im Sozialrecht die Normalitätsannahme fällt, wird sie als Normalitätsnorm im Arbeits- und Tarifrecht auch nicht zu halten sein.

Zu erwarten ist die Entstehung eines Bereichs von Niedriglöhnen, die für sich alleine genommen keine existenzsichernden Einkommen ermöglichen. Zu einem solchen Niedriglohnsektor (unter anderen institutionellen Bedingungen) liegt eine sozialethische Bewertung von Joachim Wiemeyer im Hinblick auf die verschiedenen Begriffe von Gerechtigkeit vor, die in ihrer sozialethischen Argumentation auf die Fragestellung des Solidarischen Bürgergeldes übertragen werden kann, was hier zurückgestellt wird.

Im Ergebnis ist Wiemeyer zuzustimmen: „Für die Christliche Sozialethik hat das Anliegen, alle Bürger durch Arbeit und Einkommen an den gesellschaftlichen Möglichkeiten teilhaben zu lassen, eine hohe Bedeutung. Der Niedriglohnsektor ist legitim, wenn er die Lebenslage von wenig qualifizierten Langzeitarbeitslosen und Arbeitslosen mit geringen Chancen am Arbeitsmarkt dauerhaft verbessert, indem sie ihre Existenz durch eigene Erwerbstätigkeit (ergänze: teilweise) selbstständig sichern und auch am gesellschaftlichen Leben teilnehmen." (Wiemeyer 2005, S. 31)

Auch die 2006 erschienene Armutsdenkschrift der Evangelischen Kirchen in Deutschland nimmt ohne Vorbehalte einen sozial abgesicherten Niedriglohnbereich als Instrument der Integration von Menschen mit geringen Qualifikationen in den Arbeitsmarkt in den Blick (Evangelische Kirche in Deutschland 2006, Ziffern 96 und 98).

Das Solidarische Bürgergeld beendet – so muss man annehmen – eine Situation, in der relevante Teile der Bevölkerung von ihrem Recht auf eine eigenständige Lebenssicherung durch Arbeit ausgeschlossen werden, um dadurch den Status quo und die oben genannte Normalitätsnorm und Normalitätsannahme für die Mehrheit der Beschäftigten zu sichern. Diese derzeitige Funktionalisierung der Schwächeren zugunsten der Stärkeren muss als willkürlich erscheinen und verletzt daher in eklatanter Weise die Norm der sozialen Gerechtigkeit im oben genannten Verständnis.

(3) Vermögensbildung

Ein weiteres aus dem Subsidiaritätsgedanken abgeleitetes Argument spricht für den Systemwechsel. Zu einer möglichst eigenständigen Existenzsicherung auch im Familienverbund gehört – sofern möglich – der Aufbau eines zumindest bescheidenen eigenen Vermögens. Die derzeitigen Sicherungssysteme liefern diesbezüglich keinen Anreiz, weil die mit dem Leistungsanspruch einhergehenden Bedürftigkeitsprüfungen einen weitgehenden Verzehr des eigenen Vermögens voraussetzen. Dies betrifft nicht nur die Bezieher von Sozialhilfe und Arbeitslosengeld II, sondern alle Menschen, die im Laufe ihrer Berufsbiografie mit temporärer Arbeitslosigkeit rechnen müssen. Da die Bezugsdauer des Arbeitslosengeldes I verkürzt wurde und aus anderen Gründen eher weiter verkürzt werden sollte, entsteht hieraus ein Negativanreiz zum Vermögensaufbau.

(4) Pluralisierung der Arbeitsformen

Das Recht und die Pflicht zur Existenzsicherung durch eigene Arbeit im Sinne des Subsidiaritätsprinzips darf nicht verwechselt werden mit dem Recht und der Pflicht, der Normalitätsnorm einer reifen Industriegesellschaft zu entsprechen, nämlich einer hoch qualifizierten Vollzeiterwerbstätigkeit nachgehen zu müssen. Nur scheinbar widerspricht ein bedingungslos gewährtes Grundeinkommen der guten Norm des Vorrangs der Eigenverantwortung. In Wirklichkeit wird diese durch den leichteren Arbeitsmarktzugang eher gefördert – unter Beibehaltung solidarischer Unterstützung bei nicht existenzsichernden Einkommen.

(5) Ordnungsethische Umsetzung des Subsidiaritätsprinzips

Ein weiteres Argument für den Vorschlag des Solidarischen Bürgergeldes ergibt sich aus der in der modernen wirtschaftsethischen Diskussion entwickelten Unterscheidung von Handlungsethik und Bedingungsethik oder Ordnungsethik (vergleiche die instruktive Zusammenfassung bei Homann 2000). Traditionelle Handlungsethik wendet das Subsidiaritätsprinzip als handlungsethische Norm an und rekurriert folgerichtig auf moralische Appelle und Sanktionen. Der moralische Appell lautet sinngemäß „Haare schneiden und Leistungswillen zeigen!" wie zum Beispiel in der Auseinandersetzung zwischen dem Langzeitarbeitslosen Henrico Falk und dem SPD-Vorsitzenden Kurt Beck im Dezember 2006. Sanktionen für die Verletzung dieser handlungsethischen Norm in jedem Einzelfall zu verhängen ist (neben der Anrechnung von Einkommen und Vermögen) eine der besonders schwierigen Aufgaben in der Umsetzung der Hartz-IV-Regularien.

Moralische Appelle und individuelle Sanktionen sind als gesellschaftliche Steuerungselemente unter den Bedingungen vormoderner und überschaubarer kleiner Gemeinschaften mit hinreichender „face-to-face"-Kontrolle auch sinnvoll. Für moderne Gesellschaften, die gekennzeichnet sind durch eine Pluralität von Lebenskonzepten, durch individuelle Mobilität, durch Wachstumsorientierung und eine abnehmende Bedeutung der informellen wechselseitigen Kontrolle, müssen moralische Prinzipien in Anreize übersetzt werden, um gesellschaftlich wirksam zu sein. Das Solidarische Bürgergeld lässt sich in seiner Ausgestaltung als negative Einkommensteuer als angemessene ordnungsethische Implementierung des Subsidiaritätsprinzips ansehen. Nicht moralische Appelle, sondern Anreize unterstützen das Recht und die Pflicht zur aktiven und durch Arbeit vermittelten Teilhabe an der Gesellschaft. Nicht nur die Einfachheit und Transparenz, sondern die einer modernen und komplexen Gesellschaft bessere Angemessenheit sprechen – auf der Institutionalisierungsebene – für das Solidarische Bürgergeld.

3.4 Wichtige Einwände

Drei wichtige Einwände sprechen gegen ein Grundeinkommen in Gestalt einer negativen Einkommensteuer:

(1) Der erste Einwand bezieht sich auf die Finanzierbarkeit. Darauf wird im abschließenden Fazit kurz Bezug genommen.

(2) Der zweite Einwand bezieht sich auf das Verständnis eines Grundeinkommens als „Arbeitsplatzverzichtsprämie". Inwiefern werden Menschen – statt ihnen Arbeitsmöglichkeiten zu geben – für den Verzicht auf einen Arbeitsplatz entlohnt? Ob ein Grundeinkommen diesen Charakter hat, hängt entscheidend davon ab, ob die Funktion der negativen Einkommensteuer als Möglichkeit wirkt, leichter in den Arbeitsmarkt – und zwar auch partiell als Teilzeit oder Ähnliches – einzusteigen. Den Charakter der „Arbeitsplatzverzichtsprämie" verliert das Bürgergeld auch dann, wenn es in seiner Höhe noch etwas unter das sogenannte (und kritikwürdige) soziokulturelle Existenzminimum abgesenkt wird. Dies ist vertretbar, sobald ausreichend Arbeitsangebote existieren, die ein Niedrigeinkommen (sei es durch niedrige Löhne oder durch einige Stunden Erwerbstätigkeit) gewährleisten, durch welches die überwiegende Mehrzahl der Betroffenen in Zusammenhang mit dem Grundeinkommen wieder das soziokulturelle Existenzminimum überschreitet.

(3) Der dritte und entscheidende Einwand zielt auf die mit einer staatlichen Grundsicherung verbundene Gefahr gesellschaftlicher „mentaler Deformationen". Wird mit diesem Grundeinkommen nicht der Gedanke hoffähig und selbstverständlich

gemacht, dass der Staat für die Einkommenssicherung der Bürger aufkommen muss: „Wenn das Finanzamt ein Bürgergeld auszahlt, wird man sich daran gewöhnen, dass ein Unterhaltsanspruch an den Staat ganz allgemein definiert ist. Das Anspruchsdenken wird institutionalisiert." (Siebert zitiert nach Schramm 1998, S. 254) Inwiefern ist das nicht konditionierte Bürgergeld ein Anreiz und eine Verleitung zur Faulheit?

Diese Gefahr ist sehr ernst zu nehmen – insbesondere in einem Land, in dem ohnehin allzu große Erwartungen an den Staat gerichtet werden anstatt an sich selbst und seine Mitbürger. Der Wohlfahrtsstaat ist in einem viel zu großen Maß in eine Allzuständigkeitsposition geraten.

Dieses Argument wäre allerdings nur dann unmittelbar schlagend, wenn es derzeit keine Grundsicherung gäbe. Faktisch gibt es diese bereits, allerdings in einer Institutionalisierungsform, die – entstanden aus der Idee bürgernaher, daher kommunaler Einzelfallhilfe in Ausnahmefällen – in ihrer Struktur als allgemeine Bürgerabsicherung nicht geeignet ist. Ob die nach den sogenannten Hartz-IV- Reformen eingeleitete stärkere Konditionierung tatsächlich in den nötigen Fällen dieses Fehlverständnis als selbstverständlicher Anspruch aufzuheben vermag, erscheint zweifelhaft.

„Wer nicht arbeiten will, soll auch nicht essen?" Dieses paulinische Diktum weist auf die Pflicht zur Arbeit analog zum beschriebenen Verständnis des Subsidiaritätsbegriffs hin. Aber ist diese individualethische Pflicht durch Konditionierung letztlich obrigkeitsstaatlich organisierter Sozialleistungen durchzusetzen? Vermutlich nicht. Flächendeckende und auf alle individuellen Lebenslagen passende Sanktionen scheitern wohl an der Notwendigkeit, solche Sanktionen nach einheitlichen Standards zu gestalten, abgesehen davon, dass der Prüfung des Arbeits-„Willens" ohnehin systematische Grenzen gesetzt sind.

Die ernsthafte Bereitschaft zu diesem Vorgehen würde auch den gesellschaftlichen Willen voraussetzen, in größerem Umfang das Betteln wieder zu akzeptieren oder auch bürgerliche Freiheitsrechte einzuschränken. Die individualethische Pflicht zur Arbeit kann nicht ohne Weiteres Zwangsarbeit und Arbeitslager im Sinne von „Bootcamps" (Trainingslagern für Rekruten) begründen. Auch das wäre ein von Argumentationsebene 1 auf 3 springender Kurzschluss. Außerdem kollidiert (nicht die Pflicht zur Arbeit, sondern) dieser Versuch der Erzwingung mit dem Lebensrecht und dem Achtungsanspruch jedes Menschen. Wo Menschen den Bezug zu einem Leben in Arbeit verlieren, benötigen sie mehr als obrigkeitlichen Druck, sondern Aufmerksamkeit und auch Führung. Sozialpädagogische Arbeit erscheint hier der Solidaritätsnorm angemessener als ein misstrauisches Kontrollieren und Verstecken im Rahmen von Bedürftigkeits- und Arbeitsfähigkeitsprüfungen. Verwaltungsorganisationen (Leistungserbringer der Grundsicherung) sind keine „Erzieher".

Das Argument denkbarer „mentaler Deformationen" alleine kann die Sinnhaftigkeit des Solidarischen Bürgergeldes nicht widerlegen. In der Umsetzung ist das Argument allerdings sorgsam zu durchdenken. Im Kern muss es um die Frage gehen, wie ein unter sozialethischen Gesichtspunkten zu begrüßender Vorschlag gegen die Instrumentalisierung in Richtung einer ganz anderen Grundnorm (siehe oben 2.1.) geschützt werden kann. In der zusammenfassenden Beurteilung werden hierzu einige Vorschläge gemacht.

4. Zusammenfassende Beurteilung

4.1. Ein epochaler Fortschritt

Der Vorschlag von Ministerpräsident Althaus ist in der Ausgestaltung des Transfer- und Steuersystems – ließe er sich finanziell und politisch verwirklichen – ein epochaler Fortschritt, der geeignet ist, historisch entstandene und strukturell verfestigte Dysfunktionalitäten des gegenwärtigen Sozialsystems (siehe oben 3.1. und 3.2.) zu überwinden.

Er ist mit einem christlich geprägten Verständnis von Menschenwürde, wie es in der Publikation „Im Zentrum: Menschenwürde" der Konrad-Adenauer-Stiftung vorgestellt wurde, im Grundsatz gut vereinbar (siehe oben 3.3. und 3.4.).

4.2. Die finanziell-strukturelle Komponente

Institutionelle Einwände gegen das Konzept bestehen vor allem in zweierlei Hinsicht:

4.2.1. Grenzen der Finanzierbarkeit

Nach derzeitigem Kenntnisstand (Opielka 2007) ist die Finanzierbarkeit des Solidarisches Bürgergeldes ohne Modifikationen *nicht* gegeben. Die vorgeschlagenen Modifikationen sind nach der hier vertretenen Auffassung *nicht* marginal. Ein Modifikationsvorschlag besteht darin, die Steuersätze A und B von 25 % und 50 % auf 30 % und 80 % oder auf 40 % und 70 % zu verändern. Hierdurch würde eine Finanzierbarkeit möglich. Diese Veränderung nimmt dem Vorschlag erheblich an Attraktivität und reduziert die politische Durchsetzbarkeit. Dem Autor dieser Stellungnahme erscheint aber die Einführung eines solchen modifizierten Systems aufgrund der Vorzüge des Systemwechsels trotzdem wünschenswert, allerdings nur unter der Voraussetzung, dass der Steuersatz B in der Nähe der 50 % verbleibt. Wenn überhaupt, dann käme nur der Vorschlag 40 %

und 70 % in Frage. Andernfalls fallen die entscheidenden Argumente aus sozialethischer Sicht weg. Modellrechnungen mit einem begrenzt abgesenkten Grundeinkommen liegen (noch) nicht vor.

4.2.2. Bedingungsloses Grundeinkommen

Ein zweiter Einwand bezieht sich auf den Aspekt der Bedingungslosigkeit des Grundeinkommens.

(1) Aus grundsätzlich sozialethischen Erwägungen heraus ist eine solche Bedingungslosigkeit *nicht* zu begründen. Ein sozialethisch begründbares Recht auf ein bedingungsloses Einkommen gibt es nach der hier vertretenen Auffassung *nicht*.

Die Auffassung, dass die staatliche Garantie der „Würde des Menschen ... den bedingungslosen Anspruch auf ein soziokulturelles Existenzminimum (einschließt)" (Althaus, 2006a) beruht auf einem argumentativen Fehler. Dieser Fehler besteht darin, dass unmittelbar vom Lebensrecht und Achtungsanspruch (Argumentationsebene 1) auf einen bestimmten politischen Vorschlag (Argumentationsebene 3) geschlossen wird. Workfare-Programme, um die andere Seite des Argumentationsspektrums heranzuziehen, sind mit dem Grundsatz einer gerechten und menschenwürdigen Gesellschaft zunächst nicht weniger vereinbar als ein existenzsicherndes Grundeinkommen. Die mit solchen Programmen einhergehende Aufmerksamkeit für Handeln und Leben der Betroffenen spricht sogar eher für diesen Pfad.

Der Anspruch auf menschenwürdige Konsummöglichkeiten ohne eigenes Engagement für die Gesellschaft ist keine universalisierbare Norm und ebenso wenig gehört ein bedingungsloses Grundeinkommen unmittelbar zum Gedanken der Menschenwürde.

Die im Christentum ausgebildete Norm, auch Menschen zu helfen, an deren Unheil man nicht selbst schuld ist (siehe zum Beispiel das Gleichnis vom barmherzigen Samariter oder Gleichnis vom Weltgericht), ist zwar eine Christen-„Pflicht". Die Instanz dieser Pflicht ist aber der Schöpfer und Heiland der Welt, der uns „in den Ärmsten begegnet", woraus sich die „Option für die Schwachen" in der modernen theologischen Sozialethik entwickelt hat. Abgesehen von diesem Transzendenzbezug ist diese Pflicht meines Erachtens nicht zu begründen. Auch der „unter die Räuber Gefallene" hat keinen Rechtsanspruch gegenüber dem Samariter.

(2) Aufgrund pragmatischer Überlegungen wird in dieser Stellungnahme trotzdem für ein bedingungsloses Grundeinkommen plädiert. Der Grund liegt aber nicht in einem aufgrund der Menschenwürde zu garantierenden Recht darauf, sondern in den Nachteilen, welche die Institutionalisierung der Konditionierung mit sich bringt oder mit

sich bringen würde (siehe oben 3.4.3.). Kein finanzielles Transfersystem allein (!) kann die Integration von Menschen in unterschiedlichsten biografischen Situationen in die Mehrheitsgesellschaft beziehungsweise die sehr unterschiedlichen Milieus moderner und pluralistischer Gesellschaften sicherstellen. Die Erwartung, eine Integration in die Arbeitsgesellschaft primär durch die Konditionierung des Grundeinkommens zu erreichen, muss als verfehlt erscheinen (Opielka 2007, S. 41). Abgesehen davon ist fraglich, ob eine (rechts-)staatliche administrierte Lebensformstandardisierung überhaupt wünschenswert ist.

Möglicherweise sind bei Bedürftigkeitsprüfungen auch die bürokratischen Kosten dieser Überprüfungsmaschinerie größer als die eingesparten Transfers. Denn zum einen würde eine Konditionierung der Bürgergeldvergabe sofort ein darunterliegendes Auffangsystem erfordern.[3] Zum anderen betrifft die Überprüfung des Anspruchs nicht nur die Empfänger des vollen Bürgergeldes ohne eigenes Einkommen, sondern auch die Empfänger des Bürgergeldes im Bereich des Steuersatzes B, also im Bereich der negativen Einkommensteuer.[4]

Wo Menschen aus der Gesellschaft ausgeschlossen werden, benötigen sie niemals nur Transfers, sondern andere Menschen, die sie auf ihrem Weg begleiten und gegebenenfalls auch deutlich führen. Um diese pädagogische Möglichkeit insbesondere bei jüngeren Menschen zumindest offenzuhalten, wäre über ein – ergebnisoffenes – Pflichtberatungsgespräch (zum Beispiel im jährlichen Abstand) nachzudenken. Ob im Einzelfall (!) und in konkreten Projekten für diese Führungsaufgabe unter dem Schlagwort „Fördern und Fordern" auch die Konditionierung hilfreich sein kann, wäre mit Fachleuten aus dem Bereich sozialer Fürsorge und Arbeitsförderung getrennt zu untersuchen. Konditionierungen – nicht im Grundsatz, sondern im Einzelfall – sind beispielsweise bei Straffälligkeit ohnehin vorgesehen und können nach dem Systemwechsel diskutiert werden.

Unter diesem Vorbehalt scheint unter derzeitigen europäischen soziokulturellen Bedingungen die Maxime „Anreize statt Sanktionen" die besseren Argumente für sich zu

---

[3] Ohne ein solches „zweites Netz" müsste sich die Gesellschaft an das „Verhungern an der Ecke" oder zumindest das alltägliche Betteln gewöhnen. Man sollte nicht vergessen, dass die Durchsetzung der Arbeitsnorm, die Vertreibung der Bettler aus den Städten und die Einrichtung eines politisch administrierten sozialen Netzes verschiedene Seiten der gleichen Medaille sind. Man kann unter der biblischen Prämisse „Arme habt Ihr allezeit bei Euch" von dieser Logik abrücken. Aber dies erfordert meines Erachtens eine gesonderte Diskussion. Ich sehe weder Sinn noch Notwendigkeit in einer solchen Entwicklung.

[4] Würde man die Konditionierung des Grundeinkommens auf die Empfänger des vollen Bürgergeldes ohne Einkommen beschränken, so würde ein Verdienst von monatlich 50 € plötzlich zum Bezug des unkonditionierten Bürgergeldes berechtigen. Die Zahl dieser Mikrojobs könnte dann aber nicht ein Indiz für gesellschaftliche Arbeitsintegration herangezogen werden, von der Korruptionsanfälligkeit eines solchen Systems ganz zu schweigen.

haben. Der Umstieg auf ein grundsätzlich nicht konditioniertes Grundeinkommen ist daher vorzugswürdig.

(3) Zwischenfazit: Ein bedingungslos gewährtes Grundeinkommen verbunden mit einer negativen Einkommensteuer und einer „flat tax" oberhalb der Transfergrenze ist zu begrüßen.

4.3. Die terminologisch-ideologische Komponente

Der Vorschlag eines Solidarischen Bürgergeldes in der hier diskutierten Form ist mehr als eine Umstellung des Steuer- und Transfersystems. Das Konzept ist – und darauf deuten die gesamte Debatte, die Studie von Michael Opielka und Wolfgang Strengmann-Kuhn sowie die bisher vorliegenden Texte von Dieter Althaus hin – auch geeignet, überkommene und bewahrenswerte Vorstellungen einer guten und der Idee der Menschenwürde angemessenen Gesellschaft grundsätzlich infrage zu stellen.

Diese Bedenken beziehen sich weniger auf die konkrete steuer- und sozialversicherungstechnische Ausgestaltung, sofern sie derzeit in Berechnungen und künftig in Geldströmen zum Ausdruck kommt. Diese Bedenken beziehen sich auf die bisher gewählte Terminologie mit ihrem starken normativen Gehalt.

4.3.1. Der Begriff „Bürgergeld"

Der Begriff „Bürgergeld" führt in die Irre – zentral ist die Subsidiaritätsgrenze. Die Kritik bezieht sich zum einen auf die ordnungs- und gesellschaftspolitischen Folgewirkungen, die zu erwarten sind, wenn die politische Diskussion auf das Instrument eines bedingungslos gewährten Bürgergeldes zur Sicherung eines (bürgerlichen?) Grundeinkommens umgestellt wird. Fast unausweichlich ist die Konsequenz einer Anspruchsinflation, die in den Begleittexten bereits angelegt ist. Die Erwartung von vollständiger sozialer Sicherheit und (materiell konsequenzenloser?) Wahlfreiheit von Lebensformen überfordert den Sozialstaat und leistet der Sakralisierung des Wohlfahrtsstaates in der säkularisierten Gesellschaft (sicher ungewollt) Vorschub.

Der Begriff „Bürger" ist nicht identisch mit dem Begriff „Mensch". Für die künftige Diskussion über die Höhe dieses Grundeinkommens dürfte es von Unterschied sein, ob sich die Diskussion auf die Sicherung eines Mindesteinkommens zur Vermeidung der schlimmsten Formen menschenunwürdiger Armut richtet oder ob das Grundeinkommen als Bürgergeld jedem Mitglied des Staates[5] signalisiert: „Du bist sicher. Du bist

---

[5] Im Bürgergeldkonzept jedes Wohnbürgers nach zwei Jahren Aufenthalt.

,einer von uns' und erhältst den ,einem Bürger angemessenen Anteil' am gesellschaftlichen Wohlstand." In dem Maße, wie sich das letztgenannte Verständnis durchsetzt, ist damit zu rechnen, dass sich die Entfernung des Bürgergeldbetrags vom Durchschnittseinkommen in der politischen Diskussion reduzieren wird. Davon aber sind gravierende Auswirkungen in Richtung „Sozialisierung" auf das gesamte wirtschaftliche System zu erwarten. Die derzeitigen Berechnungen zur Finanzierbarkeit werden durch diese denkbare Anspruchsinflation obsolet.

Im Mittelpunkt der Debatte darf daher nicht die Frage stehen, welches Grundeinkommen (Bürgergeld) für ein Leben in Würde und sozialer Einbeziehung nötig ist. Im Mittelpunkt der Debatte muss stehen, wie Menschen in Eigenverantwortung und Solidarität mit anderen leben können – konkret: wie sie befähigt werden, durch eigene Arbeit unter Umständen mithilfe staatlicher Transfers die Transfergrenze zu erreichen und zu überschreiten. Diese Transfergrenze sollte als zentraler Diskussionspunkt daher eine „runde" und eingängige monetäre Größe sein und mit einem weniger technokratischen, sondern politisch attraktiven Begriff versehen werden. Unter Rückgriff auf die christliche Sozialethik wäre die Benennung als „Subsidiaritätsgrenze" sachgemäß. Für die politische Durchsetzbarkeit ist dieser Begriff noch nicht hinreichend.

4.3.2. Solidaritätsgeld und Solidaritätssteuer

Die beiden Steuersätze sind weder Transferentzugsrate noch (Spitzen-)Steuersatz, sondern Solidaritätsgeld und Solidaritätssteuer. Gedanklich nicht vom Bürgergeld, sondern von dieser Subsidiaritätsgrenze ausgehend, existierte dann für Einkommen oberhalb dieser Grenze ein Steuersatz, welcher – neben der Finanzierung öffentlicher Güter – zur solidarischen Unterstützung der Menschen mit niedrigem Einkommen umverteilt wird. Dieser im Althaus-Vorschlag einheitliche Steuersatz von 25 % (modifiziert 40 %), jeweils reduziert um einen Festbetrag von 400 €, ist zwar technisch gesehen ein Spitzensteuersatz, weil es bei dieser „flat tax" eben nur einen Steuersatz gibt, den man nicht nur Spitzen-, sondern genauso gut Mindest- oder Normalsteuersatz nennen könnte.[6] *Solidaritätssteuer* würde dem Charakter des Vorschlags gut entsprechen.

Deutlich muss bleiben oder werden, dass das Bürgergeld eine solidarische Leistung anderer Bürger ist – eben in der Form verpflichtender Solidarität (siehe oben 2.2.3.). Das Bürgergeld ist kein jedem Bürger zustehender Anteil an den irgendwie vorhandenen

---

[6] Der Steuersatz oberhalb der Transfergrenze würde für den überwiegenden Teil der Beschäftigten Gültigkeit bekommen. Die Benennung dieses „flat tax"-Tarifs als „Spitzensteuersatz" lenkt die Diskussion auf die Frage, wie sich dieser Spitzensteuersatz zum heutigen Spitzensteuersatz (mit oder ohne Reichensteuer?) verhält. Die Debatte wird damit auf das oberste Einkommensspektrum gerichtet statt auf den fiskalisch und gesellschaftspolitisch relevanten Bereich der mittleren Einkommen.

gesellschaftlichen Ressourcen. Ansonsten entsteht die Gefahr einer neuen bürgerlichen Solidarisierung gegen den Staat, nämlich der Steuer zahlenden Normalbürger, für die es in weiten Teilen zum Volkssport geworden ist, „dem Finanzamt ein Schnippchen zu schlagen", und der Transferempfänger, die bei ihren „rent-seeking-activities" im Finanzamt das gleiche Gegenüber haben.

Unterhalb der Subsidiaritätsgrenze ist der Begriff Steuersatz/Transferentzugsrate (im Althaus-Vorschlag von 50 %, modifiziert von 70 %) eher irreführend. Vielmehr handelt es sich um staatliche Unterstützungsleistungen, die man auch so benennen sollte. Ein *Solidaritätsgeld* (finanziert aus der Solidaritätssteuer) wäre die angemessene Bezeichnung. Das Solidaritätsgeld würde X % der Differenz zwischen Transfergrenze und Bruttoeinkommen ausmachen (bei Dieter Althaus wäre X = 50, modifiziert X = 70). Für Menschen ohne eigenes Einkommen würde das maximale monatliche Solidaritätsgeld im Althaus-Vorschlag 800 € betragen.

4.4. Fazit: Eine gerechte Gesellschaft braucht staatliche Bekämpfung von Ungerechtigkeiten

Ein gutes Steuer- und Transfersystem ist nur ein bescheidener Teil einer gerechten Gesellschaftsordnung. Zu einem christlichen Verständnis des Staates und auch des Sozialstaates gehört die Einsicht in dessen Grenzen. Teilhabe- und Leistungsgerechtigkeit kann nicht vom Staat, sondern nur vom Zusammenspiel aller gesellschaftlichen Akteure erwartet werden. Integration in die Gesellschaft, sofern sie den Teilaspekt „Erwerb der Mittel zum Leben" betrifft, kann dauerhaft nur durch eigene Arbeit in ihren unterschiedlichsten Formen erfolgen. Daraus den Schluss zu ziehen, durch rechts- und sozialstaatliche Maßnahmen diese Integration zu erzwingen, ist ein Trugschluss: Ein individuell einklagbares Recht auf Arbeit mit Zwangsmaßnahmen gegenüber den unter Wettbewerbsdruck Effizienzreserven ausschöpfenden Arbeitgebern führt genauso in die Irre wie allzu enge Workfare-Programme, die vielleicht besser zur Bestätigung einer Mittelstandsideologie taugen, denn wirkliche Hilfe zur Selbsthilfe sind.

Die Verwirklichung von Solidaritätssteuer und Solidaritätsgeld zur Erzielung eines Subsidiaritätseinkommens für alle würde zwar nicht Leistungs- und Teilhabegerechtigkeit für alle Bürgerinnen und Bürger schaffen können – von den Menschen ohne deutsche Staatsbürgerschaft oder Wohnort ganz abgesehen. Aber sie würde den derzeitigen Status quo positiv verändern, in dem das Arbeits-, Sozial- und Steuerrecht durch die Arbeitslosigkeitsfalle die Teilhabechancen von Menschen mit geringer Qualifikation oder mit aus anderen Gründen geringen Einkommenschancen massiv beeinträchtigen. Auch diesen Personengruppen würde mehr Leistungsgerechtigkeit widerfahren.

Solidaritätssteuer und einkommensabhängiges Solidaritätsgeld mit einem bedingungslos gewährten Höchstsatz in der Nähe des soziokulturellen Existenzminimums schaffen nicht den Himmel auf Erden. Aber sie beenden ein Stück historisch entstandener und teilweise ideologisch motivierter Ungerechtigkeit. Sie gewähren den auf dem Arbeitsmarkt Benachteiligten das Recht, eigenverantwortlich am eigenen „Subsidiaritätseinkommen" zu arbeiten.

Christlich orientierte Politik sollte sich weniger darauf konzentrieren, vermeintliche Gerechtigkeit zu erzwingen, als vielmehr sichtbare Ungerechtigkeiten abzuschaffen.

5. Bisher nicht behandelte Fragestellungen

Wichtige Fragen mussten in dieser Stellungnahme ausgeblendet bleiben. Diese sollen – der Vollständigkeit halber und um weiteren Klärungsbedarf anzudeuten – abschließend kurz benannt werden:

a) Krankenversicherung

Die Organisation der Krankenversicherung über eine Versicherungspflicht in einer wählbaren Krankenkasse (private und gesetzliche Krankenversicherung) zu einem Mindesttarif von 200 € wurde hier ohne weitere Begründung als das gegenüber dem Fondmodell marktkonformere Instrument zugrunde gelegt. Daher blieb auch das Grundmodell 2 (Opielka 2007, Abschnitt 3.3.2) unberücksichtigt. Die Höhe der Steuersätze in Grundmodell 1 weicht auch nicht wesentlich von der Summe von Steuer und „social security tax" im Grundmodell 2 ab.

b) Rentenversicherung

Der Bürgergeldvorschlag impliziert die Ablösung des bisherigen Rentenversicherungssystems durch das große Bürgergeld und einen Rentenzuschlag, der über eine Lohnsummensteuer zu finanzieren ist. Grundsätzlich ist zu bemerken, dass die derzeitige Situation eines „halbierten Schreiber-Planes" (Rentenkasse im Umlageverfahren ohne Kindheits- und Jugendrente) weder ökonomisch nachhaltig noch generationengerecht erscheint. Hinzu kommt, dass aufgrund der Ausgestaltung als beitragsfinanzierte Versicherung aus dem öffentlichen Bewusstsein verschwindet, dass die Renten faktisch Transfers der zum Zeitpunkt des Rentenbezugs arbeitenden beziehungsweise beitragszahlenden Bevölkerung sind. Dies ist insbesondere im Hinblick auf das Verhältnis zwischen Familien mit Kindern und Kinderlosen problematisch. Ob das Solidarische Bürgergeld mit Rentenzuschlag an dieser Situation etwas ändert, konnte hier nicht untersucht werden.

c) Familienpolitische Auswirkungen und die Entlohnung von „Nichterwerbsarbeit"
Die Begründung des Bürgergeldvorschlags rekurriert unter anderem auf die Wahlfreiheit zwischen Familien- und Erwerbsarbeit, „weil Familienarbeit und ehrenamtliches Engagement neben der Erwerbsarbeit als Arbeit anerkannt und mit dem Solidarischen Bürgergeld honoriert werden" (Althaus 2006b). Ist das Bürgergeld als materielle Entlohnung von Familienarbeit geeignet?

Folgende Bemerkungen sind hierzu angebracht: (1) In der philosophischen Debatte wird die Entlohnung von Familienarbeit in ausdrücklichem Gegensatz zu Vorschlägen eines Grundeinkommens diskutiert (vergleiche Krebs 2002 versus van Parijs). Konterkarieren die dabei vorgebrachten Argumente nur das Begründungselement von Althaus oder sprechen sie insgesamt gegen das Bürgergeldmodell? Auch dies konnte hier nicht geprüft werden. (2) Das Grundeinkommen als Lohn für Erziehungsarbeit anzusehen, ist nur bei denjenigen plausibel, deren potenzielles Alternativeinkommen durch Erwerbsarbeit nicht weit über dem Bürgergeldniveau liegt. Diese (nicht prinzipiell abzulehnende) Ungleichbehandlung müsste unter gerechtigkeitstheoretischen Aspekten und unter bevölkerungspolitischen Anreizwirkungen diskutiert werden. (3) Ist die materielle Unterstützung dieser Wahlfreiheit mit einem christlich geprägten Bild von Familie überhaupt vereinbar? (4) Unterstützt das Bürgergeld die finanzielle Unabhängigkeit von Ehepartnern und reduziert somit die innerfamiliären Abhängigkeitsbeziehungen? Ist dies gegebenenfalls ein emanzipatorischer Fortschritt oder ein Anreiz zur Destabilisierung von Familienbeziehungen? Diese Fragen wurden nicht diskutiert und sind für die Beurteilung des Bürgergeldes nur dann relevant, wenn die (staatliche) Entlohnung von Nichterwerbsarbeit ein relevantes Begründungsargument darstellt. Analoges gilt für den Aspekt ehrenamtlicher Arbeit. Da Solidarität keine Einbahnstraße ist, wäre im Zusammenhang dieser „Megareform" über die Einführung eines für alle verpflichtenden sozialen Jahres nachzudenken. Denn auch allgemeine Wehrpflicht ist eine erodierende Normalitätsannahme.

d) Abbau oder Abschaffung zahlreicher Sozialleistungen und Vereinfachung des Steuer- und Sozialrechts
Die Vielfalt des gegenwärtigen Sozial- und Steuersystems ist in einem langen und komplexen historischen Prozess entstanden. Diese in ein einfaches und transparentes Verfahren der individuellen Absicherung zusammenzufassen ist ein zunehmend populäres und gut begründbares Gebot der Stunde. Nicht nur wegen der zu erwartenden politischen Widerstände. Auch bei jeder einzelnen abzuschaffenden Sozialleistung

wird zu diskutieren sein, ob die damit verbundene Intention durch das Bürgergeldsystem angemessen substituiert werden kann. Dies konnte hier nicht erfolgen.

e) Fragen der Institutionalisierung einschließlich Auswirkungen auf das föderale System der Bundesrepublik Deutschland
Der Bürgergeldvorschlag beinhaltet einen tief greifenden Einschnitt in die föderale Struktur des Sozialsystems. Diese ist mit guten Gründen (Stichwort: Zusammenarbeit von Kommunen und Arbeitsagentur bei Umsetzung des Arbeitslosengeld II) ohnehin in der Diskussion. Welche veränderte Aufgabenstellung ergibt sich für die Arbeitsvermittlung und die Arbeitsförderung, wenn Ermittlung und Auszahlung von Arbeitslosengeld II wegfallen und das Bürgergeld vom Finanzamt ausgezahlt wird?

f) Konsequenzen für den Arbeitsmarkt
Eine verantwortungsethische Beurteilung des Bürgergeldvorschlages hängt ganz entscheidend von den zu erwartenden Folgen seiner Umsetzung ab. Hierzu gehören die Folgen für den Arbeitsmarkt. Diese konnten hier nicht hinreichend eingeschätzt und daher auch nicht bewertet werden.

g) Zugang zum Bürgergeld
Dem Vorschlag von Dieter Althaus folgend erhält Bürgergeld, wer mindestens zwei Jahre in der Bundesrepublik Deutschland wohnt. Ist davon ein gesteigerter Migrationsdruck zu erwarten? Die Grenze der Verantwortung für soziale Gerechtigkeit kann nicht mit den Grenzen des eigenen Landes zusammenfallen (siehe oben 2.2.). Sofern überhaupt ein unmittelbarer Zusammenhang von Grundeinkommenshöhe mit einem soziokulturell bestimmten Existenzminimum hergestellt werden muss, hat in einer zunehmend international verflochtenen Gesellschaft diese Bezugsgröße auch die Lebensbedingungen zumindest in den angrenzenden Nachbarländern zu berücksichtigen.

h) Bürgergeld im politischen Wettbewerb
Nicht nur auf dem Arbeitsmarkt, sondern auch im politischen System sind Anreiz- und Wettbewerbsbedingungen höchst relevant, wie die Neue Politische Ökonomie herausgearbeitet hat. Die politische Durchsetzbarkeit der hier (siehe oben 4.3.) vorgeschlagenen Reformulierung des Bürgergeldvorschlags ist eher gering einzustufen, da die Orientierung auf die Transfer- oder Subsidiaritätsgrenze nicht in gleicher Weise als Leistung des Staates und „der Politik" für die Bürger verkäuflich ist wie das Bürgergeld. Auch ein politischer Wettbewerb um ein jeweils höheres Bürgergeld ist durchaus

wahrscheinlich. Ein Indiz für diese Gefahr zeigt sich schon in der Finanzierungsstudie von Michael Opielka und Wolfgang Strengmann-Kuhn: Zur Finanzierung der Deckungslücke wird nicht über eine Absenkung des Bürgergeldes oder des maximalen Solidaritätsgeldes) nachgedacht. Vielmehr werden Vermögens-, Körperschafts-, Erbschafts- und Konsumsteuern als zusätzliche Einnahmequellen angedeutet.

i) Mehrbedarfszuschläge

Auf der gleichen Linie liegt eine Gefahr bei der Etablierung der vorgesehenen Mehrbedarfszuschläge. Wenn (wünschenswerte) Kontinuität im Steuersystem und klare und einfache Standards im Transfersystem existieren, stellt sich die Frage: Womit beschäftigt sich die „Sozialpolitik"? Der Bereich der Mehrbedarfszuschläge stellt hier ein attraktives Betätigungsfeld dar, weil jeweils gut fokussierbare Interessengruppen mit entsprechenden Bedarfskriterien zu bedienen sind. Fraglos existieren Lebenssituationen, in denen zusätzliche Leistungen für ein menschenwürdiges Leben unabdingbar sind. Aus Gründen der größeren Person- und Zielgruppennähe in Verbindung mit dem genannten politökonomischen Argument ist zu überlegen, ob nicht dieser Bereich überhaupt außerhalb des gesamtstaatlichen Systems organisiert werden kann (Stiftungen und Ähnliches). Auch über regionale Differenzierungen und die Aufgabe der Kommunen ist nochmals nachzudenken. Die Wohlfahrtsgesellschaft ist größer als der Wohlfahrtsstaat.

Literatur

Althaus, Dieter (2006a): Das Solidarische Bürgergeld. Sicherheit und Freiheit ermöglichen Marktwirtschaft. Download: www.d-althaus.de.

Althaus, Dieter (2006b): Thesen zum Solidarischen Bürgergeld, Typoskript. Download: www.d-althaus.de.

Althaus, Dieter (2006c): Fragen und Antworten zum Solidarischen Bürgergeld, Typoskript. Download: www.d-althaus.de.

Evangelische Kirche in Deutschland (2006): Gerechte Teilhabe. Befähigung zu Eigenverantwortung und Solidarität. Eine Denkschrift des Rates der EKD zur Armut in Deutschland. Hrsg. Vom Kirchenamt der EKD. Hannover.

Fetzer, Joachim (1999): Soziale Standards und Sozialstaat: Organisationsformen der Solidarität, in: Fritzsche, Andreas/Kwiran, Manfred (Hrsg.): Wirtschaft und Sozialpolitik (Ökumenische Sozialethik; Bd. 2), München, S. 95–108.

Fetzer, Joachim (2003): Verhalten und Verhältnisse. Christliche Traditionen in ökonomischen Institutionen, in: Nutzinger, Hans G. (Hrsg.): Christliche, jüdische und islamische Wirtschaftsethik, Marburg, S. 45–104.

Homann, Karl (2000): Taugt die abendländisch-christliche Ethik noch für das 21. Jahrhundert? Über die Notwendigkeit einer Bedingungsethik in der Moderne, in: Wirtschaft und Wissenschaft, Februar 1/2000, S. 22–33.

Krebs, Angelika (2002): Arbeit und Liebe. Die philosophischen Grundlagen sozialer Gerechtigkeit, Frankfurt.

Meireis, Torsten (2006): Erwerbsarbeit und gesellschaftliche Integration, in: Zeitschrift für Evangelische Ethik, 50. Jg., S. 197–215.

Opielka, Michael/Strengmann-Kuhn, Wolfgang (2007): Das Solidarische Bürgergeld. Finanz- und sozialpolitische Analyse eines Reformkonzepts. In: Borchard, Michael (Hrsg.): Das Solidarische Bürgergeld – Analysen einer Reformidee. Stuttgart 2007.

Schramm, Michael (1998): Bürgergeld 'light'. Sozialpolitik für den Arbeitsmarkt, in: Gaertner, Wulf (Hrsg.): Wirtschaftsethische Perspektiven IV: Methodische Grundsatzfragen, Unternehmensethik, Kooperations- und Verteilungsprobleme (Schriften des Vereins für Sozialpolitik, NF 228 / IV), Berlin: Duncker & Humblot, S. 243–282.

Vobruba, Georg (1990): Lohnarbeitszentrierte Sozialpolitik in der Krise der Lohnarbeit, in: Ders. (Hrsg.), Strukturwandel der Sozialpolitik. Lohnarbeitszentrierte Sozialpolitik und soziale Grundsicherung, Frankfurt, S. 11–80.

Vogel, Bernhard (Hrsg., 2006): Im Zentrum: Menschenwürde. Politisches Handeln aus christlicher Verantwortung. Christliche Ethik als Orientierungshilfe, Eine Veröffentlichung der Konrad-Adenauer-Stiftung e.V.

Wiemeyer, Joachim (2005): Sozialethische Bewertung des Niedriglohnsektors, Arbeitspapier/Dokumentation Nr. 148/2005, Hrsg. von der Konrad-Adenauer-Stiftung, Sankt Augustin.

Das Solidarische Bürgergeld –
eine sozialethische Analyse

Von

Michael Schramm

Der Autor:

Prof. Dr. Michael Schramm
Universität Hohenheim
Fakultät Wirtschafts- und Sozialwissenschaften
Lehrstuhl für Katholische Theologie und Wirtschaftsethik
D-70593 Stuttgart

schramm@uni-hohenheim.de

Inhalt

1. Gegenwärtige Probleme und die Idee eines Solidarischen Bürgergeldes ... 193
   1.1. Gegenwärtige Probleme ... 193
   1.2. Das Solidarische Bürgergeld ... 194
   1.3. Einwände ... 195

2. Die Sozialethik des Solidarischen Bürgergeldes ... 196
   2.1. Sozialethische Systematik: Solidarität und Gerechtigkeit ... 197
      2.1.1. Moralprinzip Solidarität ... 197
      2.1.2. Ethikprinzip Gerechtigkeit und Organisationsprinzip Subsidiarität ... 199
   2.2. Systemethische Aspekte ... 201
      2.2.1. Gestalteter Wettbewerb und Solidarisches Bürgergeld ... 201
         2.2.1.1. Der geordnete Marktwettbewerb als Mittel der gesellschaftlichen Kooperation ... 201
         2.2.1.2. Solidarisches Bürgergeld als Sozialpolitik für den Arbeitsmarkt ... 202
      2.2.2. Beitrags- oder Steuerfinanzierung der Sozialen Sicherung . 204
   2.3. Wertgrundlagen und Sozialprinzipien ... 206
      2.3.1. Personwürde und Solidarisches Bürgergeld ... 206
         2.3.1.1. Moralische Gründe der Bedingungslosigkeit des Solidarischen Bürgergeldes ... 208
         2.3.1.2. Personale Selbstentfaltung und Pflicht zur „Arbeit" ... 209
      2.3.2. Solidarität und Solidarisches Bürgergeld ... 210
         2.3.2.1. Solidarität als moralische Gegenseitigkeit von Rechten und Pflichten ... 210
         2.3.2.2. Der „technische" Grund der Bedingungslosigkeit des Solidarischen Bürgergeldes ... 211
      2.3.3. Subsidiarität und Solidarisches Bürgergeld ... 211
         2.3.3.1. Das Subsidiaritätsprinzip als Befähigungsprinzip . 212
         2.3.3.2. Befähigungswirkungen des Solidarischen Bürgergeldes ... 212
         2.3.3.3. Das Problem des „Missbrauchs" ... 215
      2.3.4. Gerechtigkeitsfragen des Solidarischen Bürgergeldes ... 216
         2.3.4.1. Traditionelle Einzel-Gerechtigkeiten ... 216
         2.3.4.2. Subsidiäre Befähigungsgerechtigkeit ... 218
      2.3.5. Der Wert der Arbeit im Solidarischen Bürgergeld ... 218

3. Das Solidarische Bürgergeld und die Politik 219

4. Fazit 219

Literatur 220

1. Gegenwärtige Probleme und die Idee eines Solidarischen Bürgergeldes

Seit Jahrzehnten laborieren wir an den Problemen des Arbeitsmarkts, der sozialen Sicherung und des Steuersystems (Einkommen- und Unternehmenssteuer). Dabei sind die Reformen vom Vormittag am Nachmittag schon wieder überholt, alle Versuche der Problemlösung hinken fortwährend hinter den neu auftauchenden Problemlagen hinterher. Offenbar sind die Probleme immer schneller.

In diese schwierigen Diskussionen um die Neugestaltung des Systems der sozialen Sicherung, des Arbeitsmarkts und des Steuersystems hat der Thüringer Ministerpräsident Dieter Althaus im Sommer 2006 den konkretisierten Vorschlag eines Solidarischen Bürgergeldes vorgelegt (Althaus 2006a–e; Althaus et al. 2006). Es handelt sich um ein sehr weitgreifendes Konzept, das nicht nur die bisherigen steuerfinanzierten Sozialleistungen durch ein Bürgergeldsystem ersetzt, wie etwa der Bürgergeldvorschlag von Joachim Mitschke (Mitschke 1985; 1995; 2000; 2004). Es bezieht auch die beitragsfinanzierten Sozialsysteme und das Modell einer „flat tax" in ein integriertes Steuer-Transfer-System vom Typ „negative Einkommensteuer" (Althaus 2006d, S. 728) weitgehend ein. Die Tatsache, dass es sich zweifelsohne um kein „Reförmchen", sondern um ein tief greifendes Großprojekt handelt, löst ebenso Beifall wie Skepsis aus. Die Möglichkeit ist zu prüfen, ob das Konzept des Solidarischen Bürgergeldes dazu beitragen kann, diese Probleme besser in den Griff zu bekommen.

1.1. Gegenwärtige Probleme

Die wichtigsten Probleme sind die folgenden:

(1) Die klassische Beitragsfinanzierung der sozialen Sicherungssysteme trägt aufgrund ihrer Koppelung an die Lohnarbeit zur Erhöhung der Arbeitskosten und damit zur Arbeitslosigkeit bei. Mit jeder sozialen Wohltat, die wir uns gönnen, produzieren wir Arbeitslose. Die aufgrund der Eingriffe in den Arbeitsmarkt kontraproduktive Beitragsfinanzierung senkt die Wettbewerbsfähigkeit deutscher Produkte und setzt relativ starke Anreize zur Schwarzarbeit.

(2) Für den einzelnen Arbeitslosen ist der deutliche Transferentzug mit kontraproduktiven Anreizen verbunden. Von 1000 € Arbeitslohn darf ein Arbeitslosengeld-II-Empfänger ganze 262,09 € in der Tasche behalten. Diese „Arbeitslosenfalle" führt dazu, dass eigene Arbeit das Endeinkommen nicht mehr nennenswert erhöht und die finanziellen Anreize zur Aufnahme einer regulären Arbeit zu gering ausfallen. „Das größte

Problem von Hartz IV sind die kümmerlichen Zuverdienstmöglichkeiten" (Sinn 2004). Leistung lohnt sich zu wenig.

(3) Auch die Leistungsfähigkeit der traditionellen *Beitragsfinanzierung* der sozialen Sicherung scheint schon seit Jahren nicht mehr gegeben zu sein, da die Sozialsysteme bereits heute zu fast 40 % durch eine *Steuerfinanzierung* gedeckt werden (mit steigender Tendenz).[1] Trotzdem sinkt etwa das Bruttorentenniveau (in Prozent des Durchschnittsentgeltes) weiter ab.

(4) Da es uns seit Jahrzehnten nicht gelingt, die Massenarbeitslosigkeit abzubauen und dem Wandel der Familien- und Lebensverhältnisse Rechnung zu tragen, werden Millionen von Menschen zu einem vielfach als entwürdigend empfundenen Nachweis der Bedürftigkeit gezwungen. Umgekehrt müssen staatliche Stellen mit methodischem Misstrauen und kostenintensivem bürokratischem Aufwand diese Bedürftigkeitsnachweise kontrollieren und gegebenenfalls Missbräuche sanktionieren.

(5) Unser System der sozialen Sicherungen ist ausgesprochen kompliziert und bürokratieintensiv. 155 unterschiedliche Sozialleistungen werden von 37 unterschiedlichen Stellen ausgegeben.[2]

1.2. Das Solidarische Bürgergeld

Das Konzept eines Solidarischen Bürgergeldes orientiert sich an drei prinzipiellen Zielprämissen, die es umsetzen möchte: erstens die *Würde* und die *Solidarität* aller Menschen, zweitens die *Marktwirtschaftlichkeit* und drittens die *Gerechtigkeit* des Systems (Althaus 2006d, S. 724).

Konkret sieht das Konzept, das die meisten der bisherigen beitrags- und steuerfinanzierten Sozialleistungen integriert,[3] folgende Neuregelungen vor:

(1) Jeder erwachsene Bürger hat Anspruch auf ein „großes" Solidarisches Bürgergeld in Höhe von 800 €. Davon gehen 200 € Gesundheitsprämie ab, bleiben also 600 €. Zusätzliches Eigeneinkommen wird mit einem rechnerischen (= fiktiven) „Steuersatz" von 50 % auf das Bürgergeld angerechnet. Damit beläuft sich die Transferentzugsrate auf 50 %.

---

[1] So wurde 1990 das Sozialbudget zu 66,7 % aus Beiträgen finanziert, 2003 aber nur noch zu 59,9 %, während die Steuerfinanzierung von 31,6 % (1990) auf 38,9 % (2003) anstieg.
[2] Hier hat sich nichts verändert. Bereits 1995 verwalteten „38 Sorten von Behörden und Quasibehörden 155 beitrags- und steuerfinanzierte Sozialleistungsarten" (Mitschke 1995, S. 31).
[3] Von den derzeit 155 unterschiedlichen Sozialleistungen fallen „über 100 Sozialleistungen [...] weg. An ihre Stelle tritt das Solidarische Bürgergeld" (Althaus 2006d, S. 726).

Da es sich um ein Negativsteuerkonzept handelt, zahlen Bezieher des „großen" Solidarischen Bürgergeldes in Wahrheit keine Steuern, sondern bekommen Negativsteuern (= Bürgergeld) ausgezahlt. Dieses Bürgergeld mindert sich in Höhe des halben selbst erzielten Einkommens (jeder selbst verdiente Euro verringert den Bürgergeldanspruch um 50 Cent).

(2) Es besteht für jeden Bürger auch die Möglichkeit, das „kleine" Solidarische Bürgergeld zu wählen, das sich faktisch ab einem Eigeneinkommen von 1600 € rechnet. Dann beläuft sich das Bürgergeld auf 400 € und der Steuersatz auf 25 %.

(3) Kinder (bis 18 Jahre) haben einen Anspruch auf 500 € „Kinderbürgergeld", von dem allerdings wiederum 200 € Gesundheitsprämie abgezogen werden müssen.

(4) Bei der Alterssicherung gilt die „Bürgergeldrente", die sich aus dem „großen" Solidarischen Bürgergeld (800 €) und einer leistungsabhängigen, sich an der vorherigen Entlohnung orientierenden „Zusatzrente" (bis zu 600 €) zusammensetzt. Bestehen weitere Rentenansprüche aus dem bisherigen System, werden diese durch eine „Rentenzulage" (oder: „Anpassungszuschlag") gewährt.

(5) Schließlich gibt es noch die Möglichkeit des „Bürgergeldzuschlags", der bedarfsabhängig nur in besonderen Lebenslagen auf Antrag, also nicht bedingungslos gewährt wird.

(6) Die Finanzierung des Bürgergeldsystems erfolgt über die Einkommensteuer (Steuerfinanzierung), weswegen die bisherigen Sozialversicherungsbeiträge (von Arbeitnehmer- und Arbeitgeberseite) sämtlich entfallen. Allerdings werden die leistungsbezogenen „Zusatzrenten" (sowie übergangsweise die „Rentenzulagen") durch eine 12%ige „Lohnsummensteuer" der Arbeitgeber finanziert.

1.3. Einwände

Einwände gegen das Konzept des Solidarischen Bürgergeldes beziehen sich erstens auf das ökonomische Problem der *Finanzierbarkeit* und zweitens auf die *sozialethische* Frage, ob das Konzept programmatisch den Wertgrundlagen der modernen Gesellschaft und den Sozialprinzipien der christlichen Sozialethik entspricht oder nicht.

Das ökonomische Problem der *Finanzierbarkeit* eines Bürgergelds wird im Hinblick auf die sehr unterschiedlichen vorgeschlagenen Bürgergeldmodelle seit Jahrzehnten äußerst kontrovers diskutiert. Es fällt aber auf, dass die Beantwortung dieser an sich eher „technischen" Frage von „ideologischen" Prämissen nicht ganz unabhängig zu sein scheint: Während Befürworter von Bürgergeldmodellen regelmäßig zur Einschätzung kommen, die Modelle seien finanzierbar oder würden sogar zur Haushaltskonsolidierung beitragen, bescheinigen die Gegner ihnen ebenso regelmäßig prohibitive fiskalische Kosten. So weist etwa das Gutachten des DIW über das Bürgergeldmodell von Joachim Mitschke, das seinerzeit die politische Diskussion über dieses Modell beendet hat, gravierende Fehler auf.[4]

Im Zentrum des vorliegenden Gutachtens steht allerdings nicht die ökonomische Frage der *Finanzierbarkeit* des Solidarischen Bürgergeldes,[5] sondern die *sozialethische* Frage, ob das Konzept des Solidarischen Bürgergelds programmatisch den Wertgrundlagen der modernen Gesellschaft im Allgemeinen und den Sozialprinzipien der christlichen Sozialethik im Besonderen entspricht oder nicht.

2. Die Sozialethik des Solidarischen Bürgergeldes

Das Konzept des Solidarischen Bürgergeldes ist einem anthropologischen Realismus verpflichtet. Es handelt sich nicht um einen Versuch, mittels moralischer Appelle den Menschen zu verbessern oder einen neuen Menschen zu schaffen (Althaus 2006d, S. 724). Jenseits solcher anthropologischer Idealismen geht es dem Konzept um eine Systemreform, die für den Menschen, wie er geht und steht, zweckmäßige(re) Rahmenbedingungen bereitstellt. Von daher ist eine *sozialethische*, also system- oder wirtschaftsethische Bewertung des Reformmodells angemessen.

Eine zweite Vorbemerkung: Alles auf Erden hat zwei Seiten, weist Vor- und Nachteile auf. Da also nichts ohne (Opportunitäts-)Kosten zu haben ist, ist für eine sozialethische Bewertung eines Reformvorschlags schlussendlich der *Saldo* von Vor- und Nachteilen entscheidend. In diesem Sinn kann dem Konzept des Solidarischen Bürgergeldes sozialethisch bescheinigt werden, dass es unter dem Strich solidarischer und gerechter als die relevanten Alternativen ist[6] und programmatisch den Wertgrundlagen der modernen

---

[4] In das Bürgergeldmodell von Mitschke fließen sämtliche *steuer*finanzierten Sozialleistungen ein. Wenn man jetzt zunächst das Gesamtvolumen des (brutto) zu veranschlagenden Bürgergelds ermittelt, dann muss man zur Bestimmung der schlussendlichen *Netto*belastung durch ein Bürgergeldsystem die *alten* steuerfinanzierten Sozialleistungen abziehen (wie z. B. das Kindergeld). Nun ist aber festzustellen, dass etwa in den Berechnungen des Deutschen Instituts für Wirtschaftsforschung (DIW 1994; DIW 1996a; DIW 1996b) eine Reihe von Gegenfinanzierungsposten entweder gar nicht oder nicht hinreichend berücksichtigt werden. Um hier nur ein einfaches Beispiel herauszugreifen: Es fehlt etwa eine Gegenrechnung des Kindergelds im Transferbereich. Trotzdem: „Mit diesem Ergebnis war die politische Diskussion beendet" (Opielka 2007, S. 33).

[5] Das Gutachten von Michael Opielka und Wolfgang Strengmann-Kuhn bescheinigt dem Konzept bei einigen Modifikationen die Finanzierbarkeit. Diese Modifikationen sind allerdings nicht marginal.

[6] Genauer: Das Konzept des Solidarischen Bürgergeldes ist in der Perspektive der Sozialethik solidarischer und gerechter als der Status quo oder alternative Reformvorschläge.

Gesellschaft im Allgemeinen sowie den Sozialprinzipien der christlichen Sozialethik im Besonderen per saldo entspricht.

2.1. Sozialethische Systematik: Solidarität und Gerechtigkeit

Das gemeinsame Sozialwort der beiden großen christlichen Kirchen hat 1997 die Programmatik der christlichen Sozialethik durch die beiden Begriffe „Solidarität" und „Gerechtigkeit" auf den Punkt gebracht (EKD/DBK 1997). Ich folge dieser zweckmäßigen Systematik,[7] zumal schon der Name des Solidarischen Bürgergeldes einen der beiden Programmbegriffe beinhaltet.

2.1.1. Moralprinzip Solidarität

Das Moralprinzip der „Solidarität" (lat. solidus = fest gefügt, dicht, ganz; solidare = fest zusammenfügen) benennt sowohl die – empirisch mehr oder minder zutreffende – Tatsache der Interdependenz („Wir sitzen alle in einem Boot", Nell-Breuning 1985, S. 46) als auch eine moralische Verpflichtung im Sinn einer gegenseitigen Verantwortung („Einer für alle, alle für einen", Herr 1987, S. 52).[8]

(1) Die grundlegende Solidaritätsfrage lautet: *Wer* soll fest zusammenstehen und in solidarischer Verbundenheit füreinander verantwortlich sein? *Wer* gehört zum „Wir" der Solidargemeinschaft? Solidaritätsfragen sind daher zunächst einmal *Wer*-Fragen.[9] Das moraltheoretische Grundproblem der Solidarität betrifft die Entscheidung, wessen Interessen bei der Diskussion darüber, wie wir unser Zusammenleben gestalten sollen, überhaupt berücksichtigt werden sollen. Die christliche Tradition und – ihr darin folgend – die moderne Moralkultur haben diese basale Solidarfrage dahingehend beantwortet, dass die Interessen *aller* Menschen zu berücksichtigen sind. Insofern ist der moderne Begriff der Solidarität (in der christlichen Sozialethik) eine modernisierte Form dessen, was in der Bibel „Nächstenliebe" genannt wird.[10] Die Originalität des

---

[7] Näheres zu dieser sozialethischen Systematik: Schramm 2006b.
[8] Höffner 1997, S. 47, erklärt, es besage „wechselseitiges Verbundensein und Verpflichtetsein". In der katholischen Soziallehre wird der Aspekt des explikativen Seinsprinzips auch „Gemeinverstrickung" und der Aspekt des normativen Sollensprinzips „Gemeinverhaftung" genannt (Nell-Breuning 1985, S. 47).
[9] In der Terminologie der Gerechtigkeitstheorie von John Rawls würde die Frage lauten: Wer ist zum „Urzustand" (*original position*) als Partei zugelassen?
[10] Das einschlägige Doppelgebot der Gottes- und Nächstenliebe, welches das „Zentrum der Ethik Jesu" (Theissen/Merz 1996/2001, S. 339) bildet (Mk 12,29-31; Mt 22,34-40; -28), hat bereits eine jüdische Vorgeschichte, die Jesus von Nazareth aufgreift: Die beiden Gebote finden sich einzeln bereits im Alten Testament (Dtn 6,5; Lev 19,18), aber auch die Zusammenstellung beider Gebote als *Doppel*gebot gab es bereits im Judentum (TestIss 5,1f.; Philo von Alexandrien,

Jesu von Nazareth lag darin, den Begriff des Nächsten so zu definieren, dass kein Mensch mehr ausgeschlossen bleibt: *Jeder* ist der „Nächste"![11] Das Wort „Solidarität" nun, das so in der Bibel ja nicht vorkommt, ist in christlichem Sinn nichts anderes als das in der Bibel zentrale und (der Tendenz nach) wirklich universale (= für alle Menschen geltende) Gebot der Nächstenliebe. Hierin besteht das Moralprinzip, der *moral point of view* der christlichen Ethik und – mit ihr darin übereinstimmend – der modernen Moralkultur. Die grundlegende Solidaritätsfrage, die Wer-Frage, wird also dahingehend beantwortet: Die Interessen *aller* Menschen sind in Rechnung zu stellen, grundsätzlich gehören *alle* Menschen zur „Solidargemeinschaft".[12]

Diese Antwort der christlichen Ethik auf die Wer-Frage bedeutet, dass das Solidaritätsprinzip durch das *„Personprinzip"* präzisiert wird. Nach dem Personprinzip „muß der Mensch der Träger, Schöpfer und das Ziel aller gesellschaftlichen Einrichtungen sein. [...] Dieses oberste Prinzip trägt und schützt die unantastbare Würde der menschlichen Person".[13] Jeder Mensch ist Person und von daher Solidarpartner.

(2) Es ist grundlegend wichtig zu sehen, dass sich Solidarität nicht auf mildtätige Barmherzigkeit reduzieren lässt,[14] nicht nur karitative Barmherzigkeit der Starken

---

SpecLeg II,63). Das Jesuswort adaptiert hier einfach nur eine Tendenz im zeitgenössischen Judentum. D. h.: Falls es sich bei Mk 12,29-31 um ein authentisches Jesuswort handelt, besitzt es keine besondere Originalität. Die jesuanische Originalität liegt auf einem anderen Gebiet. Notorisch umstritten war im zeitgenössischen Judentum nämlich die Definition des Nächsten. Es gab diesbezüglich teilweise starke Einschränkungstendenzen, etwa in Qumran: „Gott zu suchen mit ganzem Herzen und ganzer Seele [...] alle zu lieben, die er erwählt hat, und alle zu hassen, die er verworfen hat" (1QS 1,1-4). Diese Regel, die sich im Alten Testament nicht findet, zitiert Jesus in Mt 5,43: „Ihr habt gehört, dass geschrieben steht, du sollst deinen Nächsten lieben und deinen Feind hassen". Auch bei Paulus (Gal 6,10) oder im Johannesevangelium (Joh 15,13) haben sich (wieder) Einschränkungstendenzen durchgesetzt. Demgegenüber hebt sich Jesu Feindesliebe deutlich ab. Und genau *hier* liegt Jesu Originalität: Jesus dehnt den Begriff des Nächsten nicht nur auf den „Fremden" aus (im Gleichnis vom barmherzigen Samariter: Lk 10,25-37), sondern nimmt darüber hinaus auch eine „Ausweitung des Nächstenbegriffs im Gebot der Feindesliebe" (Theissen/Merz 1996/2001, S. 347) vor.

[11] Allerdings gibt es für die Forderung der Feindesliebe auch in anderen Kulturkreisen Parallelen, so etwa bei Laotse (ca. 5. Jh. vor Chr.) im *Tao Te King* 63: „Feindschaft vergilt mit Liebe". Allerdings nimmt die Feindesliebe dort nicht einen so zentralen Stellenwert ein wie bei Jesus von Nazareth.

[12] Im Rahmen der Gerechtigkeitstheorie von John Rawls wäre das die Festlegung, dass alle Menschen zur *original position* zugelassen werden müssen. Vergleiche Rawls 1971/1979 und 1993/1998.

[13] Mater et Magistra 219f. Es gibt eine „scherzhafte Wendung" Nell-Breunings, „im Grunde lasse die ganze katholische Soziallehre sich auf einen Fingernagel schreiben" (Nell-Breuning 1985 S. 50). Das Personprinzip ist der Inhalt dieses Geschriebenen: „Der Mensch ist Ursprung, Träger und Ziel aller Sozialgebilde und allen sozialen Geschehens. Letztlich lässt sich die ganze katholische Soziallehre in diesen einen Satz zusammenfassen" (Nell-Breuning 1972, S. 22f.).

[14] Das Solidaritätsprinzip ist „primär Rechtsprinzip {*Anm.: im Sinne des ‚Naturrechts'*} [...]. Insofern geht es gerade nicht um emotionale Verbundenheit oder mildtätige Barmherzigkeit [...]. Vielmehr geht es um Pflichten" (Anzenbacher 1998, S. 197f.).

mit den Schwachen ist, sondern eine moralische Verpflichtung im Sinn einer *gegenseitigen* Verantwortung („Einer für alle, alle für einen"). Das Solidaritätsprinzip ist ein Sozialprinzip der *Gegenseitigkeit*, das für alle Beteiligten mit Rechten und Pflichten verbunden ist:[15] Einerseits hat jeder, der (verschuldet oder unverschuldet) in wirkliche Not gerät, Anspruch auf die Hilfe der Solidargemeinschaft, andererseits aber hat jeder, der Hilfe erhält, die ethische Pflicht, nach Kräften etwas zurückzugeben.[16] Oder kurz: „Solidarität ist keine Einbahnstraße" (Dettling 2005).

(3) Das so verstandene Solidaritätsprinzip ist ein *moralisches* Sozialprinzip, nicht unbedingt aber ein politisch oder juristisch eins zu eins zu implementierendes Prinzip.[17] Die Implementation hängt von den lokalen Kontexten und vielfältigen Zweckmäßigkeitsüberlegungen ab.

2.1.2. Ethikprinzip Gerechtigkeit und Organisationsprinzip Subsidiarität

Ist die Wer-Frage des Solidaritätsprinzips im Sinn des Personprinzips, also der Würde aller Menschen, entschieden,[18] drängt sich sogleich die nächste Frage auf: *Wie*, auf welche Weise sollten denn die vielen Interessen der betroffenen Menschen berücksichtigt werden?[19] *Was* ist konsensfähig?

(1) Die Fragen, *wie* man den unterschiedlichen Interessen der Menschen unparteilich Rechnung tragen kann, *was* als fair und daher als konsensfähig angesehen werden kann, sind typische Fragen der *„sozialen Gerechtigkeit"*.[20] Gerechtigkeitsfragen sind immer

---

[15] Das Solidaritätsprinzip ist ein soziales, d. h. auf Menschen bezogenes Prinzip. Als abgeschwächte = nicht soziale Version der Solidarität im Hinblick auf die nicht menschliche Natur kann man das Prinzip der „Retinität" (Wilhelm Korff) nennen, dem wiederum so etwas wie Umwelt- oder Tiergerechtigkeit entspricht.

[16] Dettling 1998, S. 43. „Es gibt eine Solidaritätspflicht nicht nur für die ‚Produzenten', sondern auch für die ‚Konsumenten' gesellschaftlich erbrachter Solidarität" (Dettling 1998, S. 48).

[17] Wenn im Bereich der katholischen Soziallehre dennoch von einem „Rechtsprinzip" die Rede ist, dann ist dies im Sinn des ethischen Naturrechtes zu verstehen.

[18] Ein entsprechendes Moralprinzip (Solidarität aller Menschen) bildet nicht nur den Kern des biblischen *moral point of view*, der als Nächsten- bzw. Feindesliebe (u. a. Mt 5,43-48; Mt 22, 37-40) formuliert wird, sondern wird auch in der Gerechtigkeitstheorie von John Rawls ebenso vorausgesetzt wie in der Diskursethik von Karl-Otto Apel oder Jürgen Habermas.

[19] Sollte man im Falle von Interessenskonflikten etwa jedem Einzelnen gewissermaßen ein Vetorecht einräumen (so etwa John Rawls), oder sollte man jedem Menschen gleichermaßen eine (und *nur eine*) Stimme geben und dann nach dem Mehrheitswahlrecht abstimmen, d. h. diejenige Regelung wählen, die den größten Durchschnittsnutzen abwirft (so der Utilitarist John C. Harsanyi)?

[20] Neben der *„sozialen* (gesellschaftlichen) Gerechtigkeit" gibt es noch andere Gerechtigkeitsformen, z. B. die *individuale* Gerechtigkeit als Tugend, die *metaphysisch-kosmische* Gerechtigkeit sowie möglicherweise die (nicht soziale) *Umwelt*gerechtigkeit.

solche *Was*- oder *Wie*-Fragen,[21] die dem Kriterium der *Unparteilichkeit* folgen.[22] Von der Sache her (moraltheoretisch) zielt der Begriff der „sozialen Gerechtigkeit" in seiner sozialethischen Zielrichtung daher auf die (strukturelle) Umsetzung oder Ausgestaltung eines solidarischen Zusammenlebens: Es geht darum, auch die Interessen der anderen angemessen zu berücksichtigen und nicht etwa parteiisch den Interessen einer Partei auf Kosten der Interessen anderer Parteien einseitig Rechnung zu tragen. Gerechtigkeit ist nicht mehr und nicht weniger als ein Unparteilichkeitskriterium.

(2) An dieser Stelle kommt das „*Subsidiaritätsprinzip*" der katholischen Soziallehre ins Spiel: Die Subsidiarität ist ein Organisationsprinzip bei der Umsetzung der sozialen Gerechtigkeit für eine Solidargemeinschaft. Während die auf der Unparteilichkeit basierende Konsensfähigkeit das *Formal*kriterium der Gerechtigkeit darstellt, ist die Subsidiarität das *Organisations*kriterium,[23] „*das {organisatorische} Grundgesetz alles gesellschaftlichen Lebens*" (Nell-Breuning 1932, S. 145), dem man aufgrund seiner Zweckmäßigkeit Konsensfähigkeit bescheinigen kann.

Das Subsidiaritätsprinzip speist seine Plausibilität aus folgender Tatsache: Subsidiär sind die Dinge geregelt, insoweit die Menschen durch die gesellschaftlichen Spielregeln zu einem gelingenden Leben *befähigt* werden. Dabei ist das Subsidiaritätsprinzip ein Begrenzungsprinzip *und* ein Ermöglichungsprinzip zugleich: Setzt sich etwa der Staat an die Stelle der Individuen und entmündigt sie dadurch, entsprechen die Dinge ebenso wenig der Subsidiarität wie wenn er die Leute „im Regen stehen" lässt. So erklärt Nell-Breuning, nach dem Subsidiaritätsprinzip solle die Gesellschaft, soll das „Ganze" „seinen Gliedern hilfreich [...] sein; eben darum soll es ihnen nur wirkliche Hilfe erweisen, nicht sich an ihre Stelle setzen" (Nell-Breuning 1972, S. 26). Es geht um Hilfe zur Selbsthilfe, um „*Befähigung*" *zur Eigenverantwortung*. Der Sache nach zielt das traditionelle Subsidiaritätsprinzip der katholischen Soziallehre auf das ab, was in

---

[21] Erneut in der Terminologie von John Rawls: *Was* würde im „Urzustand" hinter einem „Schleier des Nichtwissens" (*veil of ignorance*) als faire Regelung beschlossen? Der Begriff der Gerechtigkeit bestimmt als Basiskriterium für die Akzeptabilität einer Regel, dass die Verhandlungsergebnisse im Urzustand hinter einem *veil of ignorance* konsensfähig sind.

[22] Unparteilichkeit ist von der Sache her bereits in der Bibel das entscheidende Kriterium der Gerechtigkeit. Der Begriff der „*Gerechtigkeit*" ist in der Bibel explizit ein Zentralbegriff (Ps 11,7; Jes 45,8; Dtn 25,13-16; Lev 19,35f.; Mt 6,33; vgl. Mt 5,6; Mt 25,37). Denn wann gilt man inhaltlich in der Bibel als gerecht? Dann, wenn man z. B. beim Abwiegen unparteilich bleibt und sich nicht auf Kosten anderer Vorteile verschafft oder wenn man – wie die bei der Beschreibung des Jüngsten Gerichts genannten Beispiele zeigen – nicht nur sein eigenes Wohlergehen im Blick hat, sondern auch das, was den anderen (den Hungrigen, den Obdachlosen usw.) als Menschen zusteht.

[23] Das Subsidiaritätsprinzip ist erstens ein *Prinzip*, also eine methodische Faustregel, und es ist zweitens ein *Organisations*prinzip, d. h. ein „Baugesetz" (Nell-Breuning), ohne dessen Berücksichtigung die Gesellschaft (vermutlich) nicht gut funktionieren würde.

der neueren Moraltheorie „*Befähigungsgerechtigkeit*" genannt wird.[24] Der Staat soll das Individuum nicht ersetzen, sondern die rechtliche Organisierung der Gesellschaft so ausgestalten, dass sie den Einzelnen zur größtmöglichen Eigenverantwortlichkeit befähigt. So schreibt das gemeinsame Sozialwort der beiden großen christlichen Kirchen von 1997: „Subsidiarität heißt: zur Eigenverantwortung befähigen, Subsidiarität heißt nicht: den einzelnen [...] allein lassen"[25].

2.2. Systemethische Aspekte

Das Solidarische Bürgergeld versteht sich als „ein marktwirtschaftliches System" (Althaus 2006d, S. 724) der Steuer- und Sozialpolitik. Dies wirft die grundsätzliche Frage auf, ob und inwiefern das Wettbewerbssystem der Sozialen Marktwirtschaft als ethisch vorzugswürdig angesehen werden kann.

2.2.1. Gestalteter Wettbewerb und Solidarisches Bürgergeld

Grundsätzlich kann man sagen: Wettbewerbsmärkte erfüllen dann, und nur dann, eine soziale Solidaritätsfunktion, wenn es sich um gestaltete, um geordnete Wettbewerbsmärkte handelt.

2.2.1.1. Der geordnete Marktwettbewerb als Mittel der gesellschaftlichen Kooperation

Zunächst zur positiven Seite: Der Marktwettbewerb ist ein systematisches „Entdeckungsverfahren", durch das Innovationen und kostengünstigere Produktionsverfahren „entdeckt" werden (Hayek 1969).[26] Dieses Entdeckungsverfahren kann sowohl der Konsumenten- als auch der Produzentenseite dienlich sein: Zum einen werden auch für diejenigen Konsumenten, die über keinen großen Geldbeutel verfügen, Produkte erschwinglich, die ohne Wettbewerb entweder gar nicht vorhanden oder aber wesentlich teurer wären.[27] Zum anderen kommt aber der Marktwettbewerb auch der

---

[24] Hierzu: Nussbaum/Sen 1993; Nussbaum 1999; Sen 1999/2003; Pauer-Studer 2000; Dabrock 2001.
[25] Das Impulspapier der deutschen Bischöfe aus dem Jahr 2003 assistiert: „Ziel muss es sein, den Menschen (wieder) zu befähigen, selbst handeln zu können und seine eigenen Fähigkeiten und Möglichkeiten zu entfalten" (EKD/DBK 1997 Nr. 27, S. 20).
[26] Anders formuliert: Es wird Wissen entdeckt.
[27] Entsprechendes geschieht auch beim Wettbewerb auf dem Fußballfeld: „Der Wettbewerb auf dem Spielfeld [...] hat seinen Sinn darin, für die Zuschauer [...] eine Leistungssteigerung zu bringen" (Homann/Blome-Drees 1992, S. 25). Prägnant wurde diese Seite der sozialen Funktion des Wettbewerbs von dem Ökonomen William J. Baumol formuliert: „Der erbarmungslose Markt ist des Konsumenten bester Freund" (Baumol/Oates 1975, p. 46f.; Übers.: M. S.).

Produzentenseite, die aus Arbeitgebern *und* Arbeitnehmern besteht, insofern zugute, als die Zukunftsfähigkeit der Arbeitsplätze eher gesichert wird als in alternativen (z. B. planwirtschaftlichen, die Rentabilität der Arbeitsplätze ignorierenden) Systemen. Insofern kann man mit dem katholischen Soziallehrer Johannes Messner dem marktwirtschaftlichen „Wettbewerb [...] eine Sozialfunktion von entscheidender Bedeutung" bescheinigen (Messner 1960, S. 1021f.) oder mit dem Erfinder des Ausdrucks Soziale Marktwirtschaft, Alfred Müller-Armack, von einer „dem Wettbewerbssystem an sich schon innewohnenden sozialen Funktion" (Müller-Armack 1966, S. 245) und einer „Solidaritätsfunktion des Wettbewerbs"[28] sprechen. Der Wirtschaftsethiker Karl Homann formuliert prägnant: „Wettbewerb ist solidarischer als Teilen" (Homann 1996, S. 38). Dies ist jedoch nur die halbe Wahrheit (wie Homann auch selbst sagt).

2.2.1.2. Solidarisches Bürgergeld als Sozialpolitik für den Arbeitsmarkt

Die andere Hälfte der Wahrheit besteht in der Tatsache, dass der Marktwettbewerb in zweifacher Hinsicht auch menschliche Härten oder ruinöse Folgen nach sich ziehen kann:

(1) Zum Ersten muss man sehen, dass es auch *ruinöse* Wettbewerbsprozesse gibt, die mit der gleichen „harten" Logik, die die Sozialfunktion sichert, nun moralisch *unerwünschte* Ergebnisse produzieren. Beispiel Ökologie: Würde eine Unternehmerin aus der moralischen Motivation einer Bewahrung der Schöpfung heraus *als Einzelne* – im Gegensatz zu ihren Konkurrenten – ökologischer, aber deswegen auch teurer produzieren, dann würde sie von der Wettbewerbslogik aus dem Markt verdrängt, *ohne* im Ergebnis die Welt moralisch (ökologisch) verbessert zu haben.[29] In diesen Fällen besteht hier *Ordnungsbedarf* (rechtliche Rahmenregeln; glaubwürdige Selbstverpflichtungen der Unternehmen).

(2) Zum Zweiten bringt der Wettbewerb auf dem Arbeitsmarkt[30] menschliche Härten mit sich, die mit dem permanenten Strukturwandel, diesem strapaziösen „Prozess der

---

[28] Müller-Armack 1974, S. 127. Der Wettbewerb erbringt insofern eine gewissermaßen bessere, effektivere Solidarität, als seine Sozialfunktion eine produktive ist und auch nicht von einer Hochmoral der Leute abhängig ist, sondern auf *Anreizen* beruht. Dies ist der Sinn des wohl berühmtesten Zitats von Adam Smith: „Nicht vom Wohlwollen des Metzgers, Brauers und Bäckers erwarten wir das, was wir zum Essen brauchen, sondern davon, dass sie ihre eigenen Interessen wahrnehmen. Wir wenden uns nicht an ihre Menschen-, sondern an ihre Eigenliebe, und wir erwähnen nicht die eigenen Bedürfnisse, sondern sprechen von ihrem Vorteil" (Smith 1776/1978, S. 17).

[29] Das Problem, das hier dahintersteht, ist die Tatsache, dass der Marktwettbewerb als solcher *nicht* zwischen fehlender Leistung und einer moralisch motivierten Zurückhaltung *unterscheiden* kann (Homann/Pies 1991, S. 610f.).

[30] Zwar *ist* Arbeit – da sie ein personaler Produktionsfaktor ist – keine Ware wie jede andere, aber im Rahmen eines Arbeitsmarkts funktioniert sie *wie* eine Ware: „In einer Marktwirtschaft gelten für Arbeit dieselben Gesetzmäßigkeiten wie für Waren. Arbeit wird nur gekauft, wenn ihr Wert für den Unternehmer höher als ihr Preis" (Engels 1986, S. 144).

schöpferischen Zerstörung" (Schumpeter 1946, S. 134) untrennbar verbunden sind wie Firmenzusammenbrüche, Existenzängste, Mobilitätszwänge, Arbeitslosigkeit oder fortwährender Stress. Die sozialen Effekte des Marktwettbewerbs fallen breit gestreut, geradezu unmerklich an, die Nachteile jedoch treffen Menschen und Unternehmen hart und unerbittlich.[31] Diese Härten kann man nicht vollständig eliminieren, ohne den (erwünschten) Marktwettbewerb auszuhebeln, man kann sie aber sozialpolitisch abfedern. Das ist das Konzept der Sozialen Marktwirtschaft. Menschliche Härten sollen durch eine flankierende Sozialpolitik abgefedert werden, allerdings auf eine solche Weise, dass dadurch die Funktionstüchtigkeit der Märkte nicht behindert, sondern möglichst sogar befördert wird.[32]

(3) Beide Probleme erweisen die Notwendigkeit einer *Gestaltung* des Marktes oder eines *„geordneten Wettbewerbs"*.[33]

Das Solidarische Bürgergeld ist nun ein sozialpolitisches Instrument der Gestaltung des Marktes. Die die Märkte, insbesondere den Arbeitsmarkt, flankierende Sozial- und Steuerpolitik versteht sich im Konzept des Solidarischen Bürgergeldes als eine Sozialpolitik für den Arbeitsmarkt:[34] Mit dem Solidarischen Bürgergeld wird, so die bekundete Absicht, „der Arbeitsmarkt [...] wieder ein echter Markt" (Althaus 2006d, S. 725). Die soziale Sicherung soll so ausgerichtet werden, dass Leistungsanreize gesetzt werden: „Es fördert jeden Arbeitssuchenden, weil sich die Arbeitsaufnahme in jedem Fall lohnt. Es fordert und motiviert die Stärkeren, weil sie zwar nur das ‚halbe' Bürgergeld erhalten, dafür aber auch einen geringeren Einkommensteuersatz haben. Leistung lohnt sich wieder. Mehr Leistung lohnt sich mehr" (Althaus 2006d, S. 726). Von der Zielsetzung soll es also keine „Faultierprämie" sein, sondern ein aktivierendes „Sprungbrett": „Das Solidarische Bürgergeld ist ein Trampolin zum Mitmachen, kein bequemes Sofa zum Faulenzen" (Althaus 2006d, S. 728). Es wird zu prüfen sein, inwieweit es diesem Anspruch gerecht wird (siehe unten 2.3.3.2 und 2.3.4).

---

[31] Dies sehen auch Homann/Blome-Drees (1992, S. 57f.).
[32] Sozialpolitik ist in einer modernen Gesellschaft konzeptionell nicht (nur) als eine barmherzige Gnadengabe von reichen Samaritern an arme Schlucker, sondern als sich (bei rechter Ausgestaltung) langfristig auszahlende *Investition* zu rekonstruieren – nicht zuletzt auch als Investition in einen dynamischen Markt: „So wie der Sinn einer Bremse – richtig verstanden – darin besteht, nicht dass ein Auto langsamer fährt, sondern dass es schneller fahren kann, so besteht – richtig verstanden – der soziale Sinn [...] sozialstaatlicher Sicherungen darin, nicht Unsicherheit zu reduzieren, sondern das sozial (v)erträgliche Maß an Unsicherheit *{an Risikobereitschaft}* zu erhöhen [...] und so [...] mehr Wettbewerb möglich zu machen" (Pies 1995, S. 335).
[33] Das wirtschaftsethische „Ziel ist [...] *der geordnete Wettbewerb"* (Messner 1960, S. 1024).
[34] In der Formulierung greife ich hier zurück auf den weiterführenden Aufsatz von Homann/Pies 1996. Vergleiche auch Schramm 1998.

2.2.2. Beitrags- oder Steuerfinanzierung der sozialen Sicherung

Ein zweiter systemethischer Aspekt betrifft die Frage, ob eine *Beitrags*- oder aber eine *Steuer*finanzierung der sozialen Sicherung vorzugswürdig ist.[35] Hierbei handelt es sich zunächst einmal um eine finanztechnische Frage, eine pragmatische Frage der Zweckmäßigkeit. Die sozialethischen Aspekte dieses Problems betreffen insbesondere die Frage, inwieweit der gegenseitigen Solidarität sowie der subsidiären Befähigungsgerechtigkeit Rechnung getragen wird:

(1) Für die traditionelle *Beitrags*finanzierung der sozialen Sicherungssysteme nach bismarckschem Muster spricht erstens der Aspekt der *individuellen Äquivalenz*, der erkennbaren Entsprechung zwischen der Vorleistung des Einzelnen (konkretisiert in der Höhe der Sozialversicherungsbeiträge) und der finanziellen Gegenleistung seitens der sozialen Sicherungssysteme (Höhe des Arbeitslosengeldes und der Rente). Und zweitens ist ein Vorteil der traditionellen Beitragsfinanzierung in *der kollektiven Äquivalenz* zu sehen, also im Umstand, dass die Beiträge einer Sozialversicherung (z. B. der gesetzlichen Krankenversicherung) zweckgebunden ausschließlich dem Versichertenkollektiv zugutekommen (Transparenz). Allerdings ist bereits im Status quo die individuelle und/oder kollektive Äquivalenz vielfach durchlöchert: Im *Gesundheitssystem* wurde die individuelle Äquivalenz aus normativen Gründen nicht verwirklicht, da trotz unterschiedlich hoher Kassenbeiträge die medizinische Normalversorgung allen gleichermaßen zugänglich sein sollte („Solidarprinzip"). Im Bereich der *Arbeitslosenversicherung* gilt das individuelle Äquivalenzprinzip gegenwärtig nur noch für die relativ kurze Frist eines Jahres (Arbeitslosengeld I), bevor die Regelungen des Arbeitslosengeldes II greifen. Lediglich die gesetzliche Rentenversicherung ist formal nach dem individuellen Äquivalenzprinzip konstruiert, doch unterspült das demografische Problem unserer Gesellschaft diese Äquivalenz der umlagefinanzierten Renten in deutlich zunehmender Weise. Im Ergebnis ist es bereits jetzt so, dass das System unserer sozialen Sicherung nur bedingt dem Prinzip der *individuellen* Äquivalenz folgt. Zudem kann auch die *kollektive* Äquivalenz der Sozialversicherungen kaum mehr als gegeben angesehen werden, da diese bereits heute zu fast 40 % durch eine *Steuerfinanzierung* gedeckt werden (mit steigender Tendenz).

Doch auch abgesehen von diesen Tatbeständen wäre eine normative Überhöhung („Heiligsprechung") des traditionellen bismarckschen Beitragssystems auch aus anderen Gründen alles andere als angemessen. So ist etwa der bismarcksche *Arbeitgeberbeitrag kontraproduktiv*; er erhöht die Arbeitskosten und führt insbesondere bei der ersten Problemgruppe des Arbeitsmarkts, den Niedrigqualifizierten, zu verstärkter Arbeitslosigkeit.

---

[35] In weniger weit greifenden Bürgergeldmodellen (so im Konzept von Mitschke, nach dem das Bürgergeld ohnehin nur die steuerfinanzierten Sozialleistungen integriert, die beitragsfinanzierten Sozialversicherungen aber unangetastet lässt) stellt sich dieses Problem so natürlich nicht.

(2) Das letztgenannte Problem der – Arbeitslosigkeit produzierenden – Arbeitgeberbeiträge würde im *steuer*finanzierten System des Solidarischen Bürgergeldes so nicht auftreten; darin besteht ein nicht zu unterschätzender allgemeiner Vorteil des Modells. (2.1.) Da im *Gesundheitswesen* bereits heute keine individuelle Äquivalenz besteht und die kollektive Äquivalenz in den einschlägigen Reformmodellen durch eine höhere Steuerfinanzierung verwässert ist, ist sozialethisch kein komparativer Vorteil des gegenwärtigen Systems gegenüber dem Solidarischen Bürgergeld und seiner Gesundheitsprämie (200 €) erkennbar[36]. (2.2.) Die im Bereich der *Alterssicherung* derzeit bestehende individuelle Äquivalenz ist auch im Konzept des Solidarischen Bürgergeldes gewährleistet, da auch hier eine an der vorherigen Entlohnung orientierte „*Zusatzrente*" (maximal 600 € in der „großen" Variante bzw. maximal 300 €, wenn man das „kleine" Solidarische Bürgergeld wählt) vorgesehen ist und es natürlich niemandem verwehrt wird, privat vorzusorgen. Angesichts der demografischen Probleme ist eine stärkere Steuerfinanzierung der Alterssicherung ohnehin unumgänglich.[37] (2.3.) Die konzeptionellen Differenzen zwischen dem beitragsfinanzierten System bismarckscher Prägung und dem steuerfinanzierten Solidarischen Bürgergeld schrumpfen in der Realität also auf das eine Jahr zusammen, während dessen ein Arbeitsloser das Arbeitslosengeld I bezieht. Ob dieser eng begrenzte und in der Tendenz eher rückläufige[38] Unterschied in der Lage ist, grundsätzliche konzeptionelle Bedenken gegenüber einer Steuerfinanzierung zu begründen, kann man füglich bezweifeln. Es wäre allerdings zu überlegen, ob man den Steuerstaat nicht grundsätzlich in Richtung einer „Gebührengesellschaft" entwickeln sollte, deren Steuerpolitik weniger dem „Non-Affektationsprinzip"[39] folgt, sondern Steuern zu einem guten Teil als „Gebühren" für identifizierbare Zwecke erhebt.[40]

---

[36] Ohnehin lief schon das CDU-Modell der „Kopfpauschale" auf eine zu einem guten Teil steuerfinanzierte Sozialleistung hinaus, da die Prämie bei Bedürftigen durch einen Zuschuss aus Steuermitteln sichergestellt werden sollte.

[37] „Langfristig könnte die Steuerfinanzierung eine wesentlich bedeutendere Rolle als heute einnehmen, wenn sich der *{vermutlich unumgängliche}* Trend zur Grundsicherung in der GRV manifestieren sollte. Dies würde den Charakter des deutschen Sozialstaats dann allerdings in Richtung universalistischer Modelle verschieben und wäre keine systemimmanente Reform" (Sesselmeier 2006, S. 29).

[38] Das Finanzierungsvolumen des gegenwärtigen Beitragssystems der Arbeitslosenversicherung vermag eine individuelle Äquivalenz offenbar nur noch für einen immer kürzeren Zeitraum zu gewährleisten.

[39] Das „Non-Affektationsprinzip" besagt, dass eine vorherige Zweckbindung von Steuereinnahmen nicht vorgesehen ist, sondern dass sie „unberührt" von etwaigen Ex-ante-Zweckbindungen unterschiedslos zur Deckung der öffentlichen Ausgaben herangezogen werden.

[40] So Nolte 2004: Es gehe darum, das „Prinzip der Zweckungebundenheit von Steuern" (S. 193) in Richtung eines „Prinzip*{s}* der Zweckgebundenheit von Abgaben" (S. 194) zu transformieren. Dies sei zum Teil schon jetzt empirisch so („Den großen Topf [...] gibt es nicht mehr", S. 193), sei aber auch normativ erwünscht: „ ‚[E]infach so', ohne zu wissen wofür, will der Bürger sein Geld nicht mehr hergeben" (S. 193).

2.3. Wertgrundlagen und Sozialprinzipien

Das Konzept des Solidarischen Bürgergeldes beansprucht, den ethischen Grundlagenprinzipien der modernen Moralkultur (Menschenwürde; Gerechtigkeit) sowie den Sozialprinzipien der christlichen Sozialethik (Personalität; Solidarität; Subsidiarität) zu entsprechen.

Wenn sich die folgenden Abschnitte nun etwas ausführlicher der Frage widmen, inwiefern das Konzept des Solidarischen Bürgergelds tatsächlich den – oben eingehend dargestellten – ethischen Prinzipien entspricht oder nicht, ist eine Sache von vornherein in Rechnung zu stellen: Keine Gesellschaftsordnung im Allgemeinen und kein sozialstaatliches Konzept im Besonderen hat es in der Hand, *die* umfassende Gerechtigkeit auf Erden zu verwirklichen. Es kann nur darum gehen, die Dinge – Stück für Stück – vergleichsweise *gerechter* zu gestalten. Alles, was Menschen auf Erden hervorbringen, erzeugt nicht nur Licht, sondern hat auch Schattenseiten. Entscheidend sind immer die komparativen Vor- oder Nachteile eines gesellschaftlichen Regelsystems. Ein System, das alle Vorteile (in einem hegelschen Sinn) in sich „aufhebt", aber alle Nachteile hinter sich gelassen hat, gibt es nicht und kann es in einer endlichen Welt auch nicht geben. Dies gilt auch für Vor- und Nachteile in (sozial-)ethischer Hinsicht. Kurz: Nicht *das* Gerechte, sondern nur das weniger Ungerechte liegt in unserer Hand.

2.3.1. Personwürde und Solidarisches Bürgergeld

Das Konzept des Solidarischen Bürgergeldes macht die *Personwürde* aller Bürgerinnen und Bürger zum Ausgangspunkt der Reformbestrebungen: „Eine freie Gesellschaft dient der Entfaltung der menschlichen Person in selbstverantworteter Freiheit. Der Mensch ist, nach Oswald von Nell-Breuning, Träger, Schöpfer und Ziel aller gesellschaftlichen Einrichtungen."[41] Das ist der genaue Wortlaut des Personprinzips der katholischen Soziallehre. Als sozialpolitische Konsequenz dieser Personwürde wird der Anspruch auf ein soziokulturelles Existenzminimum abgeleitet: „Die Würde des Menschen muss unter allen Umständen garantiert sein; das schließt den bedingungslosen Anspruch auf ein soziokulturelles Existenzminimum ein" (Althaus 2006d, S. 724).

In der sozialethischen Bewertung insbesondere der letztgenannten Konsequenz, aus der Personwürde resultiere ein bedingungsloses Recht auf ein soziokulturelles Grundeinkommen, muss man folgende Punkte unterscheiden:

---

[41] Die Personwürde ist dabei der Kern des christlichen Menschenbildes: „Für mich ist es der Kern des christlichen Menschenbildes, dass die einmalige und unveräußerliche Würde jedes Menschen unabhängig von seinen Eigenschaften und Leistungen gilt. Sie gründet in der Gottesebenbildlichkeit des Menschen" (Althaus 2006d, S. 727).

1. *„Existenzminimum"*: Wenn die moralischen Grundlagen einer Gesellschaft die Anerkennung der Personwürde und die Solidarität aller Personen vorsehen, dann schließt diese moralische Grundlage *faktisch* tatsächlich die Sicherstellung eines Existenzminimums ein (falls diese Gesellschaft über die materiellen Ressourcen verfügt, dieses Existenzminimum gewähren zu können). Keine moralisch halbwegs integre Gesellschaft wird sehenden Auges Mitmenschen verhungern lassen, und zwar *unabhängig* davon, ab diese Mitmenschen unverschuldet in Not geraten sind oder ob sie sich aus eigener Schuld in ihre missliche Lage manövriert haben. Insofern ist dem Ökonomen Thomas Straubhaar völlig recht zu geben: „Eine aufgeklärte christliche Gesellschaft wird niemals zulassen, dass Menschen ohne Nahrung und Kleidung obdach- und würdelos dahinvegetieren. Sie wird in jedem Fall in der einen oder anderen Weise einen Absturz ins Bodenlose verhindern und ein wie auch immer geknüpftes Auffangnetz auslegen" (Straubhaar 2006b, S. 751). Zwar muss man bei Menschen, die an ihrer Not selbst schuld sind, *moralisch* eben eine „Schuld" diagnostizieren; das ändert aber nichts daran, dass die Gesellschaft verpflichtet ist, diese Menschen vor einem würdelosen Dahinvegetieren zu bewahren, und dies *faktisch* auch tun wird. Die Anerkennung der Personwürde schließt in einer moralisch „halbwegs" integren Gesellschaft – insoweit diese Gesellschaft über die entsprechenden materiellen Ressourcen verfügt – also tatsächlich *faktisch* die Sicherstellung eines Existenzminimums ein.

2. *„Soziokulturell"*: Sozialethisch verzugswürdig ist zum zweiten die (auch von Althaus vertretene Ansicht), dass das zu gewährende Subsistenzeinkommen ein *soziokulturell* angemessenes Existenzminimum zu sein habe. Zwar kritisiert in einer neueren moralphilosophischen Debatte der sog. „Non-Egalitarismus" diesen relationalen Maßstab des Existenzminimums,[42] doch verwechselt er erstens meines Erachtens *Ungerechtigkeit* und *Unglück*,[43] und zweitens wird er von den einschlägigen Vertretern nicht durchgehalten.[44] Als Anwalt für das relationale Verständnis von Gerechtigkeit möchte ich einen klassischen Moralphilosophen heranziehen, bei dem so mancher das vielleicht

---

[42] So erklärt etwa Harry Frankfurt 1997/2000, S. 41: „Es kommt darauf an, ob Menschen ein gutes Leben führen, und nicht, wie deren Leben relativ zu dem Leben anderer steht." Angelika Krebs (2003), S. 242, formuliert: „Der Nonegalitarismus [...] versteht Gerechtigkeit [...] über absolute Standards." Und Wolfgang Kersting 2000, S. 385 erklärt: „Der Sozialstaat ist dazu da, dass jeder Bürger genug bekommt." Doch die Frage ist: Was ist „genug"? Bei der Beantwortung dieser Frage muss man m. E. *Egalität* und *Relationalität* unterscheiden. Niemand fordert wirklich *egalitäre* Einkommen, vielmehr geht der Streit um die Frage, ob soziale Mindeststandards *absolut* (*basic needs*) oder *relational* (zum sonstigen Lebensstandard in einer Gesellschaft) anzusetzen sind. Der sog. „Non-Egalitarismus" ist daher eine *„Theorie absoluter oder non-relationaler Gerechtigkeit"*.
[43] Näher hierzu Schramm 2006a.
[44] So schreibt etwa Angelika Krebs 2000, S. 32: „Der Nonegalitarismus muss relationalen Gerechtigkeitsgesichtspunkten, seien sie nummerischer oder proportionaler Art, nicht jede Geltung absprechen. Die Diskussion darüber, welche unserer vielen Gerechtigkeitsstandards absolut, welche relational und welche ein Gemisch aus beidem sind, liegt weitgehend noch vor uns."

nicht vermutet hätte, nämlich den „Erfinder" der modernen Marktwirtschaft Adam Smith. Er schreibt: „Unter lebenswichtigen Gütern verstehe ich nicht nur solche, die unerlässlich zum Erhalt des Lebens sind, sondern auch Dinge, ohne die achtbaren Leuten, selbst aus der untersten Schicht, ein Auskommen nach den Gewohnheiten des Landes nicht zugemutet werden sollte. Ein Leinenhemd ist beispielsweise, genaugenommen, nicht unbedingt zum Leben notwendig. Griechen und Römer lebten, wie ich glaube, sehr bequem und behaglich, obwohl sie Leinen noch nicht kannten. Doch heutzutage würde sich weithin in Europa jeder achtbare Tagelöhner schämen, wenn er in der Öffentlichkeit ohne Leinenhemd erscheinen müsste. Denn eine solche Armut würde als schimpflich gelten [...]. Ebenso gehören heute in England Lederschuhe aus Lebensgewohnheit unbedingt zur notwendigen Ausstattung. Selbst die ärmste Person, ob Mann oder Frau, würde sich aus Selbstachtung scheuen, sich in der Öffentlichkeit ohne Schuhe zu zeigen" (Smith 1776/1978, S. 747). Mit anderen Worten: Ohne (Einkommens-)Relationen kommt man nicht aus, die Höhe des Existenzminimums wird immer die soziokulturelle Relationalität berücksichtigen.

3. *„Bedingungslos"*: Sozialethische Probleme ergeben sich nun allerdings, wenn man die im Konzept des Solidarischen Bürgergeldes vorgesehene Bedingungslosigkeit in den Blick nimmt. Hier muss man zwischen der Ebene der moralischen Begründung und der Ebene der faktischen Anwendung unterscheiden. Wie noch näher auszuführen sein wird (insbesondere 2.3.1.2. und 2.3.3.3.), gibt es nach dem Solidaritätsprinzip und dem Subsidiaritätsprinzip für *arbeitsfähige* Personen *kein moralisches* Recht auf ein bedingungslos gewährtes Grundeinkommen, sondern vielmehr – da Solidarität keine Einbahnstraße ist – eine *moralische* Pflicht, die vom Subsidiaritätsprinzip geforderte Eigenverantwortung je nach individuellen Kräften oder Befähigungen wahrzunehmen. Dies schließt bei arbeitsfähigen Personen eine *moralische* „Pflicht zur Arbeit" ein.[45] Wenn in der *pragmatischen* Umsetzung eines Solidarischen Bürgergeldes trotzdem eine Bedingungslosigkeit vorgesehen wird, so hat dies vornehmlich „technische" Gründe (Einfachheit, Transparenz und Funktionstüchtigkeit des Bürgergeldsystems).

2.3.1.1. Moralische Gründe der Bedingungslosigkeit des Solidarischen Bürgergeldes

Wie eben ausgeführt, gibt es für *arbeitsfähige* Personen aus sozialethischer Sicht *kein moralisches* Recht auf ein bedingungslos gewährtes Bürgergeld. Den entscheidenden Ausschlag für die *pragmatische* Entscheidung, das Bürgergeld trotzdem unkonditioniert auszuzahlen, liefern vielmehr „technische" Überlegungen: die Funktionstüchtigkeit des Verfahrens.

---

[45] So durchaus auch Althaus 2006d, S. 727.

Dennoch gibt es auch (mindestens) zwei *moralische* Gründe für die Bedingungslosigkeit des Solidarischen Bürgergeldes:

(1) Der erste Grund war schon für die Erfinderin der „negativen Einkommensteuer", Juliet Rhys-Williams,[46] von entscheidender Bedeutung: In einem bedingungslosen Bürgergeldsystem entfällt die vielfach als entwürdigend empfundene „Bittstellerei" bei dem geforderten Nachweis der Bedürftigkeit, es entfällt auch die Notwendigkeit für die staatlichen Behörden, die Bürgerinnen und Bürger mit fortwährendem Misstrauen kontrollieren zu müssen. Im Bürgergeldsystem kommt der Staat den Bürgern mit dem Vertrauen entgegen, dass sie die Bedingungslosigkeit nicht ausnutzen. „Niemand wird stigmatisiert."[47] Hinzu kommt, dass eine wirksame Konditionierung tatsächlich durchgesetzt werden muss, was mit bürokratischem Aufwand und nennenswerten Kosten verbunden ist.

(2) Der zweite Grund ist, dass das Solidarische Bürgergeld eine finanzielle und damit auch *moralische Anerkennung* der vielen *unterschiedlichen Formen von Arbeit* darstellt. Laut Althaus „definiert Erwerbsarbeit nur einen Teil der Arbeit, ehrenamtliche Arbeit und Familienarbeit sind ebenso wichtige und unverzichtbare Arbeitsfelder. Neben der Familienarbeit und dem Ehrenamt, die traditionell nicht finanziell vergütet werden, gibt es – wie schon erwähnt – zunehmend auch Beschäftigung im Sinn von Erwerbstätigkeit, die nicht mehr zu einem existenzsichernden Einkommen führt. Wer Arbeit umfassend wertschätzen und diejenigen, die sie ausführen, würdigen will, muss über den Tellerrand des gegenwärtigen Sozial- und Steuersystems hinaus denken" (Althaus 2006d, S. 727). Das Solidarische Bürgergeld trägt der moralisch wünschenswerten Anerkennung der *Pluralität* von Arbeitsformen Rechnung, und zwar ganz konkret finanziell.[48]

2.3.1.2. Personale Selbstentfaltung und Pflicht zur „Arbeit"

Arbeit ist nicht nur ein Mittel (Instrument), um die finanzielle Grundlage der Existenz sicherzustellen, sie ist nicht nur Broterwerb, sondern überdies ein wichtiger Faktor der *personalen Selbstentfaltung* des Menschen. Dabei geht es nicht nur um die Erwerbsarbeit auf dem Arbeitsmarkt, sondern auch um Familienarbeit, ehrenamtliche Arbeit (bürgerschaftliches Engagement) und – das sei hier hinzugefügt – auch um spirituelle „Arbeit", die zwar nicht den materiellen Wohlstand erhöht, wohl aber die Religions- und Moralkultur bereichert (oder: bereichern kann). „Arbeiten" bedeutet: sich zu engagieren, Verantwortung zu übernehmen, sich einzubringen.

---

[46] Rhys-Williams 1943; Rhys-Williams 1953.
[47] Althaus 2006d, S. 726. So auch Althaus 2006c, Frage 20: „Ein zentraler Punkt des Bürgergeldes ist, dass es die Stigmatisierung von Menschen verhindert."
[48] Dass damit auch eine gewisse finanzielle Eigenständigkeit oder Unabhängigkeit von Frauen, die sich in den Familien abmühen, verbunden ist, sei am Rande erwähnt.

Überdies gehen Gesellschaften, die sich an den sozialethischen Prinzipien der *gegenseitigen* Solidarität und der *subsidiären* Gerechtigkeit ausrichten (möchten), bei arbeitsfähigen Personen von einer *moralischen* „Pflicht zur Arbeit" aus. Auch das Konzept des Solidarischen Bürgergeldes geht trotz der (vornehmlich pragmatisch begründeten Bedingungslosigkeit) von einer *moralischen* Pflicht aus, je nach Kräften selbst zu arbeiten: „Jeder ist gefordert, seine Einzigartigkeit, seine Talente, seine Ideen, sein Geschick, seine Ausdauer, seinen Fleiß und seine Kraft einzubringen. Jeder hat ein Recht und, soweit er kann, auch die Pflicht zu arbeiten" (Althaus 2006d, S. 727). Sozialethisch ist Solidarität eben keine Einbahnstraße: Wer (verschuldet oder unverschuldet) in Not gerät, hat Anspruch auf Hilfe, hat aber auch die moralische Pflicht, nach Kräften etwas zurückzugeben, also etwas Nützliches zu tun (Erwerbsarbeit, Familienarbeit, ehrenamtliche Arbeit, spirituelle „Arbeit"). Die gleiche *moralische* Verpflichtung ergibt sich aus der vom Subsidiaritätsprinzip geforderten Eigenverantwortung, je nach individuellen Kräften oder Befähigungen „das Seine" zu tun.

2.3.2. Solidarität und Solidarisches Bürgergeld

Dass sich Althaus' Bürgergeldmodell als „solidarisches" System versteht, ergibt sich bereits aus dem gewählten Logo *Solidarisches* Bürgergeld.

2.3.2.1. Solidarität als moralische Gegenseitigkeit von Rechten und Pflichten

Die sozialethischen Erörterungen zum Solidaritätsprinzip (siehe 2.1.1.) haben ergeben, dass das Solidaritätsprinzip ein *Gegenseitigkeits*prinzip ist, das sowohl *empirisch* die wechselseitige Abhängigkeit („Wir sitzen alle in einem Boot") als auch *normativ* die moralische Verpflichtung im Sinn einer gegenseitigen Verantwortung („Einer für alle, alle für einen") zum Ausdruck bringt. Das solidarische „Wir" bedingt dabei eine moralische Gegenseitigkeit von Rechten und Pflichten. Solidarität bedeutet nicht nur mildtätige Barmherzigkeit der Starken mit den Schwachen, sie ist keine Einbahnstraße, sondern begründet einen *gegenseitigen moralischen* Anspruch: Jeder, der „im Boot sitzt", hat die Pflicht, nach Kräften „das Seine" zu tun. Er hat aber auch das Recht auf solidarische Unterstützung, die ihn zu einem eigenverantwortlichen Leben befähigt.

Grundlegend wichtig ist in einer tragfähigen sozialethischen Argumentation aber die Unterscheidung zwischen *moralischer Begründung* und politischer oder juristischer *Anwendung*: Das Solidaritätsprinzip ist zunächst einmal ein *moralisches* Sozialprinzip. Es hängt aber von den lokalen Kontexten und vielfältigen Zweckmäßigkeitsüberlegungen, einem balancierenden Abwägen von politischen, ökonomischen oder juristischen Aspekten ab, was man auf der konkreten Anwendungsebene nun vernünftigerweise tun sollte.

2.3.2.2. Der „technische" Grund der Bedingungslosigkeit des Solidarischen Bürgergeldes

Es gibt im Wesentlichen zwei Argumente für die Bedingungslosigkeit des Solidarischen Bürgergeldes: Zum einen sind die bereits dargelegten (siehe 2.3.1.1.) im engeren Sinn *moralischen* Gründe: Den Bürgerinnen und Bürgern zum einen die oftmals als entwürdigend empfundenen „Bittstellerei" zu ersparen und die vielen *unterschiedlichen Formen von Arbeit* wie Familienarbeit, ehrenamtliche Arbeit, spirituelle „Arbeit", aber auch – aufgrund des geringeren Transferentzugs – niedrig entlohnte Erwerbsarbeit finanziell und damit *moralisch anzuerkennen*.

Das andere, meines Erachtens entscheidende Argument dafür ist ein pragmatisches: Das Solidarische Bürgergeld ohne Bedingungen (unkonditioniert) auszuzahlen, ist „technischer" Natur. Genau dieses Argument ist auch für den Ökonomen Thomas Straubhaar ausschlaggebend: „Das Grundeinkommen geht über das von der FDP vorgeschlagene Bürgergeld (FDP 2005) hinaus, weil es ohne Bedingung an alle bezahlt wird. Es vernachlässigt somit das Prinzip der Gegenleistung. Alle sollen soziale Hilfe erhalten und nicht nur, wer auch bereit ist, etwas dafür zu tun. Der Grund für diese Großzügigkeit liegt in der Transparenz und der Einfachheit des Verfahrens" (Straubhaar 2006a, S. 3). Noch etwas zugespitzter formuliert: Ein konditioniertes Bürgergeld, ein „Bürgergeld light", funktioniert schlichtweg nicht. Wir brauchen ein transparentes System „aus einem Guss". In den letzten Jahrzehnten gab es immer wieder ausgearbeitete Vorschläge, das Bürgergeld oder eine „negative Einkommensteuer" zu konditionieren oder auf bestimmte Problemgruppen zu beschränken. In all diesen Vorschlägen eines „Bürgergeld light" müssen erstens komplizierte Hilfskonstruktionen vorgenommen werden und zweitens verbleiben trotz aller Bemühungen strukturelle Ungerechtigkeiten im System (Ungleichbehandlung von Bürgergeldempfängern und denjenigen, denen es versagt bliebe), die der Einführung eines „Bürgergeld light" meines Erachtens prohibitive Schranken setzen.[49] Denn solche Gerechtigkeitsbrüche würden keine Stammtischdiskussion überstehen. Im Ergebnis ist ein funktionstüchtiges Bürgergeldsystem ohne die Bedingungslosigkeit nicht zu haben. Dies ist das „technische" Argument für die *pragmatische* Entscheidung, das Bürgergeld im Hinblick auf seine Umsetzungs- und Funktionsfähigkeit unkonditioniert auszuzahlen.

---

[49] Ich habe diese Probleme schon vor Jahren an dem gut durchgerechneten Vorschlag eines „Einstiegsgelds für Langzeitarbeitslose" (vergleiche Spermann 1996a und 1996b) durchgespielt (Schramm 1998, S. 265–268).

2.3.3. Subsidiarität und Solidarisches Bürgergeld

Interessanterweise fällt der Begriff der Subsidiarität in den direkten Texten von Althaus zum Solidarischen Bürgergeld – so weit ich sehe – *nicht explizit*.[50] Man muss allerdings nicht lange suchen, um Stellungnahmen zu finden, die *von der Sache her* typisch für den Subsidiaritätsgedanken sind: „In der Verantwortung des Einzelnen bleibt, was er aus eigener Initiative und mit eigenen Kräften leisten kann, und die Allgemeinheit hilft, dass er diese Verantwortung wahrnehmen kann." (Althaus 2006d, S. 727)

2.3.3.1. Das Subsidiaritätsprinzip als Befähigungsprinzip

Wie oben ausgeführt zielt das Subsidiaritätsprinzip der katholischen Soziallehre auf nichts anderes ab als auf das, was in der neueren Moraltheorie „Befähigungsgerechtigkeit" genannt wird. Es geht sozialethisch also um eine *subsidiär organisierte Befähigungsgerechtigkeit*.

Dem (Sozial-)Staat hat es darum zu gehen, die Menschen durch zweckdienliche Spielregeln zu einem gelingenden Leben zu *befähigen*. Hilfe zur Selbsthilfe, *„Befähigung" zur Eigenverantwortung* sind die Ziele.

2.3.3.2. Befähigungswirkungen des Solidarischen Bürgergeldes

Im Leitartikel der *Frankfurter Allgemeinen Zeitung* vom 14. November 2006 erklärte Heike Göbel, es laufe „ein Grundeinkommen für jedermann einem Grundgedanken der christlichen Soziallehre zuwider, auf die sich die Partei nach wie vor beruft: dem Prinzip der Subsidiarität. Nach ihm hat das individuelle Handeln Vorrang vor dem des Staates. Er soll erst helfen, wenn private Möglichkeiten ausgeschöpft sind" (Göbel 2006). Der hier diagnostizierte Widerstreit beruht, so wie er explizit formuliert ist, auf einem Missverständnis hinsichtlich des Begriffs der Subsidiarität. Subsidiarität wird von Heike Göbel nur zeitlich konzipiert: Der Sozialstaat soll erst zu dem Zeitpunkt (= „erst") Hilfe leisten, zu dem die Individuen am Ende ihrer Möglichkeiten angekommen und erschöpft sind. Dieser *temporale Erschöpfungs*begriff von Subsidiarität ist aber nur eine der möglichen Varianten.[51] Von der Sache her weitaus wichtiger ist derjenige Begriff von Subsidiarität, den ich hier einmal den *strukturellen Befähigungsbegriff*

---

[50] Eine Ausnahme bildet ein Interview im Deutschlandfunk: „Ich glaube auch, dass die Ordnungsprinzipien, die Solidarität, die Subsidiarität und die Gemeinwohlorientierung weiter Gültigkeit haben. Aber wie sie umgesetzt werden, das ist die spannende Frage. Ich glaube, es muss uns allen darum gehen, dass man die Kräfte der freien Marktwirtschaft wieder in einer globalisierten Ordnung stärker entfaltet und dass man diese Kräfte der freien Marktwirtschaft verbindet mit sozialer Sicherheit" (Althaus 2006f).
[51] Näher hierzu Schramm 1999.

der Subsidiarität nennen möchte: Die Strukturen einer Gesellschaft müssen *grundsätzlich* so ausgestaltet sein, dass sie *dauerhaft* (und nicht erst dann, wenn die Leute individuell „erschöpft" sind) zu eigenverantwortlichem Handeln befähigen. Um ein banales Beispiel zu nennen: Ein Blitzgerät am Ortseingang ist ein institutionelles Mittel, um das „eigentlich" von allen Bürgern erwünschte Ziel der Verkehrsicherheit in geschlossenen Ortschaften subsidiär zu unterstützen. Es ist hier mitnichten so, dass diese subsidiäre Hilfe *erst dann* greift, „wenn private Möglichkeiten ausgeschöpft sind" (Göbel 2006). Vielmehr „befähigt" die Institution des Blitzgeräts *grundsätzlich* (dauerhaft) zu verantwortlichem Handeln. Ebenso belässt der Staat im Hinblick auf die allgemeine öffentliche Sicherheit die Bürger nicht zunächst einmal in einem anarchischen Naturzustand und richtet eine Polizei nicht erst dann ein, wenn sich die Leute aktuell bereits „die Schädel einschlagen", sondern installiert von Anfang an die Institution des „Freundes und Helfers", um grundsätzlich die Befähigung der Menschen zu einem verantwortlichen (= gewaltfreien) Handeln zu befördern (glaubwürdiges Vertrauen in die öffentliche Sicherheit; Abschreckung). Auch die Subsidiaritätsstruktur in einer geordneten Marktwirtschaft lässt sich nicht auf den temporalen Erschöpfungsbegriff von Subsidiarität reduzieren: Die nationalen oder internationalen Rahmenbedingungen (zum Beispiel zur Korruptionsbekämpfung) funktionieren nicht dergestalt, dass die einzelnen Unternehmen erst einmal vorzuleisten haben und nur im Fall der Erschöpfung unternehmerischer Kräfte (also erst dann, wenn die Unternehmen bereits im Korruptionssumpf ertrunken sind) politische Akteure gehalten seien, subsidiär einzuspringen. Vielmehr sind diese Rahmenbedingungen („Spielregeln") strukturelle Bedingungen, subsidiäre *Voraus*setzungen, die über Möglichkeit oder Unmöglichkeit der allgemein erwünschten unternehmerischen Aktivitäten (innovative „Spielzüge") (mit)entscheiden.[52] Der geordnete Wettbewerb bedarf grundsätzlich der „subsidiären Assistenz" durch zweckdienliche Spielregeln (wobei nur diejenigen Spielregeln durch das Subsidiaritätsprinzip gedeckt sind, die den Wettbewerb befördern, zum Wettbewerb befähigen, nicht aber ihn abwürgen).[53]

Dem Subsidiaritätsprinzip geht es eben um das „subsidium afferre"[54]: Der Staat soll sich nicht an die Stelle der Bürger setzen, aber er soll ihnen wirkliche Hilfe zur Selbsthilfe erweisen, sie zur Eigenverantwortung befähigen, während Nell-Breuning zufolge die göbelsche Deutung von „‚subsidiär' gleich ersatz- oder behelfsweise im Sinne von

---

[52] Diese Variante des Subsidiaritätsprinzips zeigt, dass es nicht nur dann Relevanz besitzt, wenn kleinere und größere Sozialeinheit im Verhältnis von Teil und Ganzem zueinander stehen; vielmehr kann es auch dann angewendet werden, wenn das Verhältnis von „Spielregel" (systemtheoretisch formuliert: „programmierter Code" eines Systems) und „Spielzug" von Akteuren (die systemtheoretisch der „Umwelt" zuzuordnen sind) vorliegt.
[53] Näher hierzu Schramm 1999, S. 18–25.
[54] So die Enzyklika „Quadragesimo anno" von Pius XI. aus dem Jahr 1931 Nr. 79.

Notbehelf" (Nell-Breuning 1972, S. 26) unzureichend ist und dem sozialethischen Subsidiaritätsprinzip nicht entspricht.[55]

Die Frage ist also: Befähigt das Solidarische Bürgergeld subsidiär zu mehr Eigenverantwortlichkeit oder nicht?

Meines Erachtens fällt die *Befähigungsbilanz* des Solidarischen Bürgergeldes *per saldo* durchaus *positiv* aus:

(1) Das Solidarische Bürgergeld versteht sich als eine Sozialpolitik *für* den Arbeitsmarkt: „der Arbeitsmarkt wird wieder ein echter Markt" (Althaus 2006d, S. 725). Der Zweck ist die aktivierende Ermöglichung eines Arbeitsmarkts, der auch einen Niedriglohnsektor umfasst. Aufgrund der nur 50%igen Anrechnung der Sozialtransfers auf das Arbeitseinkommen lohnt sich eine reguläre Arbeitsaufnahme deutlich mehr als im gegenwärtigen System („Hartz IV"),[56] das faktisch mehr als Trampolin in die Schwarzarbeit fungiert. Der Ökonom Hans-Werner Sinn, der seit einigen Jahren ein eigenes Modell verficht (die „aktivierende Sozialhilfe"[57]), attestiert der „negativen Einkommensteuer" und indirekt damit auch dem Solidarischen Bürgergeld befähigende Anreizwirkungen auf dem Arbeitsmarkt, da sie „die Arbeitslosigkeit am unteren Ende der Qualifikationsskala am wirksamsten bekämpft" (Sinn 2006, S. 31). Wer (mehr) arbeitet, stellt sich besser. Von der Zielsetzung her ist es keine „Faulenzerprämie", sondern ein aktivierendes „Sprungbrett".

(2) Befähigend wirkt das Bürgergeld auch im oberen Bereich der Einkommensskala, da die *Leistungsstarken* „zwar nur das „halbe" Bürgergeld erhalten, dafür aber auch einen geringeren Einkommensteuersatz haben" (Althaus 2006d, S. 726).

(3) Schließlich befähigt es auch zu den bisher nicht oder nur gering honorierten Formen von Arbeit, die aber für die Gesellschaft und die Kultur unverzichtbar sind: Familienarbeit, ehrenamtliche Arbeit (bürgerschaftliches Engagement), auch spirituelle „Arbeit".

Natürlich stellt auch das „große" Solidarische Bürgergeld (800 € minus 200 € Gesundheitsprämie = 600 €) keine angemessene Entlohnung etwa für die Mühen der Familien- und Kinderarbeit dar, dennoch ist es eine Reaktion auf eine „geringe Wertschätzung der Familie und der Familienarbeit und die Notwendigkeit, ehrenamtliches und bürgerschaftliches Engagement zu stärken" (Althaus 2006d, S. 723).

---

[55] In dieser Hinsicht scheint mir allerdings auch die Darstellung bei Messner (1960, S. 258f.) etwas zu einseitig zu sein.
[56] „Das größte Problem von Hartz IV sind die kümmerlichen Zuverdienstmöglichkeiten" (Sinn 2004, S. 36). Leistung lohnt sich hier zu wenig.
[57] Sinn/Holzner/Meister/Ochel/Werding 2002.

2.3.3.3. Das Problem des „Missbrauchs"[58]

Ein „wunder" Punkt des Konzepts ist zweifelsohne das Problem des „Missbrauchs". Sowohl Althaus (Althaus 2006d, S. 727) als auch die christliche Sozialethik (Solidaritäts- und Subsidiaritätsprinzip) gehen nicht nur von einem Recht, sondern – wo möglich und je nach Kräften – auch von einer *moralischen Pflicht* zur Arbeit aus (Erwerbsarbeit, Familienarbeit, ehrenamtliche Arbeit, spirituelle „Arbeit"). Drei Punkte hierzu:

(1) Der erste Punkt wurde bereits benannt: Ein konditioniertes „Bürgergeld light" funktioniert nicht (siehe 2.3.2.2.). Wenn man also aus dem *pragmatischen* („technischen") Grund der Umsetzungs- und Funktionsfähigkeit des Verfahrens um die Bedingungslosigkeit nicht herumkommt – entweder Bürgergeld ganz oder gar nicht –, dann muss man den möglichen „Missbrauch" derer, die ihrer *moralischen* Pflicht zur Arbeit nicht nachkommen und ihr legales Recht auf das Bürgergeld in Anspruch nehmen, schlichtweg in Kauf nehmen.

(2) Das zweite Argument im Hinblick auf die *pragmatische* Entscheidung, das Bürgergeld unkonditioniert auszuzahlen, betrifft die Frage, ob der „Missbrauch" effektiver durch Zwang oder durch Anreize verhindert wird. Michael Opielka kommt diesbezüglich zu dem Schluss: „Anreize wirken stärker und nachhaltiger als Zwang" (Opielka 2007, S. 40). Diverse Studien werden als empirische Belege dieser These herangezogen.[59] Es handelt sich hierbei um eine *empirische* und nicht genuin (= nur indirekt) sozial*ethische* Frage

(3) Ich erachte es nicht als zweckmäßig, ein System vom „Ausnahmetatbestand" eines möglichen Missbrauchs („Faulenzerprämie") her zu beurteilen. Obgleich das Solidarische Bürgergeld von der eigentlichen Zielsetzung her „kein bequemes Sofa zum Faulenzen", sondern „ein Trampolin zum Mitmachen" ist (Althaus 2006d, S. 728), „befähigt" es faktisch natürlich auch zum Faulenzen. Dabei muss man jedoch sehen, dass das zur Verfügung gestellte „Sofa" mit 600 € nicht gerade ein sonderlich luxuriöses Faulenzen ermöglicht, sondern gerade so zum (Über-)Leben reicht. Zudem spricht nichts gegen flankierende Kommunikationen, dass es trotz der *juristisch* (bzw. finanziell) gewährten Existenzsicherung dennoch eine *moralische* Pflicht zur *beiderseitigen* Solidarität und von daher auch eine moralische Pflicht gibt, je nach Kräften Verantwortung zu übernehmen.

---

[58] Den Ausdruck „Missbrauch" setze ich in Anführungszeichen, da es *rechtlich* ja keinen Missbrauch gibt, wenn das Solidarische Bürgergeld ohne Bedingung gewährt wird. Dennoch kann man gegebenenfalls von einem *moralischen* Missbrauch sprechen.
[59] So zum Beispiel Kluve 2006. Näher hierzu Opielka 2007, S. 41ff.

2.3.4. Gerechtigkeitsfragen des Solidarischen Bürgergeldes

Die Gerechtigkeit stellt eine der drei ausdrücklich benannten Prämissen des Solidarischen Bürgergeldes dar: „Ein solidarisches und freiheitliches Steuer- und Sozialrecht muss gerecht sein. Das gilt sowohl für das Verhältnis zwischen den heute Lebenden als auch mit Bezug auf das Verhältnis zwischen den heutigen und zukünftigen Generationen. Nur ein nachhaltig gerechtes Steuer- und Sozialsystem hat Zukunft" (Althaus 2006d, S. 724). Da „Gerechtigkeit" ein Containerbegriff ist, „‚Gerechtigkeit' und ‚Ungerechtigkeit' [...] mehrdeutige Begriffe"[60] sind, sollen im Folgenden kurz die unterschiedlichen Gerechtigkeitsformen durchgegangen werden.

2.3.4.1. Traditionelle Einzelgerechtigkeiten

Die philosophische Tradition kennt bereits seit Jahrtausenden eine Vielzahl diverser Gerechtigkeitsbegriffe.[61]

(1) Bedarfsgerechtigkeit. Wenn man davon ausgeht, dass die Höhe des Solidarischen Bürgergeldes als angemessen eingestuft werden kann, dann ist eine hinreichende Bedarfsgerechtigkeit gegeben.

Allerdings muss auch das System eines allgemeinen Bürgergelds „Bürgergeldzuschläge" mit einkalkulieren: „Personen mit Behinderung oder Personen in besonderen Lebenslagen können einen individuellen, dann aber nicht mehr bedingungslosen Bürgergeldzuschlag" beantragen" (Althaus 2006b, S. 12, Nr. 2.5.). Um Mehrbedarfszuschläge kommt *kein* denkbares System herum, das die Würde *aller* Menschen respektieren will. Diese Notwendigkeit schüttet nun zwar einiges an Wasser in den reinen Wein der angestrebten Einfachheit des Konzepts, doch bringt der Hinweis auf dieses Problem[62] das Bürgergeldsystem deswegen nicht zu Fall, da dieser Hinweis sachlich zwar korrekt ist, aber noch nicht berücksichtigt, dass das Bürgergeld über weite Strecken ja tatsächlich eine deutlich größere Transparenz und Einfachheit aufweist als der Status quo oder alternative Systeme.

(2) Chancengerechtigkeit. Das Solidarische Bürgergeld trägt insofern zu größerer Chancengerechtigkeit bei, als es die finanzielle Basis der Verwirklichungschancen („capabilities") verbessert. Selbstverständlich ist eine umfassende Chancengerechtigkeit aber nicht durch ein solches integriertes Steuer-Transfer-System, sondern nur durch das Zusammenspiel einer Vielzahl von Institutionen (zum Beispiel auf dem Gebiet der Bildung) gewährleistet.

---

[60] Aristoteles 1991: Werke in deutscher Übersetzung. Nikomachische Ethik (V), übers. von F. Dirlmeier, 9. Aufl., Berlin; zit. nach: Horn/Scarano 2002, S. 62.
[61] Näher hierzu Schramm 2006a.
[62] „die Möglichkeit, bedarfsabhängige Zuschläge zu zahlen [...] mindert die versprochene Transparenz und verhindert Bürokratieabbau" (Göbel 2006).

(3) **Verteilungsgerechtigkeit, Beteiligungsgerechtigkeit, Teilhabegerechtigkeit.**
Die Begriffe „Verteilungsgerechtigkeit" (distributive Gerechtigkeit) und „Beteiligungsgerechtigkeit" oder „Teilhabegerechtigkeit" (kontributive Gerechtigkeit) werden nicht ganz einheitlich verwendet. Sie fließen aber insofern ineinander, als das Ziel der *Verteilungs*gerechtigkeit auch in einer angemessenen *Teilhabe* am gesellschaftlichen Leben besteht.[63] Zudem geht es bei der „Verteilungsgerechtigkeit" sozialethisch nicht nur um eine (Um-)Verteilung der Güter von den „Reichen" zu den „Armen", also eine Begünstigung für die Bedürftigen, sondern auch um eine angemessene *Beteiligung* aller an den Begünstigungen *und Lasten.*[64]

Das bedeutet: Die „Verteilungsgerechtigkeit" konkretisiert auch den Gedanken der gegenseitigen Solidarität.[65] Auch die „Verteilungsgerechtigkeit" ist keine Einbahnstraße, es geht nicht nur um Verteilung „von oben nach unten", sondern um eine verhältnismäßige *Beteiligung*, eine je nach Kräften verteilte Gegenseitigkeit von Rechten und Pflichten der *Teilhabe* am gesellschaftlichen Leben. Daraus folgt:

1. Das Solidarische Bürgergeld setzt insofern eine größere *Verteilungsgerechtigkeit (im engeren Sinn)* um, als es nunmehr auch diejenigen Bedürftigen erreicht, die bisher aus Scham keine Ansprüche erhoben haben („verdeckte Armut").

2. Da die Befähigungsbilanz des Bürgergeldes per saldo positiv ausfällt, weil es erstens zu einer größeren Beteiligung (Teilhabe) auf dem Arbeitsmarkt (inklusive Niedriglohnsektor) befähigt und weil es zweitens die Beteiligung an den bisher nicht oder kaum honorierten Formen von Arbeit (Familienarbeit, ehrenamtliche Arbeit, auch spirituelle „Arbeit") finanziell anerkennt, entspricht es der *Verteilungs-, Teilhabe- oder Beteiligungsgerechtigkeit (im weiteren Sinn)* eher als der Status quo oder alternative Modellvorschläge.

(4) **Leistungsgerechtigkeit.** Sieht man von dem „wunden", aber unvermeidlichen Punkt ab, dass auch derjenige, der nichts leistet (obwohl er könnte), das Bürgergeld ausgezahlt bekommt, kann dem System kurz und knapp Leistungsgerechtigkeit bescheinigt werden, da sich grundsätzlich „Leistung lohnt"[66]:

1. Wer eine Lohnarbeit auf dem Arbeitsmarkt aufnimmt, stellt sich systematisch besser als derjenige, der nichts leistet.

---

[63] „Das Ziel der justitia distributiva (distributive, zuteilende Gerechtigkeit) [...] ist es, die Einzelmenschen durch eine gerechte Verteilung am Gemeinwohl *teilnehmen* zu lassen" (Höffner 1997, S. 81, Hervorhebung: M. S.).

[64] So schrieb etwa bereits Johannes Messner, die distributive Gerechtigkeit sei eine zur „verhältnismäßige(n) Gleichheit bei der Austeilung von *Lasten und Begünstigungen* verpflichtende Gerechtigkeit" (Messner 1960, S. 382, Hervorhebung: M. S.).

[65] Während das „Solidaritätsprinzip" klärt, *wer* zur Solidargemeinschaft dazugehört und sich gegenseitig verpflichtet ist, geht die Frage der „Verteilungsgerechtigkeit" dem Problem nach, *wie* nun genauer die gerecht verteilten „Lasten und Begünstigungen" auszusehen haben.

[66] „Leistung lohnt sich wieder. Mehr Leistung lohnt sich mehr" (Althaus 2006d, S. 724, S. 726).

2. Es setzt für Leistungsstarke im oberen Bereich der Einkommensskala aufgrund des geringeren Einkommensteuersatzes von 25 % bessere Leistungsanreize.

3. Schließlich entspricht auch finanzielle Anerkennung der bislang kaum honorierten Arbeitsformen (Familienarbeit und bürgerschaftliches Engagement) eher der Leistungsgerechtigkeit als der Status quo.

2.3.4.2. Subsidiäre Befähigungsgerechtigkeit

Das Subsidiaritätsprinzip ist vor allem ein Befähigungsprinzip, das die staatlichen Eingriffe insofern begrenzt, als nicht die Entmündigung der Individuen, sondern ihre Befähigung zur Eigenverantwortung die Richtung bestimmen sollte. Das Subsidiaritätsprinzip zielt auf Befähigungsgerechtigkeit ab. Zieht man Bilanz, inwieweit das Solidarische Bürgergeld dieses Ziel einer subsidiären Befähigungsgerechtigkeit befördert, kann per saldo festgestellt werden: Mit Ausnahme des unvermeidlichen Tatbestandes, dass ein bedingungsloses Grundeinkommen faktisch auch zum Nichtstun „befähigt", stellt es in jeder anderen Hinsicht eine subsidiäre Hilfe zur Selbsthilfe dar, die den Einzelnen tatsächlich befähigt, je nach individuellen Kräften oder Befähigungen „das Seine" zu tun.

2.3.5. Der Wert der Arbeit im Solidarischen Bürgergeld

Das Solidarische Bürgergeld geht von einer Pluralität anerkennungswürdiger Arbeitsformen in der modernen Gesellschaft aus und stellt eine finanzielle sowie moralische Anerkennung der vielen unterschiedlichen Formen von Arbeit dar (Erwerbsarbeit, Familienarbeit, ehrenamtliche Arbeit, spirituelle „Arbeit") (siehe 2.3.1.1.). All diese Formen von Arbeit sind gesellschaftlich unverzichtbar und sollten entsprechend honoriert werden.

Moralisch geht auch das Solidarische Bürgergeld von einer Pflicht zur Arbeit aus (Althaus 2006d, S. 727) und sieht in der Untätigkeit (traditionell: der acedia) als solcher kein anzustrebendes Ziel. Das Bürgergeldmodell anerkennt daher den einschlägigen Satz des Paulus, wer nicht arbeiten wolle, solle auch nicht essen (2 Thess 3,10)[67] im Sinn einer moralisch berechtigten (Selbst-)Verpflichtung und lehnt ihn nicht programmatisch ab (wie dies etwa Götz Werner tut[68]). Dass auf der pragmatischen Ebene der Implementation des Bürgergeldmodells trotzdem die Bedingungslosigkeit vorge-

---

[67] „Wer nicht arbeiten will, soll auch nicht essen" (2 Thess 3,10). Auch Jesus von Nazareth war niemals untätig, sondern hat erst als Zimmermann (Mk 6,3), dann als religiöser Prediger gearbeitet.

[68] So etwa der Titel eines Interviews im Handelsblatt: „Wer nicht arbeitet, soll trotzdem essen!" (Werner 2006a).

sehen wird, hängt vor allem – wie dargestellt - an der notwendigen Funktionsfähigkeit des Systems.[69]

3. Das Solidarische Bürgergeld und die Politik

Abschließend sei noch eine Gefahr angesprochen, die bei der Einführung eines Bürgergeldsystems zweifelsohne als real bezeichnet werden muss, nämlich dass die Parteien vor jeder Wahl um den höchsten Bürgergeldsatz wetteifern würden (Göbel 2006). Es wäre daher zu überlegen, ob man die Festlegung der Höhe des Bürgergelds nicht an einen Mechanismus koppelt, der sie der Tendenz zu Wahlkampfgeschenken entzieht.

4. Fazit

Die Einführung des Solidarischen Bürgergeldes würde nicht nur das System der sozialen Sicherung auf eine ökonomisch tragfähige Basis stellen und eine Belebung des Arbeitsmarkts sowie der unternehmerischen Kräfte bewirken, sie wäre nicht zuletzt auch ein wichtiger Schritt auf dem Weg zu mehr Solidarität und subsidiärer Gerechtigkeit.

Da die moralökonomische Bilanz des Solidarischen Bürgergeldes per saldo eindeutig positiv ausfällt, ist es sozialethisch zu befürworten.

---

[69] Ethisch (moraltheoretisch) präzise wäre hier von folgenden Argumentationsebenen auszugehen: (1.) Normative Ebene (Begründungsebene): (1.1) normative Grundlagenebene (,regulative Ideen', allgemeine Zielprinzipien), (1.2) Ebene der normativen Explikationen (präzisiertes Verständnis der ,regulativen Ideen'), (2.) konkrete Anwendungsebene Analyse/Einschätzung der Situationsbedingungen und Sachfragen) und (3.) Schlussfolgerungen. Das paulinische Prinzip „Wer nicht arbeiten will, soll auch nicht essen" (2 Thess 3,10) ist auf der Ebene (1.2) anzusiedeln, die schlussendliche Entscheidung für eine Bedingungslosigkeit – Ebene (3.) – beruht hingegen auf Argumenten der Ebene (2.)

Literatur

Althaus, Dieter (2006a): Das Solidarische Bürgergeld. Sicherheit und Freiheit ermöglichen Marktwirtschaft. Download: www.d-althaus.de.

Althaus, Dieter (2006b): Thesen zum Solidarischen Bürgergeld, Typoskript. Download: www.d-althaus.de.

Althaus, Dieter (2006c): Fragen und Antworten zum solidarischen Bürgergeld, Typoskript. Download: www.d-althaus.de.

Althaus, Dieter (2006d): Für ein Solidarisches Bürgergeld, in: Stimmen der Zeit 224 (11/2006), S. 723–728.

Althaus, Dieter (2006e): Solidarisches Bürgergeld [PowerPoint-Präsentation]. Download: www.juthueringen.de/download/buegeld_screen.pdf

Althaus, Dieter (2006f): „Althaus: Hartz IV und Kombilohnmodelle auf Dauer nicht wirksam. CDU-Politiker fordert Einführung eines ‚Solidarischen Bürgergeldes'. Download: http://www.dradio.de/dkultur/sendungen/tacheles/547121/

Althaus, Dieter et al. (2006): Das Solidarische Bürgergeld. Ein Konzept für Deutschland. Download: www.d-althaus.de

Anzenbacher, Arno (1998): Christliche Sozialethik. Einführung und Prinzipien, Paderborn/München/Wien/Zürich: Schöningh.

Baumol, William J./Oates, Wallace E. (1975): The Theory of Environmental Policy, Englewood Cliffs (N.J.).

Dettling, Warnfried (1998): Wirtschaftskummerland? Wege aus der Globalisierungsfalle, München: Kindler.

Dettling, Warnfried (2005): [Drei Fragen, drei Antworten, drei Autoren], in: böll Thema. Das Magazin der Heinrich-Böll-Stiftung, Ausgabe 1 (2005): Wer kriegt was? Die Zukunft der Gerechtigkeit, S. 18.

Deutsches Institut für Wirtschaftsforschung (DIW) (1994): „Bürgergeld" – keine Zauberformel, in: DIW-Wochenbericht 61. Jg., Nr. 41, S. 689–696.

Deutsches Institut für Wirtschaftsforschung (DIW) (1996a): Fiskalische Auswirkungen der Einführung eines Bürgergeldes. Gutachten im Auftrage des Bundesministers der Finanzen (Volker Meinhardt/Dagmar Svindland/Dieter Teichmann/Gert Wagner), Berlin: DIW.

Deutsches Institut für Wirtschaftsforschung (DIW) (1996b): Auswirkungen der Einführung eines Bürgergeldes. Neue Berechnungen des DIW, in: DIW Wochenbericht 32/1996, S. 533–543.

EKD/DBK (Kirchenamt der Evangelischen Kirche in Deutschland/Sekretariat der Deutschen Bischofskonferenz) (1997/Hg.): Für eine Zukunft in Solidarität und Gerechtigkeit. Wort des Rates der Evangelischen Kirche in Deutschland und der Deutschen Bischofskonferenz zur wirtschaftlichen und sozialen Lage in Deutschland (Gemeinsame Texte 9), Hannover/Bonn.

Engels, Wolfram (1986): Stoppsignal, in: Wirtschaftswoche Nr. 18, 24. April 1986, S. 144.

FDP (2005): Das Liberale Bürgergeld: aktivierend, einfach und gerecht. Download: http://56.parteitag.fdp.de/webcom/show_article.php/_c-45/_nr-13/_p-1/i.html bzw. http://56.parteitag.fdp.de/files/23/BPT-Das_Liberale_Buergergeld_0605_L2.pdf

Frankfurt, Harry (1997/2000): Gleichheit und Achtung, in: Krebs, Angelika (Hg.): Gleichheit oder Gerechtigkeit. Texte der neuen Egalitarismuskritik, Frankfurt (M.): Suhrkamp, S. 38–49.

Göbel, Heike (2006): Althaus' Radikalkur, in: Frankfurter Allgemeinen Zeitung Nr. 266, 14. November 2006, S. 1.

Hayek, Friedrich August von (1969): Der Wettbewerb als Entdeckungsverfahren, in: ders.: Freiburger Studien. Gesammelte Aufsätze, Tübingen: Mohr (Siebeck), S. 249–265.

Hegel, Georg Wilhelm Friedrich (1821/1999): Grundlinien der Philosophie des Rechts (1821), in: Hauptwerke in 6 Bänden, Band 5, Hamburg.

Herr, Theodor (1987): Katholische Soziallehre. Eine Einführung, Paderborn: Bonifatius.

Höffner, Josef (1997): Christliche Gesellschaftslehre, Neuausgabe (hg., bearb. u. erg. von Lothar Roos), Kevelaer: Butzon & Bercker.

Homann, Karl (1996): Verfall der Moral?, in: Wirtschaftswoche Nr. 38/12. September 1996, S. 38–40.

Homann, Karl/Blome-Drees, Franz (1992): Wirtschafts- und Unternehmensethik, Göttingen: Vandenhoeck & Ruprecht, S. 25.

Homann, Karl/Pies, Ingo (1991): Wirtschaftsethik und Gefangenendilemma, in: Wirtschaftswissenschaftliches Studium 20, S. 608–614.

Horn, Christoph/Scarano, Nico (2002/Hg.): Philosophie der Gerechtigkeit. Texte von der Antike bis zur Gegenwart, Frankfurt (M.): Suhrkamp.

Kersting, Wolfgang (2000): Theorien der sozialen Gerechtigkeit, Stuttgart/Weimar: Metzler.

Kluve, Jochen (2006): Die Wirksamkeit aktiver Arbeitsmarktpolitik in Europa. Bundesarbeitsblatt 10/2006, S. 8–13.

Krebs, Angelika (2000): Einleitung: Die neue Egalitarismuskritik im Überblick, in: Krebs, Angelika (Hg.): Gleichheit oder Gerechtigkeit. Texte der neuen Egalitarismuskritik, Frankfurt (M.): Suhrkamp, S. 7–37.

Krebs, Angelika (2003): Warum Gerechtigkeit nicht als Gleichheit zu begreifen ist, in: Deutsche Zeitschrift für Philosophie 51 (2), S. 235–253.

Messner, Johannes (1960): Das Naturrecht. Handbuch der Gesellschaftsethik, Staatsethik und Wirtschaftsethik, 4. Aufl., Innsbruck/Wien/München: Tyrolia.

Mitschke, Joachim (1985): Steuer- und Transferordnung aus einem Guß. Entwurf einer Neugestaltung der direkten Steuern und Sozialtransfers in der Bundesrepublik Deutschland [Schriften zur Ordnungspolitik 2], Baden-Baden.

Mitschke, Joachim (1995): Steuer- und Sozialpolitik für mehr reguläre Beschäftigung, in: Wirtschaftsdienst 75, S. 75–84.

Mitschke, Joachim (1995b): Jenseits der Armenfürsorge. Das Bürgergeld kann unbürokratisch und ermessensfrei das Existenzminimum sichern, in: Die Zeit Nr. 50, 8. Dezember 1995, S. 30f.

Mitschke, Joachim (2000): Grundsicherungsmodelle – Ziele, Gestaltung, Wirkungen und Finanzbedarf. Eine Fundamentalanalyse mit besonderem Bezug auf die Steuer- und Sozialordnung sowie den Arbeitsmarkt der Republik Österreich. Baden-Baden: Nomos.

Mitschke, Joachim (2004): Erneuerung des deutschen Einkommensteuerrechts. Köln: Otto Schmidt.

Müller-Armack, Alfred (1966): Wirtschaftsordnung und Wirtschaftspolitik. Studien und Konzepte zur Sozialen Marktwirtschaft und zur Europäischen Integration, Freiburg (Br.).

Müller-Armack, Alfred (1974): Genealogie der Sozialen Marktwirtschaft. Frühschriften und weiterführende Konzepte, Bern/Stuttgart.

Nell-Breuning, Oswald von (1932): Die soziale Enzyklika. Erläuterungen zum Weltrundschreiben Papst Pius' XI. über die gesellschaftliche Ordnung, Köln: Katholische Tat-Verlag.

Nell-Breuning, Oswald von (1972): Wie sozial ist die Kirche? Leistung und Versagen der katholischen Soziallehre (Schriften der Katholischen Akademie in Bayern), Düsseldorf: Patmos.

Nell-Breuning, Oswald von (1985): Gerechtigkeit und Freiheit. Grundzüge katholischer Soziallehre (Geschichte und Staat 273), 2. Aufl., München: Olzog.

Nolte, Paul (2004): Generation Reform. Jenseits der blockierten Republik (becksche reihe), 6. Aufl., München: Beck.
Nussbaum, Martha (1999): Gerechtigkeit oder das gute Leben, Frankfurt (M.): Suhrkamp.
Nussbaum, Martha C./Sen, Amartya (1993/Ed): The quality of life. A study prepared for the World Institute for Development Economics Research (WIDER) of United Nations University. Oxford.
Opielka, Michael (2006): Ist ein Bürgergeld konservativ? Zur Idee eines allgemeinen Grundeinkommens, in: Die Politische Meinung Nr. 443, 51. Jg. (10/2006), S. 25–28. Download: www.archivgrundeinkommen.de/opielka/200610.pdf
Opielka, Michael/Strengmann-Kuhn, Wolfgang/Borchard, Michael (Hrsg.) (2007): Das Solidarische Bürgergeld. Finanz- und sozialpolitische Analyse eines Reformkonzepts. In: Das Solidarische Bürgergeld: Analysen zu einer Reformidee. Hrsg. von Bernhard Vogel.
Pauer-Studer, Herlinde (2000): Autonom leben. Reflexionen über Freiheit und Gleichheit, Frankfurt (M.): Suhrkamp.
Pies, Ingo (1995): Normative Institutionenökonomik. Zur Problemstellung eines Forschungsprogramms demokratischer Politikberatung, in: Zeitschrift für Wirtschaftspolitik 44 (1995), S. 311–340.
Rawls, John (1971/1979): Eine Theorie der Gerechtigkeit, Frankfurt (M.): Suhrkamp.
Rawls, John (1993/1998): Politischer Liberalismus, Frankfurt (M.): Suhrkamp.
Rhys-Williams, Juliet (1943): Something to look forward to: A suggestion for a new social contract, Macdonald: London.
Rhys-Williams, Juliet (1953): Taxation and Incentive, Oxford/New York: Oxford University Press.
Schramm, Michael (1997): „Bürgergeld" oder Bürgergeld „light". Ein Weg zum Abbau von Arbeitslosigkeit, in: Theologie der Gegenwart 40, S. 302–308.
Schramm, Michael (1998): Bürgergeld „light". Sozialpolitik für den Arbeitsmarkt, in: Gaertner, Wulf (Hg.): Wirtschaftsethische Perspektiven IV: Methodische Grundsatzfragen, Unternehmensethik, Kooperations- und Verteilungsprobleme (Schriften des Vereins für Socialpolitik NF 228/IV), Berlin: Duncker & Humblot, S. 243–282.
Schramm, Michael (1999): Subsidiarität der Moral. Institutionenethische Überlegungen zum Subsidiaritätsprinzip der Katholischen Soziallehre, in: Mückl, Wolfgang J. (Hg.): Subsidiarität. Gestaltungsprinzip für eine freiheitliche Ordnung in Staat, Wirtschaft und Gesellschaft, Paderborn/München/Wien/Zürich: Schöningh, S. 9–34.
Schramm, Michael (2006a): Gerechtigkeit im Widerstreit. Konzeptionen im Überblick (nebst einem kleinen Plädoyer für das politische Konzept der Befähigungsgerechtigkeit), in: Sternberg, Thomas (Hg.): Soziale Gerechtigkeiten. Beiträge zu einer neuen Sozialkultur, Münster: dialogverlag, S. 9–40.
Schramm, Michael (2006b): Der Preis der Werte. Wirtschaftsethische Notizen, in: Amos. Gesellschaft gerecht gestalten. Internationale Zeitschrift für christliche Sozialethik, Nr. 4 (2006), S. 11–18.
Schumpeter, Joseph A. (1946): Kapitalismus, Sozialismus und Demokratie, Bern: Francke.
Sen, Amartya (1999/2003): Ökonomie für den Menschen. Wege zu Gerechtigkeit und Solidarität in der Marktwirtschaft, München: dtv.
Sesselmeier, Werner (2006): Die demografischer Herausforderung der Alterssicherung, in: Aus Politik und Zeitgeschichte 8-9/2006, 20. Februar 2006, S. 25–31.
Sinn, Hans-Werner (2004): Wenn sich Arbeit nicht mehr lohnt. Das größte Problem von Hartz IV sind die kümmerlichen Zuverdienstmöglichkeiten, in: Die Zeit Nr. 46, 4. November 2004, S. 36.
Sinn, Hans-Werner (2006): „Mit einer Klappe" (Interview), in: Wirtschaftswoche Nr. 3, 15. Januar 2007, S. 31f.

Sinn, Hans-Werner/Holzner, Christian/Meister, Wolfgang/Ochel, Wolfgang/Werding, Martin (2002): Aktivierende Sozialhilfe. Ein Weg zu mehr Beschäftigung und Wachstum, in: ifo Schnelldienst Jg. 55 (September 2002), S. 3–51.

Smith, Adam (1776/1978): Der Wohlstand der Nationen. Eine Untersuchung seiner Natur und seiner Ursachen (hg. v. H. C. Recktenwald), München: dtv.

Smith, Adam (1776/1978): Der Wohlstand der Nationen. Eine Untersuchung seiner Natur und seiner Ursachen (hg. v. H. C. Recktenwald), München: dtv.

Spermann, Alexander (1996a): Das „Einstiegsgeld" für Langzeitarbeitslose, in: Wirtschaftsdienst 76, S. 240–246.

Spermann, Alexander (1996b): Einstieg für Langzeitarbeitslose, in: Frankfurter Rundschau 2.–3. Oktober 1996, S. 18.

Straubhaar, Thomas (2006a): Grundeinkommen: Nachhaltigkeit für den Sozialstaat Deutschland, in: Update. Wissens-Service des HWWI 05/2006, S. 1–3.

Straubhaar, Thomas (2006b): Der Dritte Weg, in: Wirtschaftsdienst 12/2006, S. 750f.

Theissen, Gerd/Merz, Annette (1996/2001): Der historische Jesus. Ein Lehrbuch, 3. Aufl., Göttingen: Vandenhoeck & Ruprecht.

Werner, Götz (2006a): „Wer nicht arbeitet, soll trotzdem essen!", in: Handelsblatt Nr. 192, 5. Oktober 2005, S. B 6.

Das Solidarische Bürgergeld –
zusammenfassende Bemerkungen

Von

Matthias Schäfer

Der Autor:

Matthias Schäfer
Koordinator für Arbeitsmarkt- und Finanzpolitik
Konrad-Adenauer-Stiftung
Klingelhöferstr. 23
10785 Berlin

matthias.schaefer@kas.de
www.kas.de

Inhalt

1. Einführung 228

2. Das Konzept Solidarisches Bürgergeld 229

3. Einordnungen des Solidarischen Bürgergeldes 230
   - 3.1. Ökonomische Wirkungen 230
     - 3.1.1. Beschäftigungseffekte 230
     - 3.1.2. Finanzierbarkeit des Bürgergeldkonzepts 241
     - 3.1.3. Effizienz und Effektivität der Sozialpolitik 248
     - 3.1.4. Weitere makroökonomische Folgen und langfristige Veränderungen 253
   - 3.2. Gesellschaftliche Fragen 257
     - 3.2.1. Sozialethische Überlegungen 258
     - 3.2.2. Bedeutung der Erwerbsarbeit als Einkommensgrundlage .. 263
     - 3.2.3. Einbindung in die deutsche Sozial-, Steuer- und Finanzverfassung 267
   - 3.3. Programmatische Anknüpfungspunkte und politökonomische Einschätzungen 271
     - 3.3.1. Grundeinkommen und CDU-Programmatik 271
     - 3.3.2. Grundeinkommen von FDP und Bündnis 90/Die Grünen ... 272
     - 3.3.3. Überlegungen der Politischen Ökonomie und wahltaktische Überlegungen 274

4. Zusammenfassung und Fazit 276
   - 4.1. Pro-Aspekte des Solidarischen Bürgergeldes 278
   - 4.2. Contra-Aspekte des Solidarischen Bürgergeldes 280
   - 4.3. Fazit 282

Literatur 284

1. Einführung

Der Vorschlag Solidarisches Bürgergeld von Dieter Althaus ist ein radikaler, umfassender Reformansatz für die Arbeitsmarkt- und Sozialpolitik. Die Grundidee des Solidarischen Bürgergeldes ist nicht neu. Im In- und Ausland wurden darüber unter dem Stichwort „Bedingungslose Grundsicherung/Grundeinkommen" vielfältige Debatten geführt. Auch das Solidarische Bürgergeld regt zu einer vielschichtigen und kontroversen Diskussion zwischen Bürgergeldbefürwortern und Bürgergeldgegnern an.

Die meisten Grundeinkommensmodelle verbindet, dass sie die bestehenden Sozialsysteme angesichts hoher Arbeitslosigkeit und zunehmender Finanzierungsprobleme für nicht mehr zukunftsfähig halten. So auch das Solidarische Bürgergeld, das viele Politikfelder berührt: Es hat ökonomische Wirkungen auf Beschäftigung, finanzielle Tragfähigkeit der öffentlichen Haushalte und Effizienz und Effektivität der Sozialpolitik. Erreicht es seine Zielsetzungen? Wie sind mittel- und langfristige Folgen und Verhaltensänderungen von Bürgern, Unternehmern, öffentlichen Institutionen und politischen Entscheidungsträgern abzuschätzen? Ist ein Bürgergeldkonzept in die gewachsenen Strukturen des deutschen Sozialstaats und die ihm zugrunde liegenden gesellschaftlichen Wertvorstellungen einzubauen? Welche relevanten programmatischen Anknüpfungspunkte lassen sich im politischen Spektrum finden?

Das Bürgergeldkonzept ist einer von vielen innovativen Ansätzen zur Modernisierung unseres Landes, den es – wie die anderen – weiterzuentwickeln gilt. Sei es als eine politische Vision, sei es als Denkmodell und Projektionsfläche, um zu verdeutlichen, worin die Strukturprobleme der bestehenden Arbeitsmarkt- und Sozialordnung liegen.

Für eine abschließende Beurteilung des Solidarischen Bürgergeldes ist es beim augenblicklichen Stand der Diskussion noch zu früh. Es geht um eine aufgeschlossene Debatte über das Für und Wider dieser mutigen Idee.

2. Das Konzept Solidarisches Bürgergeld

Das Konzept Solidarisches Bürgergeld besteht zusammengefasst aus folgenden Elementen (Althaus 2006):

1. Das Solidarische Bürgergeld ist ein bedingungsloses Grundeinkommen für alle Bürger, die seit mindestens zwei Jahren einen festen und ununterbrochenen Wohnsitz in Deutschland haben.
2. Jeder Erwachsene ab 18 Jahren hat Anspruch auf ein Solidarisches Bürgergeld. Bei einem monatlichen Einkommen bis zu 1600 € wirkt das Bürgergeld wie eine Steuergutschrift („Negativsteuer"). Diese Steuergutschrift beträgt für diejenigen, die kein Einkommen erzielen, 800 € und wird bis zu einem Einkommen von 1600 € linear auf 0 € abgeschmolzen. Damit beträgt die Transferentzugsrate in diesem Bereich 50%. Erst ab einem Monatseinkommen von 1600 € entsteht eine tatsächliche Steuerschuld. Das gesamte Einkommen wird dazu mit einem Steuersatz von 25% versteuert. Von der entstehenden Steuerschuld wird dann das hälftige Bürgergeld in Höhe von 400 € abgezogen. Sämtliche Einkünfte (u. a. aus Land- und Forstwirtschaft, Gewerbebetrieb, selbstständiger Arbeit, nicht selbstständiger Arbeit, Kapitalvermögen, Grundvermögen), vermindert durch den Verlustabzug, ergeben das zu versteuernde Einkommen.
3. Eltern erhalten für jedes ihrer Kinder bis zum 18. Lebensjahr jeweils 500 € Bürgergeld monatlich.
4. Vom Solidarischen Bürgergeld muss eine Gesundheits- und Pflegeprämie in Höhe von 200 € an eine Kasse eigener Wahl abgeführt werden. Alle Kassen müssen ein Angebot der Standardabsicherung anbieten. Die Prämie darf nicht über 200 € (Kopfpauschale) liegen, Beitragsrückerstattungen sind möglich.
5. Das tatsächlich verfügbare Bürgergeld beträgt bei Erwachsenen also 600 € monatlich und orientiert sich am soziokulturellen Existenzminimum.
6. Personen mit Behinderung oder Personen in besonderen Lebenslagen können einen individuellen, dann aber nicht mehr bedingungslosen Bürgergeldzuschlag beantragen.
7. Ab 67 Jahren stockt ein Rentenzuschlag von maximal 600 €, der sich an der Summe der vom Arbeitgeber für den Arbeitnehmer abgeführten anteiligen Lohnsummensteuer orientiert, das große Solidarische Bürgergeld bis auf 1400 € auf.
8. Für Bürgerinnen und Bürger, die z. B. Anwartschaften in der gesetzlichen Rentenversicherung erworben haben, die die Höhe des Bürgergeldes übersteigen, gilt ein Bestandsschutz. Sie erhalten die Differenz zwischen dem Anspruch und dem Solidarischen Bürgergeld als Rentenzulage ausbezahlt.

9. Finanziert werden das Solidarische Bürgergeld und der bedarfsorientierte Bürgergeldzuschlag vor allem durch die Einkommensteuer in Höhe von 25% ab Einkommen von 1600 € im Monat, 19.200 € im Jahr. Der leistungsbezogene Rentenzuschlag und die Rentenzulage, die den Vertrauensschutz sicherstellen, werden durch eine 12%ige Lohnsummensteuer der Arbeitgeber finanziert.
10. Sämtliche Sozialversicherungsbeiträge (Rente, Arbeitslosenversicherung, Kranken- und Pflegeversicherung) für Arbeitgeber und Arbeitnehmer entfallen.
11. Es bedarf einer neuen Aufteilung der Steuereinnahmen zwischen Bund, Ländern und Kommunen. Der Systemwechsel muss so gestaltet werden, dass die öffentlichen Haushalte ohne neue Schulden auskommen.

3. Einordnungen des Solidarischen Bürgergeldes

3.1. Ökonomische Wirkungen

3.1.1. Beschäftigungseffekte

Der deutsche Arbeitsmarkt ist gekennzeichnet durch eine im Vergleich zu anderen Ländern besonders starke Segmentierung. Vor allem Menschen ohne Bildungsabschluss, Frauen (insbesondere Alleinerziehende), Ältere, Kranke und Behinderte sind am Arbeitsmarkt benachteiligt. Die deutsche Arbeitslosenquote unter gering Qualifizierten ist mit 20% doppelt so hoch wie im OECD-Durchschnitt, die Erwerbsbeteiligung Älterer und von Frauen ist eine der geringsten in der OECD (Hinrichs/Schäfer 2006, S. 33–38).

Es stellt sich die Frage nach den Wirkungen des Bürgergeldkonzepts für den Arbeitsmarkt, auf die bisher Arbeitslosen genauso wie auf das Verhalten der bereits Erwerbstätigen. Lassen sich die Problemgruppen besser in die Erwerbstätigkeit integrieren?

Trennung der Ziele „hoher Beschäftigungsstand" und „soziale Absicherung durch auskömmliche Löhne"

Das Bürgergeldkonzept greift zunächst eine gravierende Fehlentwicklung der Arbeitsmarkt- und Sozialpolitik auf. Bislang werden über den Arbeitsmarkt zwei wichtige Ziele verfolgt: einerseits ein hoher Beschäftigungsstand, andererseits eine Beschäftigung zu auskömmlichen Löhnen (Straubhaar 2006a, S. 210).

Die hohe strukturelle Arbeitslosigkeit zeigt, dass Beschäftigungsziel und Sozialziel nur auf unvollkommene Weise gemeinsam verfolgt werden können. Vor allem bei gering

Qualifizierten und Langzeitarbeitslosen liegen auskömmliche Löhne höher als deren Produktivität, was zu Arbeitslosigkeit führt. Werden die Löhne hingegen an der Produktivität dieser Personen orientiert, wie in den untersten Lohngruppen möglich, so sind sie einerseits nicht auskömmlich, andererseits liegen sie unterhalb des Transfereinkommens bei Arbeitslosigkeit (sogenannter impliziter Mindestlohn).

Das Bürgergeld könnte hier Abhilfe schaffen, wenn es gelingt, den Arbeits*markt*mechanismus wieder zur Geltung zu bringen. Bürgergeldbefürworter gehen davon aus, dass die bedingungslose Grundsicherung als Basis dient, von der aus auch Löhne in einer Größenordnung von vier oder fünf Euro pro Stunde wieder eine attraktive Erhöhung des Bürgergeldniveaus ermöglichen. In diesem Fall wären nicht die Löhne existenzsichernd, wohl aber die Einkommen. In unteren Einkommensbereichen funktioniert das Bürgergeld wie ein Steuergutschriftmodell, indem es jeden verdienten Euro um den Bürgergeldbetrag aufstockt.

Dieser grundsätzlich positive Aspekt wird von Bürgergeldgegnern nicht bestritten. Entscheidend für den Beschäftigungseffekt ist aber, welcher Anteil des eigenen Lohneinkommens verbleibt (Transferentzugsrate).

Integration des Transfersystems in das Steuersystem

Ein wichtiger Schritt für eine Senkung der Transferentzugsrate ist die im Bürgergeldkonzept vorgesehene Integration des Transfersystems in das Einkommensteuersystem.

Das bisherige Steuertransfersystem zeichnet sich durch ein unabgestimmtes Nebeneinander aus: Eigenes Einkommen wird im Einkommensteuer-, im Sozialversicherungs- und im Transfersystem anders behandelt. Der daraus resultierende Gesamttarifverlauf ist unstetig: Wird aus der Erwerbslosigkeit heraus eine Arbeit aufgenommen, so wirken extrem hohe Transferentzugsraten zwischen 80 und 90% im unteren Einkommensbereich. Dies mindert die Beschäftigungsanreize der Angehörigen einer der Problemgruppen am Arbeitsmarkt.

Spätestens mit den Hartz-Reformen hat die deutsche Arbeitsmarkt- und Sozialpolitik auf dieses Problem reagiert. Allerdings wurde keine Lösung gewählt, die das Nebeneinander des Sozialtransfer-, Sozialversicherungs- und des Steuersystems überwunden hätte. Vielmehr wurden Maßnahmen ergriffen, die das Zusammenwirken der Systeme im Ergebnis auf Kosten derjenigen Problemgruppen des Arbeitsmarktes, die eigentlich hätten profitieren sollen, erschweren (siehe dazu SVR 2006):

- Mini- und Midijobs, die über einen Verzicht der Sozialversicherungsbeiträge auf Arbeitnehmerseite höhere Anreize zur Arbeitsaufnahme setzen, werden vor allem von Personen genutzt, die nicht zu den Problemgruppen am Arbeitsmarkt gehören, wie Rentner oder Studenten (RWI 2004, S. 10). Auch ist zu befürchten, dass in bestimmten Branchen sozialversicherungspflichtige Beschäftigung abgebaut und durch Minijobs ersetzt wurde.

- Die Hinzuverdienstmöglichkeiten des Arbeitslosengeldes II führen dazu, dass die Leistungsempfänger nur eine Teilzeittätigkeit aufnehmen. Damit schöpfen sie die Anrechnungsmöglichkeiten aus, nehmen geringe Abzüge ihres Transfereinkommens hin und haben noch ausreichend Zeit für andere Tätigkeiten. Sie bleiben dauerhaft von Transferleistungen abhängig (sogenannter Lock-in-Effekt oder auch Sozialhilfefalle).
- Den gleichen Effekt haben auch die sogenannten Ein-Euro-Jobs. Häufig begnügen sich die Leistungsbezieher mit dem um das „Ein-Euro-Einkommen" aufgestockten Einkommensniveau.

Diese Effekte würden im Solidarischen Bürgergeld überwunden. Der Steuertransfertarif wäre integriert und durchgehend ausgestaltet. Das Bürgergeldkonzept geht von einer Transferentzugsrate von 50% aus, d.h., von jedem verdienten Euro verbleiben 50 Cent beim Beschäftigten. Dies ist gegenüber der aktuellen Transferentzugsrate von 80 bis 90% eine wesentliche Verbesserung. Sie macht das Bürgergeld aber auch teuer, denn der Staat refinanziert die Bürgergeldausgaben erst bei höheren Einkommen. Im Ursprungskonzept liegt deshalb eine Finanzierungslücke vor. Diese ließe sich unter anderem durch eine Erhöhung der Transferentzugsrate von 50 auf 70% senken. Damit wären die Beschäftigungsanreize für Arbeitslose geringer, aber immer noch besser als im Status quo (siehe dazu die Ausführungen zur Finanzierbarkeit unter 3.1.2.).

Auswirkungen auf das Arbeitsangebot

Bürgergeldgegner wenden gegenüber Grundeinkommensmodellen häufig ein, dass sie negative Auswirkungen auf das gesamte Arbeitsangebot hätten. Verallgemeinern lässt sich dies allerdings nicht. Es kommt auf die genaue Ausgestaltung des Modells an.

Bei den Auswirkungen auf das Arbeitsangebot sind zwei Gruppen zu unterscheiden (Prinz 1989, S.116):

1. Bisher *Arbeitslose* werden profitieren. Für Arbeitslose geht die Arbeitsmarktforschung davon aus, dass ein Grundeinkommen die Anreize zur Aufnahme einer Tätigkeit erhöhen dürfte und „ein gewisser Teil der heute beobachtbaren Langzeitarbeitslosigkeit durch ein Bürgergeldsystem wahrscheinlich vermieden werden könnte." (Meinhardt 1996)[1]

---

[1] Das Institut zur Zukunft der Arbeit (IZA) geht in einer unveröffentlichen Studie zur Finanzierbarkeit des Bürgergeldkonzepts davon aus, dass im Grundmodell (Transferentzugsrate von 50%) 600.000 Personen aufgrund der besseren Arbeitsanreize zusätzlich eine Beschäftigung aufnehmen würden (Schneider/Bonin 2006b). Bei einer höheren Transferentzugsrate dürften diese Beschäftigungseffekte aber deutlich geringer ausfallen.

Das Solidarische Bürgergeld – zusammenfassende Bemerkungen 233

2. Gleichzeitig sind Auswirkungen auf *bereits Beschäftigte* zu berücksichtigen. Diese können durch ein Bürgergeld ihr bisher auf dem Arbeitsmarkt erzieltes Einkommen erhöhen (Einkommenseffekt) oder Teile dieses Einkommens durch das Bürgergeld ersetzen (Substitutionseffekt).

In den USA kamen zwischen 1960 und 1980 vier Sozialexperimente zum negativen Einkommensteuermodell von Milton Friedman zum Ergebnis, dass das Arbeitsangebot bei den bisher Beschäftigten grob gesagt um etwas mehr als 10% zurückging – bei erwachsenen Männer und alleinerziehenden Frauen um 10%, bei verheirateten Frauen und Jugendlichen um 20 bis 30% (vergleiche unter anderem Robins 1985, siehe auch Spermann 2007, S. 152). Das bedeutet, dass bisher Beschäftigte je nach Situation ihr Beschäftigungsangebot um zwei bis vier Wochen pro Jahr reduzierten.

Die Größenordnung dieser empirischen Studien wird durch Simulationen deutscher Arbeitsmarktforscher bestätigt (siehe dazu Zimmermann 1993, im Überblick auch Kress 1994): Das Arbeitsangebot von Männern reagiert danach relativ schwach auf Lohn- und Einkommensänderungen. Das lässt vermuten, dass die möglichen Substitutionseffekte des Bürgergeldes nicht dazu führen werden, dass sich das Arbeitsangebot derer, die arbeiten, stark verändert. Es gehört – so eine mögliche Interpretation – offensichtlich vor allem für erwachsene Männer zur gesellschaftlichen Norm zu arbeiten.

Summa summarum geht die Literatur davon aus, dass die gesamten Beschäftigungseffekte eines Bürgergeldsystems – in welcher Richtung auch immer – relativ bescheiden wären (Kress 1994, S. 252f.). Zumindest ist nicht mit einem massiven Beschäftigungsrückgang zu rechnen.

Eine Quantifizierung der gegenläufigen Effekte bei Arbeitslosen und bereits Beschäftigten ist schwer möglich. Spermann geht davon aus, dass der Saldo im Bürgergeldkonzept negativ wäre (Spermann 2007, S. 152).

Deutlich wird, dass die Fragen von Beschäftigungseffekten und Finanzierbarkeit des Bürgergeldes in einem Spannungsverhältnis stehen. Geringe Transferentzugsraten und geringe Steuersätze setzen starke Beschäftigungsanreize, sind aber sehr teuer. Umgekehrt sind hohe Transferentzugsraten und hohe Steuersätze fiskalisch beherrschbar, sie mindern aber Beschäftigungsanreize.

Erwähnenswert ist, dass im Rahmen der amerikanischen Sozialexperimente auch analysiert wurde, was Personen mit der Zeit „anfangen", um die sie ihre Beschäftigung reduzieren. Dabei stellte sich heraus, dass erwachsene Männer sich verstärkt um eine neue Arbeitsstelle bemühten, dass Mütter die Kinderbetreuung intensivierten und Jugendliche in ihr Bildungsniveau investierten – zumindest wurden ihre Ausbildungsleistungen besser (Stutz/Bauer 2003, S. 56).

Gegenwärtiger Reformpfad der deutschen Arbeitsmarkt- und Sozialpolitik

Die Einschätzung der Beschäftigungseffekte sollte nicht unabhängig von dem Reformpfad diskutiert werden, den die Arbeitsmarkt- und Sozialpolitik in den letzten Jahren eingeschlagen hat.

Die Reformen setzen ebenfalls an der sogenannten Sozialhilfefalle an – gehen aber einen anderen Weg als das Bürgergeldkonzept. Die Hartz-Reformen setzen auf gezielte Anreize für Arbeitslose, eine Arbeit aufzunehmen: Nur derjenige soll unterstützt werden, der sich nach Kräften um eine Arbeit bemüht und bereit ist, eine solche auch anzunehmen.

Dieses als „Fördern und Fordern" oder als „Workfare" bezeichnete Prinzip wird z. B. in Dänemark erfolgreich praktiziert. Dort ist die Arbeitslosigkeit gering und die Erwerbsbeteiligung hoch. Deshalb wird eine konsequente Umsetzung dieses Prinzips auch als Erfolg versprechend für den deutschen Arbeitsmarkt angesehen (vergleiche Schneider/Bonin 2006a).[2]

Das Bürgergeldkonzept löst den fundamentalen Zusammenhang von Leistung (Transfer) und Gegenleistung (Arbeitsbereitschaft) des Workfare-Ansatzes auf, denn es wird bedingungslos bezahlt. Niemand ist verpflichtet, seine Arbeitsbereitschaft zu zeigen. Unter anderem deshalb wird es von vielen Arbeitsmarktforschern abgelehnt.

Es ist zu überlegen, ob der Grundgedanke des Workfare-Ansatzes im Bürgergeldkonzept mittelbar Wirkung entfalten kann: Dadurch, dass im Bürgergeldkonzept das Transferniveau von heute monatlich 662 € (Arbeitslosengeld II und Wohnkosten) auf 600 € (nach Abzug der Gesundheitsprämie) gesenkt wird, nimmt es den Charakter eines partiellen Grundeinkommens an. Da für den überwiegenden Teil der Bevölkerung alle weiteren Transferleistungen wegfallen, sichert das Bürgergeld mit monatlich 600 € – wenn überhaupt – nur am absolut untersten Rand ein materiell menschenwürdiges Leben. Deshalb entbindet das Bürgergeld seinen Empfänger nicht von eigenen Anstrengungen zur Finanzierung des Lebensunterhalts – zumindest für Alleinstehende (vergleiche Opielka 2007, S. 49 und 108f.).[3]

Für diejenigen, die keinen Arbeitsplatz finden, wird sich dann erneut die verfassungsrechtliche Frage stellen, ob eine Grundsicherung in Höhe des Bürgergeldes gegen das Grundgesetz verstößt. Diese Frage wurde vom Bundessozialgericht jüngst für das Ni-

---

[2] Ob die positiven Erfahrungen aus Dänemark allein auf den Workfare-Ansatz zurückzuführen sind oder auf die gesamte Arbeitsmarktverfassung (Rolle der Tarifpartner, Dezentralisierung der Arbeitsmarktpolitik, Arbeitsmarktregulierungen), kann hier nicht weiter vertieft werden. Es sind aber zumindest Zweifel angebracht, ob das Workfare-Element unabhängig von seiner Einbettung in Arbeitsmarkt und Gesellschaft in Dänemark auf die deutschen Verhältnisse übertragbar ist.

[3] Bei Mehrpersonenhaushalten dürfte der Gedanke des partiellen Grundeinkommens, das jeden zur Aufnahme einer Arbeit anhält, nicht gelten. Hier würde das Bürgergeld oberhalb der heutigen Sozialhilfehöhe liegen (vergleiche Opielka 2007, S. 48).

veau des Arbeitslosengeldes II von 662 € im Monat geprüft. Verfassungsrechtliche Bedenken wurden nicht erhoben (Urteil vom 22.11.2006 Aktenzeichen B 11b AS 1/06 R). Das Bürgergeld liegt aber gut 10% unter dem Arbeitslosengeld II.

Bürgergeldbefürworter erheben im Übrigen generelle Einwände gegen die Logik des Workfare-Ansatzes, dass es allein entsprechender Arbeitsanreize bedürfe, um Arbeitslose wieder in den Arbeitsmarkt zu integrieren. Kaum jemand wähle aus freien Stücken ein Leben am Existenzminimum (auf Bürgergeldniveau), deshalb müsse er auch nicht zusätzlich angereizt werden, eine Arbeit aufzunehmen (Opielka 2007, S. 23, 41ff., 55, Stutz/Bauer 2003, S. 49f.). Sie gehen davon aus, dass Langzeitarbeitslose aufgrund ihrer spezifischen Probleme geringe Jobchancen hätten, unabhängig davon, ob spezielle Programme die Arbeitsfähigkeit erhöhten und die Vermittlung intensivierten. Die große Mehrheit schaffe es nicht, einen regelmäßigen Lebensunterhalt zu verdienen, weil gerade für unqualifizierte Personen keine Arbeitsplätze mehr zur Verfügung stünden. Der Workfare-Ansatz, so schreibt Robert Solow, „habe die Erwartung, dass Transferempfänger in den Arbeitsmarkt integrierbar seien, weitgehend nicht erfüllt. Deshalb sei er mit sehr viel höheren Kosten verbunden, als es die Befürworter wahrhaben wollten. Deshalb gebe es bei keiner Grundsicherung billige Antworten, unabhängig davon, ob sie bedingt oder bedingungslos ausbezahlt wird." (zitiert nach Stutz/Bauer 2003, S. 50) Die Rolle von Arbeitsanreizen als Hauptproblem der Sozialpolitik werde durch die empirischen Befunde relativiert (Stutz/Bauer 2003, S. 50). Ökonomienobelpreisträger Herbert Simon stellte dazu fest (in Van Parijs 2001): *„Laziness is not a principal cause of poverty"* („Faulheit ist nicht die Hauptursache von Armut"; eigene Übersetzung). Vielmehr seien Beschäftigungs- und Aufstiegschancen eine Folge von Faktoren, auf die viele Arbeitslose keinen Einfluss hätten – wie die Zugehörigkeit zu bestimmten Gesellschaftskreisen und der Austausch mit anderen Mitgliedern dieser Kreise (Netzwerke).

Dem hält Spermann als Vertreter des Workfare-Ansatzes entgegen: „Wer auf fehlende Anreize für Transferempfänger aufmerksam macht, beklagt einen institutionellen Fehlanreiz und behauptet nicht, dass die Transferempfänger nicht arbeiten wollen." (Spermann 2007, S. 149) Insofern bestätigt sich aber, dass Anhänger des Workfare-Ansatzes und Anhänger eines bedingungslosen Grundeinkommens von derselben Anreizproblematik des aktuellen Sozialsystems ausgehen.

Eine weitere kritische Anmerkung zum Workfare-Ansatz macht Kumpmann (Kumpmann 2006, S. 599). Die Einschätzung, ob Menschen arbeitsfähig seien oder nicht, träfen im Workfare-Konzept staatliche Behörden. Bei einer Fehleinschätzung habe dies erhebliche Folgen für den Einzelnen, denn möglicherweise würde nicht erwerbsfähigen Personen die Existenzsicherung versagt. Daher sei ein besonders hoher bürokratischer Aufwand erforderlich, um Fehlurteile auszuschließen – gerade weil die Gruppe der Langzeitarbeitslosen so heterogen sei. Mit dem Bürgergeld würde das heute auf „Kontrolle" ausgerichtete Transfersystem übergehen zu einem System, in dem Arbeitslose durch finanzielle Anreize motiviert würden, eine Arbeit aufzunehmen und ihr Einkommen zu erhöhen. Dieses Argument greift die Perspektive eines Wandels zu einer eigenverantwortlichen, weniger kollektivistischen und weniger bürokratischen Gesellschaft auf. Ob die Ansicht, mehr auf positive Eigenverantwortung zu setzen, auf einem realistischen Menschenbild gründet, muss diskutiert werden.

Eine Abkehr vom Prinzip des Förderns und Forderns, das gerade durch die Hartz-Reform mit großem Aufwand eingeführt worden ist, dürfte erhebliche Umsetzungs- und Kommunikationsprobleme hervorrufen, unabhängig davon, ob man den Workfare-Ansatz oder den Bürgergeld-Ansatz verfolgt.

Auswirkungen auf die Schwarzarbeit

Für die Beschäftigungswirkungen des Bürgergeldes ist von Bedeutung, welche Auswirkungen bei einer Einführung des Solidarischen Bürgergeldes auf den Schwarzarbeitssektor zu erwarten sind.[4, 5]

Die Schattenwirtschaft in Deutschland wird im Jahr 2007 einen Umfang von ca. 15% des Bruttoinlandsproduktes haben (Schneider/Strotmann 2007). Spermann spricht von allenfalls „anekdotischer Evidenz zur quantitativen Bedeutung von Schwarzarbeit bei Transferempfängern." (Spermann 2007, S. 149)

Der Umfang von Schwarzarbeit wird nach der herrschenden Meinung durch eine Senkung von Steuern/Transferentzugsraten und/oder Lohnnebenkosten reduziert (und vice versa erhöht). Deshalb würden die geringeren Transferentzugsraten im Bürgergeldkonzept bei geringen Einkommen den Anreiz zur Aufnahme legaler Arbeit erhöhen. Die gleichzeitig vorgesehene Erhöhung der Steuerlast für mittlere Einkommensbezieher hätte hingegen den gegenteiligen Effekt zur Folge – vor allem in der Variante, die die Finanzierungslücke schließt und von einem Steuersatz von 40% ausgeht.

Bürgergeldbefürworter gehen aufgrund der positiv vermittelten Anreize, der geringeren Transferentzugsraten und des Mentalitätswechsels weg von einer kontrollierenden Sozialbürokratie hin zu einer positiv motivierenden Gesellschaft insgesamt davon aus, dass die Bekämpfung/Reduzierung von Schwarzarbeit gegenüber dem jetzigen System Vorteile hätte (Stutz/Bauer 2003, S. 48).

---

[4] Der Workfare-Gedanke bezweckt, durch die Einforderung einer Gegenleistung für den Bezug von Arbeitslosengeld II den Arbeitslosen die Zeit dafür zu nehmen, ihre Transferleistungen unter anderem durch Schwarzarbeit zu erhöhen. Hierfür hätten die Behörden beim Bürgergeldkonzept keine unmittelbare Handhabe mehr, denn die Transferleistung ist ohne jede Gegenleistung auszubezahlen. Stocken arbeitsmarktferne Personen ihr Bürgergeld nicht legal, sondern durch Schwarzarbeit auf, so hätte dies gravierende Auswirkungen auf die Finanzierungsgrundlagen und die moralische Integrität der Gesellschaft.

[5] Im Übrigen führt Schwarzarbeit im Konzept von Dieter Althaus zum Verlust des Bürgergeldanspruchs.

Zu diskutieren ist, ob – im Gegensatz zur Auffassung der Bürgergeldbefürworter – aus der aktuell zu beobachtenden Teilzeitfalle beim Bezug des Arbeitslosengeldes II nicht eine Schwarzarbeitsfalle werden könnte.[6]

Stärkung der Arbeitsnachfrage

In der fehlenden Berücksichtigung der Arbeitsnachfrage liegt ein strukturelles Problem der Hartz-Reformen, die vor allem auf schnellere Vermittlung und bessere Anreize zur Erhöhung des Arbeitsangebots setzen.

Das Bürgergeldkonzept wird aus Sicht der meisten Kommentatoren positive Wirkungen auf die Arbeitsnachfrage der Unternehmen haben. Durch die Entlastung des Faktors Arbeit von den Kosten der sozialen Sicherung würde deren Finanzierungsbasis verbreitert (Kumpmann 2006, S. 596). Der Umfang dieser positiven Wirkung hängt entscheidend von der Frage ab, wie die Kosten der sozialen Sicherung refinanziert werden. Insgesamt ist insbesondere in den unteren Einkommensbereichen von hohen positiven Arbeitsmarkteffekten auszugehen (Wagner 2005, S. 284).

Anhänger einer Bürgergeldidee gehen davon aus, dass die Unternehmen bei niedrigen kostendeckenden Löhnen mehr Arbeitnehmer einstellen würden. Eine fehlende Spreizung der Lohnstruktur nach unten wird als ein Haupthindernis für mehr Beschäftigungschancen im Niedriglohnsektor erachtet.[7] Gleichzeitig würde ein Grundeinkommen auch den Arbeitnehmern erlauben, zu sehr geringen Löhnen eine Arbeitsstelle anzunehmen. Denn das Grundeinkommen würde nicht mehr wie das bisherige Transfereinkommen (Arbeitslosengeld II) in (Lohnersatz-)Konkurrenz zur Aufnahme einer Tätigkeit am Arbeitsmarkt stehen, sondern das damit erzielbare (auch geringe) Einkommen ergänzen. Und in dem Maße, in dem die Arbeitnehmer wieder bereit wären, Arbeit zu geringem Lohn aufzunehmen, ist denkbar, dass die Unternehmen wieder mit einer Ausdehnung ihrer Nachfrage nach einfachen Tätigkeiten reagieren.

Mitentscheidend wird auch sein, wie sich ein Bürgergeld auf das gesamtwirtschaftliche Lohnniveau der bereits Beschäftigten auswirkt. Theoretisch ist sowohl eine Senkung als auch eine Steigerung der Löhne denkbar (Stutz/Bauer 2003, S. 58). Finden viele Personen einen Arbeitsplatz, könnte ein gewisser gesellschaftlicher Druck entstehen, schlecht bezahlte Arbeit anzunehmen. Das könnte das Lohnniveau zunächst senken. Ferner ist es im Bürgergeldkonzept aufgrund der geringeren Transferentzugsraten at-

---

[6] So wurde Mitte der 1990er-Jahre in der Schweiz die Einführung von Grundeinkommensmodellen unter anderem mit dem Hinweis abgelehnt, die Auswirkungen auf die Schattenwirtschaft seien nicht einzuschätzen (Eidgenössisches Department des Inneren, zitiert nach Stutz/Bauer 2003, S. 70, 81).

[7] Institut der deutschen Wirtschaft Köln, iwd Nr. 15/2006; jüngst aber einschränkend: Brenke, Karl: „Zunehmende Lohnspreizung in Deutschland", in: DIW Wochenbericht 6/2007.

traktiver, Arbeit zu geringen Löhnen aufzunehmen. Andererseits müsste das Lohnniveau mittelfristig dann wieder steigen, wenn viele Menschen einen Arbeitsplatz gefunden haben.

Das Bürgergeld stellt eine Mindestabsicherung dar, die die Tarifpartner bei ihren Lohnverhandlungen als Bestandteil der Tarifpolitik einbeziehen könnten mit Folgen für das gesamte Lohnniveau.

Arbeitgeber und Arbeitnehmer könnten z. B. in Kenntnis des garantierten Bürgergeldes die Löhne „nach unten" verhandeln – auch in Branchen, in denen die Arbeitsproduktivität höhere Löhne zulassen würde. Dazu eine Beispielrechnung: Ein Arbeitnehmer verdient 1200 € brutto im Monat, er und sein Arbeitgeber führen jeweils rund 250 € in die Sozialversicherung ab, seine Lohnsteuerschuld beträgt rund 100 €. Dies führt beim Arbeitgeber zu einem Arbeitsentgelt von 1450 €, dem Arbeitnehmer verbleiben 850 € als Nettoeinkommen (eine Aufstockung durch das Arbeitslosengeld II ist hier nicht berücksichtigt).

Im Bürgergeldkonzept könnten sich Arbeitgeber und Arbeitnehmer wie folgt einigen: Der Bruttomonatslohn wird auf 500 € gesenkt. Dieser Lohn wird mit einer Transferentzugsrate von 50% auf das Bürgergeld angerechnet, sodass der Arbeitnehmer eine Bürgergeldgutschrift von 550 € erhält. Sein Einkommen erhöht sich damit auf 1050 €, von dem er noch die Gesundheitsprämie von 200 € abzuführen hat. Im Ergebnis erhält der Arbeitnehmer mit 850 € netto genauso viel wie im ersten Fall. Der Arbeitgeber hat neben dem Bruttolohn noch die 12%ige Lohnsummensteuer und damit ein Arbeitsentgelt von 560 € zu bezahlen, also 890 € weniger als zuvor. In die Sozialkassen fließen die Gesundheitsprämie und die Lohnsummensteuer von zusammen 260 €, also 240 € weniger als zuvor. Die Lohnsteuer von 100 € muss der Arbeitnehmer ebenfalls nicht mehr entrichten. In diesem Fall hätte der Arbeitgeber zulasten des Staates seinen Gewinn erhöht, während sich das Nettoeinkommen des Arbeitnehmers nicht verändern würde.

Insgesamt sollte der Effekt des Bürgergeldkonzeptes, über eine Reduzierung des gesamtwirtschaftlichen Lohnniveaus die Arbeitsnachfrage der Unternehmen gerade für die Problemgruppen des deutschen Arbeitsmarktes zu steigern, differenziert beurteilt werden. Denn Reallohnsenkungen sind für die Gruppe der gering Qualifizierten eine Hilfe auf dem Weg zurück in den Arbeitsmarkt. Anderen Problemgruppen des Arbeitsmarktes wie älteren Arbeitnehmern, Frauen und Personen mit gesundheitlichen Beeinträchtigungen helfen sie nicht unbedingt weiter. Im geplanten Niedriglohnbereich ist oft körperliche Belastbarkeit gefragt, die bei diesen Personen nicht vorausgesetzt werden kann (Karr 1999, S. 9).

Ein Bürgergeld in der vorgeschlagenen Höhe wirkt andererseits immer wie ein Reservationslohn, bei dem Arbeitslose überlegen, ob sie Freizeit zugunsten von gering entlohnter Arbeit aufgeben. Dies würde dafür sprechen, dass Löhne nicht „ins Bodenlose" fallen, von der reservierten Haltung der Gewerkschaften gegenüber sogenannten Hungerlöhnen ganz zu schweigen.

Auch könnten Effizienzlohnüberlegungen der Arbeitgeber dagegen sprechen, dass sie von der Möglichkeit niedriger Löhne Gebrauch machen. Arbeitgeber wollen in der Öffentlichkeit ungern mit einem Bild in Zusammenhang gebracht werden, wonach sie Menschen zu Niedrigstlöhnen beschäftigen – weder bei ihren Kunden noch bei ihren Arbeitnehmern.

Die aufgrund einer stärkeren Lohnspreizung zu erwartenden positiven Beschäftigungseffekte für bisher von der Erwerbstätigkeit ausgeschlossene Personen sind in jedem Fall abzuwägen mit den negativen Beschäftigungseffekten bei den bisher Erwerbstätigen und den Folgen für die Finanzierbarkeit des Bürgergeldkonzepts (Spermann 2007, S. 150).

Stärkere Flexibilisierung des Arbeitsmarktes

Positive Effekte für die Arbeitsnachfrage dürften eher durch eine stärkere Flexibilisierung des Arbeitsmarktes zu erzielen sein. Die Notwendigkeit weiterer Flexibilisierung des deutschen Arbeitsmarktes ist weitgehend unbestritten.[8]

Befürworter des Bürgergeldes gehen davon aus, dass ein steuerfinanziertes Grundeinkommen die Spielräume für mehr Flexibilität am Arbeitsmarkt erhöhen würde. Straubhaar (2006b, S. 751) spricht von der politischen Chance, über ein Grundeinkommen eine weitgehende Deregulierung des Arbeitsmarktes zu erreichen.

Der Weg einer Verbindung der Chancen freier (Arbeits-)Märkte mit den Notwendigkeiten des sozialen Ausgleichs, Kerngedanke des Modells der Sozialen Marktwirtschaft, lässt sich aber auch auf andere Art und Weise erreichen. Das Modell der sogenannten „Flexicurity", bekannt aus Ländern wie Dänemark oder auch den Niederlanden, verfolgt ein vergleichbares Ziel, ohne die soziale Absicherung vom Arbeitsmarkt zu entkoppeln. Die soziale Flankierung eines flexiblen Arbeitsmarktes geschieht vor allem dadurch, dass die vielfältigen Lebenssituationen, die mehr oder weniger Erwerbsarbeit ermöglichen, abgesichert werden (z. B. durch Bildungsgutscheine für Menschen, deren Qualifikation veraltet ist, durch Sabbatjahre für „Ausgepumpte", Teilzeitarrangements für Kinderbetreuung). Soziale Absicherung und Erwerbsarbeit werden dort nicht getrennt, sondern stärker und entsprechend der individuellen Situation des Einzelnen aufeinander abgestimmt (Stutz/Bauer 2003, S. 51).

[8] Die Regulierung des deutschen Arbeitsmarktes ist sehr hoch. Im Vergleich mit 109 registrierten Ländern belegt Deutschland beim Teilindikator „Arbeitsmarktregulierung" Platz 104 (FRASER Institute – Index of Economic Freedom Index Labour Market Regulations, Dataset 2004).

Weiterführung aktueller Reformvorhaben im Solidarischen Bürgergeld

Es ist auch zu überlegen, wie eine schrittweise Umsetzung des Solidarischen Bürgergeldes in die aktuellen Arbeitsmarkt- und Sozialreformen eingebettet werden kann.

Das Bürgergeld würde ermöglichen, den eingeleiteten Wandel in der Finanzierungsstruktur sozialer Leistungen fortzusetzen. Die Lohnnebenkosten von zurzeit fast 42%, die nahezu hälftig von Arbeitgeber und Arbeitnehmer bezahlt werden, würden auf eine vom Arbeitgeber zu zahlende Lohnsummensteuer reduziert werden. Das Gros der sozialen Leistungen würde über Steuereinnahmen finanziert.

Die Bundesregierung hat erste Schritte in diese Richtung eingeleitet, indem der Beitragssatz zur Arbeitslosenversicherung zum 1.1.2007 gesenkt und zu seiner Finanzierung der Mehrwertsteuersatz erhöht wird. Den gleichen Weg hat die Bundesregierung bei der bisher beitragsfreien Finanzierung der Kinder in der gesetzlichen Krankenversicherung vereinbart. Durch zukünftig steigende Zuschüsse aus dem Staatshaushalt soll eine Senkung der Krankenversicherungsbeiträge möglich werden.

Denkbare positive Beschäftigungseffekte dieser schrittweisen Umfinanzierung des Sozialstaats wurden erwähnt, sie hängen vor allem davon ab, wie die Gegenfinanzierung erfolgt. Insbesondere eine Erhöhung der indirekten Steuern eröffnet Chancen für positive Beschäftigungseffekte (Wagner 2005, S. 284, Kroker/Pimperetz 2005, S. 288).

Das Bürgergeldkonzept würde die aktuelle Reformtendenz einer Umfinanzierung beitragsfinanzierter Sozialleistungen durch Steuern aufgreifen und zu einem vollständigen Systemwechsel fortentwickeln. Dieser ist, wie noch zu diskutieren ist, mit neuen schwierigen Fragestellungen verbunden.

Mittel- bis langfristige Rückwirkungen

Mittel- und langfristig werden Auswirkungen des Bürgergeldkonzepts in anderen Bereichen wie im Bildungssystem oder im Gesundheitswesen, in den öffentlichen Haushalten, bei steuerlichen Verteilungswirkungen, in den niedrigen Lohngruppen oder in der Schwarzarbeit auf die Beschäftigungseffekte zurückwirken (Stutz/Bauer 2003, S. 48). Diese sind, obwohl schwer abzuschätzen, von grundlegender Bedeutung für die wissenschaftlichen Prognosen zum Beschäftigungseffekt (Kress 1994, S. 251).

Die Einbeziehung derartiger Verhaltensänderungen wird von Spermann für unverzichtbar gehalten, um die Unsicherheiten über die Finanzierbarkeitsaussagen zum Bürgergeldkonzept reduzieren zu können (Spermann 2007, S. 157f.).

Diese Rückwirkungen dürften umso besser beherrschbar sein, je höher das vom Bürgergeldsystem induzierte zusätzliche Beschäftigungsvolumen ausfällt, da die damit verbundenen Einkommen zur Verringerung des Anspruchs auf Bürgergeld führen und umgekehrt.

Fazit zu den Beschäftigungseffekten

Das Bürgergeld würde die Überwindung wichtiger Strukturprobleme der aktuellen Arbeitsmarkt- und Sozialpolitik ermöglichen.

Aufgrund der geringeren Transferentzugsrate dürften die Beschäftigungsanreize für gering Qualifizierte steigen. Mit einem Rückgang des Arbeitsangebots bereits Erwerbstätiger ist zu rechnen, dieser dürfte aber nicht massiv ausfallen.

Allerdings steht das Bürgergeld aufgrund seiner bedingungslosen Gewährung im Widerspruch zum aktuellen Reformpfad („Workfare"). Die Fronten zwischen Workfare-Vertretern und Bürgergeldbefürwortern sind verhärtet. Die Debatte wird im Geiste des Entweder-oder geführt.

Beiden Positionen können nennenswerte Argumente zugesprochen werden. Und beide Lager gehen bei ihren Reformüberlegungen von denselben Strukturdefiziten und Anreizproblemen des aktuellen Systems aus.

Bürgergeldbefürworter stellen inzwischen fest: Kein Grundsicherungsmodell behebt allein die Ursachen von Arbeitslosigkeit und existenzgefährdenden Niedriglöhnen. Keine Grundsicherung ersetzt aktive Beschäftigungs- und Arbeitsmarktpolitik (Mitschke 2000, S. 150ff.).

Darauf aufbauend sollte das Bürgergeldkonzept weiterentwickelt werden.

3.1.2. Finanzierbarkeit des Bürgergeldkonzepts

Jede Einführung einer Sozialreform hängt entscheidend von ihrer Finanzierbarkeit ab. Umfassende Kostenberechnungen zu bedingungslosen Grundeinkommensmodellen lagen bisher nicht vor. Erstmals wird ein solches Modell mit der Studie von Michael Opielka und Wolfgang Strengmann-Kuhn in dieser Detailliertheit durchgerechnet.[9, 10]

---

[9] Eine Einschätzung zur Finanzierbarkeit des Bürgergeldkonzepts von Dieter Althaus liegt vom Institut zur Zukunft der Arbeit (IZA) in Bonn vor (Schneider/Bonin 2006). Das unveröffentlichte Gutachten des IZA geht im Grundmodell von einem Beschäftigungseffekt von 600.000 Arbeitsplätzen aus. Die Simulation der Einnahmen und Ausgaben des Bürgergeldes auf der Basis eines ökonometrischen Arbeitsangebotsmodells führt zu einer Finanzierungslücke von 165 Mrd. €. Das IZA beschränkt seine Finanzierungssimulation auf die erwerbsfähige Bevölkerung und darunter auf die abhängig beschäftigten Arbeitnehmer. Deshalb geht das IZA davon aus, dass die von ihm ermittelte Finanzierungslücke sich eher am unteren Rand bewegt, denn insbesondere Rentner würden in der Regel nur Transferleistungen beziehen und keine Einkommensteuern entrichten. Die Bürgergeldausgaben für Rentner (über 65 Jahre) würden nach den Ergebnissen der Simulation von Opielka zu Ausgaben in Höhe von weiteren 101 Mrd. € führen. Die beiden Gutachten sind aufgrund der offensichtlich völlig verschiedenen Simulationsannahmen nicht zu vergleichen. Anders sind die erheblichen Abweichungen der prognostizierten Einkommen-

Ergebnis: Eine Finanzierungslücke

Die Studie kommt zum Ergebnis, dass das Solidarische Bürgergeld in der von Dieter Althaus vorgestellten Form (sogenanntes Grundmodell) zu einer Finanzierungslücke von 189 Mrd. € führt (Opielka/Strengmann-Kuhn 2007, S. 81, Tabelle 7).

Nach den Berechnungen von Opielka und Strengmann-Kuhn belaufen sich die Ausgaben für das Bürgergeld (400 Mrd. €) und die integrierte Gesundheitsprämie (197 Mrd. €) auf zusammen 597 Mrd. €. Hinzu kommt eine durch eine Lohnsummensteuer finanzierte Rentenzulage von 140 Mrd. €.

Steuerliche Bemessungsgrundlage

Die Simulation von Opielka und Strengmann-Kuhn geht von einer steuerlichen Bemessungsgrundlage von 1350 Mrd. € pro Jahr aus.[11] Dabei wurden auf der Basis der Daten des Sozio-ökonomischen Panels (SOEP) 2004 neben den Erwerbseinkommen aus abhängiger und selbstständiger Beschäftigung und den Vermögenseinkommen auch die heutigen Arbeitgeberbeiträge zur Sozialversicherung und die Einkünfte der sogenannten Rentenzulage in die Besteuerungsgrundlage einbezogen (Opielka/Strengmann-Kuhn 2007, S. 64ff.).

Zur Plausibilisierung dieses Ergebnisses wurden Daten der Lohn- und Einkommensteuerstatistik 2001, der Einkommens- und Verbrauchssteuerstichprobe des Statistischen Bundesamtes aus dem Jahr 2003 und der volkswirtschaftlichen Gesamtrechnung (VGR) 2004 vergleichend herangezogen.

Insgesamt wird die steuerliche Bemessungsgrundlage durch den Wegfall der steuerlichen Abschreibungsmöglichkeiten und durch die Streichung des steuerlichen Grundfreibetrages erheblich verbreitert. Den größten Teil der simulierten Besteuerungsgrundlage machen die Erwerbseinkommen aus, die mit 1165 Mrd. € in der Simulation

---

    steuereinnahmen, der Einnahmen aus der Lohnsummensteuer und des Einsparvolumens in den steuerfinanzierten Sozialsystemen nicht zu erklären.

[10] Im Jahr 1996 hat das Deutsche Institut für Wirtschaftsforschung (Meinhardt u. a. 1996) die fiskalischen Auswirkungen des Bürgergeldvorschlags einer Expertenkommission der damaligen schwarz-gelben Bundesregierung simuliert: 1000 DM Bürgergeld für Erwachsene, 500 DM Bürgergeld für Kinder, eine Transferentzugsrate von 50% bis zur Transfergrenze, im Anschluss der Übergang in den normalen Einkommensteuertarifverlauf und eine Beibehaltung der beitragsfinanzierten Sozialversicherungssysteme. Die Bedürftigkeitsprüfung sollte beibehalten werden. Zu einem späteren Zeitpunkt sollten steuerfinanzierte Sozialtransfers einbezogen werden.
Die Simulationen des DIW ergaben nur für den Teil der Lohnsteuerpflichtigen ein Finanzvolumen (Steuermindereinnahmen und Bürgergeldausgaben) von rund 200 Mrd. DM und unter Berücksichtigung des zukünftigen Einsparvolumens von 30 Mrd. DM sogenannte Nettokosten von 172,8 Mrd. DM. Mit dieser Größenordnung sei die Diskussion beendet gewesen, so Opielka 2007, S. 33.

[11] Das Volkseinkommen des Jahres 2005 auf der Basis der Daten der VGR betrug 1675 Mrd. €.

zu Buche schlagen und damit oberhalb der Erwerbseinkommen in der Lohn- und Einkommensteuerstatistik 2001 mit 920 Mrd. € liegen.

Einsparvolumen im Sozialbudget

Im Vergleich zum gegenwärtigen Sozialbudget könnten im Bürgergeldkonzept rund 204 Mrd. € an steuerfinanzierten Transferleistungen eingespart werden (Opielka/ Strengmann-Kuhn 2007, S. 79, Tabelle 6).[12]

Das Sozialbudget der Bundesrepublik betrug im Jahr 2005 ca. 696 Mrd. € (Statistisches Bundesamt) und hat damit eine vergleichbare Größenordnung wie das Bürgergeld. Ein Vergleich der Ausgaben des Sozialbudgets des Jahres 2005 mit den Ausgaben des Bürgergeldes verdeutlicht, dass bezogen auf die jeweiligen Leistungsfunktionen vergleichbare Größenordnungen entstehen würden:

Tabelle 1 zur Vergleichbarkeit des Sozialbudgets 2005 mit dem Bürgergeld

In Mrd. €	Sozialbudget 2005	Bürgergeld
	642	738
Alterssicherung	281	267*
Gesetzliche Rentenversicherung	240	
Pensionsausgaben	35	
Ausgaben der Landwirtschaftlichen Alterssysteme	6	
Gesundheitsausgaben	188	197
Gesetzliche Krankenversicherung	143	
Gesetzliche Pflegeversicherung	18	
Beihilfeleistungen	10	
Ausgaben der Privaten Krankenversicherung	17	
	43	55**
Kindergeld und Familienleistungsausgleich	36	
Familienzuschlag des Öffentlichen Dienstes	7	
Sonstige Ausgaben	130	219***
Ausgaben für Sozialhilfe und Wohngeld	21 (20/1)	
Ausgaben für ALG II/Sozialgeld (Regelsätze und Wohnkosten)	37 (25/12)	
Weitere Entgeltersatzleistungen	30	
Erziehungsgeld/Ausgaben nach dem BAFöG	5 (3/2)	
Steuerliche Maßnahmen	37	

Quellen: Sozialbudget 2005 Statistisches Bundesamt (ohne Leistungssysteme der Arbeitgeber, Maßnahmen der Kinder- und Jugendhilfe und Unfallversicherung), eigene Berechnungen; zum Bürgergeld: Opielka/Strengmann-Kuhn 2007.

* Bürgergeld für über 65-jährige Rentner/Pensionäre, Ausgaben für Zusatzrente und Rentenzulage
** Bürgergeld für Kinder/Jugendliche (unter 18-Jährige)
*** Bürgergeld für erwerbsfähige Erwachsene (über 18-Jährige)

[12] Zum Vergleich: Das Niveau des Bundeshaushalts im Jahr 2006 beträgt ca. 260 Mrd. €, die Einnahmen aus Einkommen- und Lohnsteuer sowie dem Solidaritätszuschlag betrugen 2005 ca. 180 Mrd. €.

Brutto-/Nettobetrachtung

Befürworter eines Grundeinkommens (vergleiche Van Parijs 1995) gehen davon aus, dass bei der Frage der Finanzierbarkeit eine reine Betrachtung des Auszahlungsvolumens bedeutungslos sei. Für die meisten Personen im Erwerbsalter würden sich höhere Steuern und Bürgergeld aufheben. Nicht die Bruttokosten, sondern der Umverteilungseffekt sei von Bedeutung, es seien nicht die Brutto-, sondern die verbleibenden Nettokosten zu berechnen.

Diese Überlegung gilt für das Bürgergeldkonzept. Da es im Bürgergeldkonzept keinen steuerlichen Grundfreibetrag mehr gibt, ist das ausgewiesene Bürgergeldvolumen ein Bruttowert, der, wenn er mit dem aktuellen Sozialbudget verglichen wird, „zu hoch" ausgewiesen wäre. Dafür liegen auf der Einnahmenseite die errechneten Einkommensteuereinnahmen des Bürgergeldes mit 408 Mrd. € entsprechend höher als im gegenwärtigen Einkommensteuersystem mit einem steuerlichen Grundfreibetrag.

Die Nettobetrachtung führt zu folgendem Ergebnis: Nach Verrechnung von Bürgergeldzahlungen und Steuereinnahmen verbleiben tatsächliche Bürgergeldzahlungen in Höhe von 310 Mrd. € und tatsächliche Einkommensteuereinnahmen von 122 Mrd. €. In Höhe des Saldo dieser beiden Beträge von 189 Mrd. € ist das Bürgergeldkonzept unterfinanziert.

Vorschläge zur Deckung der Finanzierungslücke – Veränderung von Transferentzugsrate und Steuersatz

Opielka und Strengmann-Kuhn haben einige Modifikationen des Modells von Dieter Althaus berechnet, die zu einer Schließung der Finanzierungslücke führen könnten (Opielka/Strengmann-Kuhn 2007, S. 83ff.).

Das Ausmaß der Finanzierungslücke hängt entscheidend von der Höhe des Bürgergeldes und den Parametern Steuersatz und Transferentzugsrate ab.

So lässt sich die Finanzierungslücke durch eine Erhöhung der Transferentzugsrate von 50 auf 70% und eine Erhöhung des Steuersatzes von 25 auf 40% schließen. Damit einher geht eine Veränderung der Höhe des „kleinen" Bürgergeldes von 400 € auf 457 € und eine Senkung der Transfergrenze von 1600 auf 1142 €. Die Transfergrenze gibt das monatliche Einkommen an, ab dem die Steuerschuld das Bürgergeld übersteigt und der Steuerpflichtige tatsächlich Steuern zahlt. Das „kleine" Bürgergeld wird bei Einkommen oberhalb dieser Transfergrenze von der Steuerschuld abgezogen.

Die Verschiebung der Transfergrenze ist notwendig, damit der durchgängige Steuer-Transfertarif aufrechterhalten werden kann – ein wichtiger Vorzug des Bürgergeldkonzepts.

Mit höherer Transferentzugsrate und höherem Steuersatz reduzieren sich allgemein die Anreize zur Aufnahme einer Tätigkeit im Niedriglohnbereich. Im Vergleich zum jetzigen Transferentzug, der für geringe Einkommen zwischen 80 und 90% liegt, wäre auch die modifizierte Transferentzugsrate von 70% ein Fortschritt. Der beabsichtigte Beschäftigungseffekt dürfte aber geringer ausfallen als ursprünglich.

Es bleibt festzuhalten, dass auch unter den modifizierten Bedingungen alle Einkommen – vor allem die niedrigen bis 10.000 € pro Jahr – geringer belastet werden als im Status quo, da die Sozialversicherungsbeiträge der Arbeitnehmer vollständig entfallen.

Im Vergleich zum aktuellen Einkommensteuersystem würden die Bezieher mit Jahreseinkommen zwischen 10.000 und 50.000 € steuerlich stärker belastet. Im Gegenzug profitieren sie von den vollständig wegfallenden Arbeitnehmersozialversicherungsbeiträgen besonders stark, da ihre Einkommen bisher oberhalb der Mini-/Midijobgrenze, aber unterhalb der Beitragsbemessungsgrenze liegen.[13]

Unter Verteilungsgesichtspunkten ist zu berücksichtigen, dass bei dieser Variante aufgrund der sinkenden Transfergrenze bereits ab einem zu versteuernden Jahreseinkommen von 13.700 €, statt wie im Grundmodell von 19.200 €, eine tatsächliche Einkommensteuerschuld anfällt. Und diese würde dann mit einem einheitlichen Steuersatz von 40% anstatt von 25% versteuert. Dies dürfte in der steuerpolitischen Diskussion schwer zu vermitteln sein.

Eine Modifikation der Transferentzugsrate und der Steuersätze zur Schließung der Deckungslücke kann durch eine Einbeziehung anderer Steuerarten (Umsatzsteuer) oder die Einbeziehung eines *Stufentarifs* in der Einkommensteuer ergänzt oder auch ersetzt werden. Diese Varianten sind bisher nicht durch eine Finanzierungssimulation quantitativ unterlegt worden.

Opielka und Strengmann-Kuhn erörtern auch die Möglichkeit, die Krankenversicherung ähnlich wie die Zusatzrente über eine Ausdehnung der *Lohnsummensteuer* zu finanzieren. Auch davon versprechen sie sich, die Finanzierungslücke schließen zu können, ohne diese Rechnung simuliert zu haben.

Die Lohnsummensteuer würde sich gegenüber dem ursprünglichen Bürgergeldkonzept von 12% auf 29% erhöhen, dieser Betrag stünde als Lohnverteilungsspielraum nicht mehr zur Verfügung und würde demnach die steuerliche Bemessungsgrundlage mindern.

---

[13] Dies gilt nicht für Selbstständige und Beamte, die bisher keine Sozialversicherungsbeiträge bezahlen. Ihre Belastung würde zunehmen.

Vorschläge zur Deckung der Finanzierungslücke – inhaltliche Modifikationen des Bürgergeldkonzepts

Opielka und Strengmann-Kuhn erörtern neben der Veränderung der Parameter Transferentzugsrate, Steuersatz und Lohnsummensteuer auch inhaltliche Änderungen des Konzepts von Dieter Althaus, die eine Schließung der Finanzierungslücke ermöglichen würden.

Dazu schlagen sie die Einführung einer zusätzlichen *Gesundheitssteuer* vor, mit der das Volumen der Gesundheitsausgaben von 196 Mrd. € gedeckt werden kann. Diese Gesundheitssteuer müsste 14% betragen und würde auf das gesamte zu versteuernde Einkommen, das einschließlich der Rentenzulage ca. 1400 Mrd. € beträgt, erhoben.

Letztlich würden sich durch die Einführung einer Gesundheitssteuer die Transferentzugsrate und der Steuersatz um 14 Prozentpunkte, also auf 64% (Transferentzugsrate) und 39% (Steuersatz) erhöhen. Im Ergebnis bewegt sich diese Modifikation damit in einer Größenordnung, die auch unter Beibehaltung des Bürgergeldkonzepts die Finanzierungslücke decken würde: eine Transferentzugsrate von 70% und ein Steuersatz von 40% (siehe oben). Im Fall einer Gesundheitssteuer würde sich – um den einheitlichen Steuer-Transfer-Tarifverlauf weiterhin gewährleisten zu können – die Transfergrenze von 1600 € auf 937,50 € und die über dieser Transfergrenze (als „kleines" Bürgergeld) von der Steuerschuld abzuziehende Steuergutschrift von 400 auf 366 € reduzieren. Das „große" Bürgergeld bliebe in seiner Höhe unverändert. Dies wirft neue Fragen der Einkommensverteilung auf.

Ergänzt haben Opielka und Strengmann-Kuhn dieses Modellvariante durch eine Variante, bei der nicht nur die Gesundheitsausgaben, sondern auch die Rentenausgaben über eine sogenannte *Sozialsteuer* finanziert werden, die von Arbeitgebern und Arbeitnehmern paritätisch zu tragen wäre.

In diesem Fall könnte auf die 12%ige Lohnsummensteuer des Bürgergeldkonzepts verzichtet werden, was positive Auswirkungen auf die steuerliche Bemessungsgrundlage hätte. Die Autoren kommen zum Ergebnis, dass sich mit einem von Arbeitgebern und Arbeitnehmern zu zahlenden Sozialsteuerbeitrag von jeweils 16% ausreichende Einnahmen für Gesundheits- und Rentenleistungen erzielen ließen. Hier gilt, wie im Modell der Gesundheitssteuer, dass sich Transferentzugsrate und Steuersatz in Bereichen bewegen, die auch das Bürgergeldkonzept finanzierbar erscheinen lassen.

Auch weitere Varianten wie eine Erhöhung der Lohnsummensteuer zur Finanzierung der Rentenausgaben oder eine Mischung aus Lohnsummen- und Sozialsteuer werden angesprochen. Diese Varianten werden aber nicht simuliert und in ihren Verteilungswirkungen abgeschätzt. Auch bleibt die Frage, ob sich dann eine Finanzierungsneutralität des modifizierten Bürgergeldkonzepts einstellen würde, unbeantwortet (Opielka/Strengmann-Kuhn 2007, S. 99 für die Variante einer Mischung aus Lohnsummen- und Sozialsteuer).

Die vorgestellten Varianten sind für zukünftige Fortentwicklungen des Bürgergeldkonzepts aber ein wichtiger Einstieg.

Methodenkritik an den Ergebnissen der Studie von Opielka und Strengmann-Kuhn

Spermann (2007, S. 157f.) kritisiert den in der Finanzierungsstudie eingeschlagenen Weg einer statischen Simulation ohne Berücksichtigung von Verhaltensänderungen der Wirtschaftssubjekte (Menschen, Unternehmen, Staat, Tarifpartner). Diese Verhaltensänderungen würden neue Gleichgewichte bei Beschäftigung, Konsum, Ersparnis/ Investition oder Löhnen nach sich ziehen, die für eine Aussage über die Finanzierbarkeit des Bürgergeldkonzepts unverzichtbar seien.

Deshalb schlussfolgert Spermann, dass die Methodik der von Opielka gewählten Simulation nicht angemessen und ausreichend wäre, um zum Ergebnis zu kommen, das Bürgergeldkonzept sei mit nicht unerheblichen Modifikationen finanzierbar (Opielka/Strengmann-Kuhn 2007, S. 24). Diesem Ergebnis widerspricht Spermann ausdrücklich (Spermann 2007, S. 160). Opielka und Strengmann-Kuhn führen zur Nichtberücksichtigung von Verhaltensänderungen aus, dass bei einem derart weit reichenden Systemwechsel wie dem Bürgergeld keine wissenschaftlich haltbaren Aussagen zu dynamischen Effekten und Verhaltensänderungen getroffen werden könnten (Opielka/Strengmann-Kuhn 2007, S. 61).

Spermann (2007, S. 157f.) schlägt demgegenüber vor, in die Finanzierungssimulation auch Verhaltensänderungen und Rückkopplungen auf Marktgleichgewichte einzubeziehen. Dann wären die Unsicherheiten der fiskalischen Auswirkungen geringer als in der Studie von Opielka. Aber selbst für diesen Fall stellt er fest: „Doch selbst wenn die modernsten empirischen Methoden angewandt werden: Es bleiben große Unsicherheiten mit Bezug auf die dynamischen Verhaltensanpassungen der Menschen." (Spermann 2007, S. 160) Dennoch hält es Spermann für unabdingbar, bei der Einschätzung der Ergebnisse der Finanzierungsstudie auf die gravierenden Unsicherheiten hinzuweisen.

Opielka und Strengmann-Kuhn gehen demgegenüber davon aus, dass die Kritik von Spermann nur dann relevant sei, wenn durch ein Grundeinkommen die Bruttolöhne sinken würden (Opielka/Strengmann-Kuhn 2007, S. 105).[14] Sie verweisen auf eine aktuelle Studie von Thomas Straubhaar (2007) und führen aus, dass nach einer möglichen kurzfristigen Lohnsenkung die Marktkräfte dazu führen, dass sich das Lohnniveau insgesamt nach oben bewegen würde (ebd., S. 103). Diese Entwicklung würde durch allgemeine Wachstums- und Beschäftigungseffekt noch unterstützt.

---

[14] siehe dazu die Ausführungen in Abschnitt 3.1.1., S. 237f.

Fazit zur Finanzierbarkeit

Die Frage der finanziellen Konsequenzen ist für die Einführung des Bürgergeldkonzepts entscheidend.[15]

Es wird deutlich, dass Modelle, die ein hohes Grundeinkommen für die ganze Bevölkerung mit einem hohen Arbeitsanreiz zu verbinden versuchen, rasch an die Grenzen der (zumindest politisch realisierbaren) Finanzierbarkeit stoßen.

Es existieren Zielkonflikte zwischen der (existenzsichernden) Höhe des Bürgergeldes, der Aufrechterhaltung der Arbeitsanreize, der Finanzierbarkeit und – wie noch auszuführen ist – der sozialethischen Einschätzung des Bürgergeldkonzepts. Die Auflösung dieses Zielkonflikts wird von den meisten Autoren nicht für möglich gehalten. Nahezu alle vorliegenden Studien sind bisher zum Ergebnis gekommen, dass eine Absicherung der gesamten Bevölkerung in existenzsichernder Höhe nicht finanzierbar ist (Stutz/Bauer 2003, S. 61).

Insofern stellen die Ergebnisse der Finanzierungsstudie von Opielka und Strengmann-Kuhn einen neuen und weiterführenden Beitrag für die Debatte eines konkret ausformulierten Grundeinkommensmodells dar.

Diese Ergebnisse sind aber, wie die – vor allem methodische – Kritik von Spermann nahelegt, mit erheblichen Unsicherheiten behaftet, da Verhaltensänderungen und Rückkopplungen auf andere Märkte nicht berücksichtigt würden. Diese Kritik ist bei der Weiterentwicklung des Bürgergeldkonzepts einzubeziehen.

3.1.3. Effizienz und Effektivität der Sozialpolitik

Das Bürgergeldkonzept soll eine effizientere und effektivere Sozialpolitik ermöglichen als die bisherige Arbeitsmarkt- und Sozialordnung.

Bisher stehen das arbeitsmarktpolitische Ziel eines hohen Beschäftigungsstandes und das sozialpolitische Ziel einer wirksamen Armutsvermeidung in einem gewissen Konflikt (Stutz/Bauer 2003, S. 41): Modelle mit relativ hohen Transferniveaus können Armut wirksam bekämpfen, führen in der Regel aber zu höherer Arbeitslosigkeit (vor allem unter gering Qualifizierten, Alleinerziehenden, Älteren), während im umgekehr-

---

[15] Beherrschbar wäre die Finanzierbarkeit eines bedingungslosen Grundeinkommens immer dann, wenn die Höhe des Grundeinkommens nicht ex ante, sondern ex post festgelegt würde (Sozial-*dividende*), indem nur die in einer Periode eingenommenen Steuermittel auch unter der Bevölkerung verteilt werden. Dieser Weg ermöglicht nicht nur die Finanzierbarkeit des Grundeinkommens, sondern könnte schrittweise in das bestehende Sozialsystem eingeführt werden. Ein Grundeinkommen in (nahezu) existenzsichernder Höhe wäre aber dadurch nicht zu erzielen.

ten Fall trotz hoher Erwerbsbeteiligung ein Leben oberhalb der Armutsschwelle für diese Problemgruppen kaum möglich wird (die sogenannten „working poor").[16]
Ermöglicht das Solidarische Bürgergeld eine Trennung arbeitsmarktpolitischer und sozialpolitischer Zielsetzungen, so könnten beide Zielsetzungen wirksamer verfolgt werden.

Unter dem Aspekt einer effektiven Sozialpolitik stellt sich vor allem die Frage, ob mit dem Bürgergeldkonzept im Vergleich zum aktuellen Sozialsystem die Armut besser bekämpft werden kann, ob es ausreichend Anreize gibt, die Transferabhängigkeit zu verlassen und ob eine zielgenauere Sozialpolitik möglich wird.

Die Frage einer effizienteren Sozialpolitik richtet sich danach, ob von einem Bürgergeldkonzept eine Steigerung der Wettbewerbsfähigkeit zu erwarten ist und welcher Aufwand zur Zielerreichung betrieben wird.

Diese Fragestellungen sind ausführlich zu diskutieren, die folgenden Ausführungen geben einen Überblick:

Reduzierung der (verdeckten) Armut durch ein Grundeinkommen

Bereits die Hartz-IV-Reform als bedarfsabhängige Grundsicherung hat dazu geführt, dass verdeckte Armut abgebaut wird, indem erwerbsfähige Sozialhilfeempfänger in die Grundsicherung einbezogen wurden. Ein Bürgergeld würde diesen Effekt verstärken, da in einem Grundsicherungssystem ohne Bedürftigkeitsprüfung keine „Gefahr" der Nichtinanspruchnahme der Sozialleistung mehr besteht.

Allerdings liegt bei Alleinstehenden das Bürgergeld mit 600 € pro Monat (nach Abzug der Gesundheitsprämie) unter der EU-Armutsgrenze (2003: 938 €) oder der Grundsicherung nach Hartz IV mit 662 € im Monat. Wird das Bürgergeldkonzept als partielles Grundeinkommen verstanden, so gelangen diejenigen, die über ein bescheidenes Einkommen in der Größenordnung der heutigen Minijobs verfügen, aber in jedem Fall über die Armutsgrenze. Damit wäre eine Grundlage geschaffen, dem in Deutschland inzwischen vielfach zu beobachtenden Phänomen der „working poor" besser zu begegnen als im aktuellen Hartz-IV-System, das die Aufstockung des Arbeitslosengeldes II von der Antragstellung abhängig macht. Um Armut vollständig zu beseitigen, müsste für diejenigen, die keiner Erwerbsarbeit nachgehen (können), eine zusätzliche (bedarfsabhängige) Aufstockung des Bürgergeldes erfolgen, die bisher nicht vorgesehen ist (Opielka/Strengmann-Kuhn 2007, S. 53). Dafür erforderliche Mittel sind in der Finanzierungsstudie berücksichtigt (ebd., S. 75, 111).

---

[16] Eine Ausnahme von dieser Regel ist in den letzten Jahren vor allem in den skandinavischen Ländern und den Niederlanden zu beobachten, wo ein relativ hohes Niveau der sozialen Absicherung und geringe Armutsquoten mit hoher Erwerbsbeteiligung und geringer Arbeitslosigkeit einhergehen. Dies dürfte ein starkes Argument für den bereits diskutierten „Flexicurity"-Ansatz sein.

Anreize zum Verlassen der Abhängigkeit

Effektive Sozialsysteme zeichnen sich dadurch aus, dass sie den Leistungsempfängern Wege eröffnen, die Abhängigkeit zu verlassen. Da das Bürgergeldkonzept aufgrund geringerer Transferentzugsraten als das bisherige System höhere Anreize zur Arbeitsaufnahme bietet, gibt es bessere Möglichkeiten, durch Erwerbsarbeit die Abhängigkeit von staatlicher Leistung zu verlassen.

Im Bürgergeldkonzept würde sich die Frage der Abhängigkeit von staatlicher Leistung auch unter anderer Perspektive stellen. Die Anreize des Bürgergeldkonzepts würden in den besseren Hinzuverdienstmöglichkeiten liegen, während die Nichtaufnahme von Arbeit nicht mehr zu Leistungskürzungen führen würde. Jedermann erhielte das Bürgergeld unabhängig davon, ob er erwerbstätig ist, sich ehrenamtlich betätigt, Erziehungsarbeit in der Familie leistet oder in Untätigkeit verharrt. Dem Bürgergeldkonzept liegt zugrunde, dass jedermann in seiner jeweiligen Lebenssituation unterstützt wird. Daher ist im Umkehrschluss auch jede individuelle Entscheidung zu akzeptieren, sich z. B. „nur" mit dem Bürgergeld zu begnügen und damit „abhängig" zu bleiben (dazu auch Schramm 2007, S. 215).

Steigerung der Transparenz der Sozialleistungen

Unter dem Gesichtspunkt der Transparenz greift das Bürgergeldkonzept viele Probleme der heutigen Sozialleistungssysteme auf.

Auf der *Finanzierungsseite* überwindet es die Undurchschaubarkeit des sozialen Ausgleichs in den Sozialversicherungssystemen. Der soziale Ausgleich wird aus den beitragsfinanzierten sozialen Sicherungssystemen in das Steuersystem verlagert. Damit wird der bisherige Zustand, dass Einkommen oberhalb der Beitragsbemessungsgrenze keinen Finanzierungsbeitrag mehr leisten, überwunden. Im Ergebnis würde der soziale Ausgleich im Steuersystem dazu führen, dass kleinere Einkommen einen geringeren Finanzierungsbeitrag zur sozialen Sicherung leisten als bisher (Wagner 2005, S. 284). Und bezogen auf die sozialethische Frage eines solidarischen Ausgleichs im Sozialversicherungssystem ist bisher von einer „Funktionalisierung der Schwächeren zugunsten der Stärkeren" (Fetzer 2007, S. 174) auszugehen. Ferner würden andere Produktionsfaktoren in die Finanzierung der sozialen Sicherungssysteme einbezogen. Im Ergebnis würde das Bürgergeldkonzept auf eine 80 %ige Finanzierung des Sozialbudgets aus Steuern und eine 20 %ige Finanzierung aus Arbeitgebersozialbeiträgen hinauslaufen.

Auf der *Leistungsseite* könnte durch die Zusammenfassung vieler steuerfinanzierter Sozialleistungen eine bessere Feinsteuerung der staatlichen Unterstützung erfolgen: Effizienz und Effektivität der Sozialpolitik würden steigen, wenn die Trennung bisher unverbundener Sozialleistungen und Steuervergünstigungen aufgehoben würde (siehe dazu Kumpmann 2006, S. 596). Das Bürgergeld würde die Transparenz der Sozialleistungen erhöhen und eine Vereinfachung und Straffung der Sozialbürokratie ermöglichen, da in den meisten Fällen individuelle Bedürftigkeitsprüfungen entfielen. Auch aufseiten der Bürger wäre die mühsame und in Einzelfällen als entwürdigend empfundene Notwendigkeit überwunden, genauen Einblick in die eigenen Einkommens- und Vermögensverhältnisse gewähren zu müssen, bevor eine staatliche Leistung gewährt wird (Schramm 2007, S. 209).

Welche Spielräume durch eine höhere Effizienz des Sozialverwaltungshandelns entstünden, hängt einerseits von der institutionellen Ausgestaltung der Bürgergeldgewährung ab (z. B. als Steuergutschrift der Finanzverwaltung). Andererseits ist zu fragen, ob sie realistischerweise erschlossen werden können. Denn dies würde voraussetzen, dass Behörden oder ganze Sozialversicherungsträger aufgelöst und die Mitarbeiter in neue Bereiche vermittelt würden.

Ferner werden mit den aktuellen Sozialversicherungssystemen auch Ziele verfolgt, die über eine reine Armutsabsicherung hinausgehen: Der Präventionsaspekt in der Gesundheitspolitik oder in der Kinder- und Jugendhilfe, die Weiterbildung in der Arbeitsmarktpolitik oder die Absicherung einer angemessenen Lebensführung müssten im Bürgergeldkonzept durch weiterführende Angebote abgesichert oder aufgegeben werden.

Unter dem Aspekt einer transparenteren Sozialpolitik ist auch die Idee eines Grundeinkommens im Alter von Bedeutung. Aufgrund der demografischen Entwicklung ist absehbar, dass das Rentenniveau auch bei jahrelanger Beitragszahlung zukünftig nicht deutlich über dem Niveau der heutigen Grundsicherung im Alter liegen wird (Opielka/Strengmann-Kuhn 2007, S. 31) – gerade für Personen, deren Einkommensaussichten gering sind. Eine bedingungslose Grundsicherung im Alter wäre eine neue, vielleicht ehrlichere Antwort auf diese Entwicklung, da Beitrags- und Leistungsgerechtigkeit im Grunde nicht mehr vermittelt werden können.[17] Eine bedingungslose Altersgrundsicherung für jedermann als „Baustein" des Bürgergeldkonzepts wäre eine gute Grundlage und kann – wie die Erfahrungen in anderen Ländern (Niederlande, Schweiz, Schweden) zeigen – ergänzt werden um Aspekte der Beitrags-/Leistungsgerechtigkeit und der kapitalgedeckten Eigenvorsorge.

---

[17] So lag die durchschnittliche Regelaltersrente im Jahr 2005 für Männer bei 781 €/1127 € (West/Ost) und für Frauen bei 352 €/608 € (West/Ost) (Deutsche Rentenversicherung Bund, Rentenversicherung in Zahlen 2006).

Zielgenauigkeit der Sozialpolitik

Unter dem Gesichtspunkt einer effektiven Sozialpolitik stellt sich die Frage, ob wirklich Bedürftige von der Absicherung des Bürgergeldes profitieren (Zielgenauigkeit). Ähnlich wie beim Aspekt des Verlassens der Transferabhängigkeit ist das Bürgergeldkonzept mit den bisherigen Ansätzen nicht vergleichbar. Da es bezweckt, alle Bürger bedingungslos zu unterstützen, würde jedermann profitieren – in Form des „großen" Bürgergeldes unterhalb und des „kleinen" Bürgergeldes oberhalb der Transfergrenze.

Es ist davon auszugehen, dass eine nicht zu unterschätzende Zahl von Personen, die im aktuellen Sozialsystem nicht von staatlichen Leistungen profitieren, im Bürgergeldkonzept Transferzahlungen erhalten würden. Das liegt daran, dass beim Grundmodell im Einkommensbereich zwischen dem (großen) Bürgergeld (800 €) und der Transfergrenze (1600 €) Transferleistungen an Personen bezahlt werden, die bisher Einkommensteuern zahlen. Da dieser Bruttoeinkommensbereich in der Einkommensverteilung stark vertreten ist, entstünden hohe fiskalische Kosten (Spermann 2007, S. 150).[18] Hinzu kommt, dass erwerbsfähige Frauen, die bisher (vor allem in der früheren Bundesrepublik, wenn sie nicht gearbeitet haben) keine Transferleistungen in Anspruch nehmen, zukünftig Anspruch auf das Bürgergeld hätten.[19] Auch ist zu bedenken, dass die umgangssprachlich als „Aufstockerregelung" bezeichnete Erhöhung des Erwerbseinkommens durch Arbeitslosengeld II bis zu einer Einkommensgrenze von 1200 € im Monat gilt (mit einem minderjährigen Kind bis zu 1500 €). Im Bürgergeldkonzept von Dieter Althaus würde der Einkommensbereich, bis zu dem eine Steuergutschrift erfolgt, auf 1600 € ausgedehnt.

Die Ausweitung der (Ziel-)Gruppen, die Transfers beziehen würden, ist eine wichtige Ursache für das erhebliche Finanzvolumen des Bürgergeldkonzepts.

Auswirkung auf die gesamtwirtschaftliche Produktivität

Letztlich ist bei der Frage einer effizienten sozialen Absicherung immer auch die Auswirkung auf die gesamtwirtschaftliche Produktivität zu bewerten (siehe auch Van Parijs 1995). Hier ist die Bandbreite möglicher Reaktionen sehr groß (Stutz/Bauer 2003, S. 46):

---

[18] Nach der Einkommensteuerstatistik 2001 (Statistisches Bundesamt 2005, S. 15) fallen 39% der Steuerfälle, die einen Anteil von 14% der Bruttolöhne ausmachen, in den Einkommensbereich bis 20.000 € pro Jahr.

[19] Opielka, Michael, zitiert nach: Kellers, Rainer 2007, in: Treibt ein Bürgergeld den Staat in den Ruin? unter: http://www.wdr.de/themen/politik/1/grundeinkommen/finanzierung.jhtml?rubrikenstyle=politik.

Bürgergeldbefürworter[20] akzentuieren die bessere, weil verlässlichere und auch transparentere Absicherung, die eine höhere Risikobereitschaft der Bürger und damit eine größere Flexibilisierung und stärkere Deregulierung der (Arbeits-)Märkte ermögliche. Damit würden sich die Wettbewerbsfähigkeit und die Produktivität der Wirtschaft und Gesellschaftsordnung erhöhen. In diesem Sinn argumentiert auch Dieter Althaus und beruft sich auf die Grundlagen der Sozialen Marktwirtschaft: Die Bevölkerung ist wieder stärker bereit, den Wandel des Wettbewerbs in einer globalisierten Welt anzunehmen, wenn sie sich „bedingungslos" abgesichert weiß.[21]

Bürgergeldgegner äußern die Befürchtung, ein Bürgergeld würde Faulheit belohnen und Bildungsanreize gerade für Bevölkerungsgruppen mit problematischem sozialem Hintergrund noch weiter untergraben.

Empirisch lässt sich nicht eindeutig belegen, welche der beiden Ansichten plausibel ist (Spermann 2007, S. 159 – zum Qualifizierungsaspekt; eingeschränkt die Ergebnisse der Sozialexperimente in den USA).

Entscheidend dürfte sein, dass auch ein Bürgergeldkonzept genügend Aktivierungs- und Arbeitsanreize setzt und diese bekannt gemacht werden.

3.1.4. Weitere makroökonomische Folgen und langfristige Veränderungen

Die langfristigen Änderungen makroökonomischer Größen (Löhne, Investitionen, Konsum) lassen sich nur schwer prognostizieren. Deshalb weist Spermann auf die erhebliche Unsicherheit der Finanzierungssimulation hin (Spermann 2007, S. 157f.).

Einige Folgen wurden bereits bei den Beschäftigungseffekten diskutiert, weitere werden hier ohne abschließende Bewertung oder Festlegung kurz erläutert.

Stabilisierung im Konjunkturzyklus

Soziale Absicherung wird in den meisten Ländern der EU vor allem mit einem Stabilisierungseffekt begründet. Sie stabilisiert den Konjunkturverlauf und hilft, raschen Strukturwandel (Globalisierung, europäische Integration, Flexibilisierung der Arbeitswelt) abzufedern. Bürgergeldbefürworter (so Mitschke 2000, S. 26) nennen ein Grund-

---

[20] Vobruba 2000, S. 77, geht davon aus, dass ein bedingungsloses Grundeinkommen die Bereitschaft von Gewerkschaften und Arbeitsplatzinhabern erhöhen würde, Arbeitsplätze im Strukturwandel nicht mehr *bedingungslos* zu verteidigen.

[21] Ein Problem bei der Vermittlung der Hartz-IV-Reform dürfte auch darin zu sehen sein, dass die Arbeitnehmer befürchten mussten, bei Arbeitslosigkeit nach Ablauf von (in der Regel) zwölf Monaten ihr Vermögen (hinter dem häufig eine Lebensleistung steht) weitgehend aufzehren zu müssen, bevor sie Zugang zu einer Grundsicherung erhalten würden.

einkommen deshalb einen „weichen" Standortfaktor mit entscheidendem Einfluss auf Produktivität und Beschäftigung.

Das Solidarische Bürgergeld dürfte aufgrund seiner Ausgestaltung als Steuergutschriftmodell, das in seiner Höhe vom erzielten Einkommen abhängig ist, den Konjunkturverlauf tendenziell stabilisieren: Im Konjunkturaufschwung ginge die Zahl der Begünstigten zurück, die Steuereinnahmen würden steigen und die Ausgaben des Bürgergeldes gingen entsprechend zurück. In der Rezession würde das Gegenteil geschehen.

Auch gehen Bürgergeldbefürworter davon aus, dass ein Bürgergeld die Bereitschaft der Bevölkerung erhöht, Risiken in Kauf zu nehmen und sich dem notwendigen Wandel zu stellen.

Investitionstätigkeit

Bei den Auswirkungen auf die Investitionen sind gegenläufige Wirkungen des Bürgergeldes zu erwarten.

Führt das Bürgergeld dazu, dass niedrige Einkommen erhöht werden, so könnten gesamtwirtschaftlich die Konsumquote zu- und die Sparquote abnehmen. Die in der Folge steigenden Zinssätze verringern laut ökonomischer Theorie die Investitionen.

Andererseits könnten z.B. die Stabilisierung der Konsumnachfrage und das Gefühl einer verlässlichen Absicherung die Investitionstätigkeit verstetigen und tendenziell ansteigen lassen.

Konsumverhalten

Aus „keynesianischer" Sicht wäre zu erwarten, dass ein Bürgergeld das verfügbare Einkommen tendenziell erhöht und damit den Konsum stützt.

Die erwähnten Sozialexperimente in den USA liefern hierfür keine aussagekräftigen Resultate (Stutz/Bauer 2003, S. 58).

Statisch betrachtet dürfte ein Bürgergeld, das – wie vorgesehen – langfristig die bestehenden steuerfinanzierten Transfersysteme weitgehend ersetzen würde, keinen „Nachfrageboom" auslösen. Dynamische Folgen der Einkommens- und Substitutionseffekte des Bürgergeldes wären aber genauer zu analysieren.

Mehr Vertrauen in die Notwendigkeit des Strukturwandels und eine Stabilisierung von Konjunkturverläufen dürfte die Konsumneigung insgesamt stabilisieren.

Bildungsverhalten der Bevölkerung

Der entscheidende Wettbewerbsvorteil der heute entwickelten Volkswirtschaften liegt in ihrem Bildungs- und Wissensstand. Deshalb werden Strategien zum „lebenslangen Lernen" und die Bereitschaft der Bevölkerung, sich darauf einzulassen, immer wichtiger.

Mitschke (2000, S. 90) geht davon aus, dass ein garantiertes Grundeinkommen einer verbesserten Bildungsbeteiligung „kräftige" Anstöße gibt. Allgemein gehen Befürworter von Grundsicherungsmodellen davon aus, dass die notwendigen Weiterbildungsphasen durch ein Bürgergeld abgesichert werden und die Bereitschaft zu lebenslangem Lernen zunimmt.

Wie die Anreize genutzt werden, ist z. B. bei den Sozialexperimenten in den USA analysiert worden. Dort hatte das Grundeinkommen deutlich positive Auswirkungen auf den Bildungsstand der Teilnehmer. Bei den Jugendlichen verlängerte sich die Schuldauer. Insbesondere bei niedrigem sozioökonomischem Status zeigte sich ein signifikanter Anstieg der schulischen Fähigkeiten (Lesefähigkeit).

Hierzu gibt es aber auch kritische Stimmen: Gerade für Jugendliche mit „problematischen" familiären Hintergründen könnte auch eine umgekehrte Wirkung eintreten. Sie könnten bei Abschluss ihrer schulischen Vita vor der Frage stehen, ob es sich lohnt, sich für einen guten Schulabschluss anzustrengen. Denn ihre Einkommensperspektiven bei legaler Arbeit liegen häufig wenig oberhalb des Niveaus einer Grundsicherung (Spermann 2007, S. 159).

Und wird diese künftig bedingungslos ausgezahlt, so könnte davon genauso das Signal ausgehen, sich auf Kosten der Gemeinschaft einzurichten. Unter anderem deshalb haben die Arbeitsagenturen (Jobcenter) für unter 25-Jährige die Aktivierung in den vergangenen zwei Jahren deutlich in den Vordergrund gestellt. Den Jugendlichen sollte zu Beginn ihres Erwerbslebens keine Perspektive („falsche Hoffnung") auf ein dauerhaftes Leben in „Abhängigkeit" von staatlicher Leistung gemacht werden. Aus diesen Gründen schlägt Fetzer vor, bei dieser Gruppe Einschränkungen von der Bedingungslosigkeit des Bürgergeldbezuges vorzusehen (Fetzer 2007, S. 180).

Die Folgen eines Solidarischen Bürgergeldes für die Bildungsneigung können sich in die eine wie in die andere Richtung bewegen. Die Trennung des Bildungshintergrundes der Eltern von den Bildungschancen der Kinder ist bereits heute eine große Herausforderung für eine abgestimmte Schul-, Bildungs- und auch Familienpolitik. Gelingt hier die erforderliche Weichenstellung, so hätte dies auch Auswirkungen auf das Bildungsverhalten der Bevölkerung. Hier können auch Überlegungen zu einem verpflichtenden sozialen Jahr einbezogen werden, das Jugendlichen den „Ernst des Lebens" verdeutlichen könnte (Fetzer 2007, S. 185).

Eigenverantwortung und Unternehmergeist

Die meisten Ökonomen gehen davon aus, dass ein Bürgergeld für Eigenverantwortung und Unternehmergeist abträglich ist, da es die Anreize zum Handeln lähmt (Stutz/Bauer 2003, S. 56). Denn das Bürgergeld „belohnt" den Fleißigen genauso wie den Faulen.

Bürgergeldverfechter gehen unter Hinweis auf die Klassiker der politischen Ökonomie vom Gegenteil aus (siehe Van Parijs 2001). Sie sehen in individueller Sicherheit die „beste Grundlage von Fleiß und Engagement". Nur wer sich auf eine sichere Basis stützen könne, sei bereit, unternehmerische Risiken einzugehen.

Ein Gefühl von Sicherheit kann aber auch durch andere Arbeitsmarkt- und Sozialordnungen vermittelt werden, nicht ausschließlich durch ein bedingungsloses Grundeinkommen.[22]

Stabilität der Ehe

Diese Fragestellung löste vor allem im Zuge der Sozialexperimente in den USA große Wellen aus (Stutz/Bauer 2003, S. 57).

Dabei sind zwei Effekte auf die Stabilität der Ehe zu unterscheiden: der Einkommenseffekt und der Unabhängigkeitseffekt (siehe Weber 1991, S. 56f. oder Fetzer 2007, S. 185). Der Einkommenseffekt (Einkommenssicherheit und die Chance, das gemeinsame Einkommen zu steigern) könnte die Scheidungshäufigkeit vermindern. Ein Grundeinkommen, das sowohl Verheirateten als auch Alleinstehenden Hilfe garantiert, kann hingegen die Abhängigkeitsverhältnisse in der Ehe auch mindern. Dieser Unabhängigkeitseffekt würde zu verstärkter Scheidungshäufigkeit führen, da sich die Austrittskosten aus der ehelichen Bindung vermindern.

Die frühen Auswertungen der Sozialexperimente behaupteten eine deutliche Erhöhung der Scheidungshäufigkeit und sprachen zum Teil von einer „dramatischen" Erhöhung. Diese Forschungsergebnisse führten im amerikanischen Kongress zu einer starken Ablehnung sowohl gegenüber einem Ausbau der Leistungen für Alleinerziehende als auch gegenüber dem Grundeinkommensmodell.

Mit verbesserten statistischen Methoden kamen spätere Untersuchungen in Amerika zum Ergebnis, dass Ehepaare nach drei- bis fünfjähriger Dauer eines Grundeinkommensmodells nicht signifikant höhere Scheidungsraten aufweisen als andere von Familienleistungen profitierende Ehepaare.

---

[22] Wie z. B. das „Flexicurity"-Modell: So haben die dänischen Arbeitnehmer das größte Vertrauen darin, nach einem Arbeitsplatzverlust sehr schnell wieder einen Arbeitsplatz zu finden.

(Ein-)Wanderungsverhalten

In den Sozialexperimenten der USA zeigte sich, dass Familien aufgrund der Grundsicherung in Regionen mit besseren Umweltverhältnissen umzogen, obwohl dort geringere Reallöhne gezahlt wurden.[23]

Auf einer anderen Ebene liegt die Frage, ob mit einer erhöhten Einwanderung zu rechnen ist, wenn eine international gesehen überdurchschnittliche Grundsicherung eingeführt wird. Das Bürgergeldkonzept setzt einen zweijährigen dauerhaften Aufenthalt in Deutschland voraus. Hier stellen sich im Laufe der Weiterentwicklung näher zu beleuchtende Fragen:

Welche Absicherung soll den Einwanderern in der (Zwischen-)Zeit bis zum Entstehen des Bürgergeldanspruchs gewährt werden (als „Vorbedingung der Bedingungslosigkeit")?

Welche internationale Dimension hätte die Einführung eines bedingungslosen Grundeinkommens in Höhe des Bürgergeldes im Hinblick auf einen „Spagat" zwischen globaler Gerechtigkeit und einem möglicherweise höheren Einwanderungsdrang? Müsste ein solches Konzept verknüpft werden mit Überlegungen, welche Maßnahmen dann sowohl in „armen" Ländern, aber auch in den Mitgliedstaaten der Europäischen Union[24] ergriffen werden müssten?

3.2. Gesellschaftliche Fragen

Die Einbettung des *Bürger*geldkonzepts in ein *bürgerliches* Staats- und Gesellschaftsverständnis erscheint von ähnlicher Bedeutung für die weitere Diskussion wie seine ökonomischen Aspekte. Die gesellschaftliche Akzeptanz des Konzepts ist unverzichtbar für seine Mehrheitsfähigkeit in der Bevölkerung.

Hier sind Prinzipien und Gerechtigkeitsüberlegungen der christlichen Sozialethik, (Wert-)Vorstellungen von der Rolle der Erwerbsarbeit und die Grundlagen des bismarckschen Sozialversicherungssystems (Beitrags- und Äquivalenzprinzip) in der Bevölkerung zu diskutieren.

---

[23] Umweltverhältnisse dürften in der Bundesrepublik Deutschland keine wirkliche Rolle spielen, eher unterschiedliche Lebensverhältnisse und Lebensbedingungen in bestimmten Regionen.
[24] Hinzu kommt die Frage der Vereinbarkeit des Bürgergeldkonzepts mit dem europäischen Recht.

3.2.1. Sozialethische Überlegungen

Die Prinzipien und Gerechtigkeitsvorstellungen der christlichen Soziallehre spielen eine wichtige Rolle bei der Frage, ob sich eine breite gesellschaftliche Akzeptanz für das Konzept gewinnen ließe.

Vor allem das *Subsidiaritätsprinzip* scheint mit dem Bürgergeldkonzept nur schwer in Einklang zu bringen zu sein. Danach soll der Staat nur denjenigen helfen, die seiner Hilfe bedürfen. Solange kleinere Einheiten (wie z. B. der Einzelne und die Familie, aber auch die Sozialversicherungsträger) in der Lage sind, ihre Aufgaben zu bewältigen, soll sich der Staat nicht einmischen. Wenn im Bürgergeldkonzept jedermann ohne Ansehen seiner Hilfebedürftigkeit – bedingungslos – unterstützt wird, so scheint dies vor allem den Kategorien subsidiärer Assistenz und Reduktion (siehe Klumpp 2006, S. 8) zu widersprechen.

Die Befürworter des Bürgergeldes wenden hier ein, dass jeder Mensch zunächst zur Selbsthilfe zu befähigen sei und deshalb ein Grundmaß an finanzieller Autonomie erhalten müsse. So zitiert Opielka (2007, S. 39) Papst Benedikt XVI. wie folgt: „Richtig ist es, dass das Grundprinzip des Staates die Verfolgung der Gerechtigkeit sein muss und dass es das Ziel einer gerechten Gesellschaftsordnung bildet, unter Berücksichtigung des Subsidiaritätsprinzips jedem seinen Anteil an den Gütern der Gemeinschaft zu gewährleisten", und führt selbst weiter aus: „Weder würde das Bürgergeld ‚über das materielle Existenzminimum hinausgehen' noch müsse es dem Subsidiaritätsprinzip widersprechen, das, wie Oswald von Nell-Breuning systematisch begründete, als Doppelgebot zu verstehen ist: Ein positives Hilfsgebot an den Staat und ein Gebot, die Hilfe so zu geben, dass die Hilfe zur Selbsthilfe dabei nicht verloren geht."

Die Bedingungslosigkeit des Bürgergeldkonzepts legt auch eine kritische Auseinandersetzung mit dem *Solidaritätsprinzip* nahe. Danach ist die Gemeinschaft verpflichtet, für den in Not geratenen Einzelnen einzustehen. Diese Verpflichtung basiert aber auf Gegenseitigkeit: Nur in dem Maße, wie der Einzelne bereit ist, einen Beitrag nach seinen Kräften zu leisten, kann er sich auch auf die Hilfe der Gemeinschaft verlassen. In den Botschaften des „Förderns und Forderns" hat dieses Prinzip Einzug in die jüngsten Arbeitsmarktreformen (Hartz IV) gehalten. Der Mechanismus von Leistung und Gegenleistung liegt auch der beitragsfinanzierten Sozialversicherung zugrunde. Dieses Prinzip des „do ut des" würde im Bürgergeldkonzept weitgehend außer Kraft gesetzt.

Das Bürgergeldkonzept und die christliche Verantwortung politischen Handelns

Erst jüngst hat die Konrad-Adenauer-Stiftung in einer Veröffentlichung mit dem Titel „Im Zentrum: Menschenwürde. Politisches Handeln aus christlicher Verantwortung"

(Vogel 2006) normative Grundlagen aus ökumenischer Perspektive für politisches Handeln herausgearbeitet.

Es lag daher nahe, zwei Mitautoren dieser Veröffentlichung, Michael Schramm vonseiten der katholischen Soziallehre und Joachim Fetzer aus Sicht der protestantischen Sozialethik, um ihre Einschätzungen des Konzepts von Dieter Althaus zu bitten und dabei die abgeleiteten Grundlagen an einem konkreten Reformvorschlag wie dem Solidarischen Bürgergeld anzuwenden. Dazu konnten sich Schramm und Fetzer auf die Ergebnisse von Opielka und Strengmann-Kuhn stützen.

„Aus Sicht der christlichen Soziallehre drängt sich eine Bewertung des Bürgergeldkonzepts anhand der Fragen zu Subsidiarität und Solidarität (in dieser Reihenfolge!), zur unterschiedlichen und gemeinsamen Würde, zur sozialen Gerechtigkeit und zum Begriff der Menschenwürde als solcher auf", so umreißt Fetzer (Fetzer 2007, S. 168) den Rahmen seiner Begutachtung.

Beide Gutachter leiten ihre Bewertung nicht „nur" abstrakt von der Frage ab, ob das Bürgergeldkonzept mit den Prinzipien der christlichen Soziallehre in Einklang steht, sondern sie fragen, ob das Bürgergeldkonzept aus sozialethischer Sicht dem aktuellen Sozialsystem vorzuziehen ist. In der Abwägung der Vor- und Nachteile geben sie dem Bürgergeldkonzept gegenüber der heutigen Arbeitsmarkt- und Sozialordnung den Vorzug:

„Das Konzept Solidarisches Bürgergeld ist in der Perspektive der Sozialethik solidarischer und gerechter als der Status quo oder alternative Reformvorschläge." (Schramm 2007, S. 196)

„Der Vorschlag von MP Althaus ist ... geeignet, historisch entstandene und strukturell verfestigte Dysfunktionalitäten des gegenwärtigen Sozialsystems zu überwinden. Er ist mit einem christlich geprägten Verständnis von Menschenwürde ... im Grundsatz gut vereinbar." (Fetzer 2007, S. 178)

„Es [das Solidarische Bürgergeld] würde den derzeitigen Status quo positiv verändern, in dem das Arbeits-, Sozial- und Steuerrecht durch die Arbeitslosigkeitsfalle die Teilhabechancen der Schwächeren ... massiv beeinträchtigt." (Fetzer 2007, S. 183)

Sozialethische Einzelaspekte
Finanzierbarkeit und Beschäftigungseffekt

Die von Opielka und Strengmann-Kuhn erörterte Frage der Finanzierbarkeit des Bürgergeldkonzepts ist für die sozialethische Einschätzung genauso von Bedeutung wie die Frage, ob die Arbeitsmarktchancen der Problemgruppen des Arbeitsmarktes wirklich verbessert werden. Nur wenn das Konzept finanzierbar wäre und die erhofften Beschäftigungseffekte eintreten würden, fiele der sozialethische Saldo der Vor- und Nachteile zugunsten des Bürgergeldkonzepts aus. Nur wenn diese Voraussetzungen gegeben seien, wäre das Bürgergeldkonzept dem aktuellen System aus sozialethischer Sicht wie dargestellt vorzuziehen.

Die Modifikation, die in der Finanzierungsstudie von Opielka und Strengmann-Kuhn zur Deckung der Finanzierungslücke vorgeschlagen wird (Transferentzugsrate 70%, Steuersatz 40%), nimmt – laut Fetzer – dem Bürgergeldkonzept viel von seiner Attraktivität. Nach Fetzers Meinung müsste die Transferentzugsrate annähernd bei dem von Althaus vorgeschlagenen Wert von 50% bleiben: „Andernfalls fallen die entscheidenden Argumente aus sozialethischer Sicht weg." (Fetzer 2007, S. 179)

Bedingungslosigkeit des Bürgergeldkonzepts

Die Bedingungslosigkeit des Bürgergeldes ist – wie dargelegt – eine große Herausforderung für die sozialethische Bewertung des Bürgergeldkonzepts. Deutlich arbeiten beide Autoren heraus, dass aus den sozialethischen Prinzipien zunächst kein moralischer Anspruch des Einzelnen auf ein bedingungslos gewährtes Grundeinkommen des Staates besteht. (Schramm 2007, S. 208)

Und Fetzer (2007, S. 179) führt dazu aus: „Der Anspruch auf menschenwürdige Konsummöglichkeiten ohne eigenes Engagement für die Gesellschaft ist keine universalisierbare Norm und gehört nicht zum Gedanken der Menschenwürde."

Beide Gutachter akzeptieren die Bedingungslosigkeit aus Gründen der Praktikabilität und der Funktionsfähigkeit des Bürgergeldkonzepts: „Das meines Erachtens entscheidende Argument dafür, das Solidarische Bürgergeld ohne Bedingungen auszuzahlen, ist technischer Natur. ... Ein konditioniertes Bürgergeld, ein ‚Bürgergeld light', funktioniert schlichtweg nicht." (Schramm 2007, S. 211)

„Der Grund liegt in den Nachteilen, welche die Institutionalisierung der Konditionierung mit sich bringt. ... Denn ... eine Konditionierung der Bürgergeldvergabe würde ... ein darunterliegendes Auffangsystem erfordern." (Fetzer 2007, S. 179f.)

Ergänzend lassen sich zwei moralische Argumente anführen, die die Bedingungslosigkeit rechtfertigen: erstens die Tatsache, dass den Bürgern eine „als entwürdigend empfundene Bittstellerei" erspart bleibe, und zweitens die Tatsache, dass viele unterschiedliche Formen der Arbeit (Familie, Ehrenamt), aber auch die Bereitschaft, niedrig entlohnte Arbeit anzunehmen, mit dem Bürgergeldkonzept anerkannt würden (Schramm 2007, S. 209).

Eine Einschränkung bei der Frage der Bedingungslosigkeit wird für Jugendliche gemacht: „Ob im Einzelfall (!) ... unter dem Aspekt des ‚Förderns und Forderns' auch die Konditionierung (insbesondere bei jüngeren Menschen) sinnvoll sein kann, wäre mit Fachleuten aus dem Bereich der sozialen Fürsorge zu klären." (Fetzer 2007, S. 180)

Bürgergeld und Subsidiaritätsprinzip

Die bedingungslose Gewährung des Bürgergeldes steht in den Augen seiner Kritiker in Widerspruch vor allem mit dem Subsidiaritätsprinzip, denn „ein Grundeinkommen für jedermann laufe einem Grundgedanken der christlichen Soziallehre zuwider, auf die sich die Partei [Anmerkung: die CDU] nach wie vor beruft: dem Prinzip der Subsidiarität. Nach ihm hat das individuelle Handeln Vorrang vor dem des Staates. Er soll erst helfen, wenn private Möglichkeiten ausgeschöpft sind." (Göbel 2006)

Beide Autoren widersprechen dieser Sicht und sehen keinen Verstoß gegen das Subsidiaritätsprinzip.

Dabei stellen sie heraus, dass der Sozialstaat gerade nicht nur für die Hilfe in bestimmten Notlagen zuständig sei, sondern er habe eine *„dauerhafte Assistenz"* zu ermöglichen, die alle Menschen zur Eigenverantwortung befähigen soll. Der Sozialstaat ist kein „Reparaturbetrieb", der erst eingreift, wenn die Möglichkeiten des Einzelnen erschöpft sind: „Die Strukturen einer Gesellschaft müssen so ausgestaltet sein, dass sie dauerhaft (und nicht erst dann, wenn Menschen ‚erschöpft' sind) zu eigenverantwortlichem Handeln befähigen" (Schramm 2007, S. 212), und: „Wer mehr arbeitet, stellt sich besser. Von der Zielsetzung ist das Solidarische Bürgergeld keine Faulenzerprämie, sondern ein aktivierendes Sprungbrett." (Schramm 2007, S. 214)

Durch den besseren Arbeitsmarktzugang vor allem der Problemgruppen des Arbeitsmarktes sei dem Grundsatz der Subsidiarität im Solidarischen Bürgergeldkonzept besser Genüge getan als im aktuellen System: „Viel entscheidender ist, dass das Prinzip der Subsidiarität durch die Arbeitslosigkeitsfalle eklatant verletzt wird" (Fetzer 2007, S. 11) und: „Das Solidarische Bürgergeld beendet – so muss man annehmen – eine Situation, in der relevante Teile der Bevölkerung von ihrem Recht auf eine eigene Lebensführung ausgeschlossen sind." (Fetzer 2007, S. 174)

Dabei klingt auch an, dass das Bürgergeldkonzept eine aus Sicht christlicher Wertegrundlagen dem Menschen angemessene Konzeption darstellen würde: „Das Solidarische Bürgergeld lässt sich als eine angemessene Implementierung des Subsidiaritätsprinzips ansehen. Nicht moralische Appelle, sondern Anreize unterstützen das Recht und die Pflicht zur aktiven und durch Arbeit vermittelten Teilhabe an der Gesellschaft." (Fetzer 2007, S. 176)

Bürgergeld und Solidaritätsprinzip

Solidarität lässt sich nicht auf mildtätige Barmherzigkeit beschränken, „sondern ist eine moralische Verpflichtung im Sinne einer gegenseitigen Verantwortung. Jeder hat Anspruch auf die Unterstützung der Gemeinschaft, aber er hat dann auch die ethische Pflicht, nach seinen Kräften etwas zurückzugeben." (Schramm 2007, S. 210)

Dieser Begründungszusammenhang sei aber im jeweiligen konkreten politischen und sozialen Kontext zu bewerten. Erwerbsarbeit spiele eine zentrale Rolle für die Funktionsfähigkeit solidarischer Gemeinwesen: „Überdies gehen Gesellschaften, die sich an der gegenseitigen Solidarität orientieren, bei arbeitsfähigen Personen von einer moralischen Pflicht zur Arbeit aus." (Schramm 2007, S. 210)

Deutlich wird, dass auch in einem Bürgergeldkonzept die fundamentale Rolle der Erwerbsarbeit aus sozialethischer Sicht nicht abdingbar ist: „Eine Nacharbeitsgesellschaft oder eine Konsumgesellschaft, in der das ‚Recht und die Pflicht, durch eigene Arbeit seinen Lebensunterhalt zu verdienen' aufgehoben wird, liegt nicht auf der hier vertretenen Linie christlicher Sozialethik." (Fetzer 2007, S. 170f.)

Im aktuellen System würden die Arbeitsplatzinhaber gegenüber den Arbeitslosen durch vielfältige Regulierungen bevorzugt, insbesondere zulasten der Gruppe der gering Qualifizierten. Da im Bürgergeldkonzept die Aussicht auf eine bessere Erwerbsbeteiligung dieser Problemgruppen bestehe, werde das Gemeinwesen insgesamt solidarischer: „Die derzeitige Funktionalisierung der Schwächeren zugunsten der Stärkeren muss als willkürlich erscheinen und verletzt daher in eklatanter Weise die Norm der sozialen Gerechtigkeit." (Fetzer 2007, S. 174)

Fetzer und Schramm nehmen auch zum Einwand von Grundeinkommensgegnern Stellung, ein bedingungsloses Grundeinkommen wie das Solidarische Bürgergeld sei eine „Arbeitsplatzverzichtsprämie".

Diese Kritik weisen beide Gutachter zurück. Der Einwand würde so lange nicht ins Gewicht fallen, wie es einfacher wäre, „in den Arbeitsmarkt einzusteigen". Der bessere Arbeitsmarktzugang im Bürgergeldkonzept würde per se der Vorstellung einer „Stilllegungsprämie" widersprechen: „Den Charakter der ‚Arbeitsplatzvernichtungsprämie' verliert das Bürgergeld auch dann, wenn es in seiner Höhe noch etwas unter das ... Existenzminimum abgesenkt wird. Dies ist vertretbar, sobald ausreichend Arbeitsplatzangebote vorhanden sind." (Fetzer 2007, S. 176)

Hinzu komme, dass das Solidarische Bürgergeld mit (netto) 600 € nicht gerade ein „luxuriöses Faulenzen" ermögliche, und „dass es ... dennoch eine moralische Pflicht zur beiderseitigen Solidarität ... gibt, je nach Kräften Verantwortung zu übernehmen." (Schramm 2007, S. 215)

Risiken und Gefahren des Bürgergeldkonzepts

Eine große Herausforderung für die Idee eines Solidarischen Bürgergeldes liege in der Vorstellung, dass Einzelne aufgrund der Bedingungslosigkeit des Grundeinkommens ihrer (moralischen) Arbeitsverpflichtung nicht nachkommen und überhaupt keiner „Beschäftigung" nachgehen würden: „Wenn man aus pragmatischen Gründen ... um die Bedingungslosigkeit nicht herumkommt, dann muss man den möglichen ‚Missbrauch' derer, die ihrer moralischen Pflicht zur Arbeit nicht nachkommen, ... schlichtweg in Kauf nehmen." (Schramm 2007, S. 215) Dies wäre dann letztlich ihr „gutes Recht".

Schramm (2007, S. 215) geht davon aus, dass die Anreize des Bürgergeldkonzepts nachhaltiger wirkten als der Zwang von Gegenleistungsmodellen und es, da die eigene Erwerbsleistung sich mehr lohne als bisher, zu weniger Missbrauch (im Sinne einer bloßen „Mitnahme" des Bürgergelds) komme.

Denkbare „mentale Deformationen" benennt Fetzer (2007, S. 176f.) als weiteres Risiko bei der Einführung des Bürgergeldkonzepts:[25] „Inwiefern ist das nicht konditionierte Bürgergeld ein Anreiz und eine Verleitung zur Faulheit?" Dazu macht er selbst folgende Feststellungen: „Dieses Argument wäre nur dann schlagend, wenn es heute keine Grundsicherung gäbe." Und bezogen auf die Arbeitsethik stellt er fest: „Die individualethische Pflicht zur Arbeit kann nicht ohne Weiteres Zwangsarbeit ...(oder Konditionierung) begründen." (Fetzer 2007, S. 177) Deshalb müsse dieser Einwand bei der Umsetzung des Bürgergeldkonzepts sorgsam durchdacht werden, „er kann aber allein die Sinnhaftigkeit des Bürgergeldkonzepts nicht widerlegen".[26] (Fetzer 2007, S. 178)

Fazit

In den Augen von Schramm und Fetzer ist das Bürgergeldkonzept aus sozialethischer Sicht dann dem aktuellen Sozialsystem vorzuziehen, wenn es die erhofften Beschäftigungseffekte gerade für die Problemgruppen des Arbeitsmarktes zeigt und seine Finanzierbarkeit gewährleistet werden kann.

Die Ergebnisse der Finanzierungsstudie von Opielka und Strengmann-Kuhn und die Einschätzungen von Spermann haben sozialethische Relevanz und geben die Richtung einer konzeptionellen Weiterentwicklung des Vorschlags von Dieter Althaus vor, wenn es um die Schließung der Finanzierungslücke geht.

3.2.2. Bedeutung der Erwerbsarbeit als Einkommensgrundlage

Viel wird im Zusammenhang mit einem bedingungslosen Grundeinkommen über Fragen der gesellschaftlichen Bedeutung der Arbeit diskutiert (Stutz/Bauer 2003, S. 54f.).

---

[25] Siehe dazu auch Spermann 2007, S. 159.
[26] Auch ist zu fragen, ob das Niveau des Bürgergeldes mit netto 600 € große Teile der Bevölkerung zu „Faulheit verleiten" kann. Dies könnte in Mehrpersonenhaushalten aber anders sein als bei Alleinstehenden.

Wirkung eines Bürgergeldes auf die Bedeutung der Arbeit

Welchen Sinn hat Erwerbsarbeit für die wirtschaftliche und gesellschaftliche Entwicklung, für die finanziellen Grundlagen des Sozialstaates, aber auch für die Lebenserfüllung und den Selbstwert des Einzelnen? Können Formen der Nichterwerbsarbeit (Ehrenamt, Familienarbeit) in einer von entlohnter Arbeit dominierten Gesellschaft durch ein bedingungsloses Grundeinkommen höhere Anerkennung erfahren?

Die Kritiker eines Bürgergeldes fürchten, dass mit einer bedingungslosen Grundsicherung die fundamentale Bedeutung der Erwerbsarbeit für Anerkennung, Teilhabe und persönliche Identität verloren geht. Für sie bleibt Erwerbsarbeit der wichtigste Grundpfeiler von Partizipation und gesellschaftlichem Aufstieg. Ein soziales Sicherungssystem, das auf das Primat der Erwerbsarbeit verzichte, würde Ungleichheit fixieren: Denn derjenige, der sich, anstatt zu arbeiten, ehrenamtlich betätige und dafür ein Bürgergeld erhalte, würde keinen Antrieb mehr haben, nach sozialem Aufstieg zu streben.

Die Befürworter des Bürgergeldes (z. B. Van Parijs 2001) halten entgegen, dass die tatsächlichen Verhältnisse – steigende Arbeitslosigkeit, stärkere Spreizung der Einkommen und wachsende Armut – der durch Arbeit vermittelten Hoffnung auf sozialen Aufstieg für Teile der Bevölkerung widersprächen. Vollbeschäftigung sei nicht mehr möglich oder nur um den Preis einer noch größeren Spreizung der Löhne, einer weiteren Flexibilisierung des Arbeitsmarkts (Abkehr vom Lebenszeitarbeitsplatz, prekäre Arbeitsverhältnisse, Selbstständigkeit) und einer neuen Einstellung zur Arbeit (häufigere Stellenwechsel, „Arbeitsnomadentum"). Damit würde sich ein anderer Arbeitsmarkt mit Soziallöhnen knapp über dem Existenzminimum etablieren, der „Wohlstand für alle" nicht mehr zulasse. Erwerbsarbeit könne für die Problemgruppen des Arbeitsmarktes nie mehr den Stellenwert erlangen wie zu früheren Zeiten. Ein bedingungsloses Grundeinkommen sei deshalb die ehrlichere Antwort auf diese Situation. Auch würden andere Formen der Arbeit (Familienarbeit, Ehrenamt) aufgewertet.

Häufig wird die Argumentation der Grundeinkommensbefürworter ergänzt von der These vom Ende der klassischen Erwerbsarbeit, die in Zeiten von Globalisierung und hoher technologiegetriebener Produktivitätsfortschritte gekommen sei (so Rifkin 2004). Diese Argumentation ist aber auch unter den Bürgergeldverfechtern umstritten. So schreibt Opielka (2007, S. 29)[27]: „Angesichts der vor allem bei Skeptikern der Bürgergeldidee verbreiteten Auffassung, sie sei vor allem eine resignative Antwort auf ein ‚Ende der Erwerbsarbeit', soll jedoch darauf hingewiesen werden, dass diese Deutung für die Idee des Grundeinkommens nicht konstitutiv ist. Tatsächlich existieren, entgegen den noch zu Beginn der 1980er-Jahre von vielen Sozialwissenschaftlern geäußerten Befürchtungen (oder Hoffnungen), kaum Anzeichen dafür, dass die Er-

---

[27] Im Ergebnis auch Mitschke (2000).

werbsarbeit ‚ausgeht'. Beeindruckend erscheint im Gegenteil die national wie global zu beobachtende Anpassungsfähigkeit der Marktwirtschaften und ihrer Arbeitsmärkte an technologische Entwicklungen."

Dennoch treffen die Verfechter des Bürgergeldes mit der Ablösung der sozialen Sicherung von der Erwerbsarbeit den Kern der bürgerlichen Gesellschaftslogik: die Auffassung vom Menschen als einem selbstständigen Individuum, das seine Autonomie und Teilhabe über die zentrale Rolle der (Erwerbs-)Arbeitsleistung definiert und damit die Grundlage für den eigenen sozialen Aufstieg schafft. Ein bedingungsloses Grundeinkommen wird gewissermaßen als anmaßende Einmischung des Staates in die eigenverantwortliche Lebensführung des Menschen erachtet (Opielka/Strengmann-Kuhn 2007, S. 26).

Teilhabe oder Ausgrenzung durch ein Solidarisches Bürgergeld

Unter dem Aspekt der Gerechtigkeit wird thematisiert, dass eine bedingungslose Grundsicherung den Menschen ausgrenze und seiner Teilhabechancen beraube (so Rechsteiner 1998, S. 46). Bürgergeldgegner sehen darin die Gefahr einer Entwicklung hin zu einer Ausgrenzungsgesellschaft: Was für ein Sinn wird jenen vermittelt, die „einfach finanziell abgespeist" werden? („Erwerbs-Apartheid"). Das Konzept beinhalte Verwahrlosungsrisiken, die wieder neue, höhere Kosten verursachen.[28]

Anhänger eines „aktivierenden" oder „vorsorgenden" Sozialstaats widersprechen der Vorstellung, ein bedingungsloses Grundeinkommen helfe, gesellschaftliche Ausgrenzung zu überwinden. Der Sozialstaat solle sich ihrer Meinung nach aktiv um Menschen mit geringen Teilhabechancen kümmern (Bildung, Qualifizierung, Betreuung). Ein bedingungslos gewährtes Grundeinkommen wird als „Stilllegungsprämie" oder gar „Faultierprämie" bezeichnet. Der Sozialstaat ziehe sich aus der Verantwortung gerade für jene zurück, die ihn am stärksten brauchen würden (Heil 2006).

Der Vorwurf einer „Stilllegungsprämie" wurde bereits in der sozialethischen Bewertung relativiert. Hinzu kommt: Die Ausgrenzung bestimmter Gruppen ist auch im gegenwärtigen Sozialsystem zu beobachten, sie wäre keine alleinige Folge eines bedingungslosen Grundeinkommens. Vor allem Langzeitarbeitslosigkeit führt zu gesellschaftlicher Ausgrenzung. Bürgergeldbefürworter gehen deshalb davon aus, dass ein Bürgergeld die ehrlichere Antwort auf die Ausgrenzungsproblematik ist. Der aktivierende Sozialstaat könne die sich selbst auferlegten Teilhabeversprechen nicht vollstän-

---

[28] Zudem befürchten Vertreter dieser These, dass die Bürgergeldzahlung nie gesichert sei, weil sie von der Mehrheit der Bevölkerung letztlich als ungerecht empfunden würde. Andererseits könnten sich „die Reichen" ihres schlechten Gewissens entledigen, dass viele nicht in ihre Gesellschaft integriert sind. Das Bürgergeld wäre quasi ein moderner „Ablass".

dig erfüllen.[29] Auch hätten die bisherigen Aktivierungsmaßnahmen nicht verhindern können, dass in vielen Fällen ein „Sicheinrichten" in der Sozialhilfe zum „Quasi"-Lebensstil wurde.[30]

Dennoch ist der Einwand gegen das Bürgergeldkonzept zu diskutieren, der Sozialstaat ziehe sich aus seiner Verantwortung gegenüber den Schwächeren zurück. Aktivierungs- und Eingliederungsbemühungen einer aktiven Arbeitsmarktpolitik sollten in ein Bürgergeldkonzept einbezogen werden. Entsprechende Mittel sind in der Finanzierungssimulation berücksichtigt (Opielka/Strengmann-Kuhn 2007, S. 78).

Aufwertung gesellschaftlich sinnvoller Tätigkeiten

Die Befürworter eines Bürgergeldes gehen davon aus, dass durch ein garantiertes Grundeinkommen gesellschaftlich sinnvolle Tätigkeiten, die heute als unbezahlte Arbeit ein Randdasein fristen (Ehrenamt, Familienarbeit), aufgewertet und gefördert werden könnten.

Kritische Stimmen merken hier an, dass eine definitorische Aufwertung der Nichterwerbsarbeit nichts an den sozialen, materiellen und psychischen Folgen der Arbeitslosigkeit ändere. Die soziale Flankierung der Haus-, Erziehungs- und Pflegearbeit oder des Ehrenamtes durch ein Mindesteinkommen könnte bestehende Rollenverteilungen sogar zementieren.

Einkommenssicherung der Familien

Die Einkommenssicherung der Familien im Bürgergeldkonzept wirft ebenfalls Fragen auf (Stutz/Bauer 2003, S. 53).

Zunächst stellen Bürgergeldbefürworter fest, dass die Einverdienerfamilie in den letzten Jahren mit zunehmender Tendenz zurückgegangen ist. Daher sei die Absicherung der Familien durch Maßnahmen der Integration in den Arbeitsmarkt nicht mehr ausreichend. Die Verantwortung für Kinder bedeutet besonders für die Problemgruppen des Arbeitsmarktes ein deutliches Armutsrisiko und behindert gesellschaftlichen Zugang.

Hinzu kommt im bestehenden Sozialsystem ein struktureller Widerspruch zwischen der Höhe von Sozialtransfers und der Höhe von Erwerbslöhnen: Sozialtransfers steigen

---

[29] Im deutschen Bildungssystem hängt die schulische Leistung der Kinder stärker als in anderen Ländern vom Bildungshintergrund der Eltern ab. Dies relativiert die Hoffnungen auf einen „Aufstieg durch Bildung".

[30] Auf die Frage, was sie einmal werden wollten, geben manche Jugendliche inzwischen als Antwort: „Ich werde Hartz IV!" (vgl. Rodenstock, Randolf [2006]: Vorsprung durch Bildung. BLLV-Kamingespräch am 25.10.2006.

mit der Familiengröße an, der Erwerbslohn bleibt unabhängig von der Familiengröße gleich.[31] Damit liegt die Schwelle für Mehrpersonenhaushalte besonders hoch, die Sozialhilfefalle zu verlassen und zu arbeiten. Denn die Transferleistungen kinderreicher Familien sind für gering Qualifizierte deutlich höher als die Erwerbslöhne, selbst wenn beide Elternteile arbeiten würden.

Das Bürgergeldkonzept kann diesen strukturellen Widerspruch zunächst nicht auflösen: Eine vierköpfige Familie, in der niemand arbeitet, erhält im Modell von Dieter Althaus ein verfügbares Einkommen von 1800 € im Monat. Dies liegt rund 150 € über dem verfügbaren Einkommen einer vierköpfigen Familie, die Arbeitslosengeld II erhält (Opielka/Strengmann-Kuhn 2007, S. 110, Tabelle 18). Für größere Bedarfsgemeinschaften verschärft sich damit zunächst die Sozialhilfefalle.

Anders fällt die Beurteilung aus, wenn in der Familie ein Elternteil arbeitet. Bei einem Bruttoeinkommen von 1200 € im Monat würde die Familie im Bürgergeldkonzept über ein Einkommen von 2400 € verfügen. Bisher verfügt die Familie unter Berücksichtigung der Arbeitslosengeld-II-Aufstockung und Kindergeld über ein Einkommen von circa 1650 €.

Daran wird deutlich, dass mehrköpfige Familien, in denen bisher ein Elternteil gearbeitet hat, besonders stark vom Bürgergeld profitieren würden.

Die Kehrseite der Medaille ist ein hohes Finanzvolumen des Bürgergeldkonzepts. Zumindest beim „Partner"-Bürgergeld, gegebenenfalls auch beim Kinderbürgergeld sollte geprüft werden, ob ein Zulagemodell mit Voraussetzungsprüfung sachgerecht wäre.

Fazit

Erwerbsarbeit und Solidarisches Bürgergeld müssen in ein stimmiges Gesamtkonzept gebracht werden, sonst wird sich keine gesellschaftliche Akzeptanz erzielen lassen.

3.2.3. Einbindung in die deutsche Sozial-, Steuer- und Finanzverfassung

Die ersten Grundeinkommensmodelle sahen vor, das bestehende System der sozialen Absicherung durch ein steuerfinanziertes Sozialsystem zu ersetzen. Die nahezu vollständige Abschaffung des bismarckschen Sozialversicherungssystems durch das Bürgergeldkonzept dürfte mehr sein als „das Bohren dicker Bretter"[32].

---

[31] Mit Ausnahmen, wie z. B. Familien- und Kinderzuschläge im öffentlichen Dienst.
[32] Weber, Max, zitiert nach: Oettinger, Günther H. (2007): Politische Führung in schwierigen Zeiten – Orientierung vermitteln und Vertrauen schaffen. Unter: https://www.schaeffer-poeschel.de/download/leseproben/978-3-7910-2548-3.pdf.

Früh wurde aber deutlich gemacht, dass ein garantiertes Mindesteinkommen ein (differenziertes) Sozialleistungssystem nicht ersetzen, sondern nur im Umfang reduzieren kann. Vor allem der Aspekt der Lebensstandardsicherung im Alter wäre nur möglich, wenn Zusatzversicherungen abgeschlossen würden. (Stutz/Bauer 2003, S. 62)

Das beitragsfinanzierte Sozialsystem genießt vielleicht deshalb so große Unterstützung, weil die Mittelschichten den Eindruck haben, trotz der Intransparenz durch dieses Sozialsystem abgesichert zu sein – und deshalb zu seiner Finanzierung bereit sind (Wagner 2005, S. 285)

Ein Bürgergeld als einzige Form und unterste Grenze materieller Existenzsicherung würde den Eindruck vermitteln, der Sozialstaat würde sich auf eine reine Minimalsicherung zurückziehen.

Dieser Aspekt der Entsolidarisierung der Mittelschichten mit dem Sozialstaat ist nicht zu unterschätzen. Deshalb sind die meisten Verfechter eines Bürgergeldes auch davon abgegangen, eine völlige Abkehr vom Sozialversicherungssystem zu fordern (so Van Parijs 2001).

Diesen Aspekt berücksichtigt das Solidarische Bürgergeld inzwischen durch eine Zusatzrente von maximal 600 € pro Monat, die zusätzlich zum Bürgergeld ab dem 67. Lebensjahr ausgezahlt wird und durch eine von den Arbeitgebern zu tragende 12 %ige Lohnsummensteuer finanziert wird. Diese Zusatzrente ist nicht zu versteuern.

Ulf Fink weist darauf hin, welch große Anstrengungen Konrad Adenauer nach dem Zweiten Weltkrieg unternahm, das bismarcksche Sozialsystem modifiziert fortzuführen. Damit stemmte er sich gegen die Überlegungen des Aliierten Kontrollrats, die sich an den damals aktuellen Vorschlägen Lord William Beveridges über eine bedarfsorientierte steuerfinanzierte Mindestsicherung aller Bürger orientierten.[33] Das deutsche Selbstverständnis gründete seinerzeit darauf, mit der bismarckschen Sozialgesetzgebung die „führende" Nation zu sein und empfand die Überlegungen zu seiner Abschaffung als Anordnung der Besatzungsmächte (Fink 2000, S. 9).

In diesem Zusammenhang formulieren Bürgergeldgegner weitere Bedenken: Eine strikte Spaltung der Gesellschaft in Finanziers und Empfänger von sozialen Leistungen könnte nicht nur einen schädlichen Einfluss auf die ökonomische Aktivität der Fleißigen und Engagierten (Mittelschicht, Mittelstand) haben, sondern auch die Stabilität der Demokratie in Gefahr bringen. Denn im Gegensatz zu den Ansprüchen eines Sozialversicherungssystems sei ein Bürgergeld politisch wesentlich anfälliger – z. B. für den Zugriff durch den Bundesfinanzminister. Der westeuropäische Sozialstaat zeichne

---

[33] Die SPD neigte seinerzeit eher dem Beveridge-Modell einer Einheits- und Volksversicherung zu.

sich gerade dadurch aus, dass er auch die Mittelschichten mit einbezieht.[34] Würde das Sozialversicherungssystem unter dem Aspekt der Refinanzierung des Bürgergeldes weitgehend gestrichen, so drohe der „welfare-backlash" (Abwendung vom Gedanken einer sozialen Absicherung). Die sozialen Institutionen könnten ihren Rückhalt in den Mittelschichten verlieren (siehe Rechsteiner 1998, S. 44).[35]

Bürgergeldbefürworter argumentieren genau umgekehrt. Ihrer Meinung nach stärkt ein bedingungsloses Grundeinkommen die Stabilität der Demokratie. Im Bürgergeldkonzept würde weniger als bisher in Finanziers und Empfänger der staatlichen Leistungen unterschieden, da der Bereich der Nettoempfänger ausgedehnt würde. Es ist aber eingehend zu diskutieren, ob dies bei den „Betroffenen" auch tatsächlich so ankommt oder ob die Transfergrenze des Solidarischen Bürgergeldes ein Einkommensniveau markiert, aufgrund dessen sich die Bürger als Finanzier oder Empfänger der Grundsicherung empfinden.

Es spricht deshalb einiges dagegen, die Sozialversicherungssysteme durch ein bedingungsloses Grundeinkommen völlig abzulösen. Eine Umverteilungspolitik sollte weiterhin über kombinierte Leistungen aus bedarfsabhängigen Basisleistungen und Rechtsansprüchen erfolgen, die auch bei hohen Einkommen wirksam bleiben. Darauf gibt das Bürgergeldkonzept mit der über eine Lohnsummensteuer finanzierten Zusatzrente eine erste Antwort. Auch wird eine aktivierende Arbeitsmarktpolitik unverzichtbar bleiben, sei es durch Weiterbildung und Qualifizierung oder bestimmte zielgruppenspezifische Formen der Lohnsubvention für Langzeitarbeitslose, Alleinerziehende oder einkommensschwache Familien.

Verhältnis zur Sozialhilfe

Das pauschalisierte Bürgergeld würde die Sozialhilfe ersetzen und über einen Bürgergeldzuschlag besondere Bedarfslagen (z.B. Behinderter oder chronisch Kranker) weiterhin zusätzlich berücksichtigen.

Der Betreuungsaspekt für heute erwerbsunfähige Sozialhilfeempfänger dürfte auch im Solidarischen Bürgergeld ein Teil der Sozialpolitik bleiben, gerade auch um dem Vorwurf zu begegnen, Menschen mit Problemen würden finanziell abgespeist und mit einem Gnadenbrot alleingelassen. Entsprechende Mittel sind in der Finanzierungssimulation berücksichtigt (Opielka/Strengmann-Kuhn 2007, S. 75).

---

[34] Das Bürgergeldkonzept sieht keine soziale Sicherung in Form einer „Zwischenebene" vor. Wer nicht schnell wieder einen Arbeitsplatz findet, der fällt, falls er keine Rücklagen hat, unmittelbar auf das Grundsicherungsniveau.
[35] Eine allerdings bereits im aktuellen System zu beobachtende Tendenz.

Einbettung in das bisherige Einkommensteuersystem

Das Bürgergeld stellt den Zusammenhang von Steuer- und Transfersystem her, die konkrete Ausgestaltung dürfte aber erheblichen Aufwand mit sich bringen. Man denke an die Umsetzungsprobleme von Hartz IV bei der Integration von Arbeitslosen- und Sozialhilfe (Spermann 2007, S. 158).

Auch ist fraglich, ob das zu versteuernde Einkommen, an dem sich die tatsächliche Höhe des Bürgergeldes orientieren soll, ein vernünftiger Maßstab dafür ist, um zu definieren, wer in welcher Höhe staatliche Transfers erhält. Eine Verzerrung entsteht vor allem durch Steuerabzugsmöglichkeiten und partielle Steuerbefreiungen für gewisse Einkommensarten. Die Linearität, die der „Bürgergeldtarif" unterstellt, ist real nicht gegeben (Stutz/Bauer 2003, S. 45, 62). Ein Abbau dieser Steuerabzugsmöglichkeiten müsste mit der Umsetzung des Bürgergeldkonzepts tatsächlich auch gelingen.

Von Bedeutung ist auch die Frage, wie der Steuerreformansatz des Bürgergeldkonzepts auf die Aktivitäten von Einzelunternehmen und Personengesellschaften wirkt, die bisher der Einkommensteuer unterworfen sind. Ein Steuersatz von 25% dürfte Wachstumseffekte auslösen – ist aber wie dargestellt mit einer Finanzierungslücke verbunden. Demgegenüber dürfte bei einem Steuersatz von 40%, der die Finanzierungslücke schließt, tendenziell ein negativer Anreiz auf unternehmerische Investitionen ausgehen. Bei der Weiterentwicklung des Bürgergeldkonzepts sind daher auch Überlegungen zur Besteuerung der Personengesellschaften und Einzelunternehmen anzustellen.

Berücksichtigung föderaler Strukturen und des föderalen Finanzausgleichs

Hier stellen sich die bekannten Fragen auseinanderfallender Kompetenzen von Bund, Ländern und Gemeinden sowohl auf der Finanzierungsseite (Steuergesetzgebungs-, Steuererhebungs- und Steuerertragskompetenz) als auch auf der Leistungsseite bei der Frage, welche Behörde für die Festsetzung des Bürgergeldes zuständig ist.

Auch dürften sich vielfältige Auswirkungen auf den föderalen Finanzausgleich ergeben, die bisher nicht ausreichend beleuchtet wurden.

3.3. Programmatische Anknüpfungspunkte und politökonomische Einschätzungen

3.3.1. Grundeinkommen und CDU-Programmatik

Die Idee einer bedingungslosen Grundsicherung war bisher nicht Bestandteil der CDU-Programmatik. Grundeinkommensüberlegungen sind in unterschiedlicher Gestalt anderen politischen Lagern zuzuordnen, vor allem der Linkspartei, aber auch den Liberalen und Bündnis 90/Die Grünen.[36]

Für das bürgerliche Spektrum dürfte die Diskussion des Bürgergeldkonzepts trotz der begrifflichen Nähe eine große Herausforderung darstellen, denn Fundamente des bürgerlichen Selbstverständnisses werden infrage gestellt: die Bedeutung der Arbeit für ein selbst bestimmtes Leben und als Grundlage der Finanzierung der Sozialsysteme, die Rolle des (Wohlfahrts-)Staates, der den Einzelnen weder bevormunden noch im Stich lassen darf, Leistungs- und Beitragsgerechtigkeit als Basis der Sozialversicherungssysteme und als Voraussetzungen eines solidarischen Gemeinwesen.

Das Dilemma für eine öffentliche (politische) und inhaltliche (programmatische) Diskussion des Bürgergeldkonzepts liegt – wie bei jeder fundamentalen Sozialreform – darin, dass die Risiken, die aus der Veränderung der Lebenswirklichkeit folgen, den Bürgern deutlich vor Augen stehen (hier: Abschaffung der bismarckschen Sozialversicherung), während die Chancen des Konzepts auf eine Wirtschafts- und Gesellschaftsordnung, die freier, solidarischer und gerechter sein kann als die heutige, nur vage in einer (fernen) Zukunft erscheinen – quasi als heute nicht gedeckter Scheck. Dieser Aspekt wurde auch bei den Hartz-IV-Reformen unterschätzt.

„Die sozialen Effekte des Marktwettbewerbs fallen breit gestreut, geradezu unmerklich an, die Nachteile jedoch treffen Menschen und Unternehmen hart und unerbittlich." (Schramm 2007, S. 203)

Diese Überlegungen sprechen dafür, sich einem radikalem Konzept wie dem Solidarischen Bürgergeld in gedanklichen Schritten zu nähern, die einen stufenweisen Übergang aus dem heutigen in ein zukünftiges System für die Mehrheit der Bevölkerung nachvollziehbar machen.[37]

---

[36] Vergleiche dazu den Überblick bei Opielka/Strengmann-Kuhn 2007, S. 122ff.
[37] Siehe zu einem inkrementalistischen, gestuften Vorgehen Opielka 2000.

3.3.2. Grundeinkommen von FDP und Bündnis 90/Die Grünen

Im Folgenden werden die Grundeinkommensmodelle von FDP und Bündnis 90/Die Grünen dargestellt, da sie eine jeweils große konzeptionelle Nähe zum Bürgergeldkonzept und überbrückbare Unterschiede aufweisen.

Liberales Grundeinkommen

Erste Überlegungen zu einer Grundsicherung gehen auf liberale Wurzeln zurück. Die klassischen Nationalökonomen sahen in einem Mindestmaß an Sicherheit eine gute Basis für Tatendrang und unternehmerische Risikobereitschaft (siehe Van Parijs 2001). Die weitere Entwicklung führte zum Modell der negativen Einkommensteuer der liberalen Ökonomen Milton Friedman und James Tobin (Opielka/Strengmann-Kuhn 2007, S. 27).

Die FDP setzte sich bereits in ihrem Wahlprogramm 1994 für ein Grundeinkommen in Form einer negativen Einkommensteuer ein. Im Mai 2005 wurden dann auf dem Bundesparteitag in Köln wesentliche Elemente des „liberalen Bürgergelds" verabschiedet (ebd., S. 131):

- Zusammenfassung aller steuerfinanzierten Sozialleistungen in einem Universaltransfer mit Pauschalierung (Lebensunterhalt, Unterkunft, Kranken-/Pflegeversicherung, spezielle Lebenssituationen)
- Gewährung der Leistung nach einer Bedürftigkeitsprüfung
- Integration des Transfersystems in das Steuersystem, Ausgestaltung als negative Einkommensteuer
- Das Niveau soll etwa in Höhe des heutigen Arbeitslosengeldes II liegen (662 € für einen Alleinstehenden, 1919 € für eine Familie mit drei Kindern).

Die Beschäftigungschancen für Langzeitarbeitslose sollen erhöht werden:

- Langzeitarbeitslose sollen gezielt aktiviert werden. Wird ein zumutbares Arbeitsangebot abgelehnt, soll der Regelsatz um 30 % gesenkt werden.
- Eine Transferentzugsrate der unteren Einkommensgruppen von 60% soll die Arbeitsanreize für gering Qualifizierte erhöhen.
- Es fehlt eine Berechnung der Gesamtfinanzierung, ebenso genauere Angaben über die Steuerbelastung im mittleren und oberen Einkommenssegment.

Viele Elemente des liberalen und des Solidarischen Bürgergeldes sind kompatibel, auch die programmatischen Weiterentwicklungen in den Politikfeldern Steuern, Gesundheit und Arbeitsmarkt.

Drei wichtige Unterschiede sind aber auszumachen:

- Das liberale Bürgergeld wird erst nach einer Bedürftigkeitsprüfung ausbezahlt.
- Das liberale Bürgergeld hält zumindest auf dem Papier am Prinzip von Leistung

und Gegenleistung fest. Unterstützt werden arbeitsfähige Personen nur, wenn sie bereit sind zu arbeiten.
- Überlegungen zur Abkehr vom System der beitragsfinanzierten sozialen Sicherungssysteme werden nicht angestellt.

Die Unterschiede zum Bürgergeldkonzept können durch die Einbeziehung von Bedürftigkeitsprüfungen für bestimmte Zielgruppen, von Gegenleistungsaspekten und Maßnahmen einer aktiven Arbeitsmarktpolitik überwunden werden und wären Bürgergeldbefürwortern wie -gegnern gleichermaßen vermittelbar.

Grünes Grundeinkommen

Auch Bündnis 90/Die Grünen haben sich vor ihrer ersten Regierungsbeteiligung auf Bundesebene mit dem Modell eines Grundeinkommens auseinandergesetzt. (ebd., S. 128f.)

Mit der Unterstützung der Hartz-Reformen in der rot-grünen Koalition haben sich die Grünen inhaltlich aufseiten der Workfare-Vertreter und in Opposition zu Grundeinkommensvertretern positioniert. Daran wird auch nach dem Verlust der Regierungsverantwortung festgehalten (z. B. mit Vorschlägen zur Weiterentwicklung von „Hartz IV" oder mit Vorschlägen zur Senkung der Sozialabgabenlast für Bruttoeinkommen bis 2000 € – sogenanntes grünes Progressiv-Modell).

Auf dem Zukunftskongress Anfang September 2006 wurde dessen ungeachtet ein Diskussionspapier „Grüne Grundsicherung" vorgestellt und auf dem Bundesparteitag Anfang Dezember 2006 diskutiert. Kernbaustein ist ein Diskussionsbeitrag der Grünen Jugend: „Für eine sozialere Gesellschaft: Das bedingungslose Grundeinkommen".

Den Sockel dieses Grundeinkommens bilden folgende vier Eigenschaften:
- Das Grundeinkommen steht allen Bürgern individuell und garantiert zu.
- Die Höhe des Grundeinkommens muss gesellschaftliche Teilhabe oberhalb der Armutsgrenze ermöglichen.
- Für das Grundeinkommen gibt es keine Bedürftigkeitsprüfung.
- Das Grundeinkommen verpflichtet weder zur Arbeit noch zu anderen Tätigkeiten.

Inzwischen wurde das Modell konkretisiert und durchgerechnet:
- Die Grundsicherung besteht in einem bedingungslosen Grundeinkommen von 500 € pro Monat (Kinder erhalten 400 €) und einer steuerfinanzierten Krankenversicherung. Die Krankenkassen erhalten dazu einen Betrag von durchschnittlich 155 € pro Kopf – also etwas weniger als im Solidarischen Bürgergeld und ohne Einschluss der Pflegeversicherung, der nach Geschlecht und Alter variieren soll.

- Darüber hinaus ist ein bedürftigkeitsgeprüftes Wohngeld vorgesehen, um das Existenzminimum zu decken – sozusagen ein Bürgergeldzuschlag. Ein Zuschlag für Personen in besonderen Lebenslagen wird nicht diskutiert.
- Rentner erhalten einen Zuschuss von 200 €, auf den sich die Rente langfristig beschränken soll. Die bereits erworbenen Rentenansprüche bleiben bestehen, werden aber voll versteuert.
- Finanziert wird das Modell durch eine „flat tax" (einen einheitlichen Steuersatz) von insgesamt 50%, die in 25% Einkommensteuer und 25% Sozialbeitrag aufgeteilt werden soll. Die bisherigen Arbeitgeberbeiträge zu den Sozialversicherungen sollen in eine Grundsicherungsabgabe in gleicher Höhe umgewandelt werden. Mit diesen Einnahmen sind dann das Grundeinkommen, die Krankenversicherung und die Rente voll finanziert.

Die Parallelen zum Solidarischen Bürgergeld sind deutlich. Die wesentlichen Unterschiede sind:

- Es gibt langfristig keine einkommensabhängige soziale Absicherung im Alter.
- Der Grundbetrag ist geringer, wird aber durch eine bedarfsabhängige Wohngeldkomponente überkompensiert.
- Auch deuten die Begründungslinien der Grünen Jugend darauf hin, dass mit dem Gedanken einer „Freiheit zur Nichtarbeit" zumindest „sympathisiert" wird.

Auf ihrem Bundesparteitag beschlossen die Grünen, eine Kommission zur Sozialpolitik einzurichten, die unter anderem Konzepte für eine nach Bedarf gestaffelte Grundsicherung und ein bedingungsloses Grundeinkommen für alle erarbeiten soll. Der nächste Parteitag im Jahr 2007 in Nürnberg soll darüber abstimmen.

3.3.3. Überlegungen der politischen Ökonomie und wahltaktische Überlegungen

Die Ausgestaltungen und Wirkungen des deutschen Steuer- und Transfersystems sind Kernbestandteil dessen, was die Wähler als gerecht oder ungerecht erachten. Dies geht – wie dargelegt – auf eine tiefe Verwurzelung des bismarckschen Sozialsystems im Gerechtigkeitsgefühl der Bevölkerung zurück, das zunehmenden Wohlstand und höheren Lebensstandard auch mit einem schrittweisen Ausbau der sozialen Sicherungssysteme verbindet.

Die neue politische Ökonomie analysiert das Verhalten von politischen Entscheidungsträgern im Hinblick auf seine Wirkungen auf Wähler und institutionelle Interessenvertretungen. Ein Bürgergeldkonzept wirft hier vielfältige Fragen auf.

Anfälligkeit des bestehenden Systems für wahlkampftaktische Manipulationen

Die Empfänglichkeit der Wähler kann zumindest auch auf Intransparenzen und Brüche des bestehenden Sozialversicherungssystems zurückgeführt werden, die deshalb (und so lange) in Kauf genommen werden, wie die Mehrheit der Wähler damit die Hoffnung verbindet, durch dieses System eine Absicherung in etwa des einmal erreichten Lebensstandards zu haben. Das bismarcksche Sozialsystem kann als „heilige Kuh" der deutschen Sozialpolitik bezeichnet werden.

Diese „Widersprüchlichkeit" macht die Sozialpolitik insgesamt anfälliger für Manipulationen in der politischen Auseinandersetzung als andere Politikfelder.[38]

Anfälligkeit einer steuerfinanzierten Grundsicherung in fiskalischen Krisen

Kritisch gegenüber dem Bürgergeldkonzept ist anzumerken, dass die beitragsfinanzierte Sozialpolitik politisch weniger anfällig ist als ein steuerfinanziertes Grundeinkommen. Der Finanzminister könnte in Zeiten fiskalischer Engpässe dazu neigen, eine Sanierung seines Haushalts auf Kosten des Grundeinkommens durchzusetzen.

Dem kann durch die Ausgestaltung des Bürgergeldes als selbst verwalteter Parafiskus begegnet werden (Wagner 2005, S. 284), wobei auch dann weiterhin politisch darüber zu befinden ist, welcher Anteil des Einkommens in den Parafiskus fließen soll.

Erpressbarkeit der Politiker durch die Wähler

Auf eine mögliche Erpressbarkeit der Politiker durch die Wähler ist ebenfalls hinzuweisen. Die Parteien könnten sich genötigt sehen, die Gunst der Wähler dadurch zu gewinnen, dass sie sich im Wahlkampf mit Versprechen, das Bürgergeld zu erhöhen, überbieten. Damit stünde die Finanzierbarkeit des Grundeinkommens regelmäßig infrage. Dem ist aber entgegenzuhalten, dass für die Wähler in der folgenden Legislaturperiode deutlich werden dürfte, dass höhere Bürgergeldversprechen mit Steuererhöhungen einhergehen – ein Mechanismus, der Zurückhaltung nahelegt.

Auch könnten die Transferleistungen indexiert oder verfassungsrechtlich normiert werden (z. B. durch ein unabhängiges Gremium, das die Bürgergeldhöhe festlegt).

---

[38] Ungeachtet der Tatsache, dass auch andere Faktoren dabei eine Rolle spielten, ist in Erinnerung zu rufen, mit welcher Leichtigkeit es dem damaligen Bundeskanzler Schröder im Wahlkampf 2005 gelungen ist, weitreichende Reformvorschläge der Steuer- und Sozialpolitik als „dämonenhaft" zu geißeln („Dieser Professor aus Heidelberg!").

Einfluss gesellschaftlicher Gruppen

Das Bürgergeldkonzept stellt die gewachsene Struktur der selbst verwalteten Sozialversicherungssysteme zur Disposition. Der Einfluss wichtiger gesellschaftlicher Gruppen (Arbeitgeberverbände, Gewerkschaften, Träger der freien Wohlfahrtspflege) gründet in den finanziellen Spielräumen dieser Systeme und der Tatsache, dass jedermann von den Sozialversicherungssystemen betroffen ist.[39]

Die Vertreter dieser Gruppen sind besonders gut organisiert, politiknah und entscheidungsrelevant vernetzt. Ihr Widerstand gegen das Bürgergeldkonzept ist zumindest zu erwarten und zu berücksichtigen.

Verfassungsrechtliche Fragen

Das Bürgergeldkonzept würde verfassungsändernde Mehrheiten in Bundestag und Bundesrat voraussetzen. Ohne breiten gesellschaftlichen Konsens sind diese Mehrheiten nicht denkbar.

Die heute bestehenden „Fronten" in den föderalen Finanzbeziehungen könnten im Bürgergeldkonzept an Schärfe gewinnen: Sollte sich in den sogenannten Geberländern der Eindruck vertiefen, man zahle über den Finanzausgleich für einen „lockeren" Lebensstil der sogenannten Nehmerländer („Freiheit zur Arbeitslosigkeit!"), würde dies die Erfolgsaussichten des Konzepts reduzieren.

4. Zusammenfassung und Fazit

Der Vorschlag eines Solidarischen Bürgergeldes von Dieter Althaus wird kontrovers diskutiert. So wurde er – wie andere Grundeinkommensmodelle – vom Institut der deutschen Wirtschaft jüngst als eine „Operation am offenen Herzen" bezeichnet (IW 2007).

Für die einen wäre es eine radikale, trotzdem mittelfristig umsetzungsfähige Alternative zum gewachsenen deutschen Sozialsystem, das für nicht mehr zukunftsfähig gehalten wird (Straubhaar 2006a, S. 210). Eine Entkopplung von sozialer Absicherung und Erwerbsarbeit ist für sie die ehrliche Antwort auf die globalen Herausforderungen, da Massenarbeitslosigkeit, wachsende Armut und fehlende Finanzierbarkeit der sozialen

---

[39] Hinzu kommt: Die Bundesagentur für Arbeit zählt rund 90.000 Beschäftigte, die Deutsche Rentenversicherung ungefähr 75.000 Beschäftigte und die gesetzlichen Krankenkassen 135.000 Beschäftige.

Sicherungssysteme durch Reformen nicht zu überwinden seien. Ein weiterer Fortschritt gegenüber der bestehenden Situation bestehe darin, dass ein solcher Ansatz angesichts der Realität des heutigen Erwerbsleben mit seinen unstetigen Erwerbsbiografien durch eine bedingungslos gewährte finanzielle Mindestsicherung Verlässlichkeit garantieren werde.

Die andere Seite sieht im Bürgergeldkonzept eine finanzielle und gesellschaftliche Utopie. Das Bürgergeld wecke falsche Hoffnungen, wenn es eigenes Einkommen und die darauf gegründete soziale Absicherung von der Notwendigkeit der Erwerbsarbeit entkoppele. Erwerbsarbeit könne von der Gesellschaft nicht „ins Belieben" des Einzelnen gestellt werden, sondern bleibe das Fundament eines autonomen Lebens, von Wohlstand und von gesellschaftlichem Aufstieg. Diese Basis drohe durch ein bedingungsloses Grundeinkommen zerstört zu werden. Ein „steuerfinanziertes Sozialschlaraffenland" sei keine Alternative zum bestehenden Sozialsystem (Göbel 2006).

Bisher hat kein Land ein bedingungsloses Grundeinkommen in großem Umfang umgesetzt (siehe Stutz/Bauer 2003, S. 17).[40] Bedingte Grundsicherungsmodelle, die die staatliche Leistung an Gegenleistungen knüpfen, sind demgegenüber in vielen Länder gängige Praxis. Die Steuerkreditmodelle in den angloamerikanischen Ländern setzen z. B. voraus, dass die Empfänger der Leistung arbeiten. Die Modelle der bedarfsorientierten Grundsicherung in vielen kontinentaleuropäischen Ländern knüpfen die Gewährung der Grundsicherung an die Arbeitsbereitschaft der Leistungsempfänger an. Hierzu gehört auch das Arbeitslosengeld II.

Die Umsetzung des Solidarischen Bürgergeldes würde vielfältige Wirkungen entfalten. Diese wurden hier zusammengefasst dargestellt und beleuchtet. Chancen („Pro") und Risiken („Kontra") des Bürgergeldkonzepts werden dennoch verbleiben und müssen in einer auch politischen Diskussion weiter abgewogen werden. Dies ermöglicht die erforderliche konzeptionelle Weiterentwicklung der mutigen Idee von Dieter Althaus. Dabei kann auf einige Reformüberlegungen der aktuellen Arbeitsmarkt- und Sozialpolitik zurückgegriffen werden.

---

[40] Im US-amerikanischen Bundesstaat Alaska wurde (nach einer Volksabstimmung) im Jahr 1976 der „Alaska Permanent Fund" eingeführt, der einen Teil der Einnahmen aus dem Verkauf von Bodenschätzen an die Bürger Alaskas ausschüttet (sogenannte Sozialdividende). Die Höhe dieser Ausschüttung wird jährlich angepasst, sie liegt in einer Größenordnung von ca. 2000 US-Dollar pro Jahr.

4.1. Pro-Aspekte des Solidarischen Bürgergeldes

Überwindung der Strukturprobleme des deutschen Arbeitsmarktes

Auch nach den zum Teil umfassenden Reformen der letzten Jahre sind viele Probleme und Strukturdefizite der deutschen Arbeitsmarkt- und Sozialpolitik nicht behoben. Auf diese Fragen antwortet das Bürgergeldkonzept, indem es darauf abzielt, die Beschäftigungsanreize im Bereich niedrig entlohnter Tätigkeiten zu verbessern: Die Lohnnebenkosten werden gesenkt, indem alle Arbeitnehmersozialversicherungsbeiträge abgeschafft und die Arbeitgebersozialversicherungsbeiträge auf eine 12 %ige Lohnsummensteuer begrenzt werden. Das Sozialtransfersystem wird vollständig in den Tarifverlauf des Einkommensteuersystems integriert, wodurch ein durchgängiger und stetiger Transfer- und Steuertarifverlauf entsteht, der den Übergang von Arbeitslosigkeit in Arbeit gerade in niedrigen Einkommensbereichen attraktiver macht als im bestehenden System. Der soziale Ausgleich wird vollständig aus dem Sozialversicherungssystem in das Steuersystem verlagert, damit werden alle Einkommensarten in voller Höhe einbezogen.

Die Befürworter des Bürgergeldkonzepts gehen davon aus, dass eine zentrale Grundlage der aktuellen Arbeitsmarktpolitik, das „Fördern und Fordern", für große Teile der Problemgruppen des Arbeitsmarktes nicht greifen würde. Einige Gruppen (wie Ältere, Frauen oder Alleinerziehende) seien nicht aufgrund geringer Qualifikation arbeitslos, sondern wegen anderer struktureller Probleme (z. B. Frühverrentungsmaßnahmen, fehlende Möglichkeiten zur Vereinbarung von Familie und Beruf, gesundheitliche Beeinträchtigungen). Sie stellen infrage, ob es tatsächlich nur genügend hoher Anreize bedarf, um eine Arbeit aufzunehmen, und vertreten die Auffassung, dass niemand freiwillig ein Leben am Rande des Existenzminimums führe. Der größte Teil der Langzeitarbeitslosen brauche keinen Zwang, sondern Unterstützung. Diese positiven Anreize würden im Bürgergeldkonzept durch eine 50%ige Transferentzugsrate gesetzt, aufgrund der es sich mehr als bisher lohnt, auch ein geringes eigenes (Vollerwerbs-)Einkommen zu erzielen.

Trennung arbeitsmarkt- und sozialpolitischer Zielsetzungen

Das Solidarische Bürgergeldkonzept bezweckt, die arbeitsmarktpolitische Zielsetzung eines hohen Beschäftigungsstandes und das sozialpolitische Ziel existenzsichernder Einkommen bei Vollzeiterwerb im Gegensatz zum heutigen System nicht mehr gemeinsam, sondern getrennt zu verfolgen. Auf dem Arbeitsmarkt sollen Angebot und Nachfrage wieder verstärkt Geltung erhalten. Die sich dann für bestimmte Personengruppen bildenden (heute bereits in einzelnen Branchen zu beobachtenden) nicht existenzsichernden Löhne sollen *außerhalb* des Arbeitsmarktes durch das Solidarische Bürgergeld so aufgestockt werden, dass Haushaltseinkommen oberhalb des Existenzminimums entstehen.

Steigerung von Transparenz und Wirksamkeit in der Sozialpolitik

Die Zusammenfassung großer Teile der steuerfinanzierten Sozialmaßnahmen zu einem gebündelten Transfer ermöglicht größere Wirksamkeit und Transparenz in der Sozialpolitik. Die Reduzierung der beitragsfinanzierten Sozialversicherung eröffnet die Möglichkeit zur Entbürokratisierung. Die Befürworter des Bürgergeldes gehen davon aus, dass die staatliche Kontrolle und Prüfung der Arbeitsfähigkeit und -bereitschaft durch ein auf Anreize und positive Motive/Impulse setzendes System abgelöst werden könne, in dem sich jeder wieder auf seine schöpferischen Kräfte besinnen werde.

Weiterentwicklung bestehender Grundeinkommensbestandteile des Sozialsystems

Das Solidarische Bürgergeldkonzept weist Anknüpfungspunkte zu Teilen des aktuellen Sozialsystems auf, die in ihrer Wirkung – nicht notwendigerweise in ihrem Begründungszusammenhang – den Charakter eines partiellen Grundeinkommens annehmen: die Grundsicherung für ältere Menschen, das Kindergeld, das Ehegattensplitting oder auch der steuerliche Grundfreibetrag. Hieran ließe sich bei der Fortentwicklung des Bürgergeldkonzepts ansetzen.

Einbeziehung von Reformkonzepten angrenzender Politikfelder

Das Bürgergeldkonzept bezieht Reformüberlegungen der aktuellen Sozialpolitik ein: zur Gesundheitsreform (Gesundheitsfonds, Gesundheitsprämie), zu einem einfachen Einkommensteuersystem mit einem einheitlichen Steuersatz (sogenannte flat tax) und zu einer weiter gehenden Flexibilisierung des Arbeitsmarktes.

Revitalisierung der Grundidee der Sozialen Marktwirtschaft

Dieter Althaus führt den programmatischen Standpunkt des Solidarischen Bürgergeldes auf das Ordnungsmodell Soziale Marktwirtschaft zurück: Jedermann werde unabhängig von seiner Person durch ein Bürgergeld abgesichert. Durch diese unabdingbare Mindestsicherung würde sich die Bereitschaft der Bürger erhöhen, Risiken einzugehen und sich dem notwendigen Wandel einer globalisierten Welt zu öffnen. Damit verknüpfe das Konzept die Chance freier Märkte mit dem Vertrauen auf ein Mindestmaß an solidarischer Absicherung.

4.2. Kontra-Aspekte des Solidarischen Bürgergeldes

Politisch vermittelbares Finanzvolumen

Grundeinkommensmodelle, die eine Absicherung der gesamten Bevölkerung auf einem existenzsichernden Niveau vorsehen, gelten bei den meisten Experten als unfinanzierbar. Die in der vorliegenden Publikation vorgestellte Finanzierungsstudie von Michael Opielka und Wolfgang Strengmann-Kuhn relativiert diese bisher herrschende Meinung: Das simulierte Gesamtvolumen des Solidarischen Bürgergeldes liegt mit 740 Mrd. € (Bürgergeld, Gesundheitsprämie und Rentenzulage) in etwa auf der Höhe des heutigen Sozialbudgets von ca. 695 Mrd. € im Jahr 2005. Die simulierten Einnahmen kommen zu einem Volumen von 550 Mrd. € (Einkommen- und Lohnsteuer sowie Lohnsummensteuer der Arbeitgeber). Das Finanzierungsrisiko des Bürgergeldkonzepts besteht daher in der Deckungslücke von knapp 190 Mrd. €.

Die Finanzierungsstudie macht konkrete Vorschläge zur Schließung dieser Finanzierungslücke, vor allem durch eine Erhöhung von Transferentzugsrate und Steuersatz. Diese gravierenden Modifikationen des Grundmodells von Dieter Althaus führen aber dazu, dass die Beschäftigungspotenziale für die Problemgruppen des Arbeitsmarktes geringer ausfallen. In diesem Fall bedürfte auch die sozialethische Bewertung einer modifizierten Diskussion.

Methodisch sind die Ergebnisse der Finanzierungsstudie mit Unsicherheiten behaftet, weil Verhaltensänderungen der Wirtschaftssubjekte und sich damit einstellende langfristige makroökonomische Wirkungen nicht simuliert wurden (und zurzeit auch nicht simulieren werden können).

Ungeachtet dieser Einschränkungen bietet die Finanzierungsstudie eine innovative Basis für die Fortentwicklung des Bürgergeldkonzepts.

Die Bedeutung der Erwerbsarbeit für Wirtschaft und Gesellschaft

Der von Bürgergeldgegnern geäußerte Eindruck, eigene Anstrengung und eigene Arbeit stünden bei einem bedingungslos gewährten Bürgergeld zur Disposition oder im Belieben des Einzelnen (Stichwort: „Freiheit zur Arbeitslosigkeit!"), muss vermieden werden.

Denn das Gegenteil ist notwendig: Auch ein bedingungsloses Grundeinkommen setzt voraus, dass eine dem Menschen und der Gesellschaft angemessene Existenz auf der Grundlage von Erwerbsarbeit fußt. Ansonsten würden die Grundlagen von Wohlstand und sozialer Absicherung erodieren. Und nur dann steht das Bürgergeldkonzept im Einklang mit den sozialethischen Überzeugungen von der Bedeutung der Arbeit für den Menschen.

Empirische Belege lassen sich zu diesem Einwand nicht finden, er ist aber für die Vermittelbarkeit des Bürgergeldkonzepts von Relevanz.

Bürgergeldkonzept und bürgerliche Gesellschaft

Das Bürgergeldkonzept stellt eine Herausforderung für Selbstverständnis und Grundüberzeugungen der bürgerlichen Gesellschaft dar. Diese gründen sich auf die Vorstellung von einem selbstbestimmten, von staatlicher Einmischung freien Leben. Beitrags- und Leistungsäquivalenz des bismarckschen Sozialversicherungssystems, in deren Zentrum die Kopplung von Erwerbsarbeit und sozialer Sicherung stehen, spielen eine wichtige Rolle. Trotz seiner erkennbaren finanziellen Schieflage ist das Sozialversicherungssystem eine wichtige ordnungspolitische und normative Grundlage unserer Gesellschaft. Bei der Frage des Übergangs aus dem aktuellen Sozialversicherungssystems in eine „Bürgergeldwelt" ist eingehend zu diskutieren, wie dieser historische und politisch-kulturelle Kontext einzubeziehen ist.

Auswirkungen auf die Beschäftigung

Die Beschäftigungseffekte des Bürgergeldkonzepts sind schwer vorauszusagen. Zu trennen sind Auswirkungen auf bereits Erwerbstätige und auf Arbeitslose.

Für bereits Beschäftigte ist von einem Rückgang der Erwerbstätigkeit auszugehen, denn sie werden Teile ihres Lohnes durch das Bürgergeld ersetzen und weniger arbeiten.

Bei bisher Arbeitslosen ist von einem zusätzlichen Arbeitsangebot auszugehen, vor allem in den unteren Einkommensbereichen. Dessen Umfang hängt entscheidend davon ab, welche steuerlichen Belastungen bestehen. Im ursprünglichen Entwurf von Dieter Althaus werden 50% des eigenen Einkommens auf das Bürgergeld angerechnet (Transferentzugsrate). Dies ist gegenüber der aktuellen Belastung von 80 bis 90% ein Fortschritt – allerdings verbunden mit der angesprochenen Finanzierungslücke. Um diese schließen zu können, gehen die Gutachter davon aus, dass die Transferentzugsrate auf 70% erhöht werden müsste. Damit wäre immer noch eine Verbesserung gegenüber dem aktuellen Zustand verbunden, aber der Beschäftigungsanreiz wäre geringer als im Grundmodell des Bürgergeldkonzepts.

Eine wichtige Rolle spielt die Wirkung des Bürgergeldkonzepts auf den Schwarzarbeitsektor. Die geringeren Transferentzugsraten im Bürgergeldkonzept lassen einen Rückgang der Schwarzarbeit erwarten. Unklar ist aber, welche Wirkungen die bedingungslose Auszahlung des Bürgergeldes für die Schwarzarbeit hat.

Bürgergeldkonzept als „Stilllegungsprämie"

Die Vertreter des aktivierenden oder investiven Sozialstaats sehen im Bürgergeld eine „Stilllegungsprämie", mit der sich der Sozialstaat aus seiner Verantwortung für die Problemgruppen der Gesellschaft zurückziehen würde. Eine durch den Staat vermittelte neue Chance auf gesellschaftliches Fortkommen würde es nicht mehr geben.

Die Forderung, auch eine bedingungslose Grundsicherung müsse Maßnahmen der Aktivierung einbeziehen, teilen inzwischen auch Befürworter von Grundeinkommensmodellen. So werden z. B. in der vorgelegten Finanzierungsstudie Steuermittel für eine aktive Arbeitsmarktpolitik vorgesehen.

Dennoch bleibt dieser Einwand eine Herausforderung für die Vermittlung der Bürgergeldidee.

Bürgergeldkonzept und sozialpolitischer Reformpfad

Das Bürgergeldkonzept stellt einen radikalen Reformvorschlag dar, der im Gegensatz zur jüngeren Arbeitsmarkt- und Sozialpolitik steht („Bedingungslosigkeit" anstatt „Fördern und Fordern"). Es ist zu bedenken, wie diese Kehrtwende der Öffentlichkeit vermittelt werden kann.

4.3. Fazit

Das Solidarische Bürgergeld von Dieter Althaus ist ein innovativer Ansatz, der sich dazu eignet, einer Arbeitsmarkt- und Sozialpolitik, die sich seit Jahrzehnten konzeptionell und strukturell nur in vielen kleinen, häufig widersprechenden Schritten bewegt hat, einen ganzheitlichen Alternativentwurf entgegenzusetzen.

Noch ist für keine der aufgeworfenen Pro- oder Kontra-Überlegungen eine abschließende Beurteilung möglich, denn die Ergebnisse der Finanzierungsstudie zum Solidarischen Bürgergeld, die auf modellhaften Annahmen und Simulationen basieren, bleiben mit Unsicherheiten behaftet. Diese Unsicherheiten in der Hoffnung auszuräumen, ein exaktes Simulationsergebnis zu erhalten, dürfte auch zukünftig nicht möglich sein. Zum einen, weil es an der erforderlichen empirischen Datenbasis fehlt. Zum anderen, weil über die Verhaltensänderungen der Menschen in einer „Bürgergeldwelt" nur Annahmen formuliert, aber keine naturwissenschaftlichen Versuche angestellt werden können. Es wird deshalb eine Frage der politischen Überzeugung sein, ob sich für ein – eventuell modifiziertes – Bürgergeldkonzept eine Mehrheit in der Gesellschaft finden lässt.[42]

---

[42] Vor der gleichen Situation standen und stehen alle „großen" wirtschaftspolitischen Reformvorhaben.

Um die Plausibilität der bisherigen Ergebnisse zu erhöhen, ist über eine Prüfung methodischer Ergänzungen und konzeptioneller Weiterentwicklungen des Konzepts von Dieter Althaus nachzudenken:

1. Methodik der Finanzsimulation
- Einbeziehung von Verhaltensänderungen zur Plausibilisierung der vorliegenden Ergebnisse
2. Prüfung von Modifikationen des Bürgergeldkonzepts zur Schließung der Finanzierungslücke (mit Simulationsrechnungen)
- Reduzierung der Höhe des Bürgergeldes
- Erhöhung der Transferentzugsrate und/oder des Einkommensteuersatzes
- Einbeziehung eines Stufentarifs in der Einkommensteuer
- Einbeziehung weiterer Steuerarten (Umsatzsteuer).
3. Prüfung einer Einbeziehung von Bedürftigkeitsprüfungen und Gegenleistungselementen in das Bürgergeldkonzept
- Reduzierung der Höhe des Bürgergeldes in Mehrpersonenhaushalten für nicht-erwerbstätige Ehegatten/Partner
- Integration von „Gegenleistungselementen" bei bestimmten Gruppen (zum Beispiel Jugendlichen)
- Integration einer Bürgergelddegression (mit zunehmender Leistungsdauer nimmt die Höhe des Bürgergeldes ab)
- Beibehaltung eines Grundbestands an beitragsfinanzierter sozialer Absicherung, wie es mit der Einbeziehung einer lohnsummensteuerfinanzierten Zusatzrente bereits geschehen ist. Dies könnte auf die Arbeitslosenversicherung ausgedehnt werden.
- Einbeziehung einer aktivierenden Arbeitsmarktpolitik. Die von Bürgergeldbefürwortern geäußerte Kritik am Ansatz des „Förderns und Forderns" (Workfare) sollte einbezogen werden.
4. Prüfung weiterer externer Wirkungen und Einflüsse des Bürgergeldkonzepts
- Prüfung der Auswirkungen auf Bildungsverhalten und Schwarzarbeit
- Prüfung der Umsetzbarkeit unter besonderer Berücksichtigung europäischer Rechtsnormen
- Prüfung eventueller Auswirkungen auf Migration und Zuwanderung und die Notwendigkeit eines Integrationskonzepts (Bürgergeld als „Pull-Faktor")
- Prüfung der Einflüsse auf familienpolitische und demografische Überlegungen.
5. Prüfung einer Einführung von Bestandteilen des Bürgergeldkonzepts
- Bündelung steuerfinanzierter Transfers, z. B. aller familienbezogenen Leistungen, in einer Familienkasse. Im Ergebnis würde das bestehende Kindergeldsystem ausgeweitet. Zur Verdeutlichung: Würden alle familienbezogenen Leistungen in einer

Größenordnung von 97 Mrd. € im Jahr 2005 zusammengefasst, so würde das eine gebündelte Transferleistung von 1200 € pro Jahr und Einwohner bedeuten (oder für Jugendliche unter 18 Jahren von 6500 € pro Jahr).
- Weitere Senkung der Lohnnebenkosten durch eine schrittweise Erhöhung des steuerfinanzierten Anteils der Sozialsysteme, wie z. B. die Steuerfinanzierung der Kindermitversicherung in der gesetzlichen Krankenversicherung
- Einführung eines Bürgergeldes für bestimmte Bevölkerungsgruppen, z. B. für Rentner in Form einer Altersgrundrente. Als Orientierung können die Modelle in der Schweiz, den Niederlanden oder Schweden dienen. Damit könnte das bestehende Grundsicherungssystem im Alter auf eine breitere Basis gestellt und das Problem der Altersarmut gezielt bekämpft werden.
- Stärkung der Beschäftigungseffekte für die Problemgruppen des Arbeitsmarktes unter Einbeziehung der Evaluierungsberichte zu den Hartz-Reformen (z. B. Mini- und Midijobs, Ein-Euro-Jobs, Hinzuverdienstmöglichkeiten, Kinderzuschlag, Übergangszuschlag aus dem Arbeitslosengeld I). Ziel wäre ein weitgehend integrierter Einkommensteuer- und Sozialtransfertarif ohne Brüche oder Sprungstellen.
- Überlegungen zu Ausstiegsoptionen bei erkennbaren Fehlentwicklungen des Bürgergeldkonzepts.

Literatur

Althaus, Dieter (2007): Thesen zum Solidarischen Bürgergeld, auf: http://www.d-althaus.de/fileadmin/PDF/ThesenSolidarischen_B_rgergeld.pdf am 1.2.2007.
Beck, Ulrich (1999): Schöne neue Arbeitswelt – Vision Weltbürgergesellschaft. Frankfurt a. M.
Deutsches Institut für Wirtschaftsforschung Berlin (DIW 1996): Auswirkungen der Einführung eines Bürgergeldes Neue Berechnungen des DIW. In: Wochenbericht 32/96.
Kommission der Europäischen Gemeinschaften (2000): Bericht über die soziale Sicherheit in Europa 1999, Brüssel.
Fetzer, Joachim (2007): Subsidiarität durch Solidarisches Bürgergeld. In: Borchard, Michael (Hrsg.): Das Solidarische Bürgergeld – Analysen einer Reformidee, Stuttgart 2007.
Fink, Ulf (2000): Europäisches Sozialmodell. In: Gesellschaftspolitische Kommentare Nr. 11/2000, S. 5–9.
Friedman, Milton (1962): Capitalism and Freedom. Chicago.
Gerhardt, Klaus-Uwe/Weber, Arnd (1984): Garantiertes Mindesteinkommen – Für einen libertären Umgang mit der Krise. In: Schmid, Thomas (Hg.) (1984), S. 18–67.
Gorz, André (1984): Wege ins Paradies – Thesen zur Krise, Automation und Zukunft der Arbeit. Berlin.
Göbel, Heike (2006): Althaus' Radikalkur. Leitartikel in der Frankfurter Allgemeinen Zeitung vom 15.11.2006.
Grözinger, Gerd (1986): Finanzierungsaspekte eines garantierten Grundeinkommens. In: Opielka, Michael und Vobruba, Georg (Hg.).

Haveman, Robert (1996): Reducing Poverty while Increasing Employment: A Primer on Alternative Strategies, and a Blueprint. In: OECD Economic Studies, 26, 1996, S. 7–42.
Heil, Hubertus (2006): Bürgergeld ist eine konservative Stilllegungsprämie. Vom 30.10.2006 unter: http://www.generalsekretaer.spd.de/servlet/PB/menu/1694875/index.html.
Hinrichs, Jutta/Schäfer, Matthias (2006): Die Entwicklung des Arbeitsmarktes seit 1962 – Eröffnungsbilanz für die Legislaturperiode 2005–2009. Arbeitspapier Nr. 152/2006 der Konrad-Adenauer-Stiftung.
Institut der deutschen Wirtschaft Köln (IW 2007): Grundeinkommen – Operation am offenen Herzen. In: iwd Nr. 6 vom 8.2.2007, S. 2.
Karr, Werner (1999): Kann der harte Kern der Arbeitslosigkeit durch einen Niedriglohnsektor aufgelöst werden? In: IAB Kurzbericht, 3/1999
Klumpp, Steffen (2006): Das Subsidiaritätsprinzip im Arbeitsrecht. Arbeitspapier Nr.162/2006 der Konrad-Adenauer-Stiftung. St. Augustin/Berlin.
Kress, Ulrike (1994): Die negative Einkommensteuer: Arbeitsmarktwirkungen und sozialpolitische Bedeutung. In: Mitteilungen aus der Arbeitsmarkt- und Berufsforschung 3/94.
Kroker, Rolf/Pimperetz, Jochen (2005): Mehrwertsteuererhöhung zur Finanzierung versicherungsfremder Sozialabgaben. In Wirtschaftsdienst 5 2005, S. 287–290.
Kumpmann, Ingmar (2006): Das Grundeinkommen – Potentiale und Grenzen eines Reformvorschlags. In: Wirtschaftsdienst 9 2006, S. 595–601.
Meinhardt, Volker et al. (1996): Auswirkungen der Einführung eines Bürgergeldes, neue Berechnungen des DIW. In: DIW-Wochenbericht, Jg. 63, Nr. 32, S. 533–543.
Meinhardt, Volker/Teichmann, Dieter/Wagner, Gert G. (1994): Bürgergeld: Kein sozial- und arbeitsmarktpolitischer deus ex machina. In: WSI-Mitteilungen 10/1993, S. 624–635.
Mitschke, Joachim (1985): Steuer- und Transferordnung aus einem Guss. Entwurf einer Neugestaltung der direkten Steuern und Sozialtransfers in der BRD. Baden-Baden.
Mitschke, Joachim (2000): Grundsicherungsmodelle – Ziele, Gestaltung, Wirkungen und Finanzbedarf. Baden-Baden.
Opielka, Michael/Strengmann-Kuhn, Wolfgang (2007): Das Solidarische Bürgergeldkonzept – Finanz- und sozialpolitische Analyse eines Reformkonzepts. In: Borchard, Michael (Hrsg.): Das Solidarische Bürgergeld – Analysen einer Reformidee. Stuttgart 2007.
Opielka, Michael (2000): Grundeinkommenspolitik – Pragmatische Schritte einer evolutionären Reform. In: Zeitschrift für Gemeinwirtschaft 38. Jahrgang, August 2000, S. 43–59.
Paugam, Serge (ed.) (1999): L'Europe face à la pauvreté: les expériences nationales de revenu minimum. Paris
Prinz, Aloys (1989): Wie beeinflussen Grundeinkommenssysteme das Arbeitsangebot? In: Konjunkturpolitik, 35. Jg., Heft 1–2/1989.
Rechsteiner, Rudolf (1998): Sozialstaat Schweiz am Ende. Zürich.
Rheinisch-Westfälisches Institut für Wirtschaftsforschung Essen (RWI 2004): Aspekte der Entwicklung der Minijobs. Essen.
Rifkin, Jeremy (2004): Das Ende der Arbeit und ihre Zukunft. Neue Konzepte für das 21. Jahrhundert. Frankfurt/New York.
Robins, Philip K. (1985): A Comparison of the Labor Supply Findings from the four Negative Income Tax Experiments. In: The Journal of Human Resources, 20. Jg., S. 567–582.
Sachverständigenrat zur Begutachtung der gesamtwirtschaftlichen Entwicklung (SVR 2006): Arbeitslosengeld II reformieren: Ein zielgerichtetes Kombilohnmodell. Expertise im Auftrag des Bundesministers für Wirtschaft und Technologie. Wiesbaden.

Schneider, Hilmar/Bonin, Holger (2006a): Workfare: Eine wirksame Alternative zum Kombilohn. In: Wirtschaftsdienst 10/2006 S. 645–650.
Schneider, Hilmar/Bonin, Holger (2006b): Ergebnisse der Simulationsrechnungen zum Solidarischen Bürgergeld. (unveröffentlicht) Oktober 2006.
Schneider, Friedrich/Strotmann, Harald (2007): Prognose zur Entwicklung der Schattenwirtschaft in Deutschland im Jahr 2007. Pressemitteilung des IAW Tübingen vom 12. 1. 2007.
Schramm, Michael (2007): Das Solidarische Bürgergeld – Eine sozialethische Analyse. In: Borchard, Michael (Hrsg.): Das Solidarische Bürgergeld – Analysen einer Reformidee. Stuttgart 2007.
Solow, Robert (1998): Work and Welfare. Princeton.
Statistisches Bundesamt (2006): Sozialbudget 2005.
Spermann, Alexander (2007): Das Solidarische Bürgergeld – Anmerkungen zur Studie von Michael Opielka und Wolfgang Strengmann-Kuhn. In: Borchard, Michael (Hrsg.): Das Solidarische Bürgergeld – Analysen einer Reformidee. Stuttgart 2007.
Straubhaar, Thomas (2006a): Mindestsicherung statt Mindestlohn. In: Wirtschaftsdienst 4 2006, S. 210f.
Straubhaar, Thomas (2006b): Der Dritte Weg. in: Wirtschaftsdienst 12 2006, S. 750f.
Straubhaar, Thomas/Hochleitner, Ingrid (2007): Bedingungslose Grundsicherung und Solidarisches Bürgergeld – mehr als sozialutopische Konzepte. Hamburg.
Stutz, Heidi/Bauer, Tobias (2003): Modelle zu einem garantierten Mindesteinkommen – sozialpolitische und ökonomische Auswirkungen. In: Sozialpolitische Forschungsberichte des Bundesamts für Sozialversicherung Nr. 15/03. Bern.
Tobin, James (1966): The Case for an Income Guarantee. In: Public Interest, 4/1966, New York, S. 31–41.
Van Parijs, Philippe (1995): Real Freedom for All, What (if anything) Can Justify Capitalism? Oxford.
Van Parijs, Philippe et al. (2001): What's Wrong with a Free Lunch? Boston.
Vobruba, Georg (2000): Alternativen zur Vollbeschäftigung. Frankfurt am Main.
Vogel, Bernhard (Hrsg.) (2006): Im Zentrum: Menschenwürde. Politisches Handeln aus christlicher Verantwortung. Christliche Ethik als Orientierungshilfe. St. Augustin.
Wagner, Antonin (1991): Das Phänomen der Armut in einem gesamtwirtschaftlichen Kontext. In: CARITAS (1991), S. 79–88.
Wagner, Gert G. (2005): Verlässlichkeit einer höheren Steuerfinanzierung der sozialen Sicherungssysteme ist die zentrale Frage. In: Wirtschaftsdienst 5 2005, S. 283–287.
Weber, René (1991): Existenzsicherung ohne Fürsorge? – Die negative Einkommenssteuer in Theorie und Praxis. Bern.
Zimmermann, Klaus F. (1993): Labour responses to taxes and benefits in Germany. In: Atkinson A.B. u. a., Welfare and work incentives. Oxford. S. 192–240.